青土社

QU'EST-CE QUE L'ÉCOSOPHIE?

フェリックス・ガタリ

Félix Guattari

エコゾフィーとは何か

ガタリが遺したもの

杉村昌昭 訳

エコゾフィーとは何か　目次

第三部　精神的エコロジーに関する断章

第四部　主観性の生産について

第五部　社会的エコロジーと統合された世界資本主義

第六部　メディアとポストメディアの時代

第七部　環境エコロジーと戦争機械

エコゾフィーとは何か　ガタリが遺したもの

序論――〝エコゾーフ〟としてのフェリックス・ガタリ

――ステファヌ・ナドー

「放射能の灰とラジオ光線の毒こそは樹木の葉と地面の草と湿地の苔に吸収されて「力」になるからだ。樹木と草の葉が炭酸ガスに殺されず酸素を生むことを見よ」(1)。

「エコゾフィーとは何か」という問いのかたちのタイトルは答えを要請せずにはおかないが、じつは答えはきわめて簡単である。つまり、エコゾフィーとは、フェリックス・ガタリが一九八〇年代の半ばから一九九二年八月二九日の死に至るまでのあいだに経た自らの哲学的・政治的な経験に与えた名前である。もちろん、この論集に与えられたタイトルのなかに、一九九一年にスイユ社から出版されたジル・ドゥルーズとフェリックス・ガタリの共著『哲学とは何か』という本へのほのめかしを見てとってもいい。ここに集められたさまざまなテクストを読んでいくと、これがまぎれもなくフェリックス・ガタリの政治的・哲学的思考を表わしたものであり、彼の思想の構築の〝進行過程〟の提示であることが確認される。

ここに集められたテクストにしたがってガタリについていくと、彼が西欧哲学の大きな動きのなかに組み込まれていることを見ることができる。その系譜の大筋を描いてみると、存在論や主観性について思考するガタリのやり方のなかにフッサールやハイデガーを思わせるものがある。またガタリの行動や彼が盛んに行なうエクリチュールの多様な形態——小説、哲学的劇作、エッセー等々——の探究のなかにはサルトルの相貌を見てとることができる。その探索はよく知られているように精神分析にまで及ぶが、ガタリはとくに精神分析を深く問い直し、友人のジル・ドゥルーズとともにこれを〈スキゾ分析〉[2]として模様替えしようとする。

フェリックス・ガタリは時代と格闘した思想家である。それはアメリカ人が〝フレンチ・セオリー〟と呼ぶもののなかで、彼がジル・ドゥルーズやミシェル・フーコー、ジャン・ボードリヤールなどと行なった絶えざる対話に体現されている。これらの一九七〇年代〜八〇年代の思想家たちは四〇年代〜五〇年代の構造主義〈ショック〉を乗り越えようと試みた。他方彼らは、彼らがつくりあげたポスト構造主義を乗り越えるという困難な任務を彼らの後継者に委ねた。フェリックス・ガタリはまた、ジャン゠フランソワ・リオタールやポール・ヴィリリオと並んでポストモダンのかたわらに身を置きながら、ポストモダンに対するたたかいをも体現していた。ガタリは自らの思想を展開するのに、もっとも卑近な対象を考慮に入れるポップ哲学者[3]としても知られている。しかし彼がポップ哲学を実践する仕方は、現在多くの哲学者が行なっているような、陰欝でもったいぶったやり方でもなければ、大衆性を偽装した（〝スノッブ〟と言ってもよい）やり方でもなかった。たとえばガタリがテレビ広告に興味を示すのは、それを既存の諸概念に還元するためではない。彼は人がラカンの『エクリ』を大学の教室で読むことを学ぶようにテレビを見るのではなくて、人がテレビを見る習慣を身につけるのと同じような仕方でラカンを読む方法を発明するのである。さらに、ガタリはニーチェを引用することはないが——そもそもガタリはニーチェを読んだのだろうか？——、ここでニーチェを持ち出してもいいだろう。つまり、ガタリのなかには、池の表面を覆うアオウキクサの下にいて決して姿を現わさないけれども、その動きを推し測ることができる日本の鯉のようなニーチェ的動物の存在を推察することができるのである。ニーチェはすでに、ガタリのように、哲学を幸福主義（幸福を見つけるための哲学）やシステム（〈玄人〉が蜘蛛の巣をつくって、そこに近づこうとする者をすべて捕まえてしまう哲学――これがニーチェがスピノザを非難したことだ）に誘導しないようにたたかったのではなかったか。たしかなことは、ガタリは、その知的生活において、一貫して〝哲学を行なった〟ということ、つまり彼の用語にしたがって言えば〝エコゾーフになる〟ことをやめなかったということである。言い換えるなら、フェリックス・ガタリにとって、エコゾフィーとは、理論的生産に対する彼のあくことなき欲求を、現代世界の複雑な現実の直視とそのなかにおける実践への絶えざる志向に結びつける手段だったということである。

エコゾフィーの測量士の道程

八〇年代におけるフェリックス・ガタリの哲学がいかなるものであったかを検討してみよう。彼が自ら〈冬の時代〉（これは一九八五年に著わされた彼の本の表題でもある）(4)と呼んだ時代の直後、彼は新たな企図に身を乗り出す。つまり人間を〝人間的にすぎる〟ほどの条件に引き戻す苦悶のあとでも、哲学は誕生するのである。ガタリ的フクロウは黄昏時の散策よりも朝の霧を好む。冬の時代のしつこい雪はやがて春の雨に変わり、来たるべき夏を予告する。ガタリは一九九〇年に次のように記している。「少なくとも言えることは、喜び、悲劇、喜劇の絡み合い、私が好んで機械状と形容する過程は、保証なき未来を編み上げるということだ。人は〝ねずみのように〟つくられていると同時に、このうえなく突飛で熱狂的な冒険を約束されてもいるのである」[5]。「旅人に雨降りかかり春来たる」[6]という池上浩山人の〔イケガミコウサンジン（一九〇八～一九八五年）は大正・昭和期の俳人〕俳句ほど、この時期のガタリをよく表わしているものはないだろう。これはフランソワ・ドスが「交差的評伝」（『ドゥルーズとガタリ――交差的評伝』[7]）のなかで描いている落ち込んで非生産的になったガタリではない。われわれがここに集成した一九八五年から一九九二年までに書かれた沸き立つようなテクストのなかには、諸概念の生産をし続けるとともにそれらを作動させ続けてやまない、要するに〈仕事をし続ける〉一人の人間を見いだすことができる。

便宜上ガタリの知的生産活動を著作活動と政治的たたかいに応じて四つの時期に分けてみたい。もちろん、ひとりの人物の足跡をこのように〝切り分ける〟ことは、そこに知的な意味はあっても、不自然さは免れないことは承知の上である。

（1）一九五〇～六〇年代、ガタリはトロツキズム運動のなかでアルジェリア戦争に反対するたたかいに身を投じるとともに、ラボルド精神病院[8]のジャン・ウリやジャック・ラカンの影響を受けながら、ブルジョワ化する精神分析に抗するたたかいを行なう。そしてこの時期の経験から最初の著作『精神分析と横断性』[9]（一九七二）を著わす。

（2）一九七〇年代、ガタリは一九六八年に目覚めた春の思想の退潮に抗してたたかう。彼は自由ラジオ、イタリアの極左翼の運動、同性愛者や子どもや〝ごろつき〟への生成に与する立場をとる。そしてこの時期のテクストを集めた『分子革命』[10]という本に体現されている通り〈分子革命〉を実践する（一九七七～一九八〇）。七〇年代はまたガタリがジル・ドゥルーズと出会い、ラカンと距離をとり始める時期でもある。

(3)一九八〇年代はある悩ましい問いがフランスの左翼知識人をさいなみ続ける。すなわち、左翼が権力の座に着いたが、それに尽力した人々が期待したものとはかけ離れたものとして立ち現れたとき、何を考え何をなすべきかということである。このとき『冬の時代』〔邦題は『闘走機械』〕(一九八五)[11]が著わされるが、この本はガタリがミッテラン的左翼や東西の壁の崩壊の時代を完全には落ち込むことなしに乗り切ったことを示すものである。ガタリは毅然たる政治的立場を維持し続け、それが彼の書いたものに今日の読者にも訴え続けることができる時代を超えた力を付与しているのである。

(4)一九九〇年代が始まる。確固たる思想家ガタリは、多くの論説、インタビュー、講演などを通して〈エコゾフィー〉を構築する。そして多くのテクストや論説がやがて集成されるはずだったが、一九九二年八月二九日、突然の死がガタリを襲うことになる。

ガタリがそうしたテクストの集大成を行なおうとしていたことは、いつくかの指標から推定される。たとえば、イタリアの現代芸術雑誌『フラッシュ・アート』を刊行しているジアンダルロ・ポリティという芸術系出版社に送った手紙には、一九八五年以降に書いた論説を集成したいというガタリの抱負が事細かに描かれている。[12]ガタリは一九八九年の『分裂分析的地図作成法』の刊行を利用して、そのなかにすでに公表したいくつかのテクスト(そのうちのいくつかは彼がポリティに提案したものである)を付け加えている。しかしこの本はそれ以前に著わされた三冊の本とは比較できない趣きの異なった論集である。それに対して、ここに紹介する論集は、イメック(IMEC〔現代出版資料記録センター〕)に保管されているガタリ・コレクションや、当時ガタリの友人で協力者でもあったサシャ・ゴルドマンの所有する多くの重要な資料を活用しながら、ガタリが一九八五年から一九九二年までのあいだに書いたテクスト、講演原稿、覚え書き（そのうちのいくつかは未発表で大半はこれまで知られていなかったもの）などを編集して、ガタリの構想していたであろう論集を再構成しようとしたものである。

エコロジー政党の同伴者

本書に先立つガタリの論集は、〝社会体〟（ガタリ的に言うと）に直接接続するかたちで書かれた論説や講演記録、覚え書きなど、彼の政治的活動家としての色合いが濃厚なものであった。しかし死去する前の七年間にガタリは何をしたのだろうか？　彼は〈それまでと同じように〉、彼が〈何かが起きている〉と思う場所、彼が〈分子革命〉と呼んだものが生じていると感じる場所に行ったのだ、と言うこともできるかもしれない。たしかにこの時期、彼はフランスのそういう場所だけなく、南アメリカや日本などに幾度にもわたって赴いた。[14] 彼はテレビや広告などの技術的発展に強い関心をいだいた。[13] とくに〝エコロジー〟の政治的出現に注目した。ガタリはこの運動のなかに彼のさまざまな関心事の集約点を見いだそうとする。一九八一年以降、政治的左翼が瀕死の状態に陥っているなかで新たな政治的活動を再創造すること、人間と自然に立脚しながら現実と直接結びついた哲学的思考を行なうこと、一九六〇年代の小集団の活動に匹敵するような機能を再発見すること、等々がガタリの関心事であった。

一九八〇年代の終わりから九〇年代の初めにかけてのフランスのエコロジー運動のなかにおけるガタリの遍歴をたどり直すのは、かなりやっかいなことであるが――ガタリはチョウチョウのように、ここにいたかと思うとまた別の場所へ移動するといったかたちで小集団に向き合ったので——、この運動の歴史をガタリとの接点に焦点をあてながら手短かにでも振り返ってみることは必要であろう。(15)ガタリのエコロジー運動についてのさまざまなテクストを読むと、(16)この運動が豊かな多様性を持っているにもかかわらず党派的機能のなかに閉じ込もっていることに彼が困難と無念さを感じていることがわかる。ガタリが彼らと伴走しているとき、一九七〇年代以来活動していた多くのエコロジー集団は二つの大きな運動（ジェネラシオン・エコロジーと緑の党）に収斂し、やがてそのうちの何人かの幹部はフランソワ・ミッテランの政府（ロカール、クレソン体制）に参加する。ルネ・デュモンが大統領選挙に立候補した一九七四年以来、フランスのエコロジー運動にはたくさんのグループが生まれ、市町村選挙や国民議会選挙あるいはヨーロッパ議会選挙において、「エコロジー七八」、「ヨーロッパ・エコロジー」「いまエコロジー」等々といったような名称の下に勝利をおさめる。八〇年代の初めにこういった動きの離合集散を経て「緑の運動」が誕生し、やがてアントワーヌ・ヴェシュテルをバックボーンとした党になって、国内的・ヨーロッパ的次元でその影響力を強めていく（一九八九年のヨーロッパ議会選挙では一〇・六パーセントを獲得し、社会党にとって不可欠の同盟者となる）。しかしヴェシュテルは緑の党と社会党のあいだに一線を画し続け（「右でもなく、左でもなく」）、そのため一九九四年には党を去ることになる（代わってドミニク・ヴォワネが登場する）。他方、本書の記述でもときどき言及される緑の党のイヴ・コシェは、「エコロジーは連合すべきではない」という動きに反対の立場をとっていた。『三つのエコロジー』の刊行の機会に雑誌『エヴェヌマン・デュ・ジュディ』(17)に掲載されたイザベル・ジラールの秀逸な記事によると、ガタリは「一九八五年六月八日に緑の党に加盟する」。ブリス・ラロンド（一九八八年からロカール内閣の環境副大臣）——彼は緑の党には参加していなかった——が「ジェネラシオン・エコロジー」を創設する（アルン・タジエフ、ジャン＝ミシェル・ベロルジェ、ジャン＝ルイ・ボロロなどとともに）のは一九九〇年であり、この運動はラロンドが政府の要職にあったことから、少なくともその初期においてフランスの政治舞台の左派的流れに組み込まれていた。「ジェネラシオン・エコロジー」とつきあっていることを緑の党に非難されたガタリは、一九九一年、次のような仕方で緑の党と距離をとる決意を表明している。「ずいぶん以前から、緑の運動は、社会生活に開かれ新たなたたかいの仕方を再発明するというよりも、内部的な官僚主義的活動に関心を向け自らの内部に閉じ込もった党派的・セクト的な組織になっている、と私は考えている。私はしばらくの間は、ジェネラシオン・エコロジーがいずれ緑の運動に変化をもたらすきっかけをつくるだろうと考えていた。二重加盟を容認するジェネラシオン・エコロジーの態度はこの点において良き前兆であると私には思われた。だから私はジェネラシオン・エコロジーの集会に参加したのである。しかしそれはブリス・ラロンドが湾岸戦争に対して好戦的な立場をとる時点までだった。私はまた彼のイヴ・コシェに対する態度の豹変や、ブリエールに対する誤った非難をも評価しない。私はジェネラション・エコロジーへの参加を続行する気はない。このアソシエーションに対して形式的に加盟したことは一度もないのだから離脱するには及ばないのである[18]」。しかしガタリはその早すぎた死のために、一九九三年の国民議会選挙のさいに緑の党とジェネラシオン・エコロジーとのあいだにに結ばれた選挙協定を知ることはなく、またかつては敵対していたヴェシュテル、コシエ、ラロンド、マメールらが家族のようにポーズをとっている写真を見ることもなかった。まあこれはたいしたことではない。ガタリはおそらくすでに別の場所に移動していただろう……。しかし職業的エコロジストは、現在もなお、ガタリが彼らのなかのメディア好きのひとりに投げかけた賢明な助言に耳を傾けるべきであろう。「お気をつけあそばせ、ユロさん〔ニコラ・ユロは自然保護に共感的なジャーナリスト的エコロジスト。とくにテレビの番組で人気を博した〕、ミイラ取りがミイラにならないようにね」。

しかし取り違えてはならない。つまり、このちょっとしたエピソードから、ガタリがつくろうとしていた〝エコゾフィー〟が、これらの党が提起しようとしていた〝エコロジー〟に帰着するようなものであるとは絶対に思ってはならないということである。ガタリがこれらの小集団や党に近い場所にいたとしても、彼にとって〝エコゾフィー〟は〝エコ゠ロジー〟よりも〝フィロ゠ゾフィー〟により近いものであったということ、少なくとも彼はこの二つが接合する場所に身を置こうとしていたことを強調しておかねばならない。エコゾフィーをエコロジーに従属させることは、エコロジーを樹木や動物（あるいは、人間にとって有用あるいは見て美しいとみなされるもの）の擁護に限定するという月並みな考えを増幅するだけである。ガタリはこう言っている。「社会的エコロジーと精神的エコロジーは、科学的・政治的エコロジーを必然的に補完するものであり、したがって自然との永続的な融合感覚ではなく、個人的生活や集団的生活、種の生命、惑星や太陽の生命などの有限性の認識と受容に依拠するものでなくてはならない。（……）われわれの時代の巨大な課題に立ち向かうためには、そしてその合目的性を根底的に方向転換させるためには、既得物の擁護に執着する過去志向のエコロジーから新たな創造に全面的に舵を向けた未来志向のエコロジーに向かって移行していかねばならない」[20]。

使い回しと上書き（パリンプセスツス）への嗜好、あるいは〝切り張り〟の先駆的使用

これでおわかりいただけたと思うが、ガタリはいたるところから着想を汲み出す。彼の力は、彼が捕捉した（あるいは彼を捕捉した）多様な断片を既存のシステムのなかに包摂しないところから生まれる。プルースト好きのガタリはこうした断片を互いに張り合わせ、あらゆる小さな断片からページを拡張し続けるが、同時にページの上に上書きするために——パリンプセスツス——もとの断章を消去し続ける。哲学者としてのガタリはその初期からつねにごく自然にこのような仕方でテクストを扱っていた。[21] 彼の最初の名前がピエールであったことを想起しよう。ちなみに一九六六年に『ルシェルシュ』に掲載された彼の最初の論説のひとつは、ピエール＝フェリックス・ガタリと署名されていた。[22] のちにこれが上書きされて——パリンプセスツス——フェリックス・ガタリとなるのである。ガタリ的テクストの特徴のひとつは、それが大量の下書き（これがＩＭＥＣに保管されている資料の重要部分をなす）をもとにしてできあがっているということである。それらの下書きが裁断され、並べ替えられ、断章化され、再利用されたりして、一本の論説になったり、一冊の本になったり、さらには講演原稿になったりするのである。こうしたテクストのつくり方にくわうるに、ガタリはテクストを複数の雑誌に同時に拡散したり、同じものをいくつかの異なった形態のもとに——雑誌や単行本（彼は皮肉っぽく〝使い古した〟論説の集成などという言い方をしている）[23] など——発表するという傾向を持っていた。したがって、こうしたテクスト生産の手法そのものが、ガタリのエクリチュール全体に署名を行なうべき唯一の主体であると言わねばならないだろう。

冬の時代のあとにエコゾフィー思想によって芽を吹いたガタリの最後の三冊の本、すなわち『分裂分析的地図作成法』（一九八九）、『三つのエコロジー』（一九八九）、『カオスモーズ』（一九九二）はまぎれもない〈三つ子〉としてこのような彼の手法に沿ったものであり、こうしたテクスト作成法を典型的に示す好例である。ガタリの読者はその驚異的な豊穣さを知っている。読者は一種の〝既視感〟のように、ある言葉、あるフレーズ、さらにはある一節などが、これらの本のなかで修正されたりされなかったりしながら繰り返し出てくるのを発見する。こうした〈使い回し〉や〈上書き〉は、今日われわれ自身の〈エクリチュール機械〉に遍在する道具としての〈コピペ〉——しかしガタリはこれを知ることはなかった（マイクロソフトのソフトウェアが普及したのは一九九二年以降のことなのだから）——を喚起せずにはおかない。ガタリのテクストが同時にいくつかの場所で公表され、彼が使用する断片の〈切り張り〉が増大するのにしたがって、ガタリの書いた同一のテクストに〈行き当たる〉機会が増えていくことになる。ガタリはテクストを公表するこうしたやり方によって、インターネットよりもずっと以前に、テクストの利用可能性を高めていく（これは同時代の多くの著述家よりもはるかに豊かな流通手法であり、またガタリ流の〝分子革命〟でもあった）。しかしいかなるものごとにも裏があり、利点もあれば欠点もある。つまり、同じものだと知らずに読んでいたフェリックス・ガタリのさまざまな著作のなかで同じテクストに出会うという事態がしばしば生じるのである。むろんそれは一種の〝お手柄〟にもなるのだが。いくつかの事例を挙げてみよう。

（1）まず『分裂分析的地図作成法』（一九八九）と『カオスモーズ』（一九九二）にかかわる事例。ガタリの書いた多くのテクストは現在インターネットでアクセスすることができる——とくに『シメール』（*Chimères*）と『ミュルティテュッド』（*Multitudes*）で。この二つの雑誌は、その〈紙版〉において、たくさんのテクストをガタリの未刊のテクストあるいは希少なテクストとして紹介している。たとえば『ミュルティテュッド』の三四号（二〇〇八年三月）はゴルドマン・コレクションから得たあるテクストを「ポストモダンからポストメディアへ」と題して収録している。しかしこれは未刊テクストとは指示されていないが、表現こそ少し異なるが『分裂分析的地図作成法』の「ポストモダニズムからポストメディア時代へ」という章と同じテクストである。これと同様の事例が『シメール』の八号(一九九〇年五月)にも見られる。この号にガタリは「とにもかくにも主観性について」と題されたテクストを自ら掲載している。しかしこのテクストの手書きのオリジナルはIMECに「言語、意識、社会」と題されて保管されていて、一九八九年八月にレニングラードで行なわれた講演として紹介されている(整理番号 GTR 5-3)。そしてのちにこのテクストは、加筆・修正をほどこされて、『カオスモーズ』(一九九二)の第一章(「主観性の生産について」)として使われている。そうではあっても、『シメール』はガタリの死後、ガタリが生存中に『シメール』に発表したテクストを集め二〇〇三年夏に刊行された第五〇号に、このテクストを『カオスモーズ』との関連を読者に指示することなく再録している。こうして未刊のテクストを競争でさがすと、往々にして文献的厳密さが欠如することになるが、それはガタリのようなタイプの著作家の読解に影響を及ぼさずにはおかない。

(2) これと同じように、小著『三つのエコロジー』[24]がつくられた過程もじつに興味深い。ゴルドマン・コレクションには、『三つのエコロジー』の一一頁から二三頁に対応するタイプ原稿が保管されている(整理番号 G2)[25]。これはこの本の冒頭部分である。ついで、ゴルドマン・コレクション(G17)には、二三～四九頁に対応するタイプ原稿もある。さらに四九～五二頁と五四～七〇頁に対応する手書き原稿も存在する。この手書き原稿はのちに書き加えがなされていて、それが五二～五四頁に対応する。そして、この手書き原稿が「ザ・スリー・エコロジー」と題された英語版テクストのオリジナルで、ガタリはこれを自ら一九八九年夏、ほとんどフランス語版と同時に(フランス語版の『三つのエコロジー』の印刷が完了したのは一九八九年六月五日である)、英語の雑誌『ニュー・

フォーメーション』（*New Formations*）[26]に発表する（このとき再読用にガタリに送られた英訳がゴルドマン・コレクションに存在する。整理番号 G29）。したがって、ガタリは手書き原稿を完成して本をつくるために、数ページぶん（五二〜五四頁と最後の七〇〜七二頁）を〝あとから〟補ったということである。[27]こうして『三つのエコロジー』の完全なオリジナルは存在しないが、その理由は明らかである。つまりこの本は持続的ではあるが断片的に作成されたテクストの切り張りだったからである。『三つのエコロジー』の英語版（単行本）は、ようやく二〇〇〇年にAthlone Pressから〈*The Three Ecologies*〉というタイトルで刊行される。[28]

（3）すでに見たように、『カオスモーズ』と『分裂分析的地図作成法』に関しては、同一あるいは非常に似通った多くのテクストがありすぎてとりとめがなくなる。したがってここでは『三つのエコロジー』に関して最後の一例をだすにとどめたい。IMECのコレクションには〝日付のない〟タイプ原稿（整理番号 GTR 14-34）とその英訳[29]が存在する。このタイプ原稿はガタリの切り張りによる構成の仕方を考えるのに格好のものである。このテクストの一部は、細部の修正をともなってはいるが、『カオスモーズ』の第七章（「エコゾフィー的対象」）に対応する。そして、『カオスモーズ』の他の諸部分で飾られたこのテクストの多くの部分が、雑誌『テルミナル』の五七号（一九九二年一月〜二月）の論説に対応する（そもそも、この論説は「エディシオン・ガリレから刊行されたフェリックス・ガタリの『カオスモーズ』の諸断片をもとにしてつくられた」と明記されている）。他方、このタイプ原稿のテクストの終わりの部分は、一九八八年七月という日付を付されたゴルドマン・コレクションに保管されている別のタイプ原稿（整理番号 G40）としても存在する。したがって「エコゾフィーに向かって」と題されたこのテクストは、おそらくガタリがエコゾフィーの概念を明確にするためにもっとも重要だと思って切り張りしたテクスト群のひとつ――『三つのエコロジー』のオリジナル版と言ってもよいようなー――であろう。

『エコゾフィーとは何か』の動的編成についてのいくつかの説明

本書『エコゾフィーとは何か』を構築するために、われわれは『三つのエコロジー』という著作の〈組み立て〉から――もちろんその内容をそのままたどるのではなく――着想を得た。『三つのエコロジー』はガタリが存命中に著わした明らかにエコロジーのために書かれた唯一の著作である。この組み立ては単一的に構成されているこの本のなかでそれほど明確に示されているわけではないが、注意深く読むと十分に安定的な強度のゾーンを画定することができる。すなわち、（1）三つのエコロジーの定義（pp. 1–23）。（2）CMI（統合された世界資本主義）とエコゾフィー的実践（pp. 24–48）。（3）精神的エコロジー（pp. 50–58）。（4）社会的エコロジー（pp. 58–68）。（5）環境エコロジー（pp. 68–70）。（6）結論（pp. 70–73）。本書『エコゾフィーとは何か』を構成する七つの〈プラトー〉が構築されたのは、こうしたエコゾフィーへの多様なアプローチを出発点にしてである。本書に集成された素材に関して言うなら、論説（〈特殊な〉雑誌や一般的日刊紙に掲載された）やガタリがまとめなかった共同著作への寄稿（序文も含めて）――したがってその大半は見つけにくい――を使用した。そして、ガタリが一九八五年に『冬の時代』〔邦訳は『闘走機械』〕に集成して刊行したあとに書かれた論説にしぼった[30]。しかし、すでに見たように、ガタリの刊行したものは多岐にわたるので、また一冊の本に入れられる分量もかぎられているので、調査は完全ではないかもしれない。他方、手書き原稿やタイプ原稿、講演や論説の下書き、あるいはＩＭＥＣやゴルドマン・コレクション[31]などに保管されている覚え書き――こうしたテクストは本書のなかの正真正銘の未刊行部分をなす――など、日の目を見なかった資料も使用した。なお、ここに収められたのは、ガタリによるエコゾフィー哲学の構築と関連のある資料、原稿、論説にしぼられていることをお断りしておきたい。

読者のみなさんには、是非この本のあちこちを、私がガタリを譬えたチョウチョウのようについばんでいただきたい。またこの本を、カフカの日記と同じような使い方をして、読みたいと催したときに開き、偶然や必然があなたにもたらそうとする何かを摂取していただきたい。サドが次のように誘っているではないか。「〔あなたにふさわしい何か〕を取り込み、残りは捨てればよい。みんながそうすれば、やがてすべてはおのれにふさわしい場所におさまるだろう。（……）選択して残りを放置せよ、ただし残りを弾劾はするな。なぜなら、この残りは単にあなたの気に入らないものにすぎないだけだからだ。それが別の人の気に入るかもしれないことに思いを馳せ、哲学者たれ(32)」。

（1） Kenzaburô ôe, *Lettres aux années de nostalgie*, trad. Ryôji Nakamura et René de Ceccaty, Paris, Gallimard, 1993, pp. 17–18. 〔大江健三郎『懐かしい年への手紙』（講談社文芸文庫）、二一頁〕。

（2） この用語をはじめガタリの使うすべての概念については、本書のテクストから引き出した定義をもとにして構成された巻末の用語解説を参照していただきたい。なお、用語の選択と解説にあたっては、ガタリの諸概念は多くの場合同一の形容語を使って説明されてはいるが、他方で六〇年代に書かれた著作以降変化し続けてもいることを考慮した。たとえば「リトルネロ」という概念は『機械状無意識』（一九七九）と本書に収めたテクストとのあいだには大きな変化がある。したがって、ガタリの道具的概念（ドゥルーズ／ガタリ的意味における）を過度にシニフィアン的に固定化した定義——私自身による定義は結局そうならざるをえないだろう——のなかに包摂しないために、用語解説は本書のテクストからの引用で代替したことをお断りしておきたい。

（3） この点については、以下の私の著書の補遺（Popphilosophie〔ポップ哲学〕）を参照。〈*Manuel à l'usage de ceux qui veulent réussir leur* [*anti*-] *oedipe*〉, Paris, Fayrad, 2006.〔邦訳は信友建志訳『アンチ・オイディプスの使用マニュアル』水声社〕。

（4）〈冬の時代〉はガタリにとって一九八〇年代の前半に相当する。この時代は左翼が権力の座に着いたが、同時にミッテラン体制に対する失望が広がった。ガタリ自身が集成したこの時期のテクストが以下の本である。*Les Années d'hiver*, Paris, Barrault, 1985 ; réed. Les Prairies ordinaires, 2009.〔邦訳は杉村昌昭監訳『闘走機械』松籟社〕。

（5） 本書第四部（3）「ゼロへの回帰を超えて」を参照。

（6） Traduction de Alain Kervern, in *Le réveil de la loutre, Grand almanach japonais, livre II, Le Printemps*, Éditions Folle Avoine, 2009, p. 21.

（7） ガタリが一九八〇年代にひどく落ち込んでいたことはたしかだろう。しかし彼の生産活動は（少なくとも量的には）そういうことを感じさせない。だがフランソワ・ドスのテーゼはこれとは異なり、「交差的評伝」のなかで、この〈心理的〉精神状態が、とくにドゥルーズとともに書く能力を失っていた原因であるとしている。「ドゥルーズが単独で『哲学とは何か』を書いたのではないか？ しかし、この著作をもっとも重要なものとみなすロベール・マッジョーリが言うように『このなかにはガタリがいる。ただアスピリンのように溶け込んでいる』のである。（……）フェリックス・ガタリの落ち込み方を心配した女友達のひとりは、彼を救う唯一の方法は、ガタリを原稿〔『哲学とは何か』の〕の最後の仕上げに参与させることによって息を吹きかえさせることであると確信したという」（François Dosse, *Deleuze-Guattari, biographie croisée*, Paris, La Découverte, 2007, p. 27）〔ステファヌ・ナドーが問題にしているこの後半の一節を含む一段落は、のちにドスが削除するように訳者（杉村）に知らせてきた部分で、したがって邦訳では削除されていて、このあたりの条りは全体に異なった文章になっている。また二年後に刊行された「評伝」の小型版（*La Découverte / Poche*）でも削除されている〕。私はこの「評伝」の「哲学」に対して懐疑的である。まず、ドスがオイディプス的解釈（ガタリの祖父の死、父の不在、ジル・ドゥルーズの兄弟の死などへの言及）によってこの二人の遍歴と作品を説明しているのは、『アンチ・オイディプス』の著者たちを扱ううえで奇想天外である。他方、議論の余地のある文献的見解（とくに『哲学とは何か』のテクストに関して）を、唯一の証言によって正当化しようとする方法は軽薄にすぎる（ただしフランソワ・ドスを弁護するなら、この最後の共同著作の生成過程に関する資料は存在していないことだけは言っておかねばなるまい）。とはいえ、ドスのこの記念碑的作品が研究者にとって素晴らしい源泉であることは認めなくてはならない。

（8）とくに以下を参照。*De Leros à La Borde*, Paris, Lignes, 2012.

（9）*Psychanalyse et transversalité*, Paris, Maspero, 1972 ; rééd. La Découverte, 2003.

（10）*La Révolution moléculaire*, Paris, Éditions Recherches, 1977 ; Éditions 10/18, et réédition complète et totalement réagencée par nos soins aux Prairies ordinaires en 2012.

（11）*Les Années d'hiver*, *op. cit.*

（12）ゴルドマン・コレクションに保管されている手紙（整理番号G53）。一九八九年のものと確定することができるこの計画において、ガタリはそのテクストの大半を『分裂分析的地図作成法』の最後に挿入した（「再発見されたジュネ」、「田原桂一の顔貌機械」など）。当初、英語とイタリア語で刊行を予定されていたこの選集は、ガタリとポリティのあいだで起きたお金をめぐる紛争のために日の目を見なかった。一九八七年一〇月七日の手紙で、ポリティは次のように説明している。「これらはすでに刊行されたテクストなのですから、あなたの言う条件は財政的観点から見ていささか法外です。すでに刊行されたテクストである以上、私はあなたが代償なしで刊行を許可してくれるものと思っていました。あなたが要求する数字はベストセラーなら受け入れることができるでしょうが、あなたの本はベストセラーではありません」。これに対してガタリは、同じ年の一一月三日付けの手紙で、ユーモアをこめて次のように返答している。「いかに私が欲張っていたかがいまわかりました。とにかく使い古したテクストに五〇〇万リラを要求するなど金輪際してはならなかったということですね！　私がそれに値しないことは明白です！　まず私はこの世界のことを何も知りません。現代芸術についても、出版社についても、哲学についてもです！　それに私はベストセラーの顔をしていませんよね。（……）以下が私の方からの再提案です。あなたの言うやり方で、私の素材をすべての外国語で出版してください。そのうちあなたが私にくださる二〇〇部を私は受け取ります。でも同時に私に小さな机と折り畳み椅子をください。私はそれを使って、晴れた日には地下鉄の出口で、ひどく寒いときには地下鉄のなかで本を売ります。（……）。P.S. 2：これと同じ条件での契約をジル・ドゥルーズに提案してもよろしいでしょうか？」（ゴルドマン・コレクション、整理番号G53）。
（13）ガタリは一九九一年五月チリに行く。
（14）例を挙げると、日本に興味を持ったガタリは何度もこの国を訪れる。一九八四年五月には、ＡＤＥＬ（文化間対話アソシエーション）のバックアップで行なわれた日仏サミット組織員会にも参加している。ガタリは日仏協会の活動に積極的に関与し、一九九一年三月四日この協会の代表になる。また、当時親しかったジャック・ラングとともに、ブロワで開かれた「日仏集中討論会」にも一役買う（これについてはＩＭＥＣに資料が保管されている。整理番号G58, 1-2-3-4-5）。
（15）フランソワ・ドスの『ドゥルーズとガタリ——交差的評伝』を参照。
（16）本書に収録した第七部（環境エコロジーと戦争機械）などを参照。
（17）*L'Événement du jeudi*, numéro daté du 8 au 14 juin 1989.
（18）本書に収録した第七部（8）「エコ的実践」を参照。
（19）たとえば雑誌『シメール』の最新号を見れば、エコゾフィーがこうした簡略化には帰すことができないことがわかるだろう（‹Écosophie›, revue *Chimères* n° 76, avril 2012）。
（20）本書に収録した第四部（4）「環境と人間」を参照。
（21）以下を参照。Stéphane Nadaud, préface aux *Écrits pour L'Anti-Œdipe*, Paris, Lignes, 2005（rééd. 2012）。
（22）*D'un signe à l'autre*, Revues *Recherches* n° 2. ガタリはこのダブルネームの署名を『ルシェルシュ』の以下の特別号まで使う。〈programmation, architecture et psychiatrie〉（juin 1967）。そしてその後フェリックスという名前だけにする。
（23）注（12）を参照。
（24）Félix Guattari, *Les Trois Écologies*, Paris, Galilée, 1989.
（25）雑誌『ミュルティテュッド』では、このヴァージョンが『三つのエコロジー』の〈短いオリジナル版〉として紹介されているが、要するにこれは『三つのエコロジー』の出だしの部分である。
（26）Félix Guattari, *The Three Ecologies*, trad. de Chris Turner, Material Word, *New Formations*, n° 8, été 1989, pp. 131–147. この英語雑誌とのつながりはサシャ・ゴルドマンの仲介による。それはこの雑誌の女性編集長 Judith Squires とサシャ・ゴルドマンとの文通から知ることができる（ゴルドマン・コレクション G16）。

（27） これらの手書き原稿やタイプ原稿には日付がついていないので、いつどういった順序で書かれたのか知ることはできない。しかし、いずれ調査によって明らかになるだろう。
（28） これは Gary Genosko, Ian Pindar, Paul Sutton の厳密な素晴らしい作業によって二〇〇八年に注釈付で再版された重要な版で、私の文献的研究にとってもたいへん有益であった。
（29） 英訳は〈*Steps to an Ecology*〉というタイトルである（これはタイプ原稿としてＩＭＥＣに保管されている。整理番号 GTR 14–35）。しかし私はこれが英語版として刊行されたものは見つけられなかった。
（30） これ以前のいくつかのテクストも例外的に収録されているが、それはこれらのテクストがほかのどこにも収録されていないのと、ガタリのエコゾフィーについての思考の発端を体現しているからである。これらのテクストは注でそのむねを記してある。
（31） サシャ・ゴルドマンには感謝してもしきれないくらいなので、本書をいま一度サシャ・ゴルドマンに捧げたい。それと同時に、ガタリ自身が『三つのエコロジー』の冒頭で彼に対して行なっているように、私も、彼が貴重なアーカイブを使わせてくれ、本書の企画を導いてくれたこと、彼の忍耐と助言に感謝しながら、深い友情の念を表明しておきたい。
（32） D.A.F. de Sade, *Les 120 journées de Sodome*, Sceaux, Éditions Jean-Jacques Pauvert, 1953, p. 100.

緒言

同一のテクストに複数のタイトルがつけられている場合は、主要なタイトルを——ガタリ自身がつけたタイトルを優先的に——選んだ。他のタイトルについては注で記した。テクストにタイトルがついていない場合は、われわれがタイトルをつけた——それは括弧「　」で括って示した。著者〔フェリックス・ガタリ〕による注は（著者注）と付記した。

第一部

エコゾフィーのための論説

(1) エコゾフィーの実践と主観的都市の再興

(2) エコゾフィーに向かって

(3) エコゾフィーとは何か

(1) エコゾフィーの実践と主観的都市の再興(1)

現代の人間は根本的に脱領土化された存在である。現代人の生まれながらの実在的領土――身体、身の回りの空間、家族、宗教といった――は、一定の土地に限定されているのではなくて、絶えず変転する不安定な表象の世界に結びついている。耳にウォークマンをつけて徘徊している若者たちに住み着いているのは、彼らが生まれた土地からはるか離れたところで産出されるリトルネロにほかならない。それに、彼らにとって、生まれた土地などどんな意味があるのだろうか? 彼らが生まれ死ぬことになるのは、たいてい彼らの先祖が眠っている場所ではない。彼らにはもはや先祖などいないのだ。彼らはなぜかそこで生まれ育ち、かしこで死んでいくだけである。彼らをプログラムに組み込む社会-職業的な軌道に沿って情報コードが彼らの〈居住地を指定する〉のであり、それがある者にとっては相対的に恵まれたところであるのに対して、別の者にとっては生活保護を受けるようなところであったりするのである。

音楽、モード、広告のコピー、ガジェット(アイディア商品)、さまざまな系列産業の宣伝などなど、今日巷にはありとあらゆるものが行き交っている。しかしながら、製造されたものどうしの差異があいまいなうえに、なにもかもが交換可能な規格化された空間のなかにあるために、すべてのものが動かないでいるように見える。たとえば、ツーリストは同じ客車、同じ飛行機で運ばれ、エアコンのきいた同じホテルを利用し、すでにパンフレットやテレビで幾度となく見たことのあるモニュメントや景色の前を通り過ぎていくといったふうに、旅行といってもほとんど動かないも同然の旅をするのである。かくして主観性は化石化の危機にさらされている。主観性は差異や意外性、特異な出来事といったものへの嗜好を喪失しつつある。テレビで放映されるさまざまな競技、あるいはスポーツやバラエティー番組、政治活動における〈スター・システム〉といったものが、神経を弛緩させる麻薬のように主観性に作用し、主観性を苦悩から守るかわりに、主観性を幼児化し、主観性の責任を解除する。

では、かつてのような安定した標識の喪失を惜しむべきであろうか？　歴史が突然停止することを願うべきであろうか？　ナショナリズム、保守主義、外国人排斥、人種差別、原理主義といったものへの回帰を宿命として受容すべきであろうか？　今日、少なからぬ世論がこのような誘惑に捕えられていることからすれば、こうした傾向は単なる幻想として一蹴するわけにはいかない危険性をはらんでいると言わねばならない。現在の地球的規模における行きづまりからの脱出口は、文化や民族や国家を横断する新しい土地を創出し、領土化された権力の呪縛から解放された横断的な価値の世界をつくりだすことによってしか見いだすことはできないだろう。人類と生命圏は固く結びついている。そしてまた、人類と生命圏の未来は、この双方を含み込む機械圏に従属してもいる。つまり、経済的・生産的な究極目標の見直し、都市の動的編成、社会的、文化的、芸術的、精神的な実践の再創造といったものがなければ、人間にとって居住可能な土地を再構成することは期待できないだろうということである。人間的、エコロジー的な跳ね返りを無視して、ひとえに量的な拡張をめざす経済成長——しかも利潤経済とネオリベラリズムの排他的な支配下に置かれた——の時限爆弾のような仕掛けを取り除いて、人間の欲望の対象の特異性と複雑性を復権する新しいタイプの質的発展をめざさなくてはならない。こうした環境的エコロジー、科学的エコロジー、経済的エコロジー、都市のエコロジー、社会的エコロジー、精神的エコロジーといったものの連結を、私はエコゾフィーと呼ぶ。(2) それはこのようなそれぞれに異なったエコロジー的アプローチをある同一の全体的なイデオロギーのなかに包含するためではなくて、逆に、多様性、創造的分岐といったものに向かっての倫理‐政治的な選択、差異と他性に対する責任の選択というパースペクティブを指し示すためである。生を構成するひとつひとつのセグメント（切片）は、そのそれぞれのセグメントを超え出る個人横断的な系統流（フィロム）のなかに挿入されながらも、根本的に単一的なものとして把握することができる。(3) 誕生、死、欲望、愛といったもの、時間や身体との関係、あるいは生命のある形や生命のない形との関係といったものは、それらを新たに見つめ直すための何ものにもとらわれない澄明なまなざしを要請する。子どもを対象とする精神分析家であり民族学者でもあるダニエル・スターン(4) が〈現れ出つつある自己〉(5) と呼ぶこの主観性を、われわれは絶えず生み出し続けなければならないのだ。専門家やテクノクラートの干からびた光明のない視点に取って代えて、幼年期や詩の視線を奪回すること。ここで、黙示録に描かれているような新たな〈天空のエルサレム〉のユートピアなどを持ち出して、われわれの生きているこの現代の厳しい必要性に対応しようなどというのは論外である。そうではなくて、この必要性の核心部分に〈主観的都市〉を打ち立て、テクノロジー的、科学的、経済的な目標、国際的諸関係（とくに北と南の関係）、マスメディアの巨大機械といったものの方向付けを改めて設定し直さなければならないのである。したがって、われわれを生気のない空虚な近代性のなかで動きを停止した状態にくくりつける偽りのノマディスムから身を解き放って、美的でコミュニケーションを促進する機械状の脱領土化にわれわれを誘う欲望の漏出線に合流しなくてはならないのである。(6) 要するに、われわれの世界を動かすバネを再獲得することを通じて、植民地化以前のアメリカ（大陸）の先住民やオーストラリアのアボリジニと同じくらいの強度を持った実在的ノマディスムの出現条件を創出するということである。

こうした人間活動の集団的な再設定は、都市のメンタリティーに変化が生じなければ考えられないだろう。未来予測によると、この先数十年のあいだに、世界人口の八〇パーセントが都市部で生活することになるという。さらに、〈農村部〉として残るあと二〇パーセントも都市の経済やテクノロジーと無縁では生きられないということをつけくわえておかねばならない。実際、都市と自然の区別は深い変化をこうむることになり、〈自然をとどめた〉土地にしても、その大部分が、観光や余暇、セカンド・ハウス、エコロジー的保護、分散的な情報通信産業活動といったもののための整備プログラムに従属することになるだろう。したがって、自然といっても、それは都市と同じほどの手入れの対象となることは必定である。もっと一般的に言うなら、生命圏にのしかかっている脅威、世界的な人口増加、労働の国際的分業といったものによって、都市の世論は都市固有の問題を地球的エコロジーの立場にたって考えていく方向に向かっていくだろう。[7] しかし、このような都市の覇権は、はたして必然的に同質化、統合化、主観性の不毛化に結びつくのだろうか。都市の覇権は、今日、ナショナリズムや部族主義、宗教的原理主義といった病的な表現しか見出しえていない特異化や再領土化の衝動と、将来においてどのように折り合うことができるだろか。

太古の昔から、[8] 大都市はその近隣地域、異民族、ノマド的民族など（ローマ帝国の場合、その〈版図〉[9] の内側と外側）に対して権力をふるった。しかし、そういった時代においては、都市文明と非都市世界との区別は一般にきわめて明瞭で、宗教的・政治的な性格の対立の意味合いを帯びていた。たとえば、オーギュスタン・ベルクは、日本の伝統的な都市社会の政治が、ある時期、一方で〈奥深い森やそこにまつわる幻想〉から、他方で〈海の向こうへの冒険〉から遠ざかっていたことを鋭く分析している[10]。しかし時代はたしかに変わった。日本人は世界の隅々にまでその経済や文化を伝播しているだけでなく、日本人の登山家は毎年ヒマラヤに登頂する数がもっとも多いのである。

一六世紀以降、資本主義の集合的装備の国家的規模における形成や都市化の過程が出現するのにともなって、さまざまなタイプの都市がいたるところに増殖していったのに対して、いまや都市相互のあいだの相違はあいまいになっていく傾向にある。たとえばフェルナン・ブローデルはスペインの都市の多様性を研究している[11]。グラナダやマドリッドは官僚の都市であったのに対して、トレドやブルゴスやセヴィリアもそうであったが、これらの都市は同時に年金生活者や職人の都市でもあった。コルドバやセゴヴィアは工業都市かつ資本家の都市であったのに対して、クエンカは工業都市かつ職人都市であった。サラマンカやヘレス（デ・ラ・フロンテラ）は農業都市、グアダラハラは教会都市、であった。さらに、軍事的都市、〈羊業者〉の都市、田舎の都市、臨海都市、研究都市、等々といったものもある。結局、こういった多様な都市を同一の資本主義的集合体のなかで全体的に把握する唯一の方法は、これらの諸都市のそれぞれを集合的装備の国家的ネットワークの構成要素とみなすというやり方である。

ところで、今日、こうした物質的・非物質的装備のネットワークは、もっとはるかに広大な規模において編み上げられている。そしてこのネットワークは、地球的広がりを持てば持つほどいっそう〈デジタル化〉され、規格化され、画一化されている。このような状態は、経済的・文化的な支配力を獲得していった世界都市――フェルナン・ブローデルの言う[12]――以来の長い道程の帰結である。たとえば、[13] 一四世紀半ばのヴェネツィア、一六世紀半ばのアントワープ、一八世紀初頭のアムステルダム、一八世紀終わりからのロンドンなどが、そうした世界都市の例として挙げられる。ブローデルによれば、資本主義市場は剰余価値の大部分を集積しうる経済的鍵をにぎっている都市中枢部を起点にして同心円的に拡大し、剰余価値は周辺部に向かうにしたがってゼロに近づき、交換の停止したところで〝価格〟は最大値に達する。しかし、このような資本主義権力が単一の世界的都市に集中した状態は、二〇世紀の三分の一を残すあたりから深い変容をこうむることになる。つまり、局地化されたひとつの中心ではなくて、〈都市の群島〉のヘゲモニー、もっと正確に言うなら、情報通信や情報処理の手段によって接続された大都市の部分集合のヘゲモニーが主役として登場したのである。

したがって、統合された世界資本主義の新たな相貌をまとった世界都市は深いところから脱領土化され、その多様な構成要素は地球の全表面を覆う多極的な都市のリゾームのなかに分散するところとなったのである。こうした地球的規模における資本主義権力のネットワーク化によって、都市のコミュニケーション装備やそれを管理する者のメンタリティーが同質化される一方、都市の居住地帯において地区間の生活水準の格差が激化することになった。いまや、不平等は必ずしも中心と周辺のあいだに生じるのではなくて、テクノロジー的・情報通信的に先端装備をそなえた都市の結節環を構成する地区、中産階級の平凡な居住地区、貧困がむきだしになっている地区といったような区分からなる複合状態が都市のなかに生じたのである。たとえばリオでは、金持ちの住む富裕な地区と極貧のスラム街（ファベーラ）が、たった数十メートルの距離で接していることを考えてみたらいいだろう。あるいは、マンハッタンの最先端の国際金融の中心地がハーレムやサウス・ブロンクスの都市貧困地区と隣接していることを思い出してみたらいい。しかも、そのあたりの街路や公園には何万人もの

〈ホームレス〉が寝起きしてもいるのである。一九世紀までは、貧乏人が居住建物の最上階に住み、他の階は金持ちの家族が住むといった現象がまだ見られた。しかし、いまでは、逆に、東京のど真ん中にある山谷(14)、大阪の釜ケ崎、あるいはパリのみじめな郊外などに見られるように、社会的差別がゲットーのような隔離空間を生みだしている。第三世界のいくつかの国は強制収容所のような趣きを呈しつつある。境界線から外に出ることを禁じられた民衆の居住指定地帯のようなものが形成されているのである。しかし資本主義的表象は、テレビやガジェット（アイディア商品）、麻薬などを介して、第三世界の巨大なスラム街のなかにまでも浸透する。こうして、主人と奴隷、富者と貧者、持てる者といまだ持たざる者は、歴然と目に見えるかたちで都市空間のなかに組み込まれ、同時に権力と疎外された主観性を複合的に構成していくのである。結局、現在の都市の資本主義的脱領土化はひとつの過渡的段階をあらわしているにすぎないのであって、それは富者／貧者という差別関係の再領土化を基盤として打ち立てられているのである。

したがってわれわれとしては(15)、中世におけるような自らの内部に自閉した都市に回帰することを夢想するのではなくて、逆に、都市を新たな価値の世界に引き寄せていくさらなる脱領土化に向かわなくてはならないということである。差別や分離に向かわない主観性、しかし再特異化された主観性の生産を都市の根本的な目標として定めること。要するに、ひとえに利潤のみに方向付けられた資本主義的価値化のヘゲモニーから解放された新しい主観性の生産をめざすということである。ただし、このことは、市場システムによる調節をすべて放棄しなくてはならないということを意味するものではない。極貧状態は富裕な社会がいやがおうでも被らざるをえない単なる残存物として存在しているのではない。

貧困は資本主義システムによって〈望まれて〉いるのである。資本主義システムは集団的な労働力を発動するためのテコとして貧困を利用しているのだ。個人は都市の規律や給与生活者への要請、あるいは資本の収益といったものに従わざるをえない。個人は社会的体系のなかでなんらかの場所を占めざるをえない。そうしなければ、貧困か生活保護、場合によっては犯罪の淵に沈むことにもなる。したがって資本主義によって支配された集合的主観性は、富裕／貧困、自立／保護、統合／崩壊といった二極構造をもった価値の磁場に組み込まれている。しかし、このような覇権的な価値化システムしかありえないのだろうか？　このようなシステムが社会体が一貫性を保つために必要不可欠な唯一の定理なのだろうか？　別の価値化の様式（連帯の価値、美的価値、エコロジー的価値といった）を解き放つことはできないのだろうか？　エコゾフィーが作動するのはまさにこうした別の価値化の展開においてにほかならない。過酷な貧困や悲惨の脅威をもたらすような動機とは別の動機が登場して、労働の分業や個人の社会参加を社会的に認知された活動のなかで促進するようにしなければならない。こうした社会的実践のエコゾフィー的再構築は、個人的関係、家族的関係、近隣との関係といったもっとも日常的な次元から、地球規模の地政学的・エコロジー的課題にいたるまで、多元的に行なわれなければならない。それは民間と公共、倫理と政治の分離を再審に付すことになるだろう。それは、言表行為、協議、実行といったものの集合的な動的編成の再定義をうながすことにもなるだろう。それは六〇年代のカウンター・カルチャーの願望であった〈生を変える〉ことに通じるだけでなく、都市計画、教育、精神医療などのあり方を変え、さらには政治の仕方や国際関係の運営の仕方をも変えていくことになるだろう。したがって、もはや〈自然発生主義的〉な諸概念や単純な自主管理に戻ることはできなくなるだろう。これは社会と生産の複雑な組織を精神的エコロジーとまったく新しいタイプの個人横断的諸関係とによって隅々まで把握するという作業である。

こうしたコンテクストのなかにおいて、[16] 都市化の未来は、次のようなしばしば矛盾をはらんだ多様な特徴を帯びることになるものと思われる。

（1）巨大化の昂進

これは内的・外的なコミュニケーションの拡大・深化、したがってすでに許容限度を超えてもいる公害の増大をも意味する。

（2）コミュニケーション空間の縮小（ポール・ヴィリリオが〈ドロモスフェール〉と呼ぶもの）[17]。これは輸送速度の加速化と情報通信手段の強化による。

（3）地球規模における不平等の昂進

これは富める国々の都市部と第三世界諸国の都市部で生じ、都市のなかにおける富裕な地区と貧しい地区との開きが増大する。その結果、人間の生命や財産の安全上の問題が激化し、大都市の周辺部に統制のききにくい地帯が形成される。

（4）二重の動きの発生

（a）国家的空間に滞留し、国境や空港で密入国の摘発や移民に対する入国制限が強化される。

（b）（a）とは逆に、都市部においてはノマド的移動が盛んになる。

（Ⅰ）働く場所と住む場所が離れているために生じる日常的ノマディスム。これはたとえば東京のように土地投機によってますます強化される傾向にある。

（Ⅱ）労働のノマディスム。たとえば、アルザスとドイツのあいだ、あるいはロサンゼルスとサンディエゴとメキシコのあいだ、といったようなところで。

(Ⅲ) 第三世界や東側の諸国から富める国への人口移動をうながすノマディスム的圧力。ここでノマディスムと形容したこれらの動きは、将来、コントロールするのがますますむつかしくなり、民族的摩擦や人種差別、外国人排斥などの原因になるだろう。

(5) 〈部族化〉した都市の部分集合の形成

これはもっと正確に言うなら、外国出身の住民の場合に集中的に現れる現象である(たとえばアメリカ合衆国を例にとるなら、黒人居住区、中国人居住区、プエルトリコ人居住区、チカーノ居住区といったような)。

数年後には人口が三〇〇〇万人に達し、公害と人口過密の記録をぬりかえるだろうメキシコシティーのような都市が増えているが、そういった都市は乗り越えがたい障害にぶつかっているように思われる。たとえば日本では、富裕な都市はその形状を再整備するために膨大な手段を動員しようとしている。しかし、こういった問題に対処するためには、都市化と経済といった枠組みだけで考えていたのではだめなことは明白であり、それ以外に、社会-政治的、エコロジー的、倫理的な角度から取り組まなければならないのである。

都市は巨大な機械、[18] ルイス・マンフォード[19]の言い方を借りるなら〈メガマシーン〉になった。それは集合的装備(教育、健康、社会統制、文化等々)とマスメディアを介して個人的・集合的な主観性を生産するのである。そこでは、物質的下部構造、コミュニケーション、サービスといったアスペクトと、実在的と形容することができるそれらの機能とを切り離して考えることはできない。人々の感性、知性、相互の関係スタイルから無意識的な幻想にいたるまで、すべてがこのメガマシーンによってモデル化されるのである。そうであるがゆえに、都市計画家、建築家のみならず、社会科学や人文科学、エコロジー科学といったさまざまな領域のあいだに、横断的な結合を打ち立てることが重要なのである。しかしながら、この二〇世紀末に浮かび上がってきた都市をめぐるドラマは、地球上における人間の生活の未来を問題に付すもっと根底的な危機の一様相にすぎない。生産の手段とりわけ生産の目的の根本的な方向転換が行なわれなければ、生命圏全体が均衡を失い、人間生活——もっと一般的に言うなら、いっさいの動物や植物の生存形態——と全面的に両立不可能な状態に向かって突き進んでいくだろう。この方向転換は、[20]工業化の見直し、とりわけ化学工業とエネルギー産業の修正、自動車の制限あるいは非公害的な交通手段の考案、大々的な森林伐採の停止、等々といったものの実現に早急に向かうことを迫られている。要するに、いってみれば、個人間、企業間、国家間の経済的競争の精神そのものが問題に付されなければならないのである。

現在、エコロジー問題に対する自覚は、まだ少数世論にしか達していない。危機がはっきりしてくるにつれて、大メディアがこの問題に関心を寄せ始めてはいるが、まだそれほどの影響力を持ちえていない。したがって、この問題の全貌を把握して、政治的・経済的な決定力を引き込むことができるような集合的意志の作動からはほど遠い現状にあるのである。これは、いわば、人間の集合的意識、人類の延命本能、人間世界の破局と終末といったもののあいだの、数十年後を最終期限とした一種の速度競争のようなものである。こうしたパースペクティブはわれわれの時代を不安なものにさせると同時に情熱をかきたてるものにもさせる。なぜなら、そこでは、倫理‐政治的なファクターが、これまでの歴史において決して持ちえなかったような力を現わすことになるからである。[21]

来たるべきエコロジー的意識は、空気の汚染、地球温暖化による悪影響、多数の生物種の消滅といったような環境的ファクターに取り組むことだけで満足してはなるまい[22]。社会的領域や精神的領域におけるエコロジー的荒廃にも関心を向けなくてはならないだろう。集団的なメンタリティーや習慣を変えなければ、物質的環境にかかわる〈回復〉の措置しかとれないだろう。

現在国際貿易を取り仕切っている異常なシステムのせいで、南側の諸国がこのような荒廃の主たる犠牲者になっている。たとえば、南側の諸国の大半で生じている人口爆発の抑制は、それらの諸国の経済的な停滞からの脱出への努力、利潤に一方的に傾いた成長の目標に取って代わる調和のとれた発展の推進といったものと大きく結びついている。結局、富める国々にとってこうした政策から得るものは何もないのだが、富める国々はその指導者たちが現行の政策を通して引きずり込もうとしている深淵にどのようにして気づくことができるのだろうか。破局に対する恐れ、世界の終末への恐怖といったものは、必ずしも最良の助言者として機能しないだろう。五〇年前に、ドイツ、イタリア、日本で起きたファシズムの自滅的イデオロギーへの大衆ののめり込み方を参照してみれば、一種の集団的な死の眩暈のなかで破局が破局を呼ぶことになるかもしれないことを否定することはできないではないか[23]。

したがって、エコゾフィーの建設的な諸価値の周囲に結晶する新たな進歩的機軸は、精神的貧困や感覚の麻痺——これが資本主義の城塞のなかで根こぎにされ、見捨てられた人々の主観性にしだいに浸透している——を修復することを最優先の課題と見なさなくてはならない。ここで、ヨーロッパやアメリカ合衆国に広がっている孤独感や遺棄されたという感覚、あるいは生きていることの空虚感といったものを描き出しておかねばならない。幾百万にものぼる失業者や生活保護を受けている者は、画一化された物質的財や文化的財の生産を唯一の目的とする社会のなかで絶望的な生活を送っている。

もちろん、そういった類の財の生産は、人間の潜在的能力の開化や発展を可能にするものではない。いまや、都市は空間という観点から定義してすますことはできない。都市という現象の性質は変化した。それは単なる一問題ではない。都市問題は第一に重要な問題であり、経済的、社会的、イデオロギー的、文化的な諸問題の交差点に位置しているのである。都市は人類の運命の鍵をにぎっていて、人間生活の向上のみならず差別をも生産する。都市はまた、そこを支配するエリートを形成し、あらゆる領域における社会的刷新や創造の未来を構想する。こうした都市をめぐる諸問題の大きさは往々にして閑却されがちである。一般に政治家はこれらの問題を専門家にゆだねようとする。しかし近年、この点で注目すべきある傾向が見られる。たとえばフランスでは、右派左派の双方にエコロジストのかける圧力で、地方都市の次元における政治活動の重要性が増しつつある。国民議会の議論はパリ以外の大都市や地方における政治的争点に比べて二義的な位置に移行しつつある。首都に集中している政治的首脳部に対する地方都市の市長を兼ねた代議士たちの反乱が潜在的に始まってもいる。これはまだ微々たる変化でしかないが、いずれは政治活動全体をもっとはるかに深いところから激変させることになるかもしれない。

未来における都市の変容の重要な原動力のひとつは新しいテクノロジーの発明にもかかわっている。とくに視聴覚設備、情報処理、情報通信といったものの結合の与える影響である。近い将来、そこから期待できそうなものをいくつかざっと列挙しておこう。

（1）遠くにいるさまざまな相手とテレビで結びつき、多様な仕事を自宅にいながらにして遂行できる可能性。

（2）人間の声を含む音と像の接合的な伝達装置（視覚音声機）が発展して、遠隔地からのサービス活動が単純化されるとともに、データバンクの利用が容易になって、図書館、古文書館、情報部門などに取って代わるようになる。

（3）電話やケーブルによる有線テレビ放送システムの普及によって、余暇、教育、技術の修得、インフォメーション、買い物といったさまざまな領域にかかわる多くの番組にアクセスできるようになる。

（4）移動中の人間と（その人が世界中のどこにいようとも）ただちにコンタクトすることが可能になる。

（5）公害をもたらさない新しい交通機関が開発され、公共輸送と個人輸送のメリットを結合する（個人輸送を統合した輸送隊、高速度の移動式カーペット、専用路線を走るプログラム化された小さな乗物など）。

（6）輸送のための場所と歩行者のための場所が明瞭に分離される。

（7）商品の新しい輸送手段（気送管、宅配用のプログラム化された輸送ベルトといったような）の開発[24]〔ガタリがこのテクストを書いた時点には、インターネットや携帯電話はまだ普及していなかったことに留意されたい〕。

新素材について言うなら、これを使えば未来の建造物は、都市において、さらに大胆なデザイン、大胆な構造を実現することができるだろう。もちろん、汚染や公害に抗する闘い（水や廃棄物の処理の仕方、食物や洗剤に含まれる有害成分の除去など）と密接に結びつけながら。

次に、新たなエコゾフィー的実践を通した主観性の生産の手段としての都市に力点を置いて、都市をそのような方向に導くであろうファクターを取り出してみることにしよう。

（1）情報処理、情報通信、ロボット工学、バイオテクノロジーの革命は、物質的ならびに非物質的な財の生産にかかわるすべての形態に多様な変化をもたらすだろう。しかしこの生産は、ジャック・ロバンの本『時代を変える』[25][26]が見事に証明しているように、仕事量の増大をともなうものではない。そうすると、自由に使える時間や自由な活動を行なうゆとりが大きくなるということである。しかし、そういう余裕を何のために使うのかが問題である。フランス政府が考えたように、取るに足らない〈小仕事〉をするために使うのか？　それとも、連帯や相互扶助、近所づきあいなどの新たな社会関係の構築のための活動、環境保護のための新たな活動、テレビを見るよりも能動的で創造的な新たな文化概念の創出のための活動といったもののために使うのか？

（2）この第一のファクターは、今後数十年にわたって、地球的規模で――とくに貧しい国々で――維持されるであろう顕著な人口増加の結果によって強化されるだろう。つまりこの人口増加は、経済的・文化的な領域で〈何か見るべきことが起きる〉国々と、援助をあてにするしかない荒廃した何もない国々とのあいだの矛盾を激化させるだろうということである。ここでもまた、資本主義、植民地主義、帝国主義によって破壊された社会性の形態の再構築の問題が鋭く提起されることになる。

（3）逆に発展した諸国（北アメリカ、ヨーロッパ、オーストラリアなど）などでは、人口の落ち込みが見られる。たとえばフランスでは、女性の受胎率は一九五〇年とくらべて三〇パーセント減少している。この人口の減少は伝統的な家族構造の解体（結婚の減少、非婚同棲の増加、離婚の増加、両親を中心にした家族的連帯関係の漸進的消滅など）と並行した現象である。ところで、こうしや個人や核家族の孤立化にともなって、新しい社会関係がそれを埋め合わせるかたちで登場したわけではない。近所づきあいや、連帯的、組合的、宗教的な生活は、一般に停滞、衰弱し、あえて言うなら、その埋め合わせとして登場したのが、マスメディアを子どものように受け身的に消費するという生活である。家族的なものの名残りは、むしろ退嬰的で摩擦の起きやすい溜まり場のようなものになった。他方、発展した社会において家族のなかにまで根を下ろした〈新たな個人主義〉は、社会解放の同義語ではない。こうした社会状況のなかでは、建築家、都市計画家、社会学者、心理学者は、諸個人の再社会化、社会組織の再発明といったものがどうあるべきかを考えなくてはならないだろう。その場合、もちろん、昔ながらの家族構造や、旧来の同業組合的諸関係などの再構成に逆戻りすることは許されないだろう。(27)

(4) 情報テクノロジーの飛躍的発展は、現在、都市と都市のあいだ、あるいは同じ都市のなかの地区と地区のあいだに存在する上下関係に、いままでとはちがった仕方で対応することを可能にするだろう。たとえば、現在、フランス全土に施設がある大企業や中企業の指導部局の八〇パーセントがパリに集中している。それに対して、フランス第二の都市リヨンが決定権を持っている割合はたった三パーセントにすぎず、それ以外の都市にいたっては二パーセントの決定権も有していないのである。新しい情報通信技術によってこうした行き過ぎた中央集権主義の修正が可能になるだろう。同様に、とりわけ地方の民主主義的生活にかかわるすべての領域において、情報通信技術を使った新しいかたちの協議の仕方が可能になるかもしれない。

(5) 文化や教育の領域において、有線放送システム、テータバンク、シネマテークなどへの大衆的アクセスによって、とくに制度的な次元における創造性が飛躍的に拡大する可能性がある。

しかし、これらの未来展望は、すべて正真正銘の社会的実験によって導かれないかぎり意味を持たないものであろう。現在のマスメディアにおいて生じているような、還元主義や画一主義で〈主観的都市〉を貧弱にする方向ではなくて、個人的集合的な主観性が豊富化するような方向に向かうということである。そのためにも、新しい都市づくりや旧市街の刷新、あるいは〈荒廃した産業地帯〉の再転換などをはかるときに、そうした大きな社会的実験にかかわる契約を社会科学の研究者とかわすだけでなく、将来その街や建物に住むことになるだろう住民や利用者とも契約をかわしながら計画をすゝめることを私は提唱したい。家庭生活や近所づきあい、教育、文化、スポーツ、子どもの世話、老齢者や病人の介護といったものの、ありうべき新たな様式を具体的に検討するためにである。

実際、生活を変え、新たな活動スタイルや新たな社会的価値をつくりだす手段は、もうわれわれの手に届くところにある。欠けているのは、そうした変化を引き受けようという政治的な欲望と意志だけである。この新しい実践は、近代の機械によって解放された自由時間の使い方、子どもや女性、老人などとの新たな関係の持ち方、文化横断的な諸関係のつくり方などと深くかかわっている。このような変化に向かうには、まずもって、現在の状態を変えることが必要であるということ、そしてそれは可能であるということ、このこと以上に急を要することはないという自覚を持つことである。人間の住まい方の新たな実験は人々の自由と競い合いの雰囲気のなかでこそ可能になるのであり、法律やテクノクラートの通達によって可能になるのではない。また、このような都市生活の再構成は、地球的な規模における労働の分業のなかで行なわれるべきであり、とりわけ第三世界の国々が単なる援助の対象としてのゲットーのような扱いを受けてはならないということも付言しておきたい。さらに言うなら、旧来の国際的な対立関係が消滅し、それにともなって軍縮の波が生じることも必要とされるであろう。そうなれば、新たな都市づくりの実験のために巨額の資金を投じることも可能になるのである。

次に私がとくに強調したいと思うのは女性解放の問題である。社会民主主義の再発明は、女性が社会のあらゆる次元において責任を引き受ける位置に立つことがないかぎり困難であろう。男を競争的価値システム、女を受動的立場に置くような、男性と女性のあいだの心理的・社会的不均衡が教育やメディアによって激化させられているが、これは空間を実在的な充足感の場としてとらえることができない、いわば空間との関係の認識不足に由来するものである。〈新しい優しさ〉、他者の相違や特異性に耳を傾ける新しい態度といったものも発明の対象である。われわれは、人々のものの見方や考え方の変化に通じるであろうこうした〈分子革命〉を企てる前に、グローバルな政治革命を期待すべきなのであろうか？　われわれはここで二重に絡まった円環を前にしている。それは、一方では、社会、政治、経済は人々のものの見方や考え方の変化がなければ進展することができず、他方では、人々のものの見方や考え方は社会全体に変化が生じないかぎり変わることはできないという状況である。われわれが提唱する大規模な社会的実験は、このような矛盾から脱出するための一手段となるだろう。

新しい居住の仕方の実験が成功すれば、広範な変化への意志に大きな影響を与えることができるだろう（それはたとえばセレスタン・フレネ[28]が教育の領域で〈率先して〉行なった実験で証明されていることで、彼の実験は学級空間というもののあり方を完全に一新したのである）。都市づくりというものは本質的にきわめて複雑なもので、その複雑さに見合った方法でアプローチすることが要求される。社会的実験はカオス理論におけるプロセスの物理学に類比しうる〈奇妙な牽引力〉のようなものを必要とする。[29]〈変動する〉客観的秩序はわれわれの住む都市の現在のカオスから生まれるのだが、新しい詩や新しい生き方もまたそこから生まれるのである。この〈カオスの論理〉は人が状況をその特異性においてつかみとることを要請する。つまり、状況の絶えざる再特異化のプロセスと時間の不可逆性のプロセスのなかに入っていくということである。[30]さらには、現実のなかにおいてだけでなく、現実が誘発する分岐にしたがって可能なるものの方向に向かって建設するということである。数世代にわたる人々が現在とは異なった仕方で感じ、考え、生きるようになる方向に導く潜在的な変動に与しながら建設するということであり、その場合、とりわけわれわれの時代が知ったテクノロジー的次元における巨大な変化を考慮に入れることを忘れてはならないだろう。未来に予測される制度的・機能的な変動を念頭に置きながら、既成のプログラム化された空間を変えていくことが求められているのである。

この点からして、建築や都市計画のエコゾフィー的な再転換が決定的な意味を持つことになるだろう。近代主義的な目標は長いあいだ、いわゆる〈基本的必要〉をもとにした一定の規格化された居住形態であった。私はここで一九三三年に〈アテネ憲章〉なるものがつくったドグマを想起する。それはCIAM（近代国際建築会議）が行なった仕事を集大成したものであるが、一〇年後にル・コルビュジエがそれに注釈をくわえ、その後数世代にわたって都市計画家の理論的信条になったものである。[31]この普遍主義的近代主義のパースペクティブは決定的に過去のものになった。いまや、建築家や都市計画家は、多義的・多声的な芸術家にならねばならないのであり、普遍的ではない人間的・社会的なマチエールを使って、ますます変化の速度を早めている個人的・集合的なプロジェクトを遂行しなければならない。そして、そのようなプロジェクトの特異性――美的レベルをも含んだ――が、制度論的分析の過程や主観的な無意識形成の探索までをも発動させるような、真に創造と呼べる仕方で日の目を見なければならない。こういった条件下では、建築の設計や都市計画は動的・弁証法的にとらえなくてはならない。それらは主観性の生産のための多次元的な地図作成法になることを要請されているのである。集団的な希求はこれからもますます急速に変化し続けるだろう。こうした新しい主観性の生産が人間の活動の第一目標になり、それにふさわしいテクノロジーが開発されねばならない。したがって、このような方向転換は単に専門家だけの仕事ではなくて、〈主観的都市〉のすべての構成要素の動員を必要とするのである。

現代的な脱領土化の野生的ノマディスムは、出現しつつある主観性を〈横断主義的〉に理解し、さまざまな特異点（たとえば土地や環境の特殊な形状）、特殊な実在的領土（たとえば子どもあるいは身体障害者や精神障害者から見た空間）、潜在的な機能的変化（たとえば教育の刷新）といったものを節合しようとするところに成り立つ。そのことがあって、はじめて創造者の個人的・集団的な個性をすぐさま認識させるようなスタイルやインスピレーションが生まれるのである。建築や都市計画の複雑性は設計やプログラム化のテクノロジーのなかにその弁証法的な表現を見いだす。このテクノロジーはコンピューターを援用したものであるが、それ自体のなかに自閉するものではなくて、言表行為の動的編成全体に節合されるものではなくてはならない。建物や都市は単なる対象ではなく主体的な機能を担った対象であり、いわば部分的な〈主体的対象物〉として存在しているのである。

都市空間がわれわれに提示するこうした部分的主体化の機能は、不確実な不動産市場やテクノクラートの恣意的なプログラム化、あるいは消費者の月並みな嗜好などにゆだねられてはならないものである。こうしたすべてのファクターを考慮に入れたうえで、しかもこれらのファクターを相互に関連しあうものにしなくてはならない。これらのファクターは、建築家や都市計画家の介入を通して混成され〈解釈〉されなければならない。それはオーケストラの指揮者が音楽という系統流を絶えず刷新的に活性化するのと同じことである。この部分的主体化は、一方で過去に密着し、文化的記憶の蘇りや人々に安心感を与える雰囲気などと容易に縁を切れないものであるが、他方でそれは突然の変化や革新にも通じる――そのために事態を不安定にすることもあるが――ものでもある。こうした切断や特異化は通常の合意形成主義的な民主主義の手続きでは保証されえない。それが保証されるためには、空間の創造者としての芸術家と集合的主観性とのあいだに特異性の転移が生じる必要があるだろう。かくして建築家と都市計画家は、一方でテクノクラートや財政担当者に牛耳られた無秩序な都市計画のカオス的ノマディスム、他方でダイヤグラム的な先端性の展開を通して現れるおのれ自身のエコゾフィー的ノマディスムという二つの流れのあいだに身を置くことになる。

しかしながら、このような個人的な創造性と多様な物質的・社会的拘束との相互作用のなかからこそ、真に創造の名に値するものが生まれてくるのである。実際、建築的対象、あるいは都市計画的対象といったものが、それらに固有の言表行為の主体としての一貫性を獲得するためには、あるリミットの踏み越えがなされなくてはならない。ある境界域が踏み越えられたとき、それは生き始めるのであり、そうでなければそれは死滅するしかないのである。建築家や都市計画家はきわめて複雑な位置に身を置いている。しかし彼らが美的、倫理的、政治的な責任をわが身に引き受けようとした瞬間から、その位置は心をときめかすような魅力的なものになる。彼らは、一方で民主主義的都市のコンセンサスのなかに身を沈めながら、他方でその構想と設計によって主観的都市に向かっての決定的な分岐を導いていくこともできるのである。人類が彼らの協力によって都市の生成を再発明することができるか、あるいは今日歴史が直面している異例の困難を前にして、人類が何もできないまま自らの無力の重さに組み敷かれて滅び去るか、このいずれかであろう。

（1）この論文には二つのヴァージョンが存在する。ひとつはもうひとつよりも長くて、「エコゾフィーの実践と主観的都市の再興」と題されていて、以下の集合的著作のなかに掲載されている。dirigé par Eduardo Portella, *Un autre partage, homme, ville, nature*, Paris, Érès, 1993, pp. 103–118. この著作は、一九九二年五月二五～二七日にリオデジャネイロで開催された〈Fundaçao Casa de Rui Barbosa〉主催の国際討論会の記録であり、この討論会は一九九二年六月三～一四日に開かれた国連の〈環境と発展〉についての講演会の関連会議として行なわれたものである。もうひとつは、もっと短縮されたもので（とくに終わりに部分において）、一九八一年一一月一四日付の『ヌーヴェル・オプセヴァトゥール』の特集号（〈明日の地球〉）に掲載されたものである。そしてこのヴァージョンが雑誌『シメール』の五〇号（二〇〇三年夏）に再録された。ここに採用したヴァージョンは前者に対応するもの（IMECに整理番号 GTR13-10 として保管されているもの）である。この重要なテクストは、ガタリが一九八〇年代の終わりから一九九〇年代の初めにかけて展開したあらゆるテーマ――とくに『三つのエコロジー』のなかで――の反復からなっている。言い換えれば、このテクストは、ガタリのエコゾフィーについてのもっとも圧縮的な表現のひとつである。『ヌーヴェル・オプセルヴァトゥール』のヴァージョンで削除されている部分については、そのつど注で指摘した〔なおこの論文は、訳者がかつて独自に編集・刊行した『〈横断性〉から〈カオスモーズへ〉――フェリックス・ガタリの思想圏』（大村書店、二〇〇一年刊、現在絶版）に収録されている。今回、若干改訳した〕。

（2）『ヌーヴェル・オプセルヴァトゥール』では「私はこれをエコゾフィーと命名した」となっている。

（3）この文は『ヌーヴェル・オプセルヴァトゥール』では削除されている。

（4）Daniel Stern, *The Interpersonal World of the Infant*, New York, Basic Books, 1985（著者注）

（5）以下を参照。*Chaosmose*, Paris, Galilée, 1989, p. 17 sq. ダニエル・スターンの著書は仏訳されている。*Le Monde interpersonnel du nourrisson. Une perspective psychanalytique et développementale*, trad. Alain Lazartigues, Paris, PUF, 1989.

（6）このパラグラフのここから最後までの文章は『ヌーヴェル・オプセルヴァトゥール』では削除されている。

（7）この文は『ヌーヴェル・オプセルヴァトゥール』では削除されている・

（8）このパラグラフ全体が『ヌーヴェル・オプセルヴァトゥール』では削除されている。

（9）「版図」とは語源的に言うと、近代の歴史家が「ローマ帝国が境界線に築いた城塞システム」に与えた名前である。したがって「版図」は、ローマ帝国とローマ人が〈異邦〉と呼んでいた世界――つまりギリシャ語もラテン語も話さない人々——との境界線をしるすものである。その機能は防衛と税関である。

(10) Augustin Berque, *Vivre l'espace au Japon*, Paris, PUF, 1989.（著者注）。

(11) Fernand Braudel, *La Méditerannée et le monde méditeranéen*, Paris, Armand Colin, 1966.（著者注）。

(12) Fernand Braudel, *Civilisation matérielle, économie et capitalisme, XVe–XVIIIe siècle*, Paris, Armand, Colin, 1979.

(13) ここからこのパラグラフの最後までは『ヌーヴェル・オプセルヴァトゥール』では削除されている。

(14) 本書収録の第三部（6）「誇らしげな東京」を参照。

(15) このパラグラフは『ヌーヴェル・オプセルヴァトゥール』では削除されている。

(16) この都市計画についての長いパラグラフは『ヌーヴェル・オプセルヴァトゥール』では全部削除されている。

(17) Paul Virilio, *Vitesse et politique*, Paris, Galilée, 1977.（著者注）。

(18) 『ヌーヴェル・オプセルヴァトゥール』のヴァージョンはここから再開する。

(19) Lewis Mumford, *La cité à travers l'histoire* (1961), trad. Guy et Gerard Durand, Paris, Seuil, 1964.（著者注）。

(20) この文は『ヌーヴェル・オプセルヴァトゥール』では削除されている。

(21) 『ヌーヴェル・オプセルヴァトゥール』のヴァージョンでは「歴史」という言葉に括弧がついている。

(22) 『ヌーヴェル・オプセルヴァトゥール』のヴァージョンでは、この文は少し異なっていて、次のようになっている。「来たるべきエコロジー的意識は……に取り組むだけで満足してはならないことを、私は強調してもしすぎることはないだろう」。

(23) 『ヌーヴェル・オプセルヴァトゥール』のヴァージョンは、ここで終わっている。

(24) Jöel de Rosnay, *Les rendez-vous du futur*, Paris, Fayard, 1991.（著者注）。

(25) Jaques Robin, *Changer d'ère*, Paris, Seuil, 1989.（著者注）。

(26) Cf. Sacha Goldman, introduction à une discussion entre Jacques Robin et Félix Guattari enregistrée par Sacha Goldman et parue dans la revue *Multitudes* n° 24, printemps 2006. サシャ・ゴルドマンはこのことについて次のように報告している。「一九八〇年代の終わり、エコロジー問題について研究していたフェリックス・ガタリは、ジャック・ロバンの本（*Changer d'ère*）に感動して、『三つのエコロジー』の最後の注に次のように書く。「ジャック・ロバンが『エコロジー、社会、ヨーロッパを同時に考える』と題されたレポートのなかで、グローバル・エコロジーの立場に立って、われわれと同方向の道筋をたどりながら、比類なき説得力をもって、科学的エコロジーと経済的エコロジーの関係、そしてこの両者の倫理的帰結にかかわる問題の出現などを論じている」。医者出身の理論家ロバンの重要な仕事は、一九六六年から一九七六年にかけて、エドガール・モラン、アンリ・ラボリ、ルネ・パセ、ジョエル・ド・ロネーなど多領域の専門家を結集した非公式のネットワーク「十人グループ」のなかで大きく発展した。〝政治的〟領域ではミシェル・ロカール、ジャック・ドロールなどもこれに加わった。このネットワークは当時驚くべき多領域の交差路となり、領域横断的な方向で重要な仕事を遂行し、政治的エコロジーをテーマとして先駆的雑誌〈Transversales Sciences-Culture〉（現在は grit-transversales.org というウェブサイト）の創設に至った。「十人グループ」については、ブリジット・シャマクの以下の書物を参照されたい。Brigitte Chamak, *Le Groupe des dix*, éditions du Rocher, 1997. 一九八二年。ジャック・ロバンはモロワ内閣の政令をもとにしてＣＥＳＴＡ（先端的テクノロジー・システム研究センター）を設置した。こうしてガタリとロバンのあいだに研究と友情の強い絆が結ばれる。ガタリは〈Transversales〉の編集委員会に入り、彼がエコゾフィーと呼ぶテーマを扱った論説を執筆する。フェリックスが死去した一九九二年、ロバンとガタリは〈Transversales〉その他の雑誌に、政治的エコロジーの現状への「アピール」を共同で書くが、これはフェリックスの最後の活動のひとつとなった。一九九〇年のある日、メディアと「愛憎相半ばする」関係を持っていたフェリックス・ガタリは、当惑しながら私に電話をしてきた。ある週刊誌がエコロジーと新しい情報テクノロジーとの関係について彼にインタビューを申し込んできたというのである。このテーマはたしかにフェリックスの関心事であったが、同時に彼はこれをインタビューという形式で扱うことをためらっていた。私は彼にこの対談を行なうようにすすめ、同時にこの雑誌に彼の対話相手の選択を任せてくれるように提案したらどうかと伝えた。ガタリはこれを喜んで受け入れ、ジャック・ロバンに対話相手になることを頼んでくれるよう私に依頼をし、テープレコーダーを持ってきてくれるように伝えてきた。こうしてできたのがこの対話である。ここには彼らの現状との関係における複雑な思いが語られている。ジャック・ロバンはその後も“*GRIT-Transversales*”（Éditions Fayard）叢書の創設などを通して知的活動を続行し、この叢書から彼の新旧の同伴者——エドガール・モラン、ジョエル・ド・ロニー、アンド・ゴルツ、パトリック・ヴィヴレ、フィリップ・エグランなどの著作を刊行している」。

（27） Louis Roussel, ‹L'avenir de la famille›, *La Recherche* n° 14, octobre 1989.（著者注）。

（28） セレスタン・フレネ（一八九六—一九六六）は、学校教育のなかで現在も継承されている制度論的教育学の方法を創造した。この教育法を実践している施設は世界三三カ国に一万以上存在する。

(29) James Gleick, *La Théorie du chaos*, Paris, Albin Michel, 1989.(著者注)。

(30) Ilya Prigogine et Isabelle Stengers, *Entre le temps et l'éternité*, Paris, Fayard, 1988.(著者注)。

(31) アテネ憲章は一九三三年にアテネで開かれた第四回国際近代建築会議にル・コルビュジエを中心にして集まった建築家たちの考察から生まれた。そのテーマは「機能的都市」であった。

(2) エコゾフィーに向かって[1]

「私が思うに、人間とエコロジー・システムに対する脅威が巨大な規模で蓄積されてきたのは、われわれの思考習慣における誤りに直接由来する。この誤りは非常に奥深い次元にあり、部分的には無意識の次元にある」

グレゴリー・ベイトソン[2]

現在、世界の地政学的な形状はフルスピードで変化している。そしてその一方で、科学技術や生物学、コンピューターを使ったさまざまな試みや電子的な情報網、メディアなどからなる世界が、日々、われわれの精神的な座標系を不安定化している。世界の貧困を背景とした中東の戦争、解決しがたい人口問題、都市の生活網の怪物的な増大と荒廃、汚染による生物圏の密かな破壊、そしてまた新しいテクノロジー的条件に見合った社会的経済を再構成できない現行システムの無能性。これらのすべての事態から考えて、われわれは、人間の精神、感受性、意志といったもののすべてを動員しなくてはならない状況に置かれている。ところが、おそらくわれわれを絶望の深淵に導いていくかもしれないこの歴史の加速化が、メディアによって日々われわれにあてがわれる一見扇情的であるが実際には陳腐きわまりないイメージによって隠蔽されているのが現実である。

エコロジー的な危機は、結局のところ、社会的なもの、政治的なもの、実存的なものといった、より広範なものの危機に帰着していく。ここで問われているのは人間のメンタリティー〔ものの見方・考え方・感じ方〕であり、このメンタリティーに一種の革命が起きて、それがある一定の発展タイプ、つまり人間的な目標を喪失した生産主義を保証することをやめるように働かなくてはならない。したがって、われわれにとって胸の痛むような問いが繰り返し問われることになる。すなわち、どうやったらメンタリティーを変えることができるか、どうやったら人間に責任感を与え直す――かつて責任感があったとして――ことができる社会的実践を再発明しうるか、という問いである。この責任感は、単に〝人間が延命することへの〟責任感だけでなく、同時に〝この地球上のすべての生きとし生けるものの未来への〟責任感であり、動物種や植物種の未来のみならず、あえて言うなら音楽、芸術、映画といった非身体的な（無形の）種、さらには時間との関係、他者への愛や思いやり、宇宙との融合感覚といったようなものへの責任感でもある。

ところで、このような社会的実践を再発明するためには、われわれが現在古いイデオロギーや伝統的な政治的・社会的実践の価値が根底的に下落した歴史的状況に直面していることに鑑みて、こうした現実に集団的に立ち向かうための合議と行動の手段を再構成しなければならないだろう。その場合、注意すべきことは、こうした合議と行動の手段の刷新のために、近年登場した新たな情報伝達の道具が貢献しうるということ、これを排除してはならないということである。しかし、創造的な輝きを起動させ、建設的なパースペクティヴの展開を可能にするであろうわれわれの新たな自覚の核となるものを生み出すのは、こうした情報伝達の道具そのものではない。つまりわれわれ自身が、小さな断片的試み、ときには不安定な手探りの実験の開始を起点として、新たな言表行為の集合的動的編成（アジャンスマン）を模索し始めなければならないのだ。そして、世界をこれまでとは異なった仕方で見直しつくりだす方法、これまでとは異なった人間の存在様式を生み出す方法を追究し、人間相互の循環回路を整備し直し、互いが互いを豊かにすることができる道を切り開かねばならない。これはわれわれが知力によってかつてない認識の圏域に到達するということではなくて、突然変異をもたらしうる人間の実存的な潜勢力を、人々の感受性の様式に基づいて把握し創造するということである。その意味で、ここで問われているのは、潜在的なもののエコロジーの総体であり、私の言う〈エコゾフィー〉(3)こそが、われわれの倫理的‐政治的なアンガジュマンを通して、すでにに存在する生きた形象や来たるべき新たな形象に対するわれわれの責任を結び合わせ、集合的な知性と想像力の扉を打ち開くのである。

しかし、こうした潜在的なもののエコロジーの発動が引き起こす歴史の主観的ファクターの重視や倫理的自由の跳躍は、人々をおのれの殻のなかに閉じ込もらせるものであってはならないし、超越的な瞑想をもたらしたり、政治的アンガジュマンを諦めさせるものであってはならない。それは逆に政治的実践の再構築をもたらすものでなくてはならない。

一八世紀の終わり以降、科学と技術が先進的社会に及ぼす影響にともなって、進歩主義的潮流――この潮流は国家観においてはたいていジャコバン主義的〔中央集権主義的〕である――と、過去の価値観に固執する保守的潮流への分岐が生じ、イデオロギー的・社会的・政治的な二極化現象が定着してきた。啓蒙、自由、進歩、そして社会的解放といった名のもとに左翼‐右翼の対立軸が構成され、それが一種あたりまえの参照基準となってきた。

しかし今日、社会民主主義は自由主義(リベラリズム)とまではいかなくても、少なくとも市場経済の優位を容認するところまで宗旨変えをし、他方、国際共産主義運動は全面的に崩壊して、長年続いたこの二極対立の一方の極に大きな空白が生じている。こうした条件下において、エコロジストのなかに〈右でも左でもなく〉というスローガンを唱える者がいるように(4)、この二極的対立関係は消滅する運命にあると考えるべきであろうか。そうではあるまい。他方、ポストモダニズムの理論家のなかには、社会的なものは擬餌のようなものだと言明する者がいるが、消滅する運命にあるのは、その擬餌のような社会的なものであって、社会的なものそれ自体ではあるまい。こうしたさまざまな位置取りとは反対に、私は、より複雑な図式を通してではあるがロシアで確認することができるように、進歩主義的な極は再構築されることになると考えている。その進歩主義的な極は、おそらく従来ほどジャコバン主義的ではなく、より連邦主義的な様式にしたがって構築されるだろう。そしてそれに対抗して、保守主義と中道主義のさまざまな現代的混成体が登場するであろう。伝統的な党的形成体は、あまりにも奥深くさまざまな国家機構に組み込まれているため、議会制民主主義システムから一朝一夕で消え去ることはあるまい。党的形成体が明らかに信頼を喪失していることは、選挙民の選挙に対する関心の希薄化や、投票をし続ける市民の選挙に対する確信の欠如に表れているが、そうではあっても、この現行体制はやすやすとは消滅しないだろう。もちろん、政治的、社会的、経済的な争点は選挙の論戦からますます遠ざかり、たいていの場合、選挙はマスメディアをどう支配するかというマヌーバーに帰着する。しかし、そんななかでも、このうえなく局地的な現場の諸問題と現在の地球規模の大問題に同時によりよく適合する新しいタイプの社会的実践の登場によって、ある種の〈政治屋的政治〉の形態は消滅すべく運命づけられているように見える。

東側諸国の大衆はパンと自由のために立ち上がったが、彼らはなによりも別の仕方で――それは必ずしも西欧モデルではない――生きるために立ち上がったのである。社会主義の失敗は、数十年来社会主義と共生してきた――関係が深いか浅いかは別にして――自由主義を自称する体制の間接的な失敗でもあることが、いずれ近い将来明らかになるだろう。なぜ失敗かといえば、「統合された世界資本主義」〔ガタリが一九七〇年代から提唱した概念（略称ＣＭＩ）で、一九八〇～九〇年代に本格化し、現在まで続く「新自由主義グローバリゼーション」を予言したもの〕は、資本主義の城塞のなかで部分的に成果をもたらしたものの――顕著なエコロジー的荒廃と恐るべき差別をともなって――、第三世界の国々を泥沼状態から解放することができず力による秩序の強制しかできないからであり、他方、ソ連や東側諸国を襲っている巨大な諸問題に対してもきわめて部分的な対応しかできないからである。

湾岸戦争(5)の底知れぬ惨劇は、いわゆる〈国際紛争〉なるものが、民衆の自己決定の権利を尊重しながら領土紛争を解決するということができないことを明示した。軍事主義の再燃、国家権力の傲慢、メディアの恒常的な瞞着といった状況のなかで、新たな進歩主義的な極の胎動が必然的に姿を現わし、その輪郭を描き始めている。

〈緑の党〉の選挙を通した影響をはるかに超えて拡張するエコロジー的な意識のめざめは、生産のための生産というイデオロギー、つまり価格システムと痴呆的な消費主義によって成り立つ資本主義のなかでひとえに利潤のみを追い求めるというイデオロギーを、改めて問いに付すことになるだろう。われわれがめざすべき目標は、もはや単にブルジョワジーや官僚機構に取って代わって権力を握るということではなくて、既成の権力の代わりに何を設置しようとするのかを明確に規定することである。この点に関して、二つの相互補完的なテーマ系がこれから舞台の前面に登場しなければならないと私には思われる。

（1）国家の再定義。というよりもむしろ、多様で、異質混交的で、しばしば矛盾しあってもいる国家的諸機能の再定義。
（2）経済活動の重点を主観性の生産に向け直すこと。

国家機構の官僚主義化、硬直化、全体主義への移行傾向といった現象は、単に東側諸国だけに起きていることではなくて、西欧の民主主義諸国や第三世界の国々でも起きている。かつてローザ・ルクセンブルクやレーニンが指摘した国家権力の退廃は、以前にもまして現実的な課題になっている。共産主義運動は——そして共産主義運動ほどではないにしても社会民主主義運動も同様に——信用を失ったのだが、それは国家主義があらゆる領域でもたらす災厄に対して効果的にたたかうことができなかったからであり、共産主義や社会民主主義を標榜する諸党自体が、時間の経過にともなって、国家の付属物と化してしまったからである。いたるところで民族問題が浮上し、しかも多くの場合、最悪の主観的主体化の姿——宗教的原理主義、民族的憎悪といった——をまとって出現している。これは抽象的かつ虚構的な国際主義に取って代わるいかなる連邦主義的な応答も用意されてこなかったからである。

今日、個人的・集合的な主観性は、自己への閉じ込もり、マスメディアによる幼稚化、人間的世界や宇宙的次元における差異や他性への無理解の下で生きている。こうした主観的主体化の様式は、創造的目標が射程内に入ってこないかぎり、その〈封鎖状態〉から抜け出すことはできないだろう。ここで問題になっているのは、人間活動の総体の目的にほかならない。物質的・政治的な要求を超えて、人間的な主観的主体性の個人的・集合的な再獲得への希求が出現してこなければならない。たとえば、現在、局地的なもの、人間の直接的関係、環境、社会的生活網の再構築といった課題にまともに取り組むことができない政治に対して、倫理はあらゆる課題の結び目になることができるのであり、そうなることを期待したい。

科学的、政治的、環境的なエコロジーを相互に節合しながら総体化するエコゾフィー思想が、社会的なもの、私的なもの、倫理的なもの、市民的なものを誤った仕方で区分するがゆえに政治的なもの、倫理的なもの、美的なものを横断的に節合することがまったくできない古いイデオロギーに、おそらく取って代わることができるだろう。

芸術はいつの時代にもあらゆる社会の骨組みの本質的要素であった(6)。ところが、専門化した同業者組合がその活動を支配するようになってから、芸術は〈脇に置かれ〉て、魂を補足するもの、脆弱な上部構造のようなものになり、絶えず死を宣告されるようになった。しかし、にもかかわらず、ラスコーの壁画から中世の大伽藍（カテドラル）を経てソーホー〔ニューヨークの芸術家街〕にいたるまで、芸術は個人的・集合的な主観性の結晶化にとって必要不可欠の存在であり続けている。

芸術は社会体に組み込まれているとはいえ、自分で自分を支えるしかないものである。それはなぜかというと、生み出されるおのおのの作品には、二重の宿命がついてまわるからである。つまり、芸術作品は一方で社会的ネットワークのなかに挿入され、社会はそれを取り込むか打ち捨てるかするのであるが、他方で社会は芸術の世界をつねに崩壊の危機にさらされているままのかたちで称揚するのである。

何が芸術にこのような消えそうで消えない永続性を付与するのであろうか？　私の考えでは、そうした永続性が成り立つのは、芸術が社会的領野のなかでありきたりに流通している形態や意味作用を断ち切る機能を持っているからである。芸術家、もっと一般的に言うなら美的知覚作用は、現実の断片を切り離して脱領土化し、それに〈部分的言表行為〉の表現者という役割を演じさせる。芸術は外的世界の下部集合体に対して意味づけを行ない、それに他性を与えるという機能を持っている。芸術作品の持つ、このほとんどアニミズム的と言ってもよい表現の発動は、芸術家とその〈消費者〉の主観性を改変するという結果をもたらす。

要するに、一般に言表行為はおのれを幼稚化し無化する自己同一的集列性のなかに埋没しやすい傾向を持っているがゆえに、言表行為を希少価値を持ったものにしなくてはならないのである。芸術作品は、それを使う者〔創造者と享受者〕にとって、意味の切断、バロック的な増殖あるいは極端な貧弱化といったような、既成の枠組みを取っ払うくわだてであり、それが主体をおのれ自身の再創造や再発明へと導くのである。そのとき、芸術作品を支える新たな実在的支柱は、再領土化〔リトルネロの機能〕と再特異化が重なった二重の機能領域のなかで揺れ動くのである。かくして、芸術作品との出会いは、ひとつの真に実在的な存在の流れを不可逆的なものにする画期となり、日常性の〈平衡状態から遠く離れた〉新たな可能性の領野を生み出すのである。

芸術作品の持つこうした実在的機能――つまり意味作用や直接的表示作用との断絶――という角度から見ると、通常の美学的カテゴリーは、その正当性の大半を失うことになる。〈自由造形〉〔一九八〇年代前半に流行した芸術運動〕、〈抽象芸術〉、あるいは〈概念芸術〉〔マルセル・デュシャンなどを想定〕といったような分類は、どうでもいいことになるのである。重要なことは、芸術作品が言表行為の変革的生産に実際に貢献することができるかどうかである。芸術活動の焦点はつねに主観性の剰余価値に収斂する。別の言い方をするなら、芸術活動の目的は、ありきたりの環境のなかにおける負のエントロピーを明るみに出すことである。なぜなら、主観性の一貫性は、個人的あるいは集合的な再特異化によって自らを少しでも刷新し続けなければ維持されえないからである。

ここ数年われわれが目撃してきた芸術の消費の飛躍的拡大は、都市的環境のなかにおける諸個人の生活の画一化の深化と関係があると見なければならない。しかしながら、このような芸術の消費のほとんどビタミン摂取的な機能は、必ずしも一意的ではないことも強調しておかねばならないだろう。つまり、この機能はこうした画一化の方向に向かう一方で、主観性の分岐をもたらす役割を演じることもできるのではないかということである（この両面性はロック文化の広がりとそれが果たす役割に顕著に見られる）。すなわち、たとえばトランスアヴァンガルディア(7)を標榜する者やモストモダニズムの使徒たちが唱えたように、風の吹く方向に身をゆだねるのか、多くの人々からの無理解と孤立の危険を冒してでも、社会体の革新的なセグメント（部分）と接続した美的実践の刷新に向かって仕事をするのか、ということである。

もちろん、創造の特異性と社会変化の潜勢力を合成するのだと主張してみたところで、事態が明白になるわけではない。いずれにしろ、現在の既存の社会体が、この種の美的かつ倫理－政治的な横断性の実験の方向に向かっていないことは認めなくてはならない。しかし、にもかかわらず、地球を吹きすさぶ巨大な危機、慢性的な失業問題、エコロジー的荒廃、利潤追求と国家補助だけに基づいた価値化の様式の乱調といったものが、美的構成要素をこれまでとは異なった位置に押し上げようとしてもいる。これは失業者や〈周辺化された人々〉が文化会館のなかで暇潰しをすればよいという話ではない(8)。重要なことは、美的パラダイムを起源として、そこから派生するような科学や技術、社会的諸関係を生産することである。この点については、イリヤ・プリゴジンとイザベル・スタンジェール(9)の最近の著作を参照すれば納得がいくはずである。この二人は、正真正銘の進化の概念を獲得するには、物理学のなかに〈物語的要素〉を導入することが不可欠であると提唱している。[10]

われわれの社会は、いまや進退窮まるところまで追いつめられている。生き延びるためには、研究、刷新、創造といったものを累進的に発展させていかねばならないだろう。それにともなって、美的な切断と縫合の技術を重視しなければならない次元が増殖していくだろう。そこでは、何かが既存の体制から自らの身を引き離し、おのれ自身のために作動し始めるが、もしあなたがこうしたプロセスに入り込むことができれば、その何かはあなたのために作動することにもなるだろう。こうした問い直しは、学校をはじめとするあらゆる制度的領域にかかわる。どのようにしたら一学級を芸術作品のように生き生きと生きさせることができるか？　特異化を可能にする道とは何か？　学級を構成する子どもたちを真に〈実在化〉させる原動力になるものとは何か？[11]　こういったことが問われなくてはならないのである。

大学では、あたかも科学的客観性なるものが存在するかのごとく、主観性のシステマティックな排除がのさばり続けている。構造主義の全盛期に、主体はその多様で異種混交的な表現のマチエールを体系的に抜き取られていった。しかし、いまや、イメージや記号や人工知能などの機械状の生産を、主観性の新たな素材として再検討すべき時期にきている。

中世には芸術や技術は僧院のなかに隠れ家を見つけて生き延びることができた。今日、本源的な実存的問いのもっとも奥深い最後の一線に身を置いているのは、おそらく芸術家であろう。どのようにして新たな可能性の領野を整備するのか？　音や形をどのように動的に編成して、それらと隣接する主観性が躍動し続けるように、つまり本当に生き生きとするように仕向けるのか？　こういったことがわれわれに問われているのである。

（1）このテクストのタイトルはベイトソンの著書に由来する。Gregory Bateson, *Steps to an Ecology of Mind*〔邦訳は『精神の生態学』（新思索社）〕。仏訳は以下。*Vers une écologie de l'esprit* (trad. Férial Drosso, Laurencine Lot et Eugène Simion, 1977–1980)。このテクストのタイプ原稿は日付がついていない状態でＩＭＥＣに保管されているが（GTR 14–34）、どういう由来のものか判定がむずかしい。〈Steps to an Ecology〉という英語のヴァージョン（ＩＭＥＣにはGTR 14–35として英語のタイプ原稿が保管されている）が存在するが、英語で公表された痕跡は見いだせなかった。さらに、このテクストの冒頭の部分は細部の修正はあるが『カオスモーズ』の第七章（「エコゾフィー的対象」）のなかにすでに存在している。〈切り張り〉という観点からするとさらに複雑なことになっていて、このテクストの大部分には『カオスモーズ』の他の部分が混入していて、その部分は雑誌〈*Terminal*〉の五七号（janvie-février 1992）の論説に対応する。われわれがこの雑誌の論説を本書に収録しなかったのはそのためである。またこのテクストの最後の部分は独立的にゴルドマン・コレクション（整理番号G40）にタイプ原稿として保管されている。このタイプ原稿には一九八八年七月という日付がついていて、それは『三つのエコロジー』刊行（一九八九年六月）の一年前、『カオスモーズ』刊行（一九九二年一月）の三年半前である。こうしたことに鑑みると、ガタリはこのテクストを以前に書かれたテクストから〈切り張り〉を行なって作成し、エコゾフィーの概念を要約しようとしたのだと思われる。

（2）Citation extraite de *L'écologie de l'esprit*, t. II, Paris, Seuil, 1980, p. 245.

（3）エコゾフィーとは、家や住居（ここではもっと広い意味でわれわれの生物圏を念頭に置いている）を意味する〈オイコス〉と、知恵や科学を意味する〈ソフィア〉を結びつけた言葉（著者注）。

（4）アントワーヌ・ベシュテルの「右でも左でもなく」という表現への示唆（本書の「序論」を参照）。

（5）本書第五部（3）「スペクタクルは終わった」を参照。

(6) この文から最後の文までの条りは、ゴルドマン・コレクションに保管されている一九八八年七月の日付のついたタイプ原稿と同じである。ガタリはここで彼の芸術概念を旧来の枠組みや意味を切断して主観的な実在性の方向に導いていく〈プラクシス〉として提起している。これを彼は〈流行〉に沿った資本主義的な再コード化に陥る危険性を強調しながら述べている。プラクシスとテクネーの対置については、本書第二部(4)「コミュニケーションの自己産出に向かって」の注(10)を参照。

(7) 一九七〇年代終わりに現れたイタリアの芸術運動。この運動は、当時支配的だったミニマリズムや概念芸術に対して、「絵画や印刷されたイメージの伝統的形態への回帰」を対置した。

(8)「文化の家」もしくは「文化会館」は、一九六一年、当時文化大臣だったアンドレ・マルローによって創設されたものであり、「文化の大伽藍」になることをめざした。

(9) イザベル・スタンジェール(一九四九—)はフェリックス・ガタリの友人〔現在ベルギーのブリュッセル自由大学教授〕。彼女は化学者として出発し、とくにノーベル化学賞を受賞したイリヤ・プリゴジンとの共著 *La Nouvelle Alliance* (Paris, Gallimard, 1979)〔邦訳は『混沌からの秩序』みすず書房〕で知られるが、他にガタリがよく引用する著書(*Entre le temps et l'éternité*)〔未邦訳〕がある。

(10)「今日の人間にとって〝ビッグバン〟や宇宙の進化は、かつて起源の神話がそうであったように、世界の一部をなしている」*Entre le temps et l'éternité*, Paris, Fayard, 1988, p. 65.(著者注)。

(11)「制度論的教育学」については、とくに以下の著作を参照。René Laffite, *École : le désir retrouvé. Une journée dans une classe coopérative*, Paris, Syros, 1955.(著者注)。

(3) エコゾフィーとは何か(1)

『テルミナル』——エルンスト・ヘッケル(2)はエコロジーを「生物と外的世界の関係ならびにその存在条件の科学」であると定義していますね。あなたは何を〈エコゾフィー〉と呼んでいるのでしょうか？

ガタリ——エコロジーという用語は種々雑多な意味を持っています。この言葉は非常に異質なさまざまな現実を含んでいて、そのことがこの言葉の豊かさをなしてもいるのです。それはまず第一に科学です。あらゆる種類のエコシステムの科学です。この科学ははっきり限定された輪郭を持ってはいないのですが、なぜかと言うと、この科学は、社会的、都市的、家族的なエコシステムならびに生物圏全体のエコシステムにかかわっているからです。それにくわえて、エコロジーは、いにしえの諸価値への回帰を主張する保守的・反動的な立場から、旧来の右翼－左翼の対立に取って代わる進歩的方向の再構成を企てようとする立場まで、きわめて多様な立場を包含した世論現象にもなっています。私はこれらのすべての次元を概念的に架橋することを試みたのです。そこから、環境、社会、精神という三つのエコロジーを結びつける〈エコゾフィー〉という思想が生まれたのです。さらに、私自身のモデル化のシステムを通して、私はエコシステム的対象よりももっと大きな射程を持ったエコゾフィー的対象という概念を提唱しようとしているのです。私はエコゾフィー的対象を四つの次元にしたがって節合されたものとして構想しています。流れの次元、機械の次元、価値の次元、そして実在的領土の次元の四つです。

流れの次元は自明でしょう。というのは、まさにエコシステムのなかでは、互いに結びつく流れの節合、とりわけ異質な流れの節合がつねに存在するからです。

機械の次元はサイバネティックス的フィードバックの次元、自己産出の次元、つまり存在論的な自己肯定の次元を生み出すものです。ただし、ラヴロックとマルグリスの〈ガイア仮説〉のようなアニミズム的あるいは生気論的な神話に陥ってはなりません。[3] というのは、私の主張は、物質的流れのエコシステムと記号的流れのエコシステムの機械を節合するということだからです。したがって私は、〈自己産出〉の概念をヴァレラ[4]のように唯一の生命システムにあてがうのではなくて、この概念をもっと拡張しようとしているのです。私は、民族的システム、社会的システムなど、すべてのシステムのなかにはさまざまな原-自己産出が存在すると考えています。

このエコゾフィー的対象は自己産出的であるだけでなく、価値やレジスター（記憶装置）、価値化の将来展望といったものを担ってもいます。このことは、経済的価値なども含む価値の問題を再考し、資本主義的価値、マルクス主義的意味における交換価値を、社会システム、集団、個人、個人的・芸術的・宗教的感性などの自己産出的システムの分泌する他の価値化のシステムと結びつけ、経済的価値がそれらの上に突出してそれらを粉砕しないようなかたちでそれらを相互に結びつけるために重要なことです。

四番目の次元はまさにエコゾフィー的な対象をもっとも強く特徴づける実在的有限性の次元です。これは私が〈実在的領土〉と呼ぶものですが、永遠の実体ではなくて、外部的で自立的な座標のなかに根を下ろしたものです。エコゾフィー的対象はその価値システムのなかで生まれ終わりを迎えるのです。それは機械状の他性、機械状の系統流と関係を持っています。というのは、いかなるシステムもシステム的な先行事態と未来事態を持っているからです。エコゾフィー的対象のこの次元に普遍的射程はなく、それは歴史的過程に結びついています。したがってこの有限性は、疎外、〈具象化〉、そして同時に自己成長的豊富化の次元を提示します。なぜなら、この有限性のおかげで、つねにカオスからの再起動、複雑性の再構築の可能性が生まれるからです。また、有限的なものとしてのエコシステム的個体化から断絶し、諸システムが互いに連鎖しながら大きな進化的系統流を発展させる可能性も生まれるからです。

『テルミナル』——あなたはエコゾフィー的対象を〈モデル化のシステム〉として語っていますね。つまり、あなたは具体的対象をターゲットにしているのか、それとも説明システムをターゲットにしているのか、どちらでしょうか？

ガタリ——私にとってその区別はありません。というのは、すべての事物はモデル化の対象だからです。概念にしても、その創造性、異質な構成要素の入り混じったその凝集性、同時に自己産出的な統合性といった性格からして、事物＝対象にほかなりません。エコシステム的対象は、マルクス主義的タイプ、アニミズム的タイプ、美的タイプといったわれわれに提示されるさまざまなモデル化を包摂しようとしているという意味において、超モデル化の対象です。そういうふうに考えると、さまざまな価値を善悪二元論的に対置するのではなく、さまざまな価値のシステムがどのように結びついているかを見てとることができるのです。

『テルミナル』——そういう分析から見て、エコロジー運動に対してどのような結論を導き出すのでしょうか？

ガタリ——私の頭のなかには、政治的エコロジー、環境的エコロジー、精神的エコロジーのあいだに対立はないということです。環境問題への関心は、価値の世界、したがって倫理的－政治的コミットの世界の発展を前提にしています。それはまた、そうした価値の世界を支えるためのモデル化のシステムの具象化、つまり現場の社会的実践や、主観性の生産とかかわる分析的実践といったものを呼び寄せるのです。

『テルミナル』——つまり全体を統べる価値システムの問題ではないということですね。

ガタリ——そのとおりです。大きな危険は次のことでしょう。つまり、価値の未来を担うとされる労働者階級の神話に取って代えて、環境を擁護し、生命圏を保護するという、やはり全体化的・全体主義的な性格を有した神話を持ち出すことです。それよりも、価値の異質混交性、価値の特異性といったものを尊重する価値の定着過程を構想した方がいいでしょう。私は超越的評価を拒否します。

二つの例を挙げましょう。エコロジストのなかで、左翼的出自の勢力はいわゆる〈緑のクメール〉と呼ばれる人々を拒否しています。しかしこの人々は、エコロジスト的主観性や力関係のなかで決定的に正統的なものを体現しています。選挙民の一五〜二〇パーセントの人々がエコロジストに投票すると言っているのは、この人々が存在しているからです。

ルペン〔極右政党〈フロン・ナシオナル〉の当時の党首〕についても同じことが言えます。なぜ多くの大衆、とくに労働者が、ルペンのイデオロギーに引きつけられるのかということです。やつは反動だ、ファシストだ、極右だといった調子で、ものごとを物化しないで、ものごとを内側から眺めてみましょう。そうでないと、影響力を行使し、こうした人々をひとつの要素として〈リゾーム化する〉ための実際的な節合の可能性がいっさいなくなってしまうのです。

『テルミナル』——その実際的な公理化というのをもう少し説明していただけませんか。イデオロギー的に言うと、〈緑のクメール〉という言い方は、モーラス〔極右思想家シャルル・モーラス〕やペタンを想起させ、レッテル貼りのようなことになると……。

ガタリ――そうやって彼らを固定的にとらえて、気のふれたやつらということにしてしまうのです。私はたとえば精神錯乱をきたした病者と議論をしようとは思いません。ときには民族差別的錯乱、差異への嫌悪、疎遠感などをともなった精神病的発作というものがあります。重要なことはこうした主観的な動的編成がどのようにして私のものとはまったく異なった現実のモデル化に行き着くのかを理解しようとつとめ、この種の袋小路から脱出するための記号的生産諸関係のなかに入っていこうとすることです。合意的政治から脱却して、他者の他性、その差異を受け入れること。こうした他者の再起動の倫理的動きを起点にして何かが到来するのだと思います。

『テルミナル』――もしもエコロジストが政権の責任を負うことになった場合、エコゾフィー的展望はどういったものになるのでしょうか?

ガタリ――その問題は地方や地域の責任性にもかかわります。政治や政権を含んだ社会的実践を構想しなくてはなりませんが、それは現場の社会的実践、文化的、分析的、個人的、集団的、美的等々のせめぎあいの実践と結びつきながら、下手な合意に陥らないような政治、手段、装置といったものを発展させなくてはならないでしょう。さまざまな運動、政党、アソシエーションなどの従来の立場から完全に脱却して、さまざまな実践的目標を重ね合わせ、ある多声的関係を打ち立てることができる新たな形態を見つけなくてはならないと私は思います。私は必ずしもメディア的リーダーや閣僚なども含む政治的構造を組み立てることに敵対するものではありません。むろん、そこに〈下部〉からのコントロールが機能するだけでなく、政治的構造が絶対的なものではないという主体化の現象がともなっていなくてはなりません。したがって、代表者とか政治的任務に献身する諸個人は、目標に見合うかぎりで、つまり重要ではあっても根元的ではない存在として受け入れられるということです。彼らは政治的リーダーではあっても、情動的リーダーとか想像力のリーダーになってはならないのです。つまり、エコロジー運動においては、政治的・組織的力関係のなかで〈工作する〉ことに劣らず、地区の集団や生活にかかわることが重要であり、正当でもあるということです。運動自体の社会的エコロジーがこうしたことを調整しなくてはならないのです。

『テルミナル』——フランスのエコロジー運動は、環境保護の問題、そしてその社会的実践である以上に、なによりも世論喚起の運動、主観性の運動であるように思われます。しかし、たとえばメディアやコミュニケーション手段の領域が社会的・精神的エコロジーのあり方とどう結びつくのかよくわかりません。また、ある種のエコロジー概念は人間 - 自然の関係を固定的にとらえて、あらゆる環境的領域、わけても現在の危機や不安の本質的源泉のひとつである都市環境の問題を考慮に入れることを妨げているように思われます。

ガタリ——まず第一に、フランスの現象は例外的なものです。他の諸国では、エコロジー運動に対するこれほどの支持は見られません。一五〜二〇パーセントと言われていますが、実際にはもっと多くの大衆的支持を得ています。フロン・ナシオナルのルペンの運動についてもまったく同様のことが言えますが、ルペンの方がもっと大きな世論喚起運動になっているかもしれません。これは不安定な事態です。エコロジストは錯覚してはならないでしょう。この運動は下手をするとすぐに萎んでしまうかもしれないのです。第二に、この運動が持続するには、これまでとは別のたたかい方、別の政治の仕方の発明が必要であり、社会生活の次元においても環境的次元においても、地区や病院などで起きているもっとも日常的かつ直接的な事柄への関心と結びつき、エコロジー的考え方を強固なものにしなくてはなりません。さもなければ、またしても失望をまねき、世論はなにか得体のしれない方向、おそらくまったく無意味な方向、あるいは非常にネガティブなものを生み出す受動性へと向かうことになるでしょう。

『テルミナル』——ではどうすればいいのでしょうか？

ガタリ——問題の所在を明らかにすることです。社会的実践の再定義、協議様式や組織様式、メディアとの関係などの再発明といったことが必要でしょう。それが政治的なものになるということです。重要なのは何をしたいかをはっきりさせることです。価値化のシステムを根底的に変えたいのかどうかです。その場合、価値化のシステムを全体的・包括的にとらえ直さねばなりません。単に部分的に変えたい、ちょっとした補助線を引きたい、環境問題に関する小さな圧力団体をつくりたいというだけなら、それははじめから負けていると私には思われます。なぜなら、そういうことはうまくいくだろうからです。産業界は自らを中心とした社会的領域の構造化を行なうために組合運動を利用したのと同じように、エコロジー運動を利用するだけのことでしょう。つまり、そういう部分的改善の方向は産業界、国家、支配的諸勢力によってたちどころに消化されてしまうだろうということです。それとは別次元の要求が必要なのです。私は価値の問題の大きさを明らかにするためにこのエコゾフィーという言葉を提起しているのです。

（1）これはエマニュエル・ヴィドコックとジャン゠イヴ・スパレルによって雑誌『テルミナル』（五六号、一九九一年一一〜一二月）のために行なわれたインタビュー録である。この記事は『シメール』二八号（一九九六年春〜夏号）に部分的に採録された。ガタリはこのインタビューのなかで、なぜ〈エコロジー〉でなく〈エコゾフィー〉という言葉を優先するのかを説明している。それは〈エコロジー〉という言葉の含意があまりにも広く（保守主義者もアナーキストも使うといったことに体現される）、また〈エコゾフィー〉という言葉がより有効な〈戦争機械〉を体現するからであるとされる。

（2）ドイツの生物学者（一八三四—一九一九）。彼はギリシャ語の〈オイコス〉（〈家〉や〈環境〉を意味する）から〈エコロジー〉という用語を発案した人物である（語源については『三つのエコロジー』にガタリ自身による注もある）。

（3）〈ガイア仮説〉とは、一九七〇年代初めに化学者のジェームズ・ラブロックと微生物学者のリン・マーグリスによって理論化されたもので、生き物は自動調節される〈エコロジー圏〉をつくりだしながらおのれの生存する惑星に影響を及ぼし、その惑星を（のみならずおのれが関係する外的対象、たとえば太陽の光なども）ギリシャ神話の女神に類比して〈ガイア〉と名付けられた生き物に変えるという仮説である。以下の書物を参照。James Lovelock, *LaTerre est un être vivant : l'hypothèse Gaïa* (1979), trad. Paul Couturiau et Christel Rollinat, Paris, Flammarion, ‹Champs›, 1993.

（4）本書第二部（5）「フェリックス・ガタリと現代芸術」の注（5）を参照。

第二部

エコゾフィーの実践

(1) カオスモーズ——新しい感性に向かって

(2) カオスといかに闘うか

(3) 〈機械〉という概念をめぐって

(4) コミュニケーションの自己産出に向かって

(5) フェリックス・ガタリと現代芸術

(6) 〈私は滅菌された文化とは無縁である〉

(7) 〈文化、創造、発展〉についての考察

（1）カオスモーズ——新しい感性に向かって①

宇野邦一〔以下、宇野と表記〕——最初に『アンチ・オイディプス』と『千のプラトー』以後のあなたの思想の成りゆきについて説明してもらえると話がはずむと思います。

ガタリ——『アンチ・オイディプス』の時期は、私に関するかぎり（というのはドゥルーズは私とは異なっているると思うので）、構造主義とラカン的シニフィアン理論に対する批判が私の頭を占めていました。この理論は精神分析や精神医学の領域のみならず社会的領域も含めておよそすべての次元において影響力を持つ還元主義的システムであると私には思われたのです。ですから、あらゆる性質の地層をその表現との特殊な諸関係とともに理解すること、そしてそれらの地層のあいだをつなぐ機械状の横断性、抽象機械の体制を構築してそれを説明することがたいへん重要ではないかと私には思われたわけです。しかもこれを、シニフィアンや言語の優位性をともなった超越的表象に依拠してではなく、もっと直接的な仕方で行なう必要を感じていたのです。

宇野——それは『アンチ・オイディプス』を書いていたときですか？

ガタリ——『アンチ・オイディプス』と『千のプラトー』を書いていたときです。それは持続的な関心だったのです。いま現在私のなかに起きてきているテーマは、いわばこの表象に対する内在の哲学の含意を把握する試みです。そこには存在論のラディカルな再検討が含まれると私には思われます。つまり『アンチ・オイディプス』の時代の記号論的複数主義の延長線上で存在論的複数主義を構想しなくてはならないということです。存在者をつらぬく固定的な〈存在〉というものはありえない。参照基準としての世界を通して、そしてまた社会的、分析的、審美的な諸実践を通して、存在の生産が行なわれるのです。こういった方向で私は存在論的アプローチの可能性の諸条件についての考察を行なっているのであり、それは現象学的アプローチでは全然なくて、必然的にメタモデル的アプローチなのです。つまりこのアプローチは、誰もがかかわりのある存在論的な星座的布置のようなものをもたらすリトルネロやパラメーターを生み出す理論的物語なのです。そしてこれはまた私を存在論的関手（フォンクトゥール）[2]の設定にも導き、存在と無という概念でも精神と物質という概念でもなくて、カオスや複雑性に同時に宿りカオスと複雑性のあいだを無限速度で移動する無限速度的実体というカテゴリーから出発することになるのです。この実体は哲学的なメタモデル化のシステムのなかにおいてしか説明することはできません。それに対して表象のシステムは定められた対象との生成関係のなかにとどまるものです。たとえば今日、世論や個人的意見といったものを素材にするとして、それは情報手段や機械化されたコミュニケーションとともに客観的に扱われる素材ですが、しかしそれは同時に自己生成する素材でもあります。したがって対象との関係における表象の独立というものはないのです。表象と対象のあいだにはあるシステム的な関係があります。現代物理学における粒子の場合も同様です。粒子の表象は記号的手段や実験的手段を通して粒子の性質を生み出すか、少なくとも粒子の性質に無関係ではありません。なぜなら粒子のなかには文字通り生産され発明される粒子があるからです。また生物学においても、表象とものの二元論的関係なしに表象はものを生み出します。

宇野——あなたは存在論について語っていますが、つまりあなたはあなたの存在論を既存の存在論に対置しているのでしょうか？　スピノザ、ドンス・スコトゥス[3]、ハイデガーなどのですね……あなたが〈存在論〉という言葉を持ち出すとき、どうしても他の哲学的要請が頭に浮かびます。あなたはこの言葉をどのように位置付けているのでしょうか？　どうして〈存在論〉という言葉を持ち出さなくてはならないのでしょうか？

ガタリ――もちろん私はいかなる存在論をも標榜するわけではありません。なぜなら私はメタモデル化について語っているのですから。私は出来合いの存在論よりもずっと存在に関する前ソクラテス的〈物語〉に準拠しているのです。しかし存在論は、おのおのの時代、おのおのの哲学的段階にとって、一定の科学技術的・社会的コンテクストのなかにおける存在やものの状態を概念化するためのくわだてを体現しています。今日、この問題が改めて鋭く問われているのは、ものの存在がますます確固たる現存在性を喪失し、歴史的・機械的加速化に捕われた進行過程のなかの存在にすぎないものなっているからです。したがって問われなくてはならないのは、存在に永遠の普遍的一貫性を付与する存在論のあり方なのです。これと同様に経済的領域においても、貨幣の概念、資本の概念は、固定的指示対象（金《きん》のような）から離脱して、いまやますます機械性の参照基準に依存するようになっています。このことは私が先ほど話した世論というテーマとも関連しています。結局、いまや第一に重要な問題は、なんらかの存在論を練り上げることではなくて、スキゾ的存在論も含むあらゆる種類の存在論を創造主義的パースペクティブのなかで読み取ることです。言い換えるなら、どうしたらある一定の言表行為の動的編成のなかで存在論を提起することができるかということです。

宇野――あなたは先ほど近代的な哲学的文脈よりも前ソクラテス的な文脈を好むと言いましたが、それはなぜでしょうか。

ガタリ――なぜって、前ソクラテス的哲学は複数主義だからですよ。彼らは多数主義的カテゴリー化を用いるのです。彼らは言うならば〈存在〉をカオスの極に廃棄する方向に向かわずに、質に向かって、多数性に向かっていくのです。物語の方向に向かうということです。

宇野――『哲学とは何か』(4)のなかにはドゥルーズとの友情がありますが、老いの問題もありますね。『アンチ・オイディプス』や『千のプラトー』のいくつかの箇所（「器官なき身体をどのようにしてつくるか？」など）は、挑発的、アナーキストで、ある意味で青年の哲学のような趣きを呈していましたよね。それは日本にたくさんの新しいイメージをもたらしました（とくに日本では、『アンチ・オイディプス』よりも前に翻訳出版された「リゾーム」が反響を呼びました）。これはあちこちで話題になりました。あなたの最近のテクストには、それとはいささか異なった調子があるようにも感じられますが、私にはそこに本当に断絶があるとは思われません。ですから、あなたがゼロから再出発しなくてはならなかったと言ったときには驚いたのです。

ガタリ――いや、そういうことではなくて、私はつねにゼロから再出発するのです。しかしそのことは、あなたが器官なき身体を持ち出したのであえて言うなら、器官なき身体とカスモーズとのあいだに関係がないということを意味するわけではありません。私がやろうとしているのは、発生期状態にある世界内的存在の立場から再出発するということです。しかし発生期状態というのは、自分の前に出来合いのものとしてあるものではありません。それは人がつくりだし加工するものです。私がある時期、思春期、青春期を生きたとして、いま、私は今日の世界状況のなかで、そして今日の私が置かれている年齢や社会的立場などの生活条件のなかで、別の青春を発生期状態において生成的に構築しなくてはならないということです。このとき提起されているのが、まさにエコゾフィー的実践、精神的エコロジーの思想にほかならないのです。ですから、今日、老化し、硬化し、悪くなる一方の世界のなかで、青春を再発明しなくてはならないのです。新たな出現を見いだそうとすることは永遠の仕事なのです。

宇野——あなたは本当に思考のなかに老いの思想、とくにあきらめというものを持ち込みませんね。

ガタリ——おっしゃるとおり、まったくそうですね。ただし、客観的な老いの与件というものはありますね。ですから、そういった条件のなかで、どのようにして〝子どもになる〟のか、〝女性になる〟のか、〝動物になる〟のか、ということですね。おわかりでしょう、私はおのおのの状況に対応した答えを見つけようとするとき、出来合いの概念的資料体から出発するのではありません。あなたに話をするとき、私は何であれ何かをもとにするということはないのです。いま、流れのリトルネロとか、機械状の系統流、参照基準としての世界、実在的領土といったものが頭に浮かんだのは、あなたがその話をしたからであり、それを聞きながらそういったことを思い浮かべたわけです。しかしあなたが沖縄のシャーマンだったら、別の話から始めたでしょう。あるいはまた、あなたが譫妄性患者だったら、記号論的道具から出発することになるでしょう。これはスキゾ分析的な治療の展望を打ち立てるためにとても重要なことです。何も生産されないという危険はあるけれども、〝白紙〟から出発すること、カオスモーズから出発することです。この懸念は器官なき身体を理論化するときにすでに存在していました。つまり器官なき身体は癌にかかり破局をもたらすかもしれない、リトルネロは機械仕掛け（メカニック）になり空虚な繰り返しになるかもしれない、ということです。

宇野——まさにおっしゃるとおり、器官なき身体は強度ゼロのことであるとよく言われましたね。ゼロというのは、あなたがいま、そのつどゼロから出発しなくてはならないと述べたことと同じですよね。

ガタリ——ただし、いま現在（これは新たな美的パラダイムについてのテクストの最終部分と関連するのですが(5)）、私はゼロか無限かという二者択一、〈存在〉の固定性か非身体的（抽象的）なものの無限性かという二者択一を警戒しています。強度ゼロというのは、カオス的な廃棄の危険がともないます。カオスと複雑性のあいだの絶えざる往来を行なうというカオスモーズ的運動は、必ずしもゼロ度にとどまるものではありません。この運動は地層や襞、私が自己産出的襞と呼ぶものに遭遇します。たとえば画家を例にとると、私の友人ジェラール・フロマンジェ(6)は、他の画家の表現を例にとりながらですが、画家がなにも描かれていない白いカンバスを前にしたときが問題であると、つねづね言っています。つまり実際にはカンバスは白くなくて無限の潜在的表象が宿っているのであり、まさにそれを白くしなくてはならないということ、エネルギーを負荷されていないけれども形を持っているある空虚に道をつけて、創造的なものの出現地点を見つけなくてはならないということです。したがって問題はゼロから出発するということではなくて、リトルネロが毒をはらみ、活動的で自己進化的な地点から再出発しなくてはならないということです。すでに描かれてあるタブローを完全に消し去ってはならないのです。

宇野――理論とその結果、現在の世界におけるその有効性との関係ですが、あなたは主観性の個人化から脱却しようとしている、あなたの思考は絶えず横断性のかたちに向けられていることがわかります。日本の現在の思想家たちは、ポストモダン的思想の持ち主でもつねに還元主義に囚われていく傾向があります。そしてこの還元主義は知識人の権力と結びついています。ちょっとした言い回しが機能すると、それが繰り返され、一定の権力を持つことになるのです。そこには潜在的な全体主義がありません。あなたとドゥルーズの理論は建設主義的であると同時に横断的で、決して全体主義的でも統合主義的でもないことを私は確信しています。しかしそのような思想でも現在の世界では還元主義的な効果を持ちうるし、ある種の全体化の危険をはらんでいるように見えます。あなたはどうやってこれを回避することができるのでしょうか？　どうやってものごとを動かすことができるのでしょうか？

ガタリ——現在アメリカではラカン的アカデミズムが出現していますが、これはいずれ日本でも起きるでしょう。

宇野——デリダ的アカデミズムもですね。ここでは非常に強力ですから。

ガタリ——デリダ的アカデミズムの隆盛は、一定の理論的リトルネロの領有があるからです。それでもって学生や出版界などに影響を及ぼしているからでもあります。ですが、ドゥルーズ的アカデミズムがあるとしたら、それは私にとってはたいへん恐るべきことです。ましてやガタリ的アカデミズムなど私は想像することすらできません。というのは、ドゥルーズの著作の特徴は、彼がベルクソンやヒューム、映画、スピノザ、ベーコンなどを扱うとき、そのつど彼は従来の見方から焦点をずらして概念的読解をつくりなおしているところにあるからです。このことはドゥルーズの読者もこれと同じずらしを行なって、ドゥルーズがスピノザやニーチェを利用するようにドゥルーズを利用するようにという呼びかけでもあります。これが反アカデミズムの原動力なのです。ドゥルーズ主義やガタリ主義を行なうなどというのは問題外だということです。重要なことは自分のなかから湧きあがってきた自分の気に入った道具を使って、哲学や映画、経済などの世界において、日本で知識人になるとはどういうことかを追求することです。

宇野——あなたがネグリと書いた本は(7)、いかなるイデオロギーをも参照しない人間の自由についての新たな展望の構築という問題を早くから提起しました。現在、ソ連におけるポジティブな要素、民族の価値、共産主義のめざした人間の平等という多分完全に破壊されたであろう価値、民主主義的自由の理念などを、どう把握したらいいものかわからない状態です。これらのものはおそらくグラスノスチとともにずいぶん変化したのでしょうが、それほどうまくいっているとも思えません。でも、こうした変化のしるし、ベルリンの壁の崩壊、ソ連邦の分裂といったものは、自由への要求と結びついたものでした。こうした社会的パラダイムの変化をあなたはどのように理解しますか？

ガタリ——地球的規模で考えると、旧来のイデオロギー的・社会的な基準枠組みがカオスモーズ的に沈下したと言えるでしょう。旧来の組織、旧来のやり方、国家や制度の実践の仕方といったものが崩壊し、文字通り分解しています。それはソ連だけでなく、アメリカ合衆国でも同じです。日本とドイツはいまのところ免れていますが、おそらく将来同じ方向に向かうでしょう。しかしこれらの国々には、集合的勇気、知性、若者が存在してもいて、こうしたものによって、器官なき身体（この表現をあえて使うなら）の状態から、おそらく大いなる強度、大いなる敏速さでもって、ひとつの世界を再建するために再出発することができるでしょう。今日、こうした問題を考えようとする人々にとって重要なことは、ポストモダン主義者のように「とにかく、こういうふうになるしかなかったんですよ、これまでの社会的実践なんて幻想にすぎなかったんですよ！」と言うことではなくて、これらの問題から生まれる可能性の条件を規定することです。逆に、実践的問題とは何かという問題が提起されるべきなのです。何かが可能なのです。新たな実践を構築することが緊急に必要とされているのです。エコゾフィー的展望は、現在のカオスモーズ的沈下から出発して、新しい型のブラジル、ロシア、アルメニア、そしておそらくは日本といったものを構築することを可能にしなくてはならないでしょう。

宇野——日本ではある思想が大きな影響力を持っています。それは吉本の思想です。(8) 彼はスターリニズムに対して大きなアレルギーを持っていて、日本を含む資本主義世界では、社会を解放することができる力を持っている唯一の要素は無意識的な何かであると言っています。意識的なすべてのもの(社会主義諸国の計画経済など)、意識によるコントロールのすべて、知識、理性、こういったものは、ある種のテロリズム、抑圧的な何かをもたらすというのです。唯一無意識だけが、市場経済とともに、徐々に自由な社会をつくりだすのだと。吉本は結局エコロジーも含むすべての意識的な政治形態に反対するのですが、他方で彼は、自分の詩作や文学批評においては、非常に簡素で堅固な日本的思想のかたちを創造してもいます。

ガタリ——その場合、無意識という概念をつくりなおさなくてはならなくなりますね。というのは、市場経済と無意識を同一視するのは言い過ぎだからです。まず、市場経済は地球上のいかなる問題をも解決できないということです。日本では解決しているように見えるのかもしれませんが、少なくともアメリカの問題を解決できないし、もちろんアフリカやラテンアメリカ、インドの問題も、そして将来は中国の問題をも解決できないでしょう。ですから、市場経済をとおして無意識による奇跡的な解決を打ち立てようとするのはまったく誤った考えでしかありません。いま、既存システムの不確実な過程に身を委ねようとするのは、社会的実践を放棄するポストモダン的思想にほかなりません。めざすべきことは意識的・計画的なパースペクティブを打ち立てることではなくて、価値システムの異質混交的な社会的創造性のパースペクティブを発展させて、市場経済とは別のもの、あるいは市場の多数多様体を建設する可能性を追求することです。だからこそ、今日、エコロジー市場、エコビジネスだけでなく、エコロジーの主体性を確立し、敵対する社会的諸集団のあいだの力関係の問題を引き受けるだけでなく、生命圏の生成、動物や植物の生成、大気圏の未来、さらにはエコロジーの非身体的次元、文化的形態、感性の形態といったものの未来をも考慮に入れたエコゾフィーを打ち立てることが重要だと私には思われるのです。こういったことは市場経済のコンテクストのなかで自然発生的になされることではなくて、創造的な言表行為機械、特殊な戦争機械——といっても戦争をするのではなくて、新たな存在論的次元の建設を行なう戦争機械ですが——の動的編成が必要とされることなのです。

宇野——ドゥルーズはネグリとの短い対話のなかで、(9) コントロール社会について語っています。彼はフーコーが権力形態として分析した規律社会といったものは、いまや終わりを告げ、新たな普遍的コントロール形態が登場していると言っています。この点、私が引き合いにだしたすべての日本人は、資本主義を崇拝しているわけでも信仰しているわけでもなくて、一種のニヒリズム、絶望感を抱いているのだと思います。無意識というか、自動的に進行するすべてのものが、これまで行なわれてきたあらゆる意識的改善の試みよりも優位にたっているという見立てです。そこでうかがいたいのですが、こうした新たな権力形態に対してどのように抵抗することができるのでしょうか?

ガタリ——私が機械状無意識として、つまり創造的無意識としてつくりあげようとしたものから出発するなら、無意識はそのあらゆる異質混交性をともなった機械状の接触作用を行なう素晴らしいものです。しかしエントロピー的な無意識、フロイト的な反復自動化装置から出発するなら、逆にニヒリズムへと、地球的規模の破局へと向かうことになるでしょう。どんな抵抗形態があるのかということですが、それは私の考えでは、社会的関係や人間的関係、価値の世界といった問題において、普遍主義的・永遠不変的な諸概念から脱却することです。人々は世界のなかにあってさまざまな価値のなかで動いているわけですが、そういった価値や世界は根元的に有限的なものによって刻印されているということ、そして機械そのものが有限性をはらんでいるということです。

宇野――あなたが有限性と言うとき、それは無限ではないもののことを……。

ガタリ――それは実在性の〝把捉〟[10]のカオスモーズ的要諦です。イデオロギーやマスメディアの世界はわれわれを永遠幻想と免責幻想のなかに浸るように誘います。しかし人が永遠の世界のなかにあるのなら、ものごとに身を任せていればいいのであって、ものごとに介入する必要はありません。逆にこうした有限性の感覚を持っているなら、次のような問題がでてきます。つまり、この世界で私は何をなすべきか、一定の期間、一定のコンテクストのなかで私は存在しているのだが、世界と私自身を、そして価値の世界と関係の世界を同時につくり、つくり直すために、私は何をすることができるだろうか、という問いです。すべてのことがこうした生成過程的なパースペクティブのなかでとらえられなくてはならないのです。そのとき抵抗というのは、単に社会的集団の抵抗ではなくて、詩や音楽などを通して感性を再構築しようとする人々、これまでとは異なった愛情関係や都市のシステムや教育システムを通して世界を再構築しようとする人々の抵抗でもあるのです。そうした抵抗は、普遍的価値の世界やどこかにつねに中心を持って存在している生命圏から出発するのではなくて、世界の生産を一から生成発展的に再領有しようという試みなのです。そうした点から見て、今日、倫理的かつラディカルな実践的責任性の問題が生じているのです。

宇野――あなたと議論しながらいま思ったのですが、フランスの六八年は、芸術的、想像的な領域と政治的、集合的な領域との架橋、横断性、そしてその関係の変化が起きた時期だったということですね。あなたはつねにこれと同じ架橋の精神で生き続けているのだと私には思われます。しかし日本にはそれはありません。誰もがそこには結びつきがある、芸術は政治的領域と不可分でなくてはならないということを知っていますし、私もそのことをつねに考えています。しかしそのような結びつきを発見できていません。ブラジルや社会主義諸国の方が、そうした結びつきが現前しているように思われます。おそらく新たな普遍的権力の形態は政治と美学を分断するという機能を持っているのでしょう。

ガタリ――たぶん日本資本主義はかなり昔風の封建的（マフィア的）な社会形態や感性形態を保存するというずる賢い知性を持っているのでしょう。そうすると、そうした伝統的諸形態と超とつくほど発展した機械化との不安定なバランスが生じます。しかしそれはおそらく過渡的なものでしょう。というのは、そうした昔ながらの諸形態はますます圧延されつつあるからです。現在、長時間にわたってテレビの前にいて世界から切断されている人々、劣化する社会的諸関係のなかで仕事に飲み込まれている人々、若者の自殺などといった精神病理的現象が話題になっています。また、伝統的な社会形態の持続を脅かす大きな主観性の危機が起きてもいます。しかし、こうしたカオスモーズ的沈下、癌化した器官なき身体の自己消滅化の危機のなかからこそ、これまでとは異なった感性や政治的、エコゾフィー的な介入の様式が生み出されることになるのです。こんなことを東京で言ったら、私が言っていることはまったく馬鹿げている、ユートピアにすぎないと一笑に付されるでしょう。しかしこれを沖縄で言ったら、おそらくもっとまともに受けとめられるのではないでしょうか。私は現在歴史の進展は加速化の一途をたどっていて、同時に集合的主観性もますます可塑的になっているので、ものごとは非常に速い速度ですすんでいくと考えています。労働者階級の構築の過程は、マルクスやエンゲルス、レーニン、ローザ・ルクセンブルクなどの思想の下で発展するのに一五〇年もかかりました。私が美的パラダイムと呼ぶ新しい感性の構築の過程は、それに比べて非常に迅速に進むと思います。

たとえば、日本における女性解放の速度がその最初のテストとなるでしょう。それは必ずしも数十年もかかるとは思われません。

宇野――しかしそれは一〇〇〇年続くかもしれませんよ

ガタリ――あなたはそう思いますか？　私にはそうは思われません！

宇野――日本ではすべての動きが解放と持続の二重構造になっているのです……。

（1）　このテクストは〈*Art actuel*〉n°72, 1999, pp. 18–21. に掲載されたもの。ジル・ドゥルーズの著作の日本語への訳者として知られる宇野邦一によるガタリへのインタビューである。インタビューの一部は日本の雑誌『群像』（一九九二年四月）に掲載された〔本書の訳は『群像』を参照せず、訳者（杉村）が原文から直接訳し下ろした〕。ガタリはこのテクストのなかで、ドゥルーズとの共同著作『アンチ・オイディプス』から彼のエコゾフィーについての著作にいたる哲学的遍歴について、とくに互いに共鳴しあう二つの概念（〝分子革命〟と〝カオスモーズ〟）を軸にして語っている。

（2）　「関手」（フォンクトゥール）というのは、ある数学的機能を使いやすい対象のなかに組み入れることを可能にする数学的術語である。たとえばラカンの〈対象 a〉という関手はより複雑な数学的機能を帯びさせられて、そこで主体、〈他者〉などが関係付けられる。

（3）　ドンス・スコトゥス（一二六六―一三〇八）はスコットランドの神学者・哲学者で、スコラ学派の始祖。

（4）　Gilles Deleuze et Félix Guattari, *Q'est-ce que la philosophie?*, Paris, Les Éditions de Minuit, 1991.

（5）　以下を参照。Félix Guattari, *Chaosemose*. chapitre VI.〔『カオスモーズ』6〕。

（6）　以下を参照。*Les Années d'hiver*.〔『闘走機械』第三章の「ジェラール・フロマンジェの『夜、昼』」〕。

（7）　*Les Nouveaux Espaces de liberté*, Paris, éditions Dominique Bedou, 1985 (réédition Ligne, 2010)。〔『自由の新たな空間』〕。

（8）　吉本隆明（一九二四―二〇一二）は日本の作家・哲学者で、とくに一九六〇年代の学生の共産主義・アナーキズムの運動、朝鮮戦争や日米安保条約をめぐって政府に反対した全学連への加担で知られる。流行作家吉本ばななの父親でもある。
（9）　‹Contrôle et devenir›, entretiens entre Toni Negri et Gilles Deleuze *in future antérieur*, n° 1, printemps 1990.
（10）　本書第二部（3）「〈機械〉という概念をめぐって」の注（10）を参照。

（2）カオスといかに闘うか(1)

マルコ・セナルディ〔以下、セナルディと表記〕――あなたは近著『カオスモーズ』のなかでひとつの章全体を「新たな美的パラダイム」の説明にあてて、ポストモダンの袋小路から脱出する道をさぐろうとしていますね。それは美学概念を拡張しようという考えからなのでしょうか？　それとも創造というのはあくまでも芸術的実践の占有物だとお考えなのでしょうか？

ガタリ――芸術というのは感覚機械あるいは構成機械を生産するところに成り立つものだと私は思います。つまり、通常の知覚作用から引き剥がされた知覚対象を創造すること、感情とは区別される情動、普通では考えられない感覚といったものをつくりだすことであり、それは哲学が精神の活性化を求めて概念を創造することとまったく同じことなのです。芸術はまた意味の過剰性をつくりだすシステムでもありますが、それはつねにマスメディアと結びついた権力のシニフィアンによって、そして画一的な意見、世論調査、順応主義の蔓延といったものによって抑圧されるのです。その意味で、美的創造は夜逃げをするようなものです。つまり、創造するということは、なんらかの流派やスタイルにしたがって作品を制作するということではないのです。何にもまして重要なのは、創造の言表行為的な根っこをなすものなのです。その根っこは芸術家の視線や音楽家の聴覚のなかに見出されるものですが、もちろんそれだけではなくて、精神病者や子どもなどのなかに存在する実在的創造性、あるいは太古的社会のなかに存続している視線といったもののなかにも見出されるものです。ただし、そういった創造はつねに剽窃されたり、砂の上に書かれた言葉のようにかき消されたりする危険にさらされてもいます。いまや、経済的・社会的な諸関係、さらには人と人どうしのあいだの諸関係は一種のグローバル化した情報プログラムのなかにとらえられていて、それがいっさいの分岐や特異化の可能性を阻止しているのです。そして、まさにそうであるがゆえに、そこに美的パラダイムが介入しなければならないのです。この場合、私が美的パラダイムと呼ぶのは、単に芸術的創造に属するものではなくて、科学や経済やエコロジーのなかでも作動している何かなのです。そういった美的パラダイムが新たな創造の可能性を切り開くのです。実際、人間どうしの関係にしても別のあり方がありうるし、第三世界との別のつながり方もありうるのです。のみならず、学校や精神病院、都市生活などの別の組織化の仕方もありうるはずです。しかも、そうしたすべてを、グローバルな情報プログラム的流れに対する抵抗の境界線上における言表行為のベーシックな創造性――マルセル・デュシャンやコンセプト・アートにおける美的革新に見られるような――と結びつけながら実現することは不可能ではないでしょう。誤解のないように言っておきますが、私はデュシャンのやり方を経済に適用しようと言っているのでもなければ、プログラムやマニフェストを発信しようと言っているのでもありません。そうではなくて、問題はまさに脱プログラム化をいかに行なうかであり、カオスモーズを横切りながら別次元の複雑性をどのように導入するかということにあるのです。

セナルディ――あなたは潜在的なものと現働的なものの交差点における機械の作用について語っているわけですが、同時にあらゆるレベルでわれわれをコントロールするプログラム化についても言及していますね。その場合、情報テクノロジーの創造的な使い方というものは排除しなければならないのでしょうか？

ガタリ――思考機械、感性機械、コミュニケーション機械というものは、いま現在、そうした情報テクノロジーに支配された社会に囚われているわけですが、逆に言うなら、そうした情報還元主義的な実践を適用することができるのは、こうした機械を通してなのです。たとえば、相互作用的に機能するコンパクト・ディスクのようなものを考えてみてください。それはさまざまな問題を同時に多様な仕方でインプットしながら集合的に結びついて、創造的な相互作用を発動することができるはずです。ところが、いま行なわれていることは、そうするかわりに、相互作用の可能性を相互的な戯れに還元し、技術的な潜勢力を一般的な消費対象のために切り縮めて、いっさいの特異化の可能性を奪っているのです。相互作用的なスクリーン――情報通信技術に組み込まれた視聴覚設備とか情報処理システム――がポスト・メディア時代を切り開く実験を可能にしつつあるまさにそのときに、すべてが娯楽に変えられてしまっているのです。

セナルディ――コンピューターは諸価値の世界を破壊したとあなたはおっしゃいましたよね。それでは、そのあとにわれわれはいかなる価値の世界を持っているのでしょうか？　私がこの点に執着するのは、価値について語ることはプラトン的なテーマの復活のように思われるからです。たとえばイタリアでは、いま、まさしくプラトン美学あるいはネオ・プラトニズム美学についての本がたくさん現れ、美とか理想についての議論がさかんに行なわれているのです。

ガタリ――私が価値の世界について語るときには、つねに異質性の混交した特異化された価値の星座のようなものを念頭に置いているということを想起して下さい。今日、人間的、環境的、経済的な使用価値、絶滅しつつある生物種の価値、あるいは手作りの映画のような消滅しつつある文化的価値といったような、多様な価値の世界――それらは社会的ならびに精神的なエコロジーに属しています――が、一種の価値の一般市場に帰着させられています。そうした多様な諸価値が、世論と称されるものや反動的な勢力が支配する価値の市場によって超コード化されているのです。たとえばオーストラリアのアボリジニ、あるいはバリ島の原住民やアメリカ・インディアンなどの持つ価値のシステムの存在論的な構成、その実在的な特殊性が、資本主義のプログラムに同化されうるものとして、まるで輸出向けの製品のような状態に追いやられているのです。しかも、それは単に美的な価値だけの問題ではありません。遊戯や宗教やエコロジーなど多岐の領域にわたる、いわば生活全体にかかわる価値の世界もそこには含まれているのです。もうひとつの例を引いてみましょう。東ヨーロッパの人々の例です。もちろん彼らは過酷な独裁体制の下に組み敷かれていたわけですが、同時に彼らは保健や教育といった分野で独自の社会システム、価値の世界を持ってもいたのです。ところが、それはいまや完全に絶滅させられて、資本主義的な価値のシステムがたちどころにそれに取って代わっているのです。そして、そこには、当然の帰結として、人種差別、外国人に対する偏見、暴力といった現象がともなっているのです。私の言う美的パラダイムは、これとは逆の方向に向かうものです。つまり、さまざまな価値のシステムの混交化の方向に向かうものなのです。

セナルディ――『哲学とは何か』のなかで、あなたはプラトン的な超越性とアリストテレス的な存在論に最初に反対の立場をとったとされるストア派の思想を引きながら、そこに見られる別の実在的可能性について喚起していますね。一言で言うと、それは存在と生成の対置だと思われるのですが……。

ガタリ――私は、物質的、エネルギー的、表象的といったさまざまな異なった線のなかに地層化された複数的な存在論に遡行しなければならないのではないかと思います。それに、存在の形態というのは断片からつくられていて、突然変異したりする可変的なものでもあります。それはわれわれが化学における物質の系統発生的変化[2]や、社会的あるいは芸術的な創造においても見いだすことのできるものです。こういった異質発生的な存在論的次元の総体を思考に繰り込んでいかねばならないと思います。それが、哲学のみならず、社会的、美的、エコロジー的な実践が結晶化する内在性の次元なのです。ストア派の思想のなかで興味深いのは、そこにわれわれがリトルネロと呼んだ概念が見いだされることです。この概念が歴史的な座標系、瞑想にかかわる一般概念、多様性といったものを貫きながら、存在論的な構成体を横断的に支配する場所を占めているのです。そして、それらの場所は自己産出的な創造的原点のようなもので、そこでは瞬間的にカオスモーズが生じて、それが純然たる創造的実体として現出するのです。ですから、われわれはプラトン主義的思想あるいは外在的実体などとはまったく無縁であって、われわれがかかわっているのは、われわれに責任を負荷し、またそこを起点にしてわれわれが本当に何かを発展させることのできる対象なのです。つまり、美的な構築の次元、哲学的な内在性の次元、科学的な機能性の次元というものを創造し、繰り広げることのできる対象です。リトルネロと創造のあいだには矛盾はありません。なぜなら、リトルネロというのはカオスモーズ的な創造の原点への回帰であって、いわば通時的な運動の瞬間的な停止、アイオーン（永劫の時）[3]のようなものにほかならないからです。それは一種の〈やり直し〉であり、何度でもつねに最初から始めるということなのです。プルーストの『失われた時を求めて』の主人公は記憶に刻まれた場所に戻っても、深淵に飲み込まれるということはなくて、カオスモーズ的な言語的創造の境界線のところで立ち止まりますね。リトルネロというのはそれと同じことです。『失われた時を求めて』は歴史的テクストではなくて、創造的テクストなのです。この作品はあらゆる強度の臨界域をプルースト流に再創造したテクストなのです。

セナルディ――線状的な歴史に対して多数的な時間を発見するということ……。

ガタリ――歴史の終焉は歴史の再開にほかなりません。歴史をよりよく再構築するために歴史を破壊するということです。しかし、ひとつの普遍的な歴史があるというわけではなくて、いくつもの歴史があるのであって、それらの歴史は通時的かつアイオーン的なさまざまな線にしたがって多声的な様式で書き直すべきものなのです。

セナルディ――美学理論をめぐる現在の議論は、おおむねネオダダイズムとか秩序への回帰といったテーマを軸にして行なわれているように思われます。つまり、一方に、すべては芸術になりうるという異質混交の創造性に与する立場があり、他方に、美的に整序されたコスモスのなかの秩序への回帰が見られ、後者はここ数十年の実験に対して扉を閉ざそうとしています……。

ガタリ――カオスモーズ的な沈潜というのは、ドゥルーズと私が言ったように、錯乱的な自然発生性や解体ではなくて、カオス理論における得体の知れない牽引力に匹敵するようなカオス的複雑性の温床に通じるものです。秩序が無秩序に住まい、無秩序が秩序に住まうということであり、この二重の内在性があって、はじめて真の創造が生まれるのです。芸術家にとって自由を享受するということは、絶対的なカオスに落ち込むということを意味するのではありません。芸術はむしろカオスに抗する闘いのなかで、技術的・物質的な障害と出会うこと――構成の次元における――を通じて、瞬間を照らし出すヴィジョンや、あらゆる紋切型に挑戦する感覚を現出させるのです。芸術はカオスに抗して闘うのですが、それはカオスをより強く感じ取ることができるようにするためなのです。そのうえで、内在性の次元における存在論的な横糸を見いださねばならないのです。創造者はこのいささか厳格な内在性の次元から、先に述べた複雑性の温床によってもたらされる部分的な主観性を求めて旅立つのです。創造者は神話的な架空の自由を求めるのではなくて、むしろ並外れた部分的な自由を押し広げようとするのです。

セナルディ――そのような美的創造の概念と、あなたが七〇年代に展開した〈欲望する機械〉(4)という概念とのあいだには、どのような相違があるのでしょうか?

ガタリ――〈欲望する機械〉という概念は二つのことをねらった戦略的概念です。ひとつは、ラカンの言う部分対象とか〈対象a〉という概念を拡張すること、そしてもうひとつは、生物学主義的・還元主義的な欲動概念から脱却すること。〈欲望する機械〉は部分対象(糞や乳といったような)と同じように機能するとみなさなければならないのですが、ただしそれは、なによりも出会いや出来事、反作用、社会的諸関係といったものとしてそういった機能を果たすのです。それと同時に、フロイト的な一次過程の概念――それは欲動をカオスモーズ的ではなく一種のカオス的な過程として考えるものです――に抗する機械的複雑性の次元を打ち立てる必要がありました。したがって〈欲望する機械〉という概念は、欲動的カオスから脱却した内在性の次元を展開することが可能であるということを証明するためのものでした。つまり、体験された過去にくくりつけられた発生心理学的ないっさいの概念を放棄して、未来に向かおうとしたのです。

セナルディ――現在、あなたの言うような欲望する機械を現実に生産しようとしている芸術家がいる一方で、集団作業によって個々の芸術家として限界を乗り越えようとしているグループも存在しますね。

ガタリ――それは興味深い指標ではありますが、そういった動きがどのように機能しているのかを吟味する必要もありますね。それが日本におけるように同業組合礼賛的な内向きの方向に向かわないことを祈りたいと思います。肝心なことは美的オブジェを供給することではなくて、美的、概念的、社会的な道具をつくることなのです。そしてそうした道具を通して、たとえば情報伝達や遠距離通信やヴィデオ・グラフィックといったものを――それだでなくもっと原始的なものや異文化に由来するものも――連接された言表行為として編成し、要するに社会性を変化させるようなコミュニケーション手段として再獲得することが重要なのです。最終目標が単に商業的あるいは財政的なものであるならば、この計画は既存の冗長的システムから脱却することはできないでしょう。たとえば映画産業を例にとってみましょう。それはいまやとてつもない額の予算を使って、スター・システム、演出、配給といったものをあやつっています。このままいけば、おそらく創造的な映画、手づくり的な映画は死滅してしまうにちがいありません。映画の生産や消費は管理され、短編映画や実験的あるいは創造的な映画のための上映ホールはなくなってしまうでしょう。しかし、だからといって、映画芸術が必ず死滅するとは私は思いません。というのは、芸術的な創造手段を独自の仕方で獲得しようとしている第三世界の国々が存在するからです。その意味で私は黙示録的な考えの持ち主ではありません。エコロジー的次元においても、私は黙示録的な考えを持っているわけではありません。もちろん、いま、地球が完全な袋小路に向かいつつあるという危険は日に日に高まっているとは思いますが、人間集団がものごとを自らの手に取り戻し、資本主義の論理から脱却する能力を持っているかどうか、すべてはそこにかかっているのだと思います。

セナルディ――最近、サイバーパンク的な文学や映画のなかで、世界は破滅に至る寸前に災禍によって救われ刷新されるという奇妙なユートピアが描かれています。つまり自然の災厄が精神の償いとして立ち現れるというわけです。

ガタリ――フランコ・ベラルディ[5]がサイバーパンク的なイデオロギーを的確に定義していますし、ヴィリリオが地球の空間が縮まって想像的・感覚的な空間が広がっているということを指摘していますね。そういう状態が高じると、コミュニケーションの戦略を操るテクノクラートたちの関心は集合的な幻惑関係のなかに落ち込んでしまうのです。したがって、こうした新たな生活条件のなかにおいては、過去へのいっさいのノスタルジーを棄却して、前衛的なものを横断的に結びつけるある種ポストモダン的な方向で他者性というものを発明しなくてはならないわけです。そのとき重要なことは、われわれがいま、地政学的、人工動態的、テクノロジー的に、とてつもなく驚異的でドラマティックな変化を被っている地球の上で生きているという事実をしっかり考慮することです。こうした異例の事態を前にしながら、思想家や哲学者はダチョウのように頭を砂のなかに突っ込んで危険を直視しようとしないのです。

セナルディ――しかし、われわれはいま、集団的連動の観点から支持されないような個人的選択は袋小路に行き着くということを承認した世界に生きているようにも思われます。たとえば、人はエコロジー的なガソリンを使用したり、子どもはひとりしかつくらないという倫理的行動を実行することはできます。こうした行動は人類の行く末にどのような影響を持つのでしょうか?

ガタリ――まさに機械状の連動の文脈でものを考えることが重要なのです。そういった意味で、私は『三つのエコロジー』のなかでエコゾフィーの基礎を打ち立てようとしたのです。美的な実践は集団的な想像の可能性のひとつなのです。パリのある芸術家たちのアトリエを一例として引きましょう。それは東駅の近くにあって、もともと政府が壊そうとしていた建物です。それを芸術家たちが美的創造のセンターにつくりかえようとしたのです。これは素晴らしい社会的実践でもあります。結局、政府と文化省はアトリエと小アパートをつくって、芸術家の共同体を受け入れることに同意したのです。しかし、このような実践はそれだけにとどまらず、外部に開かれたさまざまな出会いと結合の方向にも向かうのです。そのなかで、作家、哲学者、若い芸術家といった人々のあいだの関係が強化されていくのです。そしてこうした異質の領域の出会いを通じて、創造性が発揮されていくのです。

セナルディ――美的創造は倫理的モデルの基盤になることもできるとお考えでしょうか？

ガタリ――美的モデルは手の届くところから意味を産出したり、創造性をつくりだしたりする装置、つまり既存の支配的な存在的冗長性に取り込まれない装置を発動させることができるでしょう。美的モデルは創造活動の実践にとって一種の隠れ家として機能することができるのです。

（1）このテクストは『シメール』三八号に掲載されたものである（*Chimères* n°38, printemps 2002）。一九九二年三月のマルコ・セナルディによるガタリへのインタビューで、アニク・クーバによって翻訳された。このなかで、ガタリは〈カオスモーズ〉の異質混交的発生を資本主義的な〈カオス〉の画一化に対置している。

（2）本書第二部（3）「〈機械〉という概念をめぐって」の注（4）を参照。

（3）ドゥルーズは『意味の論理学』のなかで、〈アイオーン〉の概念を〈クロノス〉の概念に対置している。「クロノスは物体の能動と物体の形質の創造を表現したが、アイオーンは、非物体的な出来事の場所であり、形質と区別される属性の場所である。クロノスは、原因と質料としてクロノスを満たす物体と切り離せなかったが、アイオーンは、アイオーンを決して満たすことなくアイオーンに取り付く効果で一杯である。クロノスは有界で無限であったが、アイオーンは、未来と過去としては限界がなく、瞬間としては有限である。クロノスは、循環性から切り離せなかったし、制動や加速、破裂・脱臼・硬化といった循環性の事故からも切り離せなかったが、アイオーンは、二つの方向に限界がなく、直線状に延びていく。アイオーンは、常に既に過ぎ去り永遠に未だ来るべきものであり、時間の永遠真理である。つまり、時間の空虚な純粋形態であって、現在の物体的内容から自己を解放し、そうして円環を繰り広げてから、直線状に伸びるのである。この理由の故に、たぶん、その直線は、一層危険で、一層錯綜し、一層屈曲しているだろう。これが、マルクス＝アウレリウスが語った別の運動、高所でも低所でも起きず、循環的にも起きない運動、表面だけで起こる運動、「徳」の運動であり……」(Paris, Les Éditions de Minuit, 1969, pp. 193–194)。〔小泉義之訳（河出文庫）〕

（4） Cf. L'Anti-Œdipe. *Capitalisme et schizophrénie*, Paris, Les Éditions de Minuit. ‹Critique›, 1972.

（5） フランコ・ベラルディ（一九四九―　）は通称〈ビフォ〉と呼ばれるイタリアの極左翼の哲学者でアクティヴィストである（彼はとくにトニ・ネグリなどとともにオペライズモと呼ばれる労働運動に参加した）。ベラルディは一九八九年〈*Cyberpunk*〉(Bologne, Synergon) を刊行した。ただし、この言葉はベラルディがつくったものではなく、もともとは一種のSF由来の言葉で、そのSFで描かれる超技術化された世界では、人間が非人間化した巨大な都市空間のなかに囚われている。

（3）〈機械〉という概念をめぐって[1]

機械というテーマはずいぶん以前から私のなかに住み着いていますが、私にとってそれは概念的対象というよりも情動的対象です。私はあなたがたの多くと同じように、つねに機械に引きつけられ、魅了されてきました。私はソルボンヌの学生だった頃、フリードマン[2]の『細分化された労働』についての発表をしたこと、そして私がフリードマンを罵倒したときの教授の愕然としたまなざしを覚えています。当時、私は機械についての機械論的（メカニスト）ヴィジョンに対して非常に敵対的な態度をとっていました。おそらく科学主義へののめり込みのせいでしょうが、機械から一種の救済を期待することができると考えていたのです。その後、この機械という対象を豊かなものにしようと試みました。正直言って、この作業に私は習熟しているわけではありませんが、それは繰り返し立ち戻る一種の核のようなものです。最近の例を引くと、ピエール・レヴィの『知性のテクノロジー』という著作にたいへん刺激を受けました。情報テクノロジーという彼の専門分野でこのテーマが再活性化されているのに驚きました。言い換えると、私はこうしたテーマに科学的・公理的な説明を与えようとする思考よりも、情動的な基軸から始める思考形態に道を開きたいのです。繰り返しますが、これは完全に開かれたテーマ系であり、私はこのテーマについて開かれた議論が行なわれ、それがどんな反響をもたらすかを感じ取りたいと思っているのです。

われわれは現在、テクノロジーはわれわれを倫理的な設計と断絶した非人間的な状況に導くという考えをともなった、機械への呪詛が起きてきた不可避的な岐路に立たされています。実際、現代の歴史は、こうした機械がエコロジー的破壊をはじめとする破局を招くというパースペクティブを強化しています。したがって、機械の時代から昔に戻って、なんらかの原始的領土から再出発したくもなるような気分が生まれてきてもいます。

ピエール・レヴィは次のようなたいへんうまい表現を使っています。「存在とものとのあいだにある存在論的な鉄のカーテンを打ち壊すことを試みること」[3]。ハイデガーに至るまでのおよそ全哲学の関心をそそったこの鉄のカーテンを打ち壊すための手段のひとつは、おそらくこの機械状の境界接触領域（インターフェース）、あるいは境界接触領域としての機械ではないかと私には思われますが、ピエール・レヴィはこれを〈ハイパーテクスト〉と呼んでいます。実際、技術へののめり込み、技術がときに含有する壊死的な次元から脱出するには、機械というものを把握し直すとともに概念化し直し、その虚無性をともなった惰性的存在としてのあり方と、主体的個体化あるいは集合的主体化という主体のあり方との交差点にあるものとしての機械という存在から出発しなくてはならないでしょう。このテーマは文学や映画の歴史あるいは神話のなかに現前してもいて、たとえば魂が住み着き悪魔的力を有している機械などをその例として挙げることができます。だからといって、私は必ずしもアニミズム的な概念への回帰を提案しているのではありません。そうではなくて、機械のなかには、そして機械状の境界接触領域のなかには、人間的あるいは動物的な魂としての〝アニマ〟の次元ではなくて、原－主体性の次元に属している何かが存在していると考えようとしているのです。つまり機械のなかには、自己との関係と他性との関係を一貫的に貫く機能があると考えているのです。私はこの二つの基軸にしたがって前進したいと思っているのです。

もっとも単純なこと、ほとんど既定のことと言ってもよいことから出発しましょう。つまり技術的対象（道具）は物質的なものに限定されるものではないという考えです。〈テクネー〉のなかには個体発生的（オントジェネティック）要素[4]、設計や建設の要素、テクノロジーを支える社会的諸関係、知識の蓄積、経済的諸関係、そして技術的対象が挿入される一連の境界接触領域（インターフェイス）などがあります。こうした考えから出発して、近代的タイプのテクノロジー機械と機械の道具や部品とのあいだに橋を架けることによって、それらを互いに接続した諸要素と見なすことができるようになります。ライプニッツ以来われわれは、ある機械が無限に機械性を持った諸要素で構成されている他の諸機械と、今日ならフラクタルと形容することができるような仕方で節合することができるという機械の概念を持っています。したがって、機械をめぐる環境は、いたるところで機械状の動的編成（アジャンスマン）をなしているのです。機械領域に参入する最初の要素は、加工され、脱領土化され、一様化されて機械状の形態に成型される鋼鉄のように、ある資材の画一化、一定の研磨から始まります。機械の本質は、機械の諸要素、機械の機能、機械の他性との関係といったものを脱領土化する手順と結びついています。ここで、技術機械を外部に開かせることができる、技術機械が個体発生と持っている関係について言及しましょう。

　個体発生的要素のかたわらには系統発生的な別の次元があります。テクノロジー機械は、いくつかの機械が先行的に存在し別の機械がそれに続くといったある系統流のなかにとらえられています。諸機械は技術段階に合わせて——自動車の技術段階〝と同じように〟——発展し、おのおのの機械が来たるべき別の諸機械の潜在能力を切り開きます。諸機械はおのれのあれこれの諸要素を使って、未来のあらゆる機械状の系譜と結びつきます。

個体発生と系統発生というこの二つのカテゴリーをテクノロジー的対象に適用すると、テクノロジー的ではない別の機械システムと架橋することができるようになります。一般に哲学の歴史においては、機械の問題をもっと一般的な問題、つまり〈テクネー〉、技術の問題の二次的要素とみなします。ここで私は観点を逆転したいと思うのです。つまり、技術の問題は、それよりもはるかにもっと広大な機械という問題系（プロブレマティック）の部分的要素にすぎないのではないかということです。このように考えた〈機械〉は、外部とその機械性の環境に開かれていて、社会的構成要素や個人的主体性とあらゆる種類の関係を保っています。したがって、こういったテクノロジー機械の概念を〈機械状動的編成〉の概念に拡大しなくてはならないでしょう。〈機械状動的編成〉というカテゴリーは、さまざまなレジスター（作動域）や存在論的支柱のなかで機械として展開するあらゆるものを包摂したものです。この新たな機械の概念は、〈存在〉と機械、〈存在〉と主体を対置するものではなくて、〈存在〉は質的に区別されるものであり、機械性ベクトルの創造性の結果にほかならない存在論的複数性に通じるということを含意しています。われわれは、機械的、社会的、人間的、宇宙的な存在者の総体に宿っている共通点としてひとつの〈存在〉というものを持っているのではなくて、逆に、さまざまな歴史的転換期の刻印を施された異質発生的な存在論的世界、〃参照の宇宙〃というものを繰り広げるひとつの機械を持っているであり、こうした機械は不可逆性と特異性のファクターでもあるのです。このことを説明しつくすには時間がかかりすぎるので、このくらいにしておきます。

したがって、原 ‐ 機械的道具やテクノロジー機械と並んで、社会的機械という概念を提起することができます。社会的機械はいわゆる機械と同じように機能します。チョムスキーのような言語学の理論家は言語機械あるいは連辞的機械に宿っている〃抽象機械〃という概念を導入しました(5)。また今日、多くの生物学者が、生きた細胞や器官、個体化、さらには社会的身体といったものを機械として語っています。こういったところでも、機械の概念が定着し始めているのです。チューリングの数学機械もあります。[6]観念の領域——もうひとつの〝参照の宇宙〟——においても、機械の概念の拡張が行なわれています。音楽機械もあります。多くの現代音楽家がこの概念について語っています。論理機械もあり、さらに理論家のなかには、地球のエコシステムは生物あるいは私がここで言う広い意味における機械の等価物であると言っている者もいますから、宇宙機械といったものもあります。二〇年前に立ち戻って言うなら、〈欲望する機械〉[7]を引き合いにだすことができますが、これは精神分析的な部分対象——欲望する機械としての〈対象a〉——の理論を、人体に隣接した対象に還元することはできない要素というかたちで再利用したものです。そこには逆に、欲望の対象、欲望機械、欲望の客体‐主体、部分的主体化のベクトルといった問題があって、すべては身体や家族関係を超えて、社会的・宇宙的な集合体、あらゆる種類の参照の宇宙に開かれているのです。

生物学の領域では、こうした機械の概念は、最近マトゥラーナとヴァレラのような理論家によって展開されました。[8]そこでは機械は、機械の構成諸要素自体とは無関係に、機械の構成諸要素の内的相互関係の総体によって定義されています。彼らはいわば抽象機械の概念に近い定義をしていて、機械を〝インプット〟も〝アウトプット〟もしないあるシステムのように、おのれの構成要素を永続的に再生産する自己産出的なものとして描いています。ヴァレラはこの理論をかなり先までおしすすめています。彼は自らの機械をめぐる構想のなかで、彼が本質的に生物学的な生命存在に結びつける〝自己産出〟を、機械がおのれの構成要素をおのれの外部に求める〝外部産出〟に対置しています。実際、彼は、社会システムや技術機械、さらには生命システムではないすべての機械状システムをこの〝外部産出〟のなかに分類しているのです。この〝自己産出〟という概念は私にはたいへん興味深く実り多いものと思われます。しかし私は、ヴァレラのパースペクティブよりもさらに先にすすみ、〝外部に働きかける〟機械と自己産出的な機械を結びつけなくてはならないと考えています。外部産出的機械はつねに自己産出的機械に隣接したところに存在しています。したがって、それらを一緒に活かす動的編成を考慮に入れなくてはならないのです。

ピエール・レヴィから借用したもうひとつの考えは、機械状システムは異質なものが接触するインターフェイスのシステム――レヴィが〈ハイパーテクスト〉と呼ぶ――であり、それが少しずつ〈機械圏域〉全体に及んでいくということです。結局私は、ヴァレラとレヴィのパースペクティブを結びつけて、機械をその自己産出性とすべての外部産出的展開の両面において、つまり機械に一種の対外的政策、他性との関係を与えるインターフェイスのなかで考えたいと思っているのです。ピエール・レヴィは最初の著作〈*La Machine univers*〉のなかでヴァレラに言及していますが、二作目ではなぜか問題にしていません。おそらく三作目が重要でしょう。

機械には構造以上の何かがあります。機械は構造〈以上〉のものです。なぜなら機械は、時間と空間のなかで展開される相互作用の働きにとどまるものではなく、同時に、エネルギー的-時空間的座標系のなかにおけるこの展開の前提となる存在論的自己肯定、一貫性、執着性といったものを備えた核を持っているからです。この機械状の核はいくつかの点で原-主体的、原-生物学的なものと形容することができますが、それはヴァレラが考慮しなかった特徴を持っています。つまり、それは一方で存在論的あるいは系統発生的諸要素からなっているのですが、他方でそれは有限的諸要素も含んでいるのです。機械はある有限性、自らの生誕と死滅にかかわる何かを備えていて、そうであるがゆえに機械は、外部に死をもたらすだけでなく自らにも死をもたらすような爆発、破壊、内破といった幻惑的作用を行なうこともあるのです。

こうした自己産出的な執着性と、他性のレジスターを広げる異質発生的他性の展開の発生源は、説明するのも定義するのも困難です。それはエネルギー的－時空間的座標系の展開のなかで現れる存在者ではありません。こうした対象には、神話や物語、つまり非科学的手段を介してしかアプローチすることができないのではないでしょうか。私は、このような機械性の核は、理論の発展を呼び寄せるメタモデル化のシステムとつねにある仕方で結びついていると考えています。ここではこの問題に軽く言及するにとどめます。というのもこの問題はいずれジル・ドゥルーズとの共著(9)で再論されるものだからです。いずれにしろ、この自己産出的かつ地層貫通的で外部に開かれた自己肯定の核は、まったく〈通常では考えられない〉座標系のなかにおける複雑性の概念をもたらすものです。機械状の対象の複雑性は先に私が喚起したさまざまな機械システムのなかで実現され具体化されます。同時にその複雑性は、その複雑性を解体してその諸要素をさまざまな仕方で分解しようとするカオスにつねにつきまとわれています。それはあたかも、この自己産出的存在、この機械状の原－主体性が、複雑性のレジスターのなかとカオスのレジスターのなかに同時に存在しているかのようです。カオスというのは単にカオスであるだけでなく、諸要素や諸実体を構成しながら、極度の複雑性を持った様式を展開することができるものであると、私は考えています。カジノのゲーム〔ルーレット〕のような予測不可能なシステムを例にとってみましょう。かりにみなさんが赤か黒かに行き当たりばったりに賭けるとして、みなさんはそれに対して認識しようのない予測不可能な構成をなすカオス的システムのような印象を持ちます。しかしみなさんがそれを長時間行なっていると、統計的計算によってみなさんが複雑な組み合わせをすることができる系（セリー）が現れます。つまりこの不確実性のシステムはある種の数学的記述が可能なものなのです。カオスについても同じことが言えるでしょう。カオスの場合はきわめて大きな超複雑性の次元を含んでいるのです。あてずっぽうに文字を引き出していったら、マラルメの詩作品の言い回しを見つけることができるという神話があります。それには長い時間がかかるでしょうが、マラルメの作品が文字の多様な組み合わせのカオス的世界のなかに潜在的に宿っていることはたしかでしょう。

複雑性とカオスというこの二つの次元をどのようにして共存させることができるのでしょうか。それは単純なことで、カオスに宿る実体が無限の速度で動いていると見なせばいいのです。そうすると、もっとも微分化された組み合わせを構成することができ、またそれと同じ速度で組み合わせを解くことができるのです。この無限速度という考えは、複雑性を内包しうるカオスという概念に行き着きます。そして、カオス的解体、カオスの死滅、無限に複雑な構成といったものと隣接する原 - 主体性は、このカオスの発生源のなかに現れるのです。これを私は〈カオス的把捉〉[10]と呼んでいます。つまり、あらゆる種類の潜在性が宿る複雑性の瞬間的な把捉のことです。さらに、何かに支配されたというよりも受け入れられたと言った方がふさわしいこの複雑性、ある執拗な繰り返しの関係のなかに置かれたこの複雑性を、私は〈超複雑性〉と呼びます。

構造主義的なシニフィアンの理論においては、あるシステムの多様な構成要素はシニフィアンのエコノミーの文脈で扱われます。つまり、なんらかの情報量を元にしたシステムを見つけようとしたり、あるいは異質混交的な多様なシステムに宿っている二分法的システムを見つけようとしたりするのです。しかし私が提案するモデルにおいては、複雑性のさまざまな次元のあいだを翻訳するものは存在しません。そうしたさまざまな次元はみな存在論的基体を含有しているのです。

フロイトの欲動理論のなかの幻想（ファンタスム）の定義を例にとりましょう。その定義には、表象的、幻想的、物語的な要素である言説的要素、それに非言説的要素である情動が含まれています。しかし、フロイトが彼流の欲動の定義のなかにおけるこの矛盾をどのように解決したのかを把握することは困難です。構造主義者たちはいわば情動を排除して言説的要素だけに限定したのです。ですから、欲動はシニフィアンのエコノミーの面から扱われているわけです。

私がここで喚起している機械の概念においては、自己産出的な自己肯定の発生源でもあるこの非言説的なものの発生源を言説性から切り離しません。このシニフィアンというカテゴリーの破片は、イメージや想像的なものの構造、あるいは生物学的連鎖の構造など、シニフィアンが無縁な領域においても完全に知覚可能なものです。したがってラカンにおけるシニフィアンのエコノミーは、つねに線形性の次元、空間の次元において展開されるのです。みなさんは「ひとつのシニフィアンはもうひとつの別のシニフィアンに対して主体を表わす」という［ラカン派の］公式をご存知でしょう。つまり主体は〈ある関係のなかに〉組み込まれているということです。ある所与の場のシニフィアン（S1）は、別のある所与の場のシニフィアン（S2）とのある関係のなかで存在し、したがって主体はこの二つのシニフィアン（S1とS2）のあいだの一種の空隙のなかで漂うわけです。この線形性が主体性の概念形成の総体に宿っているのです。この空間的性格は、ラカンの全著作、鏡像段階のみならずその後に彼が展開することになった自己をめぐる全概念形成のなかにも見いだされるものです。こういう座標系にわが身を限定すると、人は自己産出、主体的自己肯定といった、まさしく機械性の核となる要素を喪失することになると私は考えます。この要素は、完全なる自己あるいは部分的主体性、さらには社会的主体性といったレベルに位置づけられると、まぎれもなく〝感性的〟関係、情動という回路を通ることになるのです。現象学的ヴィジョンのなかにおいて、何がわれわれに生き生きした何かがあると言わせるのでしょうか。それは情動関係です。それは対象の描写でもなければ、一連の仮説や演繹に由来する命題的分析でもありません。それはある生き物、つまり生きた機械にほかなりません。そこには機械の存在論的自己構成関係の非言説的で直接的な感性的把握があるのです。

　自然的コード化はシニフィアンのレジスターにおけるコード化とは異なった空間的カテゴリーのなかで展開されます。それはたとえば結晶学[11]におけるように空間的n次元を知っています。コード化のオペレーター（作用素）の自動的発動というものはありません。生物学的コード化は複雑な空間システムのなかで行なわれます。DNAの二重螺旋システムは四つの基本的な（化学的）基を元にして、したがって三次元においてそれを行ないます。前‐シニフィアン的記号学あるいは象徴的記号学においては、表現の諸線は平行しています。たとえば映画では、音響的線、視覚的線、色彩的線といったものがあるといった具合です……そしてこれらの異なった諸線の関係を同質化するような統語法（シンタックス）とか糸口というものについては語るに値しません。そこにはある平行性しか存在しないのです。前‐シニフィアン的記号学や象徴的記号学についても同様です。たとえば太古的社会の儀礼においては、言語活動によって提供される表現形態以外に、神話や儀礼の形態、あるいは図形やダンスのような空間的配置、入れ墨などによって提供される表現形態といったものに出くわします。

　こうした記号学的な諸線は相互に無関係ではありません。というのは、それらの諸線は儀礼の社会的機械という機械的統一性を有しているからです。しかし、それらは完全には相互に結びついてはいません。それらは平行関係に置かれているのです。

シニフィアンの記号学においては、これとは逆に、表現の諸線全体をコントロールする線形性が支配します。この線形関係は情報科学において完成の域に達します。そこでは、ある同一のシニフィアンの線が、言語テクスト、イメージ、空間的関係といったものを等しく説明することができるようになります。つまり言説システムの総体が二項的形態に転換されて、〈二項対立化〉が起きるのです。したがってニフィアンの記号学においては、存在論的、自己産出的、機械性的なさまざまな参照の宇宙が、完全に無視されてしまうのです。

他方、もはや非－シニフィアン的記号の鎖で意味作用を生産することはできないような非－シニフィアン的要素による記号的鎖の超線形性も存在するかもしれません。たとえば科学や音楽の領域では、純然たる非－シニフィアン機械の構成があります。したがってもうひとつの構成タイプは、〈超－線形的〉と呼ぶことができるであろう表現の構成要素を支配する諸関係のなかに姿を現わすのです。

これらの例を通して言えることとは、記号学的・記号論的なコード化や記録の諸システムは同質的なものではまったくないということです。今日、情報科学は、これらのさまざまなコード化や表現の構成要素を説明し、それを広く翻訳可能なものにすることができると思い込んでいるかもしれませんが、そんなことはありえないのです。こうした多様なコード化のシステムには、つねに表現システムの自己産出的な自己肯定と位置どりの発生源が宿っているのです。したがって、表現システムは存在論的な核の非言説的発生源に対してつねに二義的な位置にあるのです。

さて次に、さまざまな言説システムのなかに、いわばその属性として具現化されている参照の宇宙が体現しているこうした存在論的異質発生について語らなくてはなりません。われわれはあるパラドックスを前にしています。つまりわれわれは、言説システムや、時間・空間・エネルギー交換の諸関係のなかに投げ込まれているわけですが、同時にまた、非言説的な実在的自己肯定の発生源とも関係しているのです。そしてパラドックスは、われわれが、その発生源の表象ではなくて、その発生源の実在的現前化をつくりださねばならないのは、ある言説的資材を通してでなくてはならないというところにあるのです。

詩の領域においては、ある詩的世界を展開するのは、表現と内容の双方の次元におけるリズムや規則性にかかわる諸要素です。それが詩と音楽の存在論的交差路の実在の鍵です。精神分析の領域においては、主体的肯定の発生源の実在的支柱となるのは対象であり、反復的つまり言説的システムです。たとえば強迫神経症において、手を果てしなく洗い続けるという症例がありますが、手を洗うという行為が、「手を洗うことは何を意味するのか？　ばい菌のせいか？」といった類の、いかなる意味作用を含んだ問いにも引き戻すことができないケースがあります。その場合、すべてが共存的に現前しているのです。つまり個人はここでこの儀礼を実行しながら再構成されるのです。個人は部分的主体性の一構成要素のなかで再確立されるのです。つまり、この手洗いのなかで自らが存在していると感じるのです。強迫神経症はおそらくもっとも単純な例というわけではありません。これと同じような機能を持つもっと普通の行為もあります。人が恐怖を感じたとき頭の中で歌を口ずさんだり、爪を噛んだり、同じ言葉を繰り返したりする（証人がいるかのように）ことがありますが、これらの行為はすべて非言説的諸関係を〈把捉〉する手段なのです。これが私が〝実在的〟と呼ぶ機能なのです。

この機能は記号システムのなかに現れるもので、言語学者はこれを部分的に説明してきました。私が思い浮かべるのはオースティン、デュクロ、バンヴェニストなどですが、彼らは〈シフター〉[12]を、つまり意味をもたらすために存在するのではなくて言表のなかで言表行為の主体のありかをしるしづけるために存在する言語の諸要素を強調したのです。ラカンもまたこのような遂行的機能を活用しました。彼が満ち足りたパロールと象徴的関係の理論を構築したのは、いわばこのタイプのオペレーター（操作子）を使ってなのです。ちなみに、ラカンの絶対師匠であるロマン・ヤコブソン[13]のある著作が、このあたりの事情を子細に検討しているので、お薦めしておきます。

かくして、われわれは支持せざるをえないけれども耐え難いパラドックスの前に立たされているのです。しかも、誰ひとりとして例外なしにです。すべての社会がこの状況に耐えなくてはならないのです。アニミズム社会や科学的社会はとくにそうです。われわれは参照の宇宙、質的構造、存在論的組成といったものを、言説にかかわる諸要素を起点にして定めなくてはならない。したがってわれわれは、時期も発案者の名前も知られているにもかかわらず一般概念にほかならない〝非身体的無形世界〟を生産し発展させなくてはならないのです。この無形世界はプラトン的思想を想起させるものですが、歴史のなかに深く根付いてもいるのです。それは不可逆性と特異性というファクターで刻印された断絶と変化の世界にほかなりません。

ピエール・レヴィは口伝えのものや書かれたものに属する機械と情報的機械とをはっきり区別しています。彼はテクスト処理の機械――これは表現との関係を完全に変えてしまう――の世界において、この新たな参照の宇宙――エクリチュール、アルファベット、印刷、情報機器、ブラウン管ディスプレイ、レーザー・プリンター、ライノタイプ、データバンク、デジタル化されたイメージバンク、遠距離通信、等々――を構成し特異化する境界接触領域（インターフェイス）の存在に注目しています。これは新たな機械なのです。今日、テクスト処理機械を通じて言語を学ぶ子どもたちは、認識的観点からしても（これまでとは別の記憶の組織化がなされ、さまざまな記憶の仕方が存在するので）、社会的あるいは倫理的諸関係の情動的次元においても、これまでと同じ参照の宇宙のなかにいるのではありません。

この種の機械性の錯乱は何をもたらすでしょうか？　制度的対象、たとえば精神病患者を受け入れる施設を例にとりましょう。そこでは次のように言うことによって間主体的諸関係を完全に物化することができます。すなわち、「精神病患者は、精神病を治療するための知識を持ち、薬や解釈や行動指示を施すことができる個人に治療をしてもらうために来たのだ」と。そこで機能しているのは、個々人はモナドのなかに閉じ込められているという主体性についての観念であり、したがって〈意思疎通〉の手段を構築しなくてはならないということになるのです。こうして〈コミュニケーション的参照〉の世界が登場するのです。しかしこうしたパースペクティブは転覆しなくてはなりません。人々が互いに閉じられた関係で実体化されているという観念から出発してはならないのです。なぜなら、そう考えると、次に〈コミュニケーション〉とか〈転移〉といった様式を持ち込むことになるからです。そうではなくて、転移は最初から存在する、転移はすでにそこにあると考えなくてはなりません。存在論的、主体的な執着性のさまざまな境界線の乗り越え方（あるいは乗り越え不可能）に応じて、主体化の機械が存在する（あるいは存在しない）ということなのです。そのとき、こうした自己産出的関係のなかに、状況についての直接的・感性的な理解が存在していて、〈何かが起きる〉のです。恋愛機械あるいは恐怖機械が発動するとき、それは論証的、認識的、演繹的なフレーズの結果として生じるのではありません。それは一挙に発動するのです。そしてこの機械は徐々にさまざまな表現手段を開発していくのです。

ラボルド精神病院(14)は主体化の機械として（原理的に）構想された施設です。そしてこの機械は、それ自体がn個の主体化の部分集合から成り立っています。この主体化の関係は病者と病者を受け入れる者とのあいだにおいて最初から機能しなくてはなりません。その他の種類の諸関係は、そのあと、患者、助言者、さらには動物や機械などのあいだで構築されるのです。こうして全体をなすひとつひとつのものが、まさに存在論的な代償不全に陥りつつある精神病患者にとって治療のベクトルとなり、実在的一貫性を把捉するベクトルを生産したり、ベクトルそのものになったりすることができるのです。このとき、たとえば「すべてはうまくいっている、病者と一対一で顔を突き合わせていても、別の相互関係が機能しているので、孤立しているわけではない」といった受動的確認で満足するか、逆に「機械状の潜在的諸線、さまざまな部分集合が担う機械状の他性の諸線をさらに加工しなければならない」と考えるか、ということが問われます。たとえば台所が主体化の自己産出の発生地であると考えると、台所の空間のあり方、その建築的次元といったものに配慮することが、人々の交換を促進し、台所が小さな自閉的城塞にならないようにするために、たいへん重要になります。現在、一般に公立病院においては、トラックが出来合いの料理一式を外部から運んできます。主体化の機械がないわけです。それに対して、料理 - 機械はそれに参与する人々に対して、あるタイプの空間だけでなく、あるタイプの教育や交換をもたらします。料理人は、さまざまな労働現場の他性的立場を知るために、他のさまざまな業務の現場とのあいだを行ったり来たりしなくてはなりません。それは複雑な機械であり、インターフェイスのシステムなのです。他のあらゆる業務についても、同じことが言えると思います。たとえば車の運転は、精神病患者にとってたいへん重要なファクターです。会話をすることができなくても車の運転は完全にできる精神病患者がいます。したがって、こうしたさまざまな部分集合の一貫的把捉に応じた主体性の構成が求められるのです。ある集合体が一貫性を喪失すると、別の集合体が現れたりもします。また、伝統的な病院のなかに存在するような野蛮な人間関係を触発する動物性の不毛な諸関係のなかに入ると、全般的な一貫性の喪失の問題がでてきたりもします。

自己産出的で〈ハイパーテクスト的〉な機械のあり方は実践的な潜在力を有していて、主体とものを分離する存在論的な鉄のカーテンを前にして、機械状の構成という創造主義的姿勢を持つことを可能にするのです。

（1）このテクストは『シメール』一九号（*Chimères*, n°19, printemps, 1993）に掲載されたものだが、もとになっているのは一九九〇年一一月にヴァランス〔フランス南東部ドローム県の県庁所在地〕で行なわれた講演（ヴァランス文化研究・行動センター主催の「映画と文学――機械の時代」と題された催しの一環として）である。また英語に翻訳されて、以下の雑誌に掲載された。‹*Journal of Philosophy and the visual Arts*› n°6, dirigé par Andreuw Benjamin (1995, pp. 8–12)。ガタリはここで、〈機械〉という概念を構造ではなく参照の宇宙をなすものとして考えようとしている。そしてそれによって、主体と客体を分離する〈存在論的カーテン〉に対して、カオスモーズに固有の機械状の構成を提起している。
（2）ジョルジュ・フリードマン（一九〇二―一九七七）はフランスの社会学者でコミュニスト。彼の著作『細分化される労働』（*Le Travail en miettes*）は一九五九年にガリマールから出版された。
（3）ピエール・レヴィ（一九五六―　）は社会学者・哲学者で、コミュニケーションと情報科学、とりわけインターネットにかかわる問題の専門家。レヴィは一九九四年に書かれたある論文のなかで次のように述べている。「襞に対する現代の探究者のなかで、イリヤ・プリゴジンとイザベル・スタンジェールがおそらくもっとも特筆すべき存在である。彼らの二つの著作（『時と永遠のあいだ』〔未邦訳〕と『混沌からの秩序』）は、伝統的哲学が存在（即自性）ともの（対自性）のあいだに打ち立てた存在論的な鉄のカーテンを打ち壊そうとしたものである」(ピエール・レヴィ「フラクタルの襞、あるいはガタリの機械は今日超越的なものを考えようとするときわれわれをいかに助けてくれるか」*Chimères* n°. 21, hiver 1994)。さらに以下も参照。Pierre Lévy, *Les Technologies de l'intelligence. L'Avenir de la pensée à l'ère informatique*, Paris, La Découverte, coll. ‹Sciencs et société›, 1990. また『カオスモーズ』では、この問題についてピエール・レヴィへの言及も行なわれている(原著五七頁、邦訳六〇頁)。さらに本書の第四部(2)「機械状インターフェイス・システム」も参照。

(4)〈フィロジュネーズ〉が種の全体的な変化(とくに進化論的な変化)にかかわるのに対して、〈オントジュネーズ〉は個体の発展(とくに発生学的な)にかかわる。

(5)ドゥルーズとガタリは『千のプラトー』のなかで、チョムスキーの抽象機械という概念を、いかなる外在的ファクターにも訴えない言語の一要素と定義している。

(6)チューリング(一九一二—一九五四)はイギリスの数学者。彼の〝チューリング機械〟という概念は情報科学の基礎となった。

(7)「欲望する機械」はドゥルーズとガタリが『アンチ・オイディプス』のなかで展開した概念であるが、その後の著作においては、とくに「動的編成」(「アジャンスマン」)という概念に取って代わられた。

(8)本書第二部(5)「フェリックス・ガタリと現代芸術」の注(5)を参照。

(9)『哲学とは何か』はこの講演の一年後に刊行された。

(10)これはガタリがよく使う用語である。彼の主観性の動的編成の理論において、主体がカオスにどのように接続するかを説明するものであり、主体が主体を溶解させる実存的流れのなかにとらえられずに、いわば自らに一貫性を保たせるための動きである。

(11)「結晶学」は結晶の研究、とくにその原子的レベルにおける動的編成を研究するもの。ドゥルーズとガタリにとって「結晶」という概念はきわめて重要である。

(12)「シフター」(フランス語で〈embrayeur〉、パースの用語では〈déictique〉)はバンヴェニストが提案したもので、彼によるとあらゆる言語システムのなかにある普遍的な言語要素を形容する言葉。オースティンにとってもっとも知られた〈シフター〉は、ある言表にとって直接的な作用を持つ〈遂行的発話〉である。オースティンはこう述べている。〈遂行的発話〉とは「何かを言うという行為とは対照的に、何かを言いながら行なわれた行為である」(J. L. Austin, *Quand dire, c'est faire*, trad. Gilles Lane, Paris, Seuil, 1970, p. 113)。たとえば、一般に会の主催者が述べる「講演会を開きます」という言い回しは、講演会が開かれるということを〝言う〟ことをねらっているのではなくて、そのように言う行為によって講演会が開かれる〝ようにする〟ことをねらったものである。オズワルド・デュクロは多くの〝シフター〟を検討して、それを〝発話内的行為〟と名付け、言語過程の多声的アスペクトから説明している。彼は著作（*Le Dire et le Dit*, Paris, Les Éditions de Minuit, 1984, pp. 171–233）のなかで、〝発話内的行為〟のメカニズムを以下のように説明している。すなわち、たとえば売店で「『ル・モンド』はありますか?」と尋ねたとき、それは店主から「はい、ありますよ」という返事を求めているのではなくて、店主が『ル・モンド』を棚から取り出すという行為を求めているのである。

（13） Roman Jakobson, *Essais de linguistique générale*, trad. Nicolas Ruwet, Paris, Éditions de Minuit, 1963.（著者注）。

（14） ラボルド精神病院は一九五三年ジャン・ウリによって創設され、ガタリは終生そこで仕事をした。

（4）コミュニケーションの自己産出に向かって①

「Futur Anterieur」〔雑誌『前未来』。以下、「前未来」と表記〕――すると、フェリックスさん、あなたは〝コミュニケーション〟ということがお好きじゃないんですか？

ガタリ――コミュニケーションというのは、識別可能な複数の主体のあいだで、ある伝達チャンネルを通して成り立つものです。コミュニケーションは多くの場合、非常に還元主義的なコミュニケーション理論の方向に引き寄せられます。現在のコミュニケーション様式は、人間間の関係、社会的関係、機械状の関係といったものの実在的次元を喪失してしまうという欠陥を持っているように私には思われます。もしコミュニケーションなるものに、その言説的諸要素（文章、イメージ、命題など）と、私が〝実在的集積〟と呼ぶ諸要素つまりコミュニケーションの実在化の次元とのあいだで均衡を取り戻させることができるなら、その場合はこの〝コミュニケーション〟という概念を使って仕事をすることができると思います。しかし一般には、コミュニケーションは還元主義的方向に引き寄せられて、混乱の原因になっているのです。

「前未来」――そうした還元主義の基盤は、まさしく情報一般から非言説的な実践的アスペクトを排除するということですね。というのは、そうした要素を言説のなかに挿入すると、非常に複雑でややこしい対象の前に立たされることになるからです。しかし、有効な〈コミュニケーション〉という概念に対応することができる自己産出とは、どういうものなのでしょうか？

ガタリ――私はそれを二つの次元において考えます。まず主観性の多声的次元を考慮に入れます。[2] 主観性はつねに異質混交的な構成要素の結合から生まれます。次に、無限性とそこに付随する複雑性の関係を機械状システムや流れとともに重視しなくてはなりません。一例を挙げましょう。アメリカ人が〈多重人格〉と呼ぶものについて現在起きている恐るべき流行について思いをはせます。彼らは人格の分裂について特殊な疾病学的カテゴリーをつくろうとしているのです。それはヒステリーと精神病を再考しようという行動主義的試みです。彼らは催眠効果を利用して相手の背後にある人格の重なりを検出しようとするのです。ひとつの人格から別の人格への移行からなるヒステリー的動きのなかにおいて可視化しうるものだけでなく、いかなる発病的兆候もない人々のなかにも多重人格性があると考えるのです。これはとんでもないところまでいきます。なぜなら、これはトラウマにかかわる全理論や、暴力的な行為や儀礼を犯すと見なされる〈悪魔的〉集団に対する処置に結びついているからです。その結果、二〇年後までも遺伝を想定して、家族や両親を告発するというようなところにまで行き着くのです。これは一種の魔女狩りを引き起こし、犠牲者はヒステリー患者ではなく両親になるでしょう。これは私が先に述べた主観性の多声性の物化にほかなりません。精神病者だけでなく〈カオスモーズ〉や〈正常病者〉(ジャン・ウリが言うところの[3])のなかにもある潜在的な錯乱的・幻覚的次元の特殊性を考慮に入れないからそうなるのです。またこれとは別に、機械の世界においても、機械性自体のなかに進歩が包含されているとみなそうとするために、あるいは逆に機械性を断罪したりするために、機械の可視的なテクノロジー的アスペクトだけを通して見られる構成要素を物化するという傾向が見られます。しかし重要なことは、機械が体現する脱領土化されたアスペクト、そして複雑性のまさに非言説的側面に属する部分的言表行為の構造をつねにともなった脱領土化されたアスペクトに機械を関係づけることなのです。複雑性というのは、こうした多声的次元が生まれる方向に向かう何かであり、そうした多声的次元は人間的主観性のあらゆる表現、生命圏と重なりあう機械圏に固有の異種混交的な機械状のあらゆる次元のあらゆる表現のなかに見られるものです。

「前未来」――機械状機能（マシニスム）と動的編成（アジャンスマン）という二つの概念を明確に説明していただけませんか？

ガタリ――機械は一貫性と部分的自己産出という現象が生じるところから働き始めます。それは、機械状の諸システムを相互に結びつける共時的関係のなかにおいて、あるいは通時的関係(4)――つまりひとつの機械はつねにそれに先立つ機械状の諸システムと結びつくとともに、潜在的に他の機械状の諸システムを生み出すことができる状態にあるということ――のなかにおいて起きるのです。ひとつの機械は砂や石の塊のようなものでもなければ、例としてデカルトの言う蝋の塊を挙げることができる不活性物体でもありません。それはある生命を示す何かなのです（ただし生気論に陥ってはなりません。というのは、機械を成り立たせるのはつねに、他の機械状システムとリゾーム的に節合することによってしか意味を持ちえない部分的生気、部分的主体性だからです）。これを起点とすると、存在と存在者との大々的対置から抜け出すことができるようになります。なぜなら、その場合、言説的存在者を位置づける機械状インターフェイスから出発することになるからで、同時にこのインターフェイスが複数的な存在論的参照の宇宙を生み出すからです。音楽の存在論的レフェラン（指向対象）は、社会生活や生命システムの存在論的レフェランと同じではありません。しかしそれらは互いにかかわりあってもいるのです。存在はその目に見えるさまざまな現れに先立つものとして想定されるのではなく、複数性、異質混交性、特異性などを包含した地平のようなものとして立ち現れるのです。ハイデガー的なパースペクティブに見られる過去志向的な再構築の動きではなく、来たるべき未来の存在に向かう動きがあるということです。

「前未来」——あなたの話をよく理解できたとしてですが、要するに、コミュニケーションと機械状アスペクトの関係は、一方で主体の消滅を物化することができるものであるが、他方でさまざまな大きな飛躍をもたらすことができるものでもある、ということでしょうか。

ガタリ——そのとおりです。しかし二元論的思考に陥らないように気をつけなくてはなりません。つまりコミュニケーションの問題がニュー・テクノロジーと持っている関係に対して道徳的なカテゴリー化をしてはならないということです。テレビの視聴を例にとると、テレビ視聴者が物化や一体化や催眠といった効果のターゲットになっていることがよくわかります。たとえば湾岸戦争のとき、CNNや世界的通信ネットワークを通じて集合的主観性に対する強権発動が行なわれましたよね。それらのメディアはコミュニケーションに対してミクロファシズム的政策を展開したわけです。しかし同時にまた、この種の耐え難い人心操作に対する意識の覚醒、拒否の動きも始まりました。ですから、ニュー・テクノロジーを通した主観性の物化にともなうさまざまな側面を見なくてはなりません。そこからの漏出線、やり直しもありうるという事態にも注目する必要があるということです。それをもっと一般化して、私はポスト・マスメディア時代へ向かうことも可能であるという考えにいたったのです。現在の大メディアのなかでも拒否の始まりが見られますが（もし新聞やテレビがこれまでどおりのやり方を続けるなら、自殺的方向に向かうことになるでしょう）、大メディア以外のところで、オルタナティブ・メディアを設置し、テクノロジーの再領有化を行なうことができる可能性もでてきています。この問題はまだ漠然としていてユートピア的にも見えますが、中期的なスパンで見たテクノロジーの進化とたいへん具体的に和合する方向でもあります。つまりやがては、視聴覚スクリーン、情報通信、情報処理といったもののあいだを接続するとともに、メディアの消費者と情報やイメージの生産者とのあいだに存在する関係の型を変える方向にすすんでいくのではないでしょうか。これはさらに大きな相互作用、対話型機能を導入することになると思いますが、ただしそのためにはそこに新たな言表行為の動的編成が介入するということが条件になります。

「前未来」——そうした線の力関係の総体のなかに物化を決定する権力の諸線があるわけですね。このしかるべき表現を遮断する権力の線はどのように決められるのでしょうか？　存在者の表現が全体化のプロセスのシナリオのなかにしだいに深く組み込まれていっても、そのような権力の線はありうるのでしょうか？

ガタリ——地層化された言説による実在的領土の物化はつねに存在するのです。

「前未来」——その点ですが、支配的な社会理論——言語学、情報理論、あるいはコミュニケーションの問題を理解しようとする社会学的方法など——は、そうした物化のプロセスのなかでなにか構造的な役割を演じてきたのでしょうか？

ガタリ——一般的に言って、構造主義やコミュニケーション理論に関してなされてきたことのすべては、言表行為の内在性の次元やその創造的アスペクトのなかに場所を占めることはたいへん難しくなっていると私には思われます。言語学においては、語用論や言表行為の次元はつねにマージナル化されてきたため、それを記号論的な言説の過程のなかに組み入れることはたいへん困難です⑹。私の考えでは、問題は語用論や言表行為を主観性の生産から遠く離れた場所に放置するのではなく、それらを存在論的な生産の根元、多様な言説システムの中心に置かねばならないのです。たとえば人類学の領域において、いわゆる太古的社会のなかで興味をもってなすべきことは、そうした社会が自らの神話的、儀礼的、社会的、経済的な世界をどのように節合しているかを見ること、親族や神話の分析を通して構造的照応システムをつくって社会の自己産出的性格をなすものを矮小化したり抹殺したりするのではなく、そうした節合的世界の星座的布置を捉えることです。

「前未来」――ここまでコミュニケーションのプロセスの物化やコミュニケーションの理論について話してきましたが、科学的情報の生産ラインやその刷新のなかにおける存在論的要素の壊滅といった状況もあるのではないでしょうか？

ガタリ――私はブルーノ・ラトゥール(7)を中心とした社会学派のすべての仕事にたいへん関心を抱いています。というのは、テクノロジー的・科学的な対象を社会的・経済的・状況的なあらゆる次元と結びつけて考えることは非常に重要だと思っているからです。私自身、〝アポロ計画〟のようなテクノロジー的対象の周囲に結晶化する諸要素を検討しようと試みたこともあります。そこには、月に行きたいという欲望の次元、ケネディの政策、経済的・軍事的・工業的な意味などが含意されているのです。こうした諸要素から切り離すことができる純然たる科学的概念対象など存在しないのです。問題は、ひとたびこうした方向でモデルを複雑化したら、その等質性に行き着かないこと、つまりそのような諸要素の異質混交性に対して還元主義的にならないことです。諸要素の異質混交性を認識するだけでなく、その異質混交性を強化するために諸要素を異質発生の過程のなかに参入させなくてはなりません。機械状システムが豊穣なのは、それがつねに異質混交的次元の交差路にあるというだけでなく、それはまたテクノロジーの領域だけでなく主観性や感受性の領域のなかに潜在的な異質発生の道を切り開くからなのです。そうした観点から私に危険だと思われるのは、科学的動的編成の特殊性、その部分的言表行為、科学的参照平面といったものの特殊性を見失うことです。つまりおのれのなかに自閉した一定の要素に執着して、そこに限界や座標のシステムを導入し、システマティックな断念を無限に行なうという特殊性です。こうした科学の根元的に制限的なやり方は大きな生産性を持っています。しかしこうした科学の特殊性を他の諸要素に再節合するためには、その特異性、特殊性を改めて検討し直さなくてはなりません。これが政治生活やスキゾ分析あるいはマスメディアといった領域における実践的対象との関係において、科学を非科学主義的な仕方で位置づけることを可能にする条件なのです。

「前未来」——そうしたコミュニケーションの物化に対してどのように闘うことができるのでしょうか？

ガタリ——そういった事態をわが身に引き受けるということでしょうね。そこから逃れることを避けなくてはなりません。たとえば、現在、労働者の主観性や共産主義社会のパースペクティブを前にしたシステマティックな方向転換が見られますね。ある人々は、新たなエコロジー的感性が旧来の労働者的主観性に取って代わることができると考えています。そうすると、現代史の本質的な要素、原動力でもあった労働者的主観性を構成した特異的諸要素とは何であったかということが完全に見失われてしまいます。別の存在論的地平を再構築するためには、存在ではなくて特異性のなかに、とりわけ否定的要素や同化不可能な要素をも含む他性のなかに住み着かなくてはならないでしょう。われわれはいまポストモダニズム（ポスト近代）の交差路に立っています。古風でありつつ現代的な諸構造に超越的な位置を与えてこれを純然たる仕方で復権する——そうすることは、現在の事物や存在者のあり方の現状を承認し、経済や主観性のグローバル市場のなかを航行することになります——方向に向かうのか、あるいは逆に、さまざまな言表行為の動的編成の特異的存在のあり方を前提として、別の存在論的地平を構想し組み立てる方向に向かうのか、ということでしょう。

「前未来」――情報理論がそうした事態を固定化する効果を持っているかどうか、ポストモダンの理論と実践が機械状の潜勢力を支配された者の置かれた現実の繰り返しのなかに閉じ込めているかどうか、あるいは逆に、現在機械状主観性の新たな形態が発動する可能性がとにもかくにも与えられているかどうか、といったことが問われている現状のなかで、メディアの世界において人々が取り組まなくてはならない実践的行動とはどんなものなのでしょうか？

ガタリ――もちろんそれは政治綱領に属するものではありません。ましてや情報科学に属するものでもありませんね。しかしいくつかの指標を断片的に提示することはできます。まず第一点は、メディアの麻薬性、その魔力的システムを認識することです。そして同時に、メディアに潜在的に含まれている認識的、美的、分析的次元を再導入しうる可能性を認めることでしょう。現在、メディアの人間たちの職業意識を軽蔑し笑い物にすること、彼らがどれほどステレオタイプ化して機能し、それが政治生活を含む社会全体にどれほど深く浸透しているかを分析することがたいへん重要なように私には思われます。それに関連して、私にはある忘れ難い思い出があります。シラクの保革共存政府の時代〔一九八六〜八八年の大統領ミッテラン、首相シラクの時代〕、文化大臣のフランソワ・レオタールがＴＦ１(テレビチャンネル)を民営化してジャック・ラング〔ミッテラン政権下で文化大臣や教育大臣を歴任した政治家でガタリの友人〕が狼狽していたのですが、その頃レジス・ドブレ、ジャック・ラング、アルベルト・モラヴィア、ラウラ・ベッティ〔イタリアの女優〕などと画家のマッタ〔チリ出身の前衛画家〕を交えて会食したことがあります。そのときマッタが言ったことが忘れられません。マッタはジャック・ラングが熱弁を振るっているのを制止して、こう言ったんです。「私にはいい解決法がありますよ。人々にテレビを見ないように教えたらいいんですよ！」。たしかに彼は正しいでしょう。テレビは別の使い方をするようにしなくてはなりません。メディアの使用法を変えるということです。ザッピング（チャンネルチェンジ）がもう始まっていますね。アメリカ合衆国やカナダでは五〇から六〇もあるケーブルチャンネルにアクセスしたり、データバンクを使って相互作用を行なうこともできるようになり、テレビ消費のもたらす催眠性は今後変化していくでしょう。これが第一段階です。もうひとつの段階はメディアに登場する政治的対話者の物化システムを失墜させることです。これはすでに民衆的ユーモア番組（〈ベベット・ショー〉(8)など）のなかで行なわれていることです。これはとくにフランスの政治システムの脱構築のなかで非常に強力なファクターです。大きな問題は言表行為の動的編成を新たな諸次元で再構成することです。それはまったく部分的な実験から出発することが可能です。私はたとえば〈カナル・デシェネ〉と自称するフランソワ・パン(9)のグループや、哲学者、歴史家、ジャーナリストなどのあいだの議論を組織する〈境界なきレポーター〉の活動を想起します。これらはごくささやかな出来事ですが、そこにはある方向性が示されています。つまりコミュニケーションのエコロジー的再構成という方向です。このテーマはまだ本当には政治的課題になってはいません。そしてそうならないかぎりは、この方向にすすむすべてのことは断片的、分散的なままにとどまるでしょう。しかし私はそこには根元的な問題、必須の問いかけがあると思っています。新たな集合的動的編成は、社会活動、労働、コミュニケーションなどにかかわるいかなるタイプの合目的性を生み出すことができるのかという問いです。たとえば都市計画の領域においては、物質的下部構造、照明、可視的流れ、コミュニケーションといったシステムだけでなく、さまざまな年齢階層のあいだ、多様な文化的特性を持った場のあいだの交流や情報交換のシステムの新たな内的動的編成を、いつになったらプログラム化することができるか、という問題です。これは都市計画と建築の領域に再導入すべき根元的な目的にほかなりません。これと同じような問題を、精神医学、教育システム、文化システム、スポーツシステムなどの領域においても、いくらでも提起することができるでしょう。

［前未来］——各領域における職業意識というか専門主義の話ですが、どうして今日あるようなものになったのでしょうか。どうしたら別の仕方で考え直すことができるのでしょうか？

ガタリ——私はたとえばジャーナリストにおける〈熟練〉（メチエ）と〈専門〉（プロ）という次元を区別したいと思います。〈熟練〉は尊敬に値しますが、〈専門〉の方は、言語的言説や表現イメージといったもののなかに出現しうるすべての特異的要素を切り縮めて、コミュニケーションと主観性の標準化を行なうのです。ジャーナリスト自身がそうしてステレオタイプに過剰に身を合わせることによって、おのれの商品的価値をも失っているということを強調しておかねばなりません。というのは、ジャーナリストはとくに視聴覚の領域においては、自らを特異化してステレオタイプとの最低限の断絶をわが身に引き受けなくてはならない責任を負っているからです。職業の実在的次元は絶えず再発明すべきものです。ジャーナリストは真理の専門家ではありえません。そう思ってしまうと完全な不条理に陥るでしょう。真理はつねに客観性と主観性の往復運動のなかにあるのです。真理は、複雑性とカオスのあいだにおいて無意味のリスクをつねにともないながら、迂回、問題提起、弁証法的動きといったものを経由するのです。ですから、真理の〈専門家〉などは存在しえないのです。しかし、それ自体として真正で超越的な情報ではなくて、真理の含まれる地平にかかわる特異的表現が出現しうる条件をつくりだし、それを演出する職業を構想することはできます。そのときジャーナリストは演出サービスに従事する職業人となるでしょう。そしてそこには、芸術とのコノテーション、造形芸術や演劇や詩的表現に比すべき美的パラダイムが総動員され、それを通して、実在諸要素としかるべき関係に置かれた情報が出現するでしょう。

「前未来」――そうしたメディアの再領有のなかに政治的形態が現れると思われるわけですね。

ガタリ――私のテーマであるエコゾフィーの問題に戻りましょう。環境のエコロジー、社会的なもののエコロジー、精神的なもののエコロジーという三つのエコロジーのあいだを接続しないなら、エコロジーはどうしようもなく保守主義の方に、〈現状維持〉に、さらには権威主義的調整政治や新たなタイプの国家主義あるいは矮小化された社会主義の方に傾いていくでしょう。しかし逆に、エコロジーの合目的性が、こうした流れと機械の多様な次元を結びつけ、可視的なもののエコロジーと非身体的（無形）なもののエコロジーを架橋すること、つまり主観性の生産を行なうことであるなら、利潤の圏域や、ファシズム的コノテーションをともなった〈自然への回帰〉をあしらった権威主義的調整の圏域の外部で、社会的なものの再合目的化を構想することができるようになるでしょう。そしてそのとき、曖昧さを含みながらも新たな存在論的地平をともなった今日的なエコロジー的感性を再構成しうる可能性が切り開かれるでしょう。

「前未来」――潜在的世界の内部で働くそうしたユートピア的な線は、閉じられたすべての線とは無限といっていいほどまったく異なっている（ヴィリリオ）というわけですが、それはそうしたすべてのものの内部で持続的な作用が行なわれるという考えですね。そうすると、それは政治綱領ではなくて闘争的活動《ミリタンス》の問題ですよね。

ガタリ――もっと根本的な用語を使えば〈プラクシス〉[10]ですね。われわれは完全に社会的・精神的に遠隔操作され情報的にプログラム化された実践世界に囚われているのです。そうした実践世界はあらゆる幻想的な内容を孕んだ旧来の実在的領土の復元につきまとわれているのです。地球の有限性にかかわるある種のヴィジョンはそうした方向に向かうかもしれません。重要なことは、地球村の閉じられた性格を云々することではなくて、この有限性をあらゆるアスペクトにおいて引き受けるとともに、そこから非身体的（無形の）世界を再発動させることです。なぜなら、地球は見かけほど制限されたものではなくて、社会的なものや非身体的世界は無限の可能性を持った領野を拓くことができるからです。〈持続的発展〉[11]という概念は、この点からこそ検討されるべき意味があるのだと思います。というのは、それはエコロジー的均衡ではなく、エコロジーとの妥協だからです。そうした妥協は根元的に切り縮められ領土化された考えに陥ることになるでしょう。私がなお広い意味での科学的・テクノロジー的・美的それに機械性の変化に執着しているのはそのためなのです。そうした次元で起きる変化は新たな存在論的地平を改めて切り開くことができるかもしれないのです。機械に対する一連の反動的な動きが存在しますが、それは私にはたいへん危険に思われます。なぜならそうした動きは、結局あらゆる保守主義、病的恐怖、ファシズム的な再領土化の温床になりうるからです。

「前未来」——一方にあなたの言う主観性があり、他方にそのつど出来事として演出される情報があるわけですね。コミュニケーション、情報、出来事といったものの関係を、その時間性、特異性、出来事性において捉え直すという原点に戻りましょう。その場合、出来事というのは、ある種の言説性の要素ですね。それは機械や環境や歴史や記憶との接触をもたらす何か主観的なもの、感性的要素ですよね。

ガタリ——あなたの問いはすでに答えになっていますよ。情報的・超越的対象の促進をはかるために、すでに存在している言説性があらゆる実在的要素の下部構造となるような仕方で出発するか、あるいは逆に、出来事が、時間、空間、エネルギーなどの既存の言説性の座標系に囚われるのではなく、時間化、特殊化、エネルギー的緊張といったものを生み出す強度の座標系のなかに組み込まれるような結果をもたらす出来事の内在的位置から出発するかです。コミュニケーションにおいてスクープを求めることは出来事を殺すことになります。なぜならそれは出来事を断罪して、ある情動や偽《にせ》の驚きを繰り返すだけだからです。本当の出来事は決してスクープではありえません。それはスクープとは無関係で、自己産出の発生源を生み出す非シニフィアン的断絶、したがってマスマディア的感情過多に閉じ込められない潜在的実践の交差路をつくりだすものなのです。

「前未来」――そうしたコミュニケーションの考え方は、新たな社会的労働の概念、社会的、自立的、知的な協働の次元における新たなコミュニケーション的生産性といったものに、どういう仕方で結びつくことができるのでしょうか？　コミュニケーションについてのすべてのポストモダン理論は、コミュニケーションとたとえば知的労働の生産性との関係を考慮に入れているとは思われません。知的労働の生産性は、それこそ情報科学、コンピューターのソフトウェア、知の再組織化といったようなところで見られるのではありませんか？

ガタリ――労働として定義されるような活動の価値化は、つねにある実在的領土の促進と結びついています。フロイトが夢の働きについて語るとき、彼はそれを無意識の活動として提示しています。しかしそこには別のタイプの働きもあります。つまり人は覚醒しているとき、夢を読み取る領土を発動させるのです。しかもこの領土は非常に進化的でもあります。なぜならその領土は、短い記憶の初期局面において、そこに含まれる要素をフルスピードで拡散させるからです。そしてそのあと、長い記憶、別のタイプの再記憶化の働きが訪れるのです。分析的治療においても、別の様式の夢の領土化が行なわれます。この種の夢の領土化は非常に特殊な価値化と結びついた特異化された夢の働きの極端なケースです。夢は芸術的表現に変えられたとき、経済市場において確かな価値を持つものになることもあります。こうした多様な領土と多様な価値化システムとのあいだにコミュニケーションがあること、そこに相互作用や交換があることは、われわれの存在論的地平の構成の一部をなしているのです。いわゆる〈使用〉価値（私としては使用価値よりも欲望価値と言いたいところですが）のシステムの世界市場が存在するということは基本的与件なのです。[12] 問題は資本主義的構成体によって統制された価値バランスのシステム——これは主観的特異性という観点からするともっとも貧しく、またもっとも同質化的なものです——のヘゲモニーを受け入れるわけにはいかないということです。言い換えるなら、こうした多様なプラクシス、多様な価値化の市場、多様な実在的形成体あるいは力の形成体といったものを、わが身が置かれている次元に引きつけて節合することを構想しなくてはならないということです。とくにそこでの異質発生力を保持し、それらを支配的価値システムとの合意的関係ではなく対立的関係のなかで結びつけることが重要でしょう。コミュニケーションと和合があまねく支配するなかに特異性をどのようにして再導入することができるのでしょうか？　そう考えたとき、公共財を結び合わせるための経済的・民主主義的手続きの必要性、そして再特異化の復権、擁護、維持、促進強化といったテーマが浮かび上がります。したがって、価値化システムの複数主義、同質性ではなくて他性や差異性を生み出す新たな連鎖システムこそが求められているのです。そこでは〈存在〉と〈他者〉は創造的過程のなかに置かれます。そして人間活動の合目的化システムの序列化と中央集中化に与するいっさいの政策への対決、抑圧をあまねく押し広めた一九世紀の資本主義を特徴づける歪《いびつ》な価値バランスのシステムのヘゲモニーに対する闘争が要請されるのです。さらには、物質的労働、認知的労働、感覚的労働、無意識的労働といった労働の単純な分割も改めて俎上にのせなくてはなりません。プラクシスの究極目標が存在論的生産に帰着するということであるなら、こうした多様な〈活動〉はその異質性ゆえにこそ互いに結び合わされなくてはならないでしょう。

（1）　このインタビューは雑誌『前未来』（‹*Futur antérieur*›, n°. 11, mars 1992）に掲載されたもの。ガタリはここで『千のプラトー』や『哲学とは何か』でドゥルーズとともに言及した〈コミュニケーション〉という用語について慎重に語っている。ガタリにとって、コミュニケーションは主観性の物化である。ガタリによると、この用語は引き受けなくてはならないものであるが、ただしコミュニケーションは今あるものとはなにか別のもの、いわば自己産出的なコミュニケーションになるために、その異質混交性、その〈カオスモーズ〉の作用において考えなくてはならないものである。

（2）　この点については、ドゥルーズとガタリが共同著作のなかで頻繁に引用するミハイル・バフチン（一八九五―一九七五）の著作を参照。ポリフォニーの問題については以下も参照。Oswald Ducrot, *Le dire et le dit*, op. cit.

（3）‹*On est tous des normopathes et c'est la chose la plus incurable qui soit*›〔人はみな正常病で、これこそもっとも不治の病である〕。Jean Oury, *Le Pré-pathique et la tailleur de pierre*, revue *Chimères* n°. 40, ‹Les enjeux du sensible›, automne 2000.

（4）　構造言語学において（ソシュールからロラン・バルトにいたるまで）、通時性（ディアクロニー）は共時性（サンクロニー）に対置される。通時的アプローチは言語の歴史の進化過程に関心を持つ。共時的アプローチは言語がパロールのなかで現働化するある時点に関心を集中する。

（5）　デカルトの『省察』の「第二の省察」を参照。

（6）ドゥルーズとガタリはつねに、伝統的、構造的、コミュニケーション的言語学に、語用論的、非記号論的言語学を対置した（とくに『千のプラトー』の「言語学の公準」を参照）。
（7）ブルーノ・ラトゥールは社会学者で、とくに科学者が行なっている作業の現場検証を得意とする。
（8）TF1で一九八二年から一九九五年まで放映されたフランスの政治風刺番組。
（9）フランソワ・パンは映像作家。彼は〈非営利的自由ラジオ連合〉を創設した。また〈ラジオ・トマト〉、〈カナル・デシェネ〉（一九九一）、〈カオスメディア〉（一九九四）などもつくった。本書第六部（6）「君は戦争を見たことがあるか？」も参照。
（10）アリストテレスは〈テクネー〉――効果的行為、技量――を〈プラクシス〉――いわゆる（本来の意味での）行為――に対置している。〈プラクシス〉という言葉はマルクスの初期著作のなかでも、行動を哲学的思索に対置するために使われている。
（11）〈持続的発展〉はフランス語の〈デヴロップマン・デュラーブル〉、英語の〈サステイナブル・デブロップメント〉に相当する表現である。
（12）本書第五部（8）「エコロジーと労働運動」の注（8）を参照。

（5）フェリックス・ガタリと現代芸術①

オリヴィエ・ザーム〔以下、ザームと表記〕——〈カオスモーズ〉のなかでは主体の空っぽの殻が壊れるんですよね。あなたは、〈過程（プロセス）〉、〈生産〉、〈主体化の動的編成〉といった脈絡で思考して、主観性の横断的概念に到達したわけですが、どのようにしてそれが可能になったのでしょうか？

ガタリ——現代の諸問題を生産的な物質的下部構造とイデオロギー的上部構造という脈絡で考えるよりも、そうした方が適切だと思われたからです。といって主観性を新たな下部構造として考えるというのではなく、主観性がいわば現代資本主義社会の最重要の目標になったと考えなくてはなりません。のみならず、主観性を生産することは、つねにあらゆる社会の目標ではなかったのかと考えることもできるでしょう。つまり物質的生産はこの主観性の生産のコントロールのための媒介にすぎないということです。このことはもちろん、主体－客体、物質－精神、自己－他者、存在－価値、等々といった二元論からの脱却を意味します。したがって同時に、二元論的やり方で分離されているこれらの領域のあいだの横断を可能にする実践とはどのようなものかということを探知しなくてはなりません。

ザーム——あなたの主観性の考え方は、ポストモダン社会学の基軸としての〈個人〉（〈社会体〉に対置された）という概念に与えられた優越性に決定的な終止符を打つものですね。

ガタリ——私は主観性はつねに集合的動的編成の結果であるという考えから出発するのです。集合的動的編成は個人の多数多様性だけでなく、テクノロジー的・経済的・機械的なファクターの多数多様性、前個人的と言ってもよい感覚的ファクターの多数多様性といったものをもたらします。個人というのは、私にとって、ある型の文化や社会的実践と結びついた動的編成の一特殊ケースにすぎないのです。私はまずもって、文化やコミュニケーションを諸個人のあいだの相互作用の結果であると考えるという類の還元主義を拒絶します。最初から個人横断的な主観性の構成があるのです。それはあなたが言葉に関して考えてみれば納得されるでしょう。あなたは自分がしゃべるにつれて徐々に言葉を発明していくというわけではありませんよね。言葉はあなたのなかに住み着いていて、あなたが組み込まれているエコロジー的・動物行動学的な社会的範囲に共存しているのです。主体化の全プロセスについても同じことが言えます。

ザーム――あなたの考えでは、主体化のプロセスは他性や社会的領野と最初から結びついているということですね。

ガタリ――社会的領野にもテクノロジーの領域にもね……。それは人類学的圏域を完全に超えて、動物や植物の生成などにも拡張されるものです。主観性というのはもっとも豊穣かつもっとも異質混交的なものです。社会的領野はすでに還元主義的に作動するものです。

ザーム――現代芸術はあなたから見てどんな役割を果たすものですか？　芸術に主体化のパラダイムといったような特殊な位置を認めるべきでしょうか？

ガタリ――造形芸術は感性的なものの領域、知覚や情動の領域(2)において影響力を持つだけでなく、価値の世界や参照の宇宙あるいは主体化の発生源に直接結びついてもいます。西洋におけるポリフォニー音楽の出現を考えてみてください。それは主体化の様式が突然変異したものと言えるでしょう。見方、感じ方、影響の受け方といったものが、突然変異したのです。美的機械は、社会的機械、情報やコミュニケーションのテクノロジー的機械と同様に、脱領土化した知覚対象や情動、突然変異した感情の抽出によって主観性の突然変異を生産するのです。

ザーム——現代の美的機械の主観性の生産は、あなたが『カオスモーズ』のなかで喚起している資本主義的主観性を均質にする〈ロードローラー〉に対して、どのように抵抗することができるのでしょうか？

ガタリ——まず芸術は抵抗する領域であると言っておきましょう。芸術の複雑な迷路のなかに資本主義的主観性のそうした均質化への抵抗ゾーンを見いだすことができます。そこにこそ主観性を切り縮める還元主義の支配に対する抵抗の核、キノコ類のような寄生植物の増殖を見てとることができるでしょう。つまり、芸術家はつねに、彼らと彼らにかかわる集団にとっての主観性の生産の出現地点に回帰しようとするのです。これは別の現れ方もします。たとえば、芸術は自律的領域として、そして主観性のある種の特殊化の拡張領域として発展したと言うことができますが、しかしまた、芸術は主観性の体系的還元からの生き残り現象であると見なすこともできます。要するに、芸術家はさ迷える騎士のようなもの、ある型にはまった主体化を喪失したドン・キホーテのようなものなのです。芸術は資本主義的同質発生に抗する異質発生の方向に向かうのです。

ザーム——現代芸術は、主観性の観点から見たとき、とくにメディアに対する闘いに敗北したのではないでしょうか？

ガタリ——映画産業の沈滞にそれが現れているかもしれませんね。産業的・マスメディア的規模で生産される主観性は、切り縮められ、圧延され、荒廃させられ、特異性を失った主観性です。しかしそれは不可逆的な状況ではなくて、ポストメディア的進化、主観性の再特異化を想像することもできます。資本主義は現在全地球上に資本主義的主体化の様式を植えつけようとしています。われわれは主観性の貧困化の状態に置かれていて、とくに東側諸国の崩壊とメディアによる第三世界のシステマティックな植民地化と連動するかたちで、この主観性の貧困化が機能するといった状況に取り巻かれているのです。

ザーム――あなたはドゥルーズと書いた『哲学とは何か』のなかで、芸術を〈感性的存在〉と、そして芸術家を感情と知覚の生産者と定義していますね。こうした芸術作品についての考えは、現在の芸術的実践から見るといささか限定的にすぎるように私には思われます。それは芸術を経験的ゾーンに再領土化することになりませんか。

ガタリ――あの本は芸術ではなく哲学についての本です……。われわれの関心は科学的機能の概念と感情や知覚の概念とを区別する特徴を定義することでした。哲学的概念の特殊性を再構築することをめざしたのです。ですから、この本全体がこうした目的に向かうかたちでつくられているのです。芸術については、『カフカ』や『千のプラトー』や『アンチ・オイディプス』のなかで、別のパースペクティブで語っています。

ザーム――しかし、こうした諸領域のあいだの関係は、それぞれの領域の枠組みよりも興味深いのですが……。

ガタリ――『哲学とは何か』の最後のところ、脳についての章で、芸術、科学、哲学などのあいだの横断的諸関係の可能性を、三つの次元（構成、参照、内在）の節合として記しています。六〇年代から引き継いだカウンター・カルチャーの流行現象、異なった諸領域の安直な相互流通が見られますが、これは学際性神話ですね。つまり科学者が芸術家に手を差し伸べ、芸術家が哲学者や政治家などに手を差し伸べ、そうしたらすべてはよりうまくいくといったような。しかし、ことはそんなふうにはいかないのです。言語は互いに異なり、対象も異なっているので、そこに生じるのは奇妙とも言うべき諸関係です。もちろん横断性の生じる可能性はありますが、それは手の届く範囲にはありません。本当の横断性は多分、これらの領域がそれぞれに特殊化し特異化して結び合う関係のなかからしか生まれないでしょう。それを通して脱領土化された諸関係、思考システムのあいだの意思疎通をつくりだす抽象機械を見つけることができるのです。

ザーム――あなたは芸術の概念を、主に文学（ジョイス、メルヴィル、ウルフ、フォークナー、クライスト、カフカといった）と絵画（セザンヌ、フォンタナ、ベーコン、モンドリアン、カンディンスキーといった）をもとにして、感覚的存在として展開していますね。しかし作品の素材や伝統的技法に付与された優越性によってではなく、概念的素材なども使った言語的多数多様性によって定義される現代芸術の領分にはほとんどアプローチしていませんね。現代芸術における感覚の概念性について語っていただけませんか？

ガタリ――概念芸術は感覚的存在と関係がないとお考えだからですか？

ザーム――概念芸術において感覚が絵画や映画ほど決定的な役割を演じるものなどうか私にはわかりません。私が念頭に置いているのは、自分が撮影している人物と同じほど陶酔しているカサヴェテス〔ジョン・カサヴェテス＝アメリカの映画監督〕のカメラです。

ガタリ――いや、そうではなく、概念芸術はこれ以上ないほど脱領土化された感覚を生み出すものです。概念芸術は絵画や色彩や音響と協働するのではなくて、概念という素材と協働するのです。しかしそれは概念をつくるための概念ではありません。それは感覚をつくるための概念なのです。概念芸術は、空間的、都市的あるいは自然的な環境についての概念でもって描きます。素材を変えるのです。それはあなたの言うように、違反を犯し、感覚の脱領土化——ほかに言いようがありません——をねらうのです。概念芸術は、冗長的感覚、支配的感覚を脱構築することによって、よりいっそう感覚のなかに浸透しているのです。よりいっそう感覚を把捉するというか……。

ザーム——抽象的、概念的な素材を使っても、そうなのですか？

ガタリ——もちろんそうですよ。概念的素材の方が感覚的素材よりも感覚により深く浸透するのかもしれません。というのは、突然変異は自由に起きるのであって、形式的支柱とは無関係だからです。そう、脱領土化した素材というものがあるのです。概念芸術はもっとも脱領土化された素材を探しているのです。もちろんときには非常に貧弱な仕方で探したりもしますが、それは概念芸術というものが、たいていの場合、結果的に本当に〈概念的〉ではないからです。

ザーム——概念芸術が概念的ではないことは問題ではないと……。

ガタリ——そのとおりです。

ザーム——つまり、芸術家は概念的であっても感覚の発明者であるということですね。

ガタリ——そうです。

ザーム——芸術が完全に概念的な素材（多くは言語的対象）を使うとき、そうした感覚の変化はどのようになされるのでしょうか？

ガタリ——芸術家が探すのは素材というよりも素材を通した脱領土化のポイントなのです。芸術家は何かを壊すもの、漏出するもの、支配的作用をする冗長性のあいだから外側にすり抜けるものを探すのです。芸術家はそこから、つまり埋没した知覚や情動から脱出するために、社会や哲学や思考のあらゆる領域のあらゆるごみ箱を探りにいって、突然変異的な知覚対象や感情を産出し、無限性の領域のなかで変化を生み出すような感じ方を生産するのです。それは非身体的（無形の）世界との別の関係を生み出すための新たな有限性の様式なのです。

ザーム――『アンチ・オイディプス』由来の〈脱領土化〉や脱領土化された素材という考えは、現代芸術における〈構成の次元〉（哲学における内在性の次元や科学における参照基準の次元に対立するものとしての）の概念と矛盾するのではないかと私には思われます。あなたの考える〈構成の次元〉が、同時に脱領土化、分離、不安定化、脱構築といった次元でないかぎりは、矛盾することになりますよね。

ガタリ――その二つの動きは同時平行するのです。構成が可能となるのは、素材に住み着いている冗長的諸権力を解体し、別の家、別の宇宙（コスモ）、別の世界の星座的布置を再構成するという条件の下においてです。この〈構成の次元〉という考えのなかでもっとも重要なことは、それが現実に即したプラグマティックなパースペクティブを切り開くということです。つまり、人がある既存の社会、ある既存のテクノロジーのなかにあって、ある一定のものごとの状態の囚人にならないようにするために、何かなすべきことがあるということです。そうして何かを生み出すことができるのです。そしてこの批判的創造性のパラダイムは芸術の領域からもはみだしていくのです。このパラダイムは教育や精神医学など、およそ社会生活にかかわる全領域に関係する何かです。こうかもしれないけれども、ああかもしれないと考えていくということでしょうか。とくに、社会革新や人間的諸関係の変化という考えをあきらめてしまったポストモダニズムの状況下では、これは重要なことです。

ザーム――そうした構成の概念は、われわれの生きているこの保守化を深める社会のスローガンである創造性への絶えざる呼びかけと混同されるという危険はないのでしょうか？　私が思い浮かべているのは、企業のなかで創造性を開発する部署なのですが……。

ガタリ――あなたにはおわかりだと思いますが、それは強迫観念的なスローガンですよね。というのは、創造性がいたるところで消えかかっているからです。とくに集団的創造性が失われています。たとえばそれは科学的研究においても見られますが、とくに社会的領域においては、創造性が完全に崩壊している現状があります。ユーゴスラヴィアなどでは民族間戦争が回帰しているし、ファンダメンタリズム（原理主義）に則った非妥協的宗教の再構築が見られたりもします。そうした事態を見るにつけ、創造性への必死の呼びかけを行なっているのです。芸術家、哲学者、知識人よ目覚めよ、と。われわれはまったき氷河期のなかにあって、熱を求めているのです。しかし氷河が支配しています。あなたは企業における創造性開発の部署のことを言いましたね。企業の研究部門や幹部のあいだで、主観性の圧延化がとてつもなくすすんだため、先端企業にとって少しでも主観性を再特異化することが一種の緊急要請になっているのです。支配的意味作用に塗り固められた状態からいかにして脱却するか、ということです。それは当然のことでもありましょう。私はあらゆる領域において創造性に反対の立場はとりません。企業における生産の領域においてもしかりです。しかしそれは支配的主観性の巨大な影響の引き起こした事態に対して非常に部分的にしか対応することができないでしょう。あなたが私の言う構成の概念に何を対置しようとしているのか、私にはよくわからないのですが……。

ザーム――おそらく現在の芸術的実践ともっと共鳴する概念があるのではないかと……。

ガタリ――それは概念の問題ではなくて、感覚的実践の問題です。それは再定義の問題ではなく、発明、生産、主観性の変化の問題なのです。

ザーム――言葉が別の方向を創造するのではないのですか？

ガタリ——言葉はそれがスローガンとしての言葉なら、私はそれほど関心がありません。構成という用語はあなたには不十分に思われるのでしょうが、人はつねに何かで何かをするのだと私には思われます。構成の代わりに〈プラクシス〉というもっと古い言葉を使ってもいいですよ。何かをすること、何かを変化させること、何かを解放することは必要だということではないでしょうか？

ザーム——あなたの参照する基準的モデルは、制度化された実践としての現代芸術というよりも、芸術的創造だけでなく、幼年期や恋愛的情熱や狂気などの世界に属する〈多声的、アニミズム的、個人横断的な主観性〉を表わす拡張された美的パラダイムではないでしょうか。

ガタリ——現代芸術は枠にはめられていると言わねばならないでしょう。作品を枠付け、それ相応のものとして名付け、社会的領野でそれを把捉するための参照の宇宙、経済的価値化をも含む価値化の世界というものがありますよね。つまり制度的な切り取り方があるということです。

ザーム——言説の責務は、生活様式、社会的実践としての芸術が何を生み出すかを探知するところにあるのではないでしょうか。

ガタリ——つまり、産業における創造の状況と似通った状況が芸術にもあるということでしょう。芸術を粉砕しようとする集合的意志に見合ったかたちで芸術にかかわる経済的活動が展開されているのです。これはヴェルダンの戦いです。そこから生き延びるものもあるのですが、どうやってでしょうか？　しかし生き残ったものも価値化されるのです。なぜなら、それは打ち倒すことはできないからです。芸術から大規模なかたち残っているのは、デザインや広告的要素などです。そこに君臨するのは主観性の圧延化です。ポンピドー・センターに行く人々の従順な行動を見ると、なにか恐るべきものを見ているような気がします。彼らは支配的指標に浸透され、文化的表層を身につけるのですが、そうであるがゆえに芸術作品の自己産出的性格との関係からはいっさい切断され、自分たち自身の知覚、自分たち自身の情愛的関係、自分たち自身の世界との知覚的関係のなかで自足しているのです。

ザーム――その点ボブール〔ポンピドー・センターの俗称〕の最近の展覧会はまぎれもなく誤解の産物ですね。ボブールの展覧会自体が美術館（購入作品のコレクション）と同じようなものになったとき、どうしようもなくなりますね。シャトレ広場を切り刻んで芸術センターを増やしたり、その他の広場を利用して芸術家のインスタレーションを行なったり、芸術について語る環境を〝優先的に〟しつらえたりしても、あなたが〈実在的シナプス〉と呼ぶ諸関係を引き出すことができないなら、なにも起きないということですね。

ガタリ――あなたは言葉や言葉の定義に体現される解放性をたいへん強調しますよね。しかし私はそれをそれほど信じていません。芸術家はおのおの才能に見合ったことをすればいいのです。ただし問題は、別の倫理的・美的パラダイムに参入する集合的能力です。あなたは公共的広場のインスタレーションについて話しましたが、たとえばシャトレ広場について言えば、私はむしろアンドレ・ブルトンが見たサンジャックの塔を思い浮かべます。サンジャックの塔はいたるところに、あなたのアパルトマンにも、日常生活のなかなどにもあるのです。そこで問われているのは、生の再特異化、命の塩を把握する力、音や造形、周りを取り巻くさまざまな形態と関係を持ちたいという欲求を把握する能力なのです。芸術に別の受けとめ方をさせるのは、説明や概念化ではなく、社会的・エコロジー的な実践であり、プラクシスとしての環境の変化にほかならないのです。

ザーム――現在、新しい芸術家世代は、マルセル・ブローザーズ、リチャード・プリンス、ジャン＝リュック・ヴェルムート(3)などの作品を継承しながら、作品のなかにナレーションやフィクションを導入しています。モンタージュ、物語、断片的言説、再構成されたり転用されたりしたナレーション、等々です。こうした新たな物語性のなかに、あなたが〈部分的言表行為〉と呼ぶ主体化のプロセスに属するものを見るべきでしょうか？

ガタリ――私はジル・ドゥルーズとともに、幾百頁にもわたって、シニフィアンの記号学の優位性を拒絶するというわれわれの立場を強調することにつとめました。造形的素材、空間的素材、音楽的素材、等々といった、言語とは別のシニフィアン的構成要素の表現素材の特徴は、それらが自らに固有の構成の線を持っているということです。でも、あなたはそのすべてを言語学的な物語性に引き戻すような物言いをしています。それでは理解しあうことができなくなりますよ。

ザーム――しかし主観性は、物語的様式以外のやり方で、どのように産出されるというのでしょうか？

ガタリ――それは物語性の文脈においてではなくて、主観性の変化を引き起こす発生源があるということです。その発生源は物語的文脈とは関係がありません。

ザーム――あなたが実在的領土の結晶化作用を行なうものとして創造した〈リトルネロ〉という概念は物語的基盤を含んではいませんか？　物語ではないのですか？

ガタリ――物語というのは定義上なにか言説的なものですよね。まずある事項があって、次に別が事項がきて、そして三番目の事項がはじめの二つの事項と関係づけられるといったね。それは構成というよりもモンタージュなのです。それに対して、私のものの見方では、美的リトルネロによって行なわれる主観性の変化は言説的なものではありません。というのは、それは言説性の核心にある非‐言説性の発生源にかかわるものだからです。そうであるがゆえに、それはつねに意味と非‐意味の敷居、世界の座標系との断絶の境界線を通るのです。

物語をつくり、世界やそこにおける生活を語るためには、意味との断絶の地点、絶対的な非－物語の地点、絶対的な非－言説性の地点にほかならない名付けようがなく語ることができないある地点から出発しなくてはなりません。その地点はまた、未分化の超越的な主観性に委ねられたものでもありません。それはなにかしら自らを加工するものなのです。それが芸術なのです。芸術家が働きかけるのはこの名付けようのない地点、この非－意味の地点なのです。スキゾ分析もこれと同じ美的パラダイムで行なわれます。言説的ではない地点、鬱的、カオス的、精神病的な主体化の地点にどのように働きかけるかです。

ザーム——非－意味作用（ア・シニフィカシオン）について語るというのはそういうことですか？

ガタリ——そのような地点と非－意味性（ア・シニフィアンス）との関係について語るということです。もちろん、ひとたび境界が踏み越えられ、主観性の変化が起きたら、それでいいのです。ひとたび印象の変化が起きたら、たとえば広告のなかの砂糖のかけらの印象的ヴィジョンがいたるところに現れ、その印象的知覚のなかに出現した非－意味性の割れ目が完全に回復することになるのです。

ザーム——再び意味化されると？

ガタリ——支配的な意味作用のなかに改めて組み込まれるということです。

ザーム——その非－意味性の地点を通るかどうかが、あなたにとって芸術の指標であり、芸術が試練にかけるものだということですか？

ガタリ——そのとおりです。たとえば私の大好きな画家フロマンジェを例にとりましょう。私の興味を引くのは、フロマンジェが自分が出くわした非－意味的変化にどのように立ち向かったかということとです。それは、たとえば生活様式の変化――非行少年に近かった彼の幼年期からの――や、六八年やボザール（国立美術学校）のアトリエで起きた変化、抽象芸術や概念芸術の脅威に直面したという経験などです。フロマンジェがそうしたすべての事態をどう切り抜けたか？　そのとき、ある軌道が描かれるのです。重要なのは、芸術家がときにはおのれの人格の解体という犠牲を払ってでも芸術家であり続けようとすることを可能にするプロセスであり、そこで行なわれる過程的作業なのです。(4)

ザーム――非‐意味性の試練は、芸術家の生き方、存在をも巻き込むということですね。

ガタリ――ノマド的横断性とでも呼びうるもうひとつ別の次元もあります。芸術家の立ち向かい方、芸術家がこうした非‐意味性の発生源をわが身に引き受けるやり方は、概念ではなく横断性の力を展開することのできる素材を経て行なわれるということです。素材には共感的な感性的機能が含まれています。つまり芸術家がおのれの作品によっておのれ自身の変化を遂げたとき、その作品はそれに向き合う人にそれと同じタイプの主観性の変化を伝達し、生じさせるのです。

ザーム――それは芸術家の自己表現となんら関係がないですよね。それは主観性の生産という次元における関係ですね。

ガタリ――芸術作品は自己産出の持つ関係なのです。それはなんらかのメッセージを引き渡すためにあるのではなくて、自己産出の過程を証言するためにあるのです。これは陳腐な考え方ですが、作品の変化は芸術家に属しているのではなくて、作品が芸術家をその変化の動きのなかに引き込むのです。作品をつくる者があって、その作品の対象としての素材があるというのではありません。そうではなくて、芸術家個人、作品の観衆、それにその周りの批評家、ギャラリー、美術館などあらゆる制度を引き込む動的編成があるということなのです。

ザーム――あなたは主体化の過程に対してメディアが及ぼす悪しき影響を激しく告発するとともに、ポストメディア社会の到来を予測してもいますね。ポストメディア社会は主観性の異質混交性に対してより大きな機会を与えるのでしょうか？

ガタリ――現在のメディアの有限性を挑発的にでもしっかり断定することは私にとってとても重要なことです。こういう状態は長続きしないでしょう。現在フランスのテレビは破局的状態に陥っていますが、同じ事態はいずれ新聞ジャーナリズムにも訪れるでしょう。その後持ち直すかどうか私にはなにもわかりませんが、すべてが死に瀕することもありえるでしょう。『ル・モンド』や『リベラシオン』亡きあとのフランスの風景を想像してみてください。それは主観性を大きく変えることになるでしょう。右派の新聞がどのように解体したかを考えてみたらいいですよ。マスメディアが電話と同列のものに陳腐化することも考えられます。またマスメディアの魅惑力が、情報通信や対話型の装置、データバンクなどの発達によって置き換えられて消滅することもありえるでしょう。メディアは電話と同じように存在し続けるでしょうが、もはやこれまでと同じような役割は果たさなくなるでしょう。

ザーム――あなたはペシミストなのでしょうか？

ガタリ――ペシミズムを評価するという点ではペシミストでしょうね。私はこう言うのです。「どうぞ座って聞いてください。あなたに伝えなくてはならない悪いニュースがたっぷりあります。現状はほぼこうなっています。しかしこれ以上は悪くならないようにすることができるかもしれません」。ではどうしたらいいでしょうか？　活動の場は開かれています。現在のメディア社会とは別の何かを想像することはできます。ネガティブなファクターだけがあるわけではありません。ものごとをまったく別の仕方で再構成することを可能にするようなテクノロジー的ファクターもあります。とくに情報通信や情報処理と結びついた視聴覚スクリーンは、かなり信じがたいほどの再構成の可能性を切り開くものでしょう。しかしそれだけでは何も変わったことになりせん。ポストメディア社会が、新たな美的‐倫理的パラダイムのパースペクティブのなかで発明され創造されるか、それともされないかという問題なのです。

ザーム——あなたが『カオスモーズ』のなかで、脅威にさらされている文化の擁護としてだけでなく、〈かつて見たことも聞いたこともないような主観性の形成体〉として、潜在的なもののエコロジーという概念を提起しているのは、そのようなポストメディア社会が実現されない場合を想定してのことですね。

ガタリ——その点、資本主義的な機械状の動きとともにすべてが良い方向に向かうかのように考える進歩神話に陥らないように注意しなくてはなりません。現在われわれは、ドイツ映画、日本映画、イタリア映画といったものの死に立ち会っています。こういった文化種の死は信じがたいほどの事態です。それはいわばある種の鳥類や哺乳類の消滅にも比すべき現象です。私はフェルナン・ブローデルの考察に思いを馳せます。彼は〈アナール派〉の人々に呼びつけられて、次のように言われたと私に語ったのです。「十分に気をつけてくださいよ、あなたがこういう道をとり続けるなら、あなたは〈歴史〉を殺すことになりますよ」。けれども、ブローデルにとって、〈歴史〉は致死的なものだったのです。たとえ歴史家が一種の超越的な文化種として生きさせようとしてもね。

ザーム——そういったなかで、芸術家は潜在的なもののエコロジストですね。主観性の延命のヒーローとも言うべき……。

ガタリ——そうです。非身体的（無形の）種を擁護するヒーローですね。擁護するだけでなく、それを促進し増殖させ、それに固有の機械状機能を与えるヒーローです。

ザーム――あなたの思想は『アンチ・オイディプス』から『カオスモーズ』にいたるまで機械モデルに対応したものですね。機械は主観性の生産の次元にどのようにして介入するのでしょうか？

ガタリ――私はハイデガーのような思想家とはちがって、機械はわれわれを存在から逸脱させるものであるとは考えていません。私は機械状系統流は存在を生み出す要因だと思っているのです。それはわれわれを私が存在論的異質発生と呼ぶもののなかに導き入れます。私は技術世界（存在的なもの）と存在論を対置しません。問題はひとえに、生物学的、美的、理論的等々の機械を含むテクノロジーの言表者がどのように動的に編成されるかということを知り、人間活動の目標を主観性の生産あるいは主観性の集合的動的編成に焦点化するということです。

ザーム――言表行為というのは主観性の生産ですか？

ガタリ――そうです。

ザーム――そしてそのモデルは機械状であると？

ガタリ――そう、機械状の言説性は、つねに非 - シニフィアン的断絶をともなった非言説的な言表行為の動的編成のなかに、その対応物を持っているのです。私は機械をテクネーに依存させることはしません。私はテクネーは機械の一ケースにすぎないものとみなしています。これは私だけでなくて、ヴァレラとマトゥラーナがシステム機械について語ったような意味において、(5)あるいはチョムスキーが言語機械について語ったような意味において、機械の概念を拡張するのです。テクノロジー的、生物学的、芸術的、美的、等々の諸次元を貫いて具現するある機械状の次元が存在すると考えているのです。

機械において重要なのは、その仕組みではなくて、ヴァレラが言うように、その自己産出的組織化です。ヴァレラは、おのれと異なったものを生産する〈他者産出的機械〉と、自らの組織を生み出す〈自己産出的機械〉とを区別しています。彼はテクノロジー機械は自己産出的ではないとみなしています。これに異論を唱えるわけではありませんが、私は他者産出的機械はつねに自己産出的機械と関係を保ち、人間存在と動的編成を構成するものだと思っています。それは間接的に自己産出的なのです。

ザーム——機械の概念は、有機体とか生物学的システムの概念と結びついているのでしょうか?

ガタリ——いいえ。というのは、有機体ではない機械があるからです。それは公理的機械です。

ザーム——抽象機械のことでしょうか?

ガタリ——たとえば美的機械ですね。美的機械は器官を超えたものです。しかしそれは、器官の参照系の言表体である器官なき身体に帰着します。個体化されていない言表体ですね。

ザーム——美的機械の例を挙げてもらえますか?

ガタリ——私はいつも同じ例を挙げます。つまりドビュッシーの音楽とそこに見られるたくさんの異質発生的構成諸要素、叙法的音楽への回帰、フランス音楽や東方の音楽の影響などですね。こうした構成諸要素はドビュッシーの初期の作品のなかに特異的な様相で結晶化しています。ドビュッシーの楽音をちょっと聞いただけでドビュッシーの世界にすぐに引き込まれます。それは言表行為であり、ある断絶であり、一種の非言説的なものの発生源なのです。そこには音楽的次元だけでなく、それに隣接した造形的、文学的、社会的(サロンやナショナリズムといった)等々の次元もあるのです。だからそれはさまざまな構成要素からなる異質混交的世界なのです。こうした参照の宇宙の布置はある言表体を形成し、それが五音音階の楽音、楽譜、演奏などに一貫性を与えるのです。これらのすべてが自ずから成り立つようにする何かが存在し、それを私は非身体的な（無形の）言表行為の発生源と呼んでいるのです。そしてこれはなくなったりもします。それは永遠的である――なぜならそれは非身体的（無形）だから――と同時に、現存在的なものでもあり、時間や空間のなかに位置づけることはできないものであって、あるときに生まれて消える何かなのです。ドビュッシーはあるときから忘れられますが、しかしのちに再発見されるといったような……。

ザーム――そうした楽音のなかの非身体的（無形）世界の結晶化は存在論的な次元に属するものなのでしょうか？

ガタリ――それは存在論的変化です。

ザーム――そしてそれは機械のパラダイムで把握することができると？

ガタリ――そうです。というのは、言説性のさまざまなシステムはすべて機械状系統流に関係づけることができるからです。音楽的エクリチュール、ポリフォニー、共時的解釈、等々の言説性のすべてです。しかし、はたして何が、すべての構成要素が全体として結びつくようにしつらえているかが問題なのです。エコシステムにおいては、さまざまな部分がひとつの全体を形成します。というのは、諸部分が時間と空間のなかで画定可能なひとつの有機体を形成するからです。しかし非身体的次元においては、何がひとつの全体を形成するように仕向けるのでしょうか？　それはどこで始まりどこで終わるのでしょうか？　ドビュッシーの場合はどうでしょうか？　よくはわかりませんが、にもかかわらずそれは完全に一貫性を持っているのです。

ザーム――最後に時間についての質問をしたいと思います。ドゥルーズとあなたの共同の考察のなかに出来事のイデーについての論述がありますね。時間との別の関係の持ち方は芸術のなかに探索することができるとお考えでしょうか。あなたの存在（存在論的変化）との関係についてはお考えがわかったように気がしますが、ポストメディア的変化という仮説におけるあなたの時間の概念があまりよくわからないのですが……。

ガタリ——その問題はマルセル・デュシャンを例にとることができるでしょう。デュシャンは完全に時間を逸脱した生成変化の出現を鮮明に表現しました。出来事は時間と空間の座標系との断絶として到来するのです。マルセル・デュシャンはそうした座標系との折り合いを遮断して、一時的言説性の奥の方に時間のあらゆる尺度を横断的に貫く時間外の出来事が結晶化する地点の指標がつねに存在することを示したのです。

ザーム——時間というものを時計が時を刻む音や時系列や社会的・歴史的時間に引き戻して考えるなら、時間に対して作品は横断的であるということですね。

ガタリ——そうですね。言い方を変えれば、瞬間は生成変化だということです。瞬間というのは、過去と未来のあいだに受動的にはめ込まれものではなくて、発芽性のものであり、存在論的座標系を繰り広げるものなのです。

ザーム——時間性の生産もありえるということですか？

ガタリ——むしろ時間化の生産と言った方がいいですね。

ザーム——それは時間を脱時系列化するということでしょうか？

ガタリ——それは時間の存在論的構成、時間の構成的展開であり、生成変化を通して時を刻むという別の時の刻み方なのです。

ザーム——私があなたの言うことを理解しているとしてですが、〈現代芸術〉という用語は有効ではなくて、非‐同時代的芸術について語った方がいいということですね。

ガタリ——むしろ〈非‐時間的芸術〉でしょうね。そこでは時間のカーソルが自己産出的発生源に引き戻されて、時間というカテゴリーが解体するのです。

ザーム——解体して再構成される。

ガタリ——生成変化として再構成される。

（1） このテクストのもとは一九九二年四月に行なわれたガタリとオリヴィエ・ザームの対談である。テクストとしては『シメール』二三号（*Chimères* n°. 23, été 1994）に掲載されたが、それ以前にドイツの芸術雑誌〈*Texte zur Kunst*〉（一九九二年四月）に掲載された。オリヴィエ・ザームについては、本書第四部（5）「超越性ではなく機械状主観性」の原注（1）を参照のこと。ガタリはこのテクストのなかで、ドゥルーズとの共著『哲学とは何か』について、ならびに〈知覚（対象）〉、〈構成の次元〉、〈主観性の生産〉、〈芸術〉といった概念、とくに芸術における非‐言説性のアスペクトについて語っている。

（2） 『哲学とは何か』への示唆、〈知覚（対象）〉、〈情動〉、〈概念〉といった概念については、もっと先で説明されている。

（3） マルセル・ブローザーズ（一九二四―一九七六）はベルギーの造形芸術家で、とくに文学作家たちを参照した作品〈レディー・メイド〉で知られている。リチャード・プリンス（一九四九― ）はいわゆる〈アプロプリエーション・アート〉運動のアメリカの写真家。この運動は他の作品を転用する手法で知られる。ジャン‐リュック・ヴィルムート（一九五二― ）は日常生活に密着した事物を素材にしたフランスの芸術家。

（4） ガタリの『闘走機械』の「ジェラール・フロマンジェ」についての論説を参照。

（5）フランシスコ・ヴァレラ（一九四八―二〇〇一）とフンベルト・マトゥラーナ（一九二八―　）は、〈自己産出〉（オートポイエーシス）という概念を構築したチリの生物学者。ヴァレラは著書（*Anatomie et connaissance, Essai sur le vivant*, Paris, Seuil, 1989, p. 35）のなかで、この概念を次のように定義している。「自己産出的システムは、（a）自分の変化と自分の相互作用によって自分を生み出したネットワークを持続的に刷新し、（b）自分がネットワークとして実現される位相を特殊化しながら、自分が存在する空間のなかで具体的単位としてシステムを構成するといった、構成諸要素の生産過程のネットワークとして組織化される。したがって、自己産出的機械は自分自身の組織を持続的に生み出し特殊化する。それは自らの構成要素の置き換えの絶え間ない過程を遂行する。なぜならそれは外部からの撹乱に絶えず従属し、この撹乱を絶えず埋め合わせなくてはならないからである。かくして、自己産出的機械は、その根本的不変要素が自分自身の組織であるという安定した関係を持ったシステムなのである（自己産出的機械は関係のネットワークによって規定される）」。ガタリはこの概念を九〇年代のテクストのなかで非常に広範囲に活用している。ガタリが〈システム機械〉という概念について語るとき彼が念頭に置いているのはこれである。

（6）〈私は滅菌された文化とは無縁である〉(1)

「コティディアン・ド・パリ」〔以下、「コティディアン」と表記〕――最近いくつかの市町村の役所で起きた左遷についてどう思いますか？

ガタリ――私も文化行政に対して不満をもっていたわけですが、だからといって、今回一種の耐え難い仕返しのかたちで文化会館の責任者を排除しようとしている政治勢力を擁護する気は毛頭ありません。

「コティディアン」――その不満について話してもらえませんか。そもそも文化会館はどんな役目を果たすのでしょうか？(2)

ガタリ――現在、文化会館のような集合的装備は、実際の必要に応えていないだけではありません。それは文化領域における集合的な表現手段の出現を隠蔽する機能を果たしてもいるのです。

「コティディアン」――マルローが夢想した文化のカテドラルはあなたをなんら鼓舞するものではないということですか？

ガタリ――そういうことは私にはまったく無縁な文化概念でしかありません。教育省を通した文化など、そもそもいかんともしがたいもので、まったく滅菌されたものです。国家権力によって運営される集合的装備、いわゆる専門家集団、要するに文化官僚に依拠した集合的装備などというものは、結局必然的に〈メディア〉の役割、つまり出来合いの文化をある一定の人々に向かって伝達するという役割を果たすだけのことです。

「コティディアン」――国家の役割はどうあるべきでしょうか？

ガタリ――私の考えでは、国家の役割は情報と創造の過程を発動させる集合的オペレーターに手段を提供することに限定されるべきです。

「コティディアン」――言い換えるなら、ユーザーと国家のあいだのこれまでとは別の関係様式をつくらなければならないということですか？　何かご提案はありますか？

ガタリ――私は新しいタイプの組織体の設置を推奨したいですね。社会的有用性を認知された財団とか、国庫に支えられ全国的あるいは地域的規模で運営される組織体、ローカルな諸団体、メセナなどですね。フランスの既存のシステムではなく、さまざまなタイプのユーザーとクリエイターが行き交うような透明で民主主義的な組織体をつくらなくてはならないでしょう。大規模な政治的機構が虚構の文化的アソシエーションをつくって財政を潤すために、非営利のアソシエーションのためにはわずかの可能性の余地（〇・三パーセント）しか残していないことは公然の秘密です。結局、現在あるような文化会館は、いっさいの創造の可能性を麻痺させるブレーキになっているのです。私はなにも自然発生主義の擁護をしようとは思いませんが、文化の欲望はプログラム化された要請とは一致することはできないのです。たとえばロモランタンの町で人々がマネやドビュッシーに興味を持ち始めたら、彼らが自分たちに欠如している情報源にアクセスできる可能性がなくてはならないでしょう。しかしそれは、そうした文化会館のオペレーターの凡庸な文化政策に対応する陰鬱なプログラム化によって彼らの選択をねじ曲げることであってはなりません。たとえそこに疑いようのない善意があったとしてもです。さまざまなレベルで現れうる特異性を消し去ることはどうあっても回避しなくてはなりません。私はセレスタン・フレネとフェルナン・ウリが初等教育において生み出した教育方法にとても感動しました。(3) 彼らは思いもかけない創造的諸次元を出現させたのです。社会的創造性を促進することによって、この方法を他の形態の下に拡張するという構想を立てることができるでしょう。

「コティディアン」——これまでとは別の文化の運営形態がどんなものでありうるか、あなたはなにか具体的に考えていることがありますか？

ガタリ——ありますよ。たとえば二四歳のフィリップ・ブリエがカーンでやったことです。この青年は、どういう状況のめぐりあわせでそれが可能になったのか寡聞にして知らないのですが、同世代の人々を結集したアソシエーションのなかに町中の全造形芸術活動を組み込むことができたのです。彼はそれ以前に似たようなやり方をリセのなかで自然発生的に行なったことも指摘しておかねばなりません。そしてその結果は信じがたいものだったです。フィリップ・ブリエのチームはジェラール・フロマンジェの回顧展を町の七カ所で行ない、とてつもない成功をおさめたのです。これがおのれに固有の論理にしたがった経験の例であり、そしてそのプロセスを最後まで貫徹した事例です。だからこそ、たとえうまくいかずに目的に到達しないリスクがあっても、現在のような単調陰鬱な状態に逼塞しているのではなく、さまざまな創造の可能性を出現させる方向に向かわなければならないのです。

（1）これは一九八三年七月に『コティディアン・ド・パリ』のためにマルチンヌ・プラネルによって行なわれたインタビュー録である。したがってガタリの〈エコゾフィー期〉のテクストではないが、やはり一九八三年のテクスト「〈文化、創造、発展〉についての考察」とともに本書に収録したのは、これらのテクストが、エコロジーと無関係ではない用語である〈文化〉の擬似概念としての〈空っぽの殻〉についてのガタリの立場をよく体現しているからである。

（2）本書第一部（2）「エコゾフィーに向かって」の注（8）を参照。

（3）セレスタン・フレネについては本書第一部（1）「エコゾフィー的実践と主観的都市の再興」の注（28）を参照。フェルナン・ウリは精神科医ジャン・ウリ〔一九五三年にラボルドを創設したガタリの盟友〕の兄であり、制度論的教育学の理論家。

（7）〈文化、創造、発展〉についての考察⑴

経済的発展のファクターしたがって危機からの脱出のファクターとしての文化の発展についてのいかなる考察も、他方で今日この〈文化〉という概念が何を包摂しているかをはっきりさせないかぎり、曖昧なものにとどまるかデマゴギーにも似たものになるしかないだろう。とくに文化概念が結びついている三つの意味論的地層から身を守らなくてはならないと私には思われる。すなわち次の三つの地層である。

（1）たとえば〈教養のある（キュルティヴェ）人〉とか〈教養のある（キュルティヴェ）階層〉といったような表現における差別的に価値化された意味。
（2）たとえば文化主義的意味における集合的精神。
（3）学校、大学、劇場、出版社、マスメディア等々といった集合的装備によって、さまざまなかたちで切り売りされる商品。

このような通常流布しているいかなる語義も、文化を現代的現実のなかに組み込もうとする社会的計画のなかにおいて文化が占めている本源的重要性を説明することはできないだろう。なぜなら文化が問題にしている喫緊の課題は、単に個人的あるいは集合的な特殊な存在の質やあるタイプの財の消費水準だけではなくて、経済的・社会的機構の総体にもかかわっているからである。

したがって近代の諸社会のなかにおいて文化という言葉に付与すべき真の意味は、社会のもっとも下部構造的レベルと結びついた生産諸力という意味なのである。今日、いかなる産業的発展も、いかなる経済的前進も、社会的主観性の強力な生産基盤の存在と無関係なものとしては考えられない（ここで私が言おうとしているのは、第三次の産業－技術革命によって生み出され、情報機械やコミュニケーション機械を中心にして結びついている記号やイメージや知識の流れ、感受性や社会性の新たな形態の流れのことである）。

こうした条件下では、文化の圏域を物質的財やサービスや社会的諸関係の生産の領域と根本的に切り離して考え続けることは、愚かなことであるばかりでなく社会的に有害でもあろう。そしてこの主観性の生産はまた、科学技術の発達によって苦境に置かれた〈文化的アイデンティティ〉(2)の問題に向き合うために持ち出される〈精神的代償〉などに同化されるべきではないだろう。というのは、一方で、主観性の生産が新たな〈散逸的秩序〉(3)を打ち立てようとするのは科学技術の発達に依拠してのことであるが、他方で、主観性の生産は、その原動力である特異性の次元をなんとしてでも保存することによってしか自らの生命力を保ち続けることはできないからである。

しかし現在の社会主義は、〈特異性の探究への権利〉、〈創造への権利〉、新たな生活形態に向かっての〈刷新への権利〉といったものについて、なにも言うべきことを持っていないのではないか。現在の社会主義は、それが権力の座に着いているあらゆる場所において、徹底的に還元主義的、一次元的な文化政策のなかに迷い込んできたのではないか。ここは二者択一であろう。すなわち社会主義は、この問題の根元的な三つの極、つまり創造的な言表行為の動的編成、国家、民主主義的代表制という三つの極のあいだの関係に真に革新的な角度からアプローチするか、あるいは、またしても陣地を資本主義権力に委ねるか、つまり文化の領域においてはとくに巧妙で度し難い差別的形態に屈伏するか、である。

グローバルな社会的領域のオペレーターとしての国家は、労働と知識の集合力が絶えず豊富化され、つねに国際競争のための要請に立ち向かうことができることが必要である。したがって国家は、原理的に言って、文化的創造があらゆる面において発展することによって大いなる利益を得る。にもかかわらず、国家はその昔ながらの規制や〈公共サービス〉の倫理を通して、支配的秩序や意味作用と断絶し規範をはずれたあらゆるものと逆行する方向に向かっている。創造的・刷新的な過程はその出発点からして必ず規範をはずれたものなのであるということがわかっていないのである。

他方、今日、時代と結びつきながら国家の支援に頼ることなく開花するような文化的活動、あるいは単に生き延びるだけの文化的活動でも、きわめて稀になっていることを認めざるをえない状況がある。

解決策は民主主義を強化し地方分権の大胆な政策をおしすすめることであろうか？　この点でも、現実はそんなに単純ではない。全国規模や地方規模あるいは組合などにおける民主主義的代表性の現在の機能の仕方を見ると、それらの機構が文化的創造過程——とくにその発生状態——について確かな解釈をしうるとは思われない。もちろん、それらの機構が、ある場合には、とくに社会的変化が起きたときには、一種の〈共鳴箱〉として一時的に決定的役割を果たすことはありうるかもしれない。しかし、一般的には、それらの機構は多数主義的な合意の路線を追求し、既成の考えや実践をひっくり返すようなくわだてにはほとんど聞く耳を持たないだろう。

では、創造的・刷新的少数者が活動しやすいように介入し、彼らと社会とのあいだを架橋するためには、多少なりとも開明的な専門家テクノクラート集団をあてにしなくてはならないのだろうか。この数十年の経験からすると、これも先に挙げた例に劣らず根拠に乏しいと言わねばなるまい。なんらかのかたちで国家と結びついた装置は、いかに善意と力量があっても、つねに刷新を無力化して既存の制度的枠組みに回帰する政策に与し、結局、変化の触媒としてではなく抑止の役割を演じることになるのである。

社会とこのうえなく多様に分化した創造のオペレーターとを媒介する新たなシステムの設置が不在なため、〈国家理由〉、〈緊急性〉、無力化した機構の三者は、次のような政策をとり続ける。

(1) 文化的課題を引き受けようとするあらゆる意思を直接の担当者によって官僚主義的に埋没させ、福祉国家への依存という集合的態度を強化する。

(2) 中央権力が地方や地域の名士階級に委譲されて、この領域における民主化が死語となるように仕向ける(彼ら地方の有力者や名士たちは、往々にして、文化創造や社会変化のダイナミズムにかかわる諸問題について認識が浅く、国家機構の官僚たちよりもそれを引き受ける態勢ができていない)。

(3) 知識人や創造者を〈既成の鋳型にはめ込み〉、それと平行して、アソシエーションや〈第三セクター〉のもっとも刷新的なグループをマージナル化する。

このようにして、彼らはわれわれを新たなタイプの制度的市場の発展に寄与するように仕向けてきた。その新たな市場は、資本主義市場、国家的統制機構、社会政治的諸勢力のあいだに介在して、社会を合目的性で踏み固められた土壌から外に連れだすのにもっとも適した価値化システムや活動を試し、鼓舞し、選択する方向に向かうのだが、そのような価値化システムや活動は今日〈有用〉なものとして提示されているけれども、実際には、潜在的な集合的創造性を浪費しているにすぎないのである。

われわれがさまざまな政府機関に対して、社会的有用性を定める特別機関の創設を促進するように提案したのは、(4) そうした状況を念頭に置いてのことである。それは文化的な――そして欲動的でも財政的でもある――〈備給〉の新たな集合的管理様式、経済的拘束、民主主義的要求、そして創造的要請の三者を和合させることができる新たな様式の創設を推進するためである。

(1) モロッコの月二回発行の文化情報雑誌『シンドバッド』に一九八三年三月に掲載された論説（‹*Sindbad*›, n° 12, 15–31 mars, 1983）。このテクストはガタリの〈エコゾフィー〉期に属しているものではないが、とくに本書に収録した［ガタリがミッテラン政府に深く関与していた時期の〝文化論〟として読むと、興味深いものがある］。

(2) 私は率直に言って、この〈文化的アイデンディティ〉という概念をペストのようなものとして警戒している。この概念は良きにつけ悪しきにつけどうとでも活用することができるものである（著者注）。

(3) イリヤ・プリゴジンとイザベル・スタンジェールから借用したもの（著者注）。

(4) 私はこの件につき一九八三年二月と三月の二度にわたって政府のさまざまな責任者に以下のようなタイトルの覚え書きを書き送った。「地域のイニシアティブ、制度的刷新、活発な探究、率先的推進、文化的創造のための機関設置のためのプロジェクト」（著者注）。

第三部

精神的エコロジーに関する断章

(1) 機械状無意識と分子革命

(2) 制度論の実践と政治

(3)「忘れられた手紙」

(4) 機械への情熱

(5) 高松伸〔の建築〕について

(6) 誇らしげな東京

(7) デイヴィッド・ヴォイナロヴィッチ

(1) 機械状無意識と分子革命[1]

個人的・集団的行動はさまざまなファクターによって決定される。ある種の行動は合理的次元に属する——もしくはそのように見える——もので、たとえば力関係や経済的諸関係にしたがって捉えることのできるものがそれに該当する。それとは逆に、主に情念的な動機に依存しているように見えるものもあるが、その場合、その究極目的を解読するのはむずかしく、またその行動に関与している個人や集団が自分たちの明白な利益とは相反する方向に向かって行動するというような事態が生じることもありうる。

こうした人間的合理性の〈裏側〉にアプローチするにはたくさんのやり方がある。たとえばそもそもこの問題の存在を否定してしまうこともできるし、あるいはこの問題を慣習的論理や規範や社会的適合の領域の問題に矮小化してしまうこともできる。その場合、欲望や情念の世界は、とどのつまり、混乱した客観的知識の集積とか、情報理論がいうところの〈ノイズ〉[2]といったものにしか帰着しないと見なすことになる。そうすると、あれこれの欠陥を支配的規範に引き戻すような仕方で矯正することしか残されていないことになる。しかし他方、こうした行動はそれ自体として考察されるに値する別の論理に属しているものと見なすこともできる。こうした行動をその見かけの非合理性の世界に遺棄するのではなくて、それを一種の原素材と見なし、そこから人間の生活、とりわけ欲望の生命力や潜在的創造力にとって不可欠の基本的諸要素を引き出すことのできる鉱脈としてあつかうのである。

フロイト以降、精神分析が取り組むところとなったのは、この後者の仕事にほかならない。しかし精神分析はこの目標をどこまで達成したであろうか。精神分析は本当に無意識的心理現象の新たな化学になったのだろうか。それとも、それは時代とともにその神秘性がうすれ、その単純化や〈還元主義〉がますます耐え難くなっている（こうした傾向は精神分析の正統的潮流にも、あるいはその構造主義的分枝にも同様に見られる）一種の錬金術のレベルにとどまったままなのだろうか。

長年にわたる研修と実践ののち、私は精神分析はその方法と理論的基準を根本的に改めなければならないという結論に達した。そうしなければ精神分析は現在これを特徴づけている硬直化と順応主義のなかに停滞し、おそらくいっさいの信頼を失って完全に消滅してしまわないともかぎらない。このことは多くの点で有害な結果をもたらすと私には思われる。ありていに言って、少なくとも無意識の分析が新たな様式にしたがった実践的方法として存続するなら、精神分析の協会や学派さらには精神分析家という職業までもが消滅しても、私にとってはたいした問題ではない。

私から見て、まず第一に再検討されねばならないのは、無意識という概念それ自体である。日本ではどうなっているか私にはわからないけれども、西欧では、無意識は誰もが抱え込んでいる最小限の荷物と見なされている。

無意識の存在を疑う者は誰もいないように思われる。それが実際に何なのかをそれほど問いつめないまま、人は無意識というものを記憶や意志について語るときと同じように話題にしている。無意識は頭の裏側に住み着いている何か、心の内奥の秘密や混乱した感情、いかがわしい下心などが堆積している一種のブラックボックスのようなものにちがいないというわけである。いずれにしろ、それは注意深くあつかわねばならない何かなのである。

もちろん精神分析家はこのような漠然とした定義に甘んじているわけではない。彼らはおのれの管轄領域であると見なしているこのミュージアムの探検家あるいは管理人として、自分たちの特権を守ろうと執着している。彼らによると、無意識の世界に近づくには、長期的かつ犠牲をともなった準備作業、厳密に管理された一種の苦行が不可欠なのである。教育分析〔精神分析家をめざす者が受ける精神分析〕がうまくいくには、通常の分析と同様に、多大の時間と非常に特殊な装置〔分析家と被分析者とのあいだの転移関係、感情的抵抗の除去や解釈による同一化や幻想の探索、病歴の誘導、等々〕が必要とされる。

各個人の心の真ん中に住み着いているとされ、しかもきわめて多様な領域——神経症、精神病、日常生活、芸術、政治、等々——に関して引き合いにだされるこのような無意識は、こうして本質的に専門家のあつかう問題になってしまうのである。しかしこのことは格別に驚くべきことではないだろう。かつては永遠に共同の領域に属すると思われていた多くの事柄が、しだいに専門家の支配下に置かれるようになった。水、空気、エネルギー、芸術、等々が専門領域になりつつあるのだ。だから、幻想や欲望にしても例外というわけにはいかないということである。

したがって私はここでまったく別の無意識の概念について話したいと思う。それは専門家たちにとっての無意識ではなくて、誰もが心配しないで、また特別の修練を経なくてもアプローチすることのできる領域、社会的・経済的な相互作用に全方位的に開かれた領土、大きな歴史の潮流に直結し、それゆえもっぱら古代ギリシャの悲劇的英雄たちの家庭紛争だけに則っているわけではない生きた領土にほかならない。精神分析的な無意識に対して私が〈スキゾ分析的〉と名付けたこの無意識は、精神分析が構築される元になった神経症モデルはなくて精神病の〈モデル〉から着想されている。この無意識を私は〈機械状〉とも形容しているが、それはこの無意識が本質的に人間的主観性を中心にしたものではなくて、きわめて多様な社会的流れや物質的流れや記号的流れから生じるものだからである。自我とか家族、職業、宗教、民族等々といった旧来の領土は、次から次へと解体され、脱領土化されてしまった。いまや欲望の領域のなかで自明なものは何ひとつない。なぜなら、現代的無意識はマスメディアや集合的装備、あらゆる種類の専門家によって絶えず操作されていて、フロイトが多様な場所論を編み出したときに行なったように単に心的装置の内的実体に即して定義するだけではすまないものになっているからである。しかしそのことは、機械状無意識が伝統的無意識よりも必然的により規格化され、より〈非人称的〉あるいは原型的であることを意味するわけではない。機械状無意識は社会的原動力や歴史的現実により強く〈連結されて〉いるがゆえに、それによっていっそうよく個人的特異性を説明することができるようにもなるのである。したがって無意識の問題はもはや心理学の領分だけに属するものではない。それはもっとも根本的な〈社会の選択〉にかかわるものであり、いっさいの特異性、いっさいの生の欲望を接収しようとする機械状システムにいたるところで貫かれている世界のなかで〈どう生きるか〉という問題にかかわっているのである。

しかしながら、ここで提起している新たな無意識モデルは、必ずしもことごとく旧来の精神分析モデルに対立するものではないことを指摘しておこう。それは旧来のモデルのうちのいくらかの要素を取り込むか、少なくともそれらをヴァリアントや典型例というかたちで再構成したりもする。というのは、心的生活の最初の局面において抑圧された精神的素材が堆積している閉じた内的心理空間のなかに限定された無意識の雛形のようなものもたしかに存在するからである。このような想像上の領土、禁圧された欲望の呪われた空間、心理と行動の総体に対して自らの法を課そうとする一種の隠された公国、国家のなかの国家の存在を無視することはできない。しかも、こうした私的で個人現象学的

（ペルソノロジック）、オイディプス的な無意識の雛形は、われわれの社会のなかで大きな重要性を持つことになったのだが、それは社会を機能させる罪悪感や諸規範の内化にかかわる全システムが、まさにこのような無意識の雛形に依拠しているからである。しかしここで繰り返し言っておかねばならないが、これはいわば無意識のひとつの典型例にすぎないのであって、無意識のすべてではない。無意識には他のさまざまな機能の可能性が存在していて、それらを発見し引き出すには、別のタイプの分析が必要なのである。

フロイト・モデルでは、無意識はある二重に重なった動きに由来していたことを想起しておこう。すなわち（1）意識や前意識が耐えられない〈欲動的表象〉の斥力の動き（言表、イメージ、禁圧された幻想）、（2）はるか以前から無意識のなかに抑圧されて存在している心的構成を起点として働く牽引力の動き、つまり原初的抑圧。したがって禁忌の刻印を押された内容物は、まず意識と前意識を通過して、次に不可避的にこの〈無意識＝荷下ろし場〉に落ちることになるのだが、この〈無意識＝荷下ろし場〉は〈一次過程〉と名付けられたある特殊な統辞法によって統御されている（たとえば、夢のなかで行なわれる圧縮や置換のメカニズム）。かくして、この二重の動きのなかでは、創造的過程の可能性の展開を許すものは何ひとつない。そこでは、すべてがあらかじめ決まっていて、すべての行程に標識が設定されているのである。要するに、精神分析的無意識は、あらゆる可能性に開かれた機械状無意識とちがって、ひとつの運命のごとくにプログラム化されているということである。

それに対してスキゾ分析的無意識は、こうした二つの契機からなる大まかな機械装置――古典的無意識の抑圧－牽引のシステム――の代わりに、欲望する機械全体を増殖させる。ここでは、乳房、糞便、ペニスといったような典型化された〈部分対象〉はもはや問題ではなくて、異質混交的な多数の特異的対象が問題であって、それらは決して普遍的複合体に還元されることのない機能的な星座的布置として節合されているのである。

機械状無意識の主要な特徴を要約しておこう。

（1）それは表象的内容（ものの表象、言葉の表象など）だけが居座っている場所ではなくて、〈記号的構成諸要素と多様な強度のシステムの相互作用〉（言語学的記号、〈イコン〉的記号、比較行動学的記号、経済的記号、等々）の場である。言い換えれば、それは〈言語のように構造化されている〉というラカンの定式化した有名な公理には対応しえない。

（2）そのさまざまな構成諸要素は〈普遍的な統辞法に依存するのではない〉。その内容とその強度のシステムの配置（夢や幻想や欲動のなかに現出するような）は特異的なものであり、去勢コンプレックスやオイディプス・コンプレックスといったタイプの還元主義的分析手続きに適合するものではない。こうした典型例は存在はするが、ひとえに特殊ケースとしてなんらかの文化的あるいは社会的領域、あるいは限定されたコンテクストのなかに現れる精神病理的構造に結びついている。

（3）〈諸個人間につくられる無意識的諸関係〉も、精神分析の構造主義的な現代的潮流が打ち立てようとした〈普遍的構造〉（ラカンが無意識の〈マテーム〉と呼ぶものに依拠した一種の間主観性の遊戯理論、つまり大文字の他者〈A〉、小文字の他者〈a〉、自己、自己理想、理想的自己、ファロス、去勢、等々といった）に属するものではない。間主観的・間個人論理的諸関係は無意識的動的編成のなかで、ある本質的に重要な場所を占めるが、無意識的動的編成を要約することはできない。それに優るとも劣らぬ重要な諸関係がそのなかにつくられる。抽象的実体システム（抽象機械）、音楽的リトルネロ（たとえばプルーストの作品における〈ヴァントゥイユの小楽節〉）、顔貌性などはそれ自体として、人間的同一化、動物性、風景性、多様な経済的機械状システムに属しているわけではない。パリに〈サマリテーヌ〉というデパートが存在する〔現在は存在しない〕。このデパートの標語は〈サマリテーヌではなんでも見つけられる〉というものである。機械状無意識についても同じようなことが言えるだろう。そこではなんでも見つけられるということが絶対に重要なことなのである。この条件があればこそ、機械状無意識の異質混交性を考慮することができるのであり、またそれが消費社会に従属していると同時に、創造的豊かさ持ち、世界の変化に対して無限の対応性を備えていることを説明することができるのである。

（4）無意識は過去に戻ることもあるし想像界のなかに萎縮することもあるが、〈いまここにある世界に開かれもするし未来に向かう選択をすることもできる〉。太古的な固着化（ナルシシズム、死の欲動、去勢への恐れ、等々）は宿命的なものではない。それはフロイトが主張したように無意識の〈究極的岩盤〉をなしているわけではない。

（5）機械状無意識は地上全体にわたって同一的なものではなくて、〈それは歴史を通じて進化し続ける〉。マリノフスキー[3]の探査したトロブリアンド諸島の住民の欲望の経済はブルックリンの住民の欲望の経済と同一ではなく、平安時代の日本人の幻想は現在の東京の住民の幻想とはほとんど関係がないだろう。

（6）無意識にかかわる言表行為の分析的構造は、必ずしも分析家の同業者団体の手をへて明らかになるわけではない。〈分析は個人的あるいは集団的なくわだてでもありうる〉。転移、解釈、中立性といった〈典型的療法〉に依拠した諸概念もまた再検討されねばならない。こういった諸概念は多くの場合非常に限定された支持をともなったきわめて特殊な装置のなかにおいてしか受け入れられないものである。

しかし、歴史の大変動やテクノロジー的・文化的変化がいかなるものであれ、無意識的構成体のなかには必然的に構造的諸要素が存在しているのではないだろうか？　私－他者、男－女、親－子といった対置関係は、一種の普遍的な無意識の数学的格子を形成するような仕方で交差するのではないだろうか？　そのような格子の存在が必然的に無意識の多様化を禁じるのではないだろうか？〔私の〈スキゾ分析的再検討〉に対してもっとも理解のある話し相手ですら、しばしばこのような問いかけに引き戻される。したがって、私がどうして無意識というものをその内容や表現の〈普遍概念〉に基づいてつくりだすことを拒否するのか、その理由のいくつかにこだわっておくことは私にとって必要不可欠のように思われる〕。〔以上の〔　〕内は、文脈をわかりやすくするために訳者杉村が「メキシコ講演」のテクストにある条りを補足したものである〕。

フロイトの大発見のひとつは、無意識が否定というものを知らないということ、少なくともわれわれの意識的論理における否定と同じタイプの否定を知らないという事実を明るみに出したことであった。したがって無意識は、先に私が列挙したような明瞭な対置関係が決して自明ではない世界をなしているということになる。そこでは、人はつねに私であると同時に他者であり、男であると同時に女であり、親であると同時に子である等々といったあり方が可能であり、しかも必然的にそういうあり方になるとすら言える。ここで重要なことは、もはや分極化し物象化した実体ではなくて、私がジル・ドゥルーズとともに〈生成変化〉と呼ぶ機械状プロセスなのである。すなわち、性的生成変化、植物的生成変化、動物的生成変化、不可視のものへの生成変化、抽象的なものへの生成変化、等々である。機械状無意識はこうした生成変化が構成する強度のプラトーをわれわれに通過させ、すべてが地層化され決定的に結晶化しているように見えていた場所において、われわれを変形的世界に到達させる。機械状無意識はプラクシスの有効な原動力がまぎれもなく結び合わされる場所、つまり現実－表象の対立の手前のところで創始されるのである。

たとえば患者が精神分析家に自分の主人（雇用者）や共和国大統領について話したとして、おそらく分析家は父性的同一化しか気にとめないだろう。またＰＴＴ（郵便電信電話局）の受付係の女性やテレビの女性アナウンサーの話をしても、普遍的な母性的イマーゴしか結像しないだろう。もっと一般的に言うなら、分析家は、われわれの周囲で息づいているすべての形態を通して、男性的あるいは女性的な性や象徴的な去勢の用具などを見出すだけなのである。しかし、このような象徴的対応システムは、それが一方通行でないならば、魅力を失うことはないだろう。なぜなら、主人の背後にしばしば父親がいるとしても――企業において〈家父長主義〉が話題になったりするのはそのせいでもある――、子どもの父親の背後にはまた、そしてきわめて具体的なかたちで主人あるいは上司がいるからである。無意識のなかにおける父性的機能はその機能の支柱となっている人の社会職業的な組み込まれ方と密接不可分に結びついている。母親の背後にはある特殊な社会的・政治的無意識のなかにおいて女性の置かれている条件が存在する。また子どもは家族という閉じられた世界のなかだけで生きているわけではない。そもそも家族自体が周りをとりまくあらゆる環境的諸力や社会的領域から影響を受けている。集合的装備、マスメディア、広告といったものが、人間の主観的生活のもっとも奥深いレベルにまで干渉してやまないのである。繰り返し強調したいのだが、無意識というものはなにかそこいらに自ずから存在していて人が出くわすものでもなければ、秘密の世界のようなものでもない。

無意識はそれを通してわれわれがわれわれを取り巻くあらゆる権力構成体やあらゆる潜在的力のシステムに結びつけられる機械状の相互作用の結び目なのである。したがって無意識的過程は特定の内容とか構造的統辞法に則って分析されうるようなものではなくて、なによりも〈言表行為の集合的動的編成〉に即してはじめて分析が可能になるものなのである。そしてこの言表行為の集合的動的編成は当然にも生物学的個人性と符合するものではない。機械状言表行為は互いにきわめて異なった次元（記号、〈物質〉、精神、エネルギー、〈機械圏〉等々）を横断する主体集合体の存在を明確化する。

精神分析家にお決まりの無意識の家族主義的還元は〈誤り〉というわけではない。それはあるタイプの言表行為の集合的動的編成に対応する。それは無意識に関係する特殊なミクロ政治に由来する。そしてそのミクロ政治自体がある種の資本主義的な社会組織を司っている。しかし機械状無意識はあまりに多様化しあまりに創造的なので、搾取や社会的差別に依拠した生産諸関係の〈行儀のよさ〉とは逆行するものにならざるをえないだろう。そうであるがゆえに、無意識を個人化された主体や物化された部分対象に集中化するあらゆるテクニックが、機械状無意識が現実世界において発展し変革を可能にすることを禁じるのである。そしてそうしたテクニックは、今日、資本主義社会（そのなかに私は官僚主義的社会主義も含める）が依拠する社会体への囲い込みと適応の規範化をすすめる巨大な産業のなかで特別重要な位置を占めるようになっているのである。

労働の社会的分業、諸個人のしかるべき生産点への配属といったものは、単に強制的手段や貨幣的報酬システム的に依存するのではない。それはまた、そしておそらくより根元的に、さまざまな社会的装備、マスメディア、あらゆる種類の心理的適応化方法などによって行なわれる無意識的動的編成のモデル化技術にも依存している。前資本主義社会においては、リビドーは比較的安定した構造（家族、職業、カースト、階級、等々）と結びついていた。それに対して、新たな生産様式、統合された世界資本主義の設置は、旧来の領土化された無意識的動的編成の構造をいやおうなく破壊する方向に向かう。そして機械状現象の四方八方への拡張は一種の集団的不安感を増大させるところとなり、同時に宗教的イデオロギーや太古的神話の再出現にいたりつく。

現在の精神分析のある種の保守主義はこのようなコンテクストのなかに位置づけなくてはならない。しかし私がいま喚起した抑止と再領土化の主観的働きがいかに広がろうとも、人類の機械状統合は前進し続けるだろう。問題の核心はそれがいかなる究極的様態をとることになるのかということである。それは現在見られるように、欲望の創造的諸線やもっとも根本的な人間的究極目標に逆行する方向に向かうのだろうか――いま、地球上の大部分を覆っている肉体的かつ精神的な巨大な悲惨に思いを馳せなければならない。それとも逆に、欲望の経済はいずれ科学的・技術的進歩と調和するにいたるのだろうか。あらゆる次元における社会的諸関係の深い変革、欲望する機械による技術的機械の〈再捕獲〉への大きなうねり、新たな分析的・ミクロ政治的実践の推進と相関する私が〈分子革命〉と呼ぶもの、こうしたものだけが、この新たな調和に達することを可能にするだろう。抑圧された諸階級――それはつねに既存の諸権力との相対的関係のなかに埋没し、支配的諸関係を再生産する危険につきまとわれている――の闘争の運命もまた、このような展望と関係ではあるまい。

こうした考察を私はここでこれ以上展開することはできないが、ともあれ無意識の分析が〈万人にかかわるもの〉になるのは、こうした考察をすすめていくことによってであると断言することができる。つまり、無意識の分析はその方法を刷新し、そのアプローチの仕方を多様化し、あらゆる創造領域と接触しながら、自らを豊富化していかなくてはならないのである。端的に言うなら、現在公的な精神分析が行なっていることとまったく逆のことを行なうということである。

（1）このテクストは日本での講演のために作成されたものである（IMECにGTR 11-7として保管されている）。タイプ原稿にガタリの直筆で次のような注がついている。〈*Japon du 10/10 au 25/10*〉。ガタリは一九八〇年一〇月に訪日したので、このテクストはおそらく同年に作成されたものと思われる。したがってこれはガタリの〈エコゾフィー〉期のテクストではないが、ここに収録したのは、このテクストがあえて言うなら〈無意識の定式化〉にかかわる大きな価値を持っているからである。タイトルがガタリの二つの先導的著作――『機械状無意識』と『分子革命』――を結びつけたものであるこのテクストは、ガタリがのちに『カオスモーズ』や『分裂分析的地図作成法』において無意識という表現に与えることになる発展的記述の原点になっている〔ステファヌ・ナドーはなぜか無視しているが、このテクストとほぼ同じものが拙訳『闘走機械』（原題『冬の時代』）のなかに「機械的時代と無意識の問題」と題して収録されている。そしてこのテクストの出典は「一九八一年にメキシコで行なわれた講演で、のちに雑誌‹*Réseau-Systemes-agencement*›, n°7, Editions Universitaires, Paris, 1983 に掲載されたもの」と明記されている。したがって『闘走機械』に収録されているテクストは、ここに掲載されているテクストの修正版と見なすことができ、実際により充実した内容になっていると見なすことができる。訳者としては『闘走機械』に私がすでに訳出したテクストを再録しようかとも思ったが、この二つのテクストはガタリの〈同一のテクストの発展的使い回しの手法〉の典型例として興味深いものでもあるので、自分の既訳を参照しながらこのオリジナル版に沿ってここに改めて訳出した。ガタリがどこをどのように補筆・修正したかに興味のある読者は『闘走機械』の訳文とぜひ比較していただければと思う〕。

（2）情報理論では、〈ノイズ〉とは、発信者と受信者のあいだの純粋な情報伝達に干渉する寄生的与件のことである。

（3）ガタリはここで、一九二〇年代にマリノフスキーとエルネスト・ジョーンズのあいだでオイディプス・コンプレックスをめぐって行なわれた論争を示唆している。マリノフスキーはメラネシアのトロブリアンド諸島の住民にはオイディプス・コンプレックスが存在しないと言っていた。

(2) 制度論の実践と政治[1]

質問者——いまは一九八四年ですが、サンタルバン〔南フランスの〈制度論的精神療法〉の発祥地〕は一九四〇年代のことですね。そしてラボルドは五〇年代。制度論派の運動(こういう名で知られています ね)と政治的分析(政治的アクターとしての分析家が行なうという意味での)の運動には、こういった歴史的経緯がありますね。こうした動きは最初からシステムの問題とかかわっていました。その後、運動は、多くの場合イデオロギーが奥にひっこむかたちで構造化されると同時に多様化しながら発展しました。精神医学や精神分析、教育学や教育者、組合政治、等々といった領域がその主要な舞台でした。そうした流れにそれなりのしかるべき距離を取って書かれたあなた自身のテクストのなかに、私は今日でもなお〈制度〉の問題をないがしろにしては考えられない日常性の〈精神政治的〉コントロールという課題を見る思いがします。われわれが〈制度論〉を起動させることができるのはここからですね。そうした理論的実践を凝縮した〈制度〉という用語は、〈日常性〉の精神政治的コントロールをめざしていると理解していいのでしょうか?

ガタリ——あなたが〈制度論的実践〉と呼んでいるものは、いつもなんらかのかたちで互いに結びついたさまざまな領域の交差点において存在してきたわけです。五〇年代に私にとって本質的に重要だったのは、次の三つのものです。

（1）若者のさまざまな組織、とくに政治的な組織における闘争的な実践。
（2）ラボルド精神病院におけるジャン・ウリとの臨床上の実践。
（3）精神病者との分析的実践。そしてのちには、クライアント相手の実践。

しかし、これらのさまざまな領域に関係する理論的基準は統一されていなかったのです。ジャン・ウリ、フランソワ・トスケル[2]、ジャック・ラカン、マルクス主義、それに私自身の個人的哲学の始まり、といったようなものの混成といったらいいでしょうか。長いあいだ私はバラバラの道筋の上を歩んでいたのです。一日のうちに、あるいは一週間のうちに、私はよく立場を変えたものです。私が活動家として闘争しているときにはトロツキズムの刺激を受けたマルクス主義者だったし、働いているときにはフロイト－ラカン主義者になったし、考えているときには大筋においてサルトル的になりました。しかしこうしたことがしっかり統合されていたわけではありません。

トスケルから刺激を受けたGTPSY[3]の内部における議論では、人は〈二本の足で歩いている〉ということが標榜されていました。つまり片足はマルクス主義で、もう一方の片足はフロイト主義ということです。そのようななかで私はもっと別の分析的な道を模索し始めました。そしてそれに私は当時〈制度論的分析〉という名前を付けたのです。この表現を私は周りに押しつけたわけではないのですが、それでもこれは外の人たちにも広がっていきました。制度論的精神療法という場所ではなく、制度論的教育論という場所でもなく、また社会的解放の闘いという場所でもなくて、これらの複数の場を横断することができる分析的方法をもたらすことができるようなある領域を〈突き止める〉ことが重要だったのです。そして、ここから〈横断性〉というテーマがでてきたのです。

私はさらに、GTPSYでわれわれが議論してきた問題（たとえば〈制度論的転移〉といった）は、精神病にだけ関係するものではなくて、個人と集団の関係、環境、経済的諸関係、芸術生産、等々といったようなものにもかかわっていると考えるようになったのです。

〈制度論的分析〉[4]という表現は、なるほど才能が欠如しているわけではない人々（たとえばルーロー、ロブロ、ラパサードなど）によって引き継がれましたが、しかしその取り上げられ方の心理社会学的射程は、残念ながら私からすればあまりにも狭いものでした。社会的領域や、ミクロ政治的領域を取り込んだからといって、私は個人の特異性や前個人的な特異性（たとえば精神病者の世界におけるような）を分析から失わせることを意図していたわけではまったくありません。既存の無意識分析の方法に取って代わってグローバルに君臨するような心理社会学的モデル化を提起することなどは、私の関心からほど遠いものでした。その当時から私の考察は、現在私が〈メタモデル化〉と呼ぶ手続きに向けられていました。つまり既存のモデル化の超コード化として樹立されるようなものではなくて、既存のモデルの全部あるいは一部を取り込んだ〈自己モデル化〉の手続きのようなものに私の関心は向けられていたのです。この〈自己モデル化〉はおのれ自身の地図、おのれ自身の標識、したがっておのれ自身の分析的アプローチ、おのれ自身の分析方法をつくるためのものです。しかし結局、〈制度論的分析〉が悪用されている（とくにラテンアメリカで）のを目の当りにして、私はそのすべてを拭い去り、無意識の形成体についての分析方法を構築しようと試みたのです。無意識は主観性の個人化に属しているのでもなければ、主観性が集団や制度のなかに具現化されたものでもありません。サンタルバン[5]やラボルドで行なわれていたことは、私にとって個人現象学的・家族主義的な枠組みから分析を引き離すことを可能にする脱中心化のきっかけとなりました。その結果、別の規模（社会というもっと大きな規模とか、個人よりもっと小さな規模）の〈言表行為の動的編成〉を説明することができるようになったのです。そしてここから次のような問題がでてきました。すなわち資本主義と分裂症の問題です。私がジル・ドゥルーズと協力して書いた『資本主義と分裂症』という本は、前人称的主観性（人格や個人といった全体性を持ったものの手前にある）と、超人称的主観性つまり集団現象や社会現象をめぐる考察です。さらにわれわれは、言表行為の動的編成は情報的要素のような〈機械状構成要素〉を包含すると考えたのです……。結局、私にとって緊急を要すると思われたことは、フロイトとマルクスのなかにある最良の思想、つまり主観性の形成体は個人という〈区分〉と合致しない、合致することはできないし、合致すべきでもないということを改めて把握し直すことだったのです。主観性は少なくとも、他者、オルターエゴ、父親、母親、家族、階級関係、階級闘争等々との関係、つまり社会的相互作用の全次元における複雑な関係のなかでつくられるものです。ラカンは多かれ少なかれこれらのすべてを無意識の中心を言葉へ移すことによって取り上げ直したのですが、残念なことにこれらの全次元は構造主義的な一般概念、構造主義的な〈マテーム〉（思考定式）のなかへと落ち込んでしまったので、分析的実践のドアから放り出したはずの主観性の個体化を理論的幻想のドアから呼び戻すはめになったのです。しかし今はこのことについてこれ以上言いたくありません。

主観性は大脳の皺に埋め込まれたブラックボックスなどとは見なせないものです。それは社会的なもの、〈前人称的なもの〉の全次元で働くものであると見なさなくてはならないものです。そのようなものと見なしたときから、無意識の分析は、オイディプスの三角形に依存する間個人的関係には全然還元できない〈機械状の回路〉と主観性の生産の動的編成を考慮しなければならなくなるのです（たとえば、ルイ一四世時代のベルサイユでつくられた、あるいはフランソワ一世時代にシャンボールでつくられた宮廷の主観性は、新しいタイプの〈集合的装備〉に属していて、これは民族的王権の中央集権システムによって促進されたのです。貴族たちに割り当てられた主観性は、中世の騎士たちの制度化された〈ノマディスム〉とは無関係に、王権の周囲に一種の〈定住形態〉をつくりだすというはっきりした目的を持っていたのです。このような主観性の動的編成には一連の動物行動学的‐建築学的領域が関与しているのですが、こうした領域を一九世紀から二〇世紀にかけて資本主義的主観性を生産する集合的装備の発展過程を視野に入れながら研究することはたいへん興味深いことでしょう)。

われわれ教育者、精神科医、社会的諸分野の労働者は、集合的装備の産物であると同時に、主観性の生産者でもあるのです。われわれは最先端の産業労働者です。つまり他のすべての産業や社会的活動にとって必要な主観性の原材料を提供する産業の労働者なのです。この主観性はもちろん個人化された表現者に関係する個人的適用の領域を持っていますが、話す主体としての個人を単純に集計したものに還元されるものではありません。この主観性を製造するためのバラエティーに富んだ入り口が存在するのです。政治的な入り口、社会的な入り口、エコロジー的な入り口、等々です。あなたの問いへのしかるべき答えになっているかどうかわかりませんが、とりあえずざっと答えてみました……。

質問者——あなたはれっきとしたマルクス主義者といってよいのでしょうか？

ガタリ——ある意味ではそうでしょう。嘆かわしいとしか言いようのない〈新哲学派の面々〉（ヌーヴォー・フィロゾーフ）のようなやり方で、こういったテーマに関してシャツを変えるように参照基準を都合よくかえるわけにはいきません。マルクスはあの時代を深く刻印した第一級の著作家です。しかし私にとってそんな質問はほとんど意味を持たないものです。

質問者——でも、私にとっては意味があるんです。私があなたの文章を参照するかぎり、あなたはいつも活動を実践しながら分析を行なうことを求めていますよね。あなたがよく用いている言い方のなかに「活動に根差した分析の機能」という表現を見つけました。これは分析の臨界のことで、ある種の矛盾を含んだテーマのように見えますが、だからこそ鍵を握っているのですね。そしてこれこそがあなたの仕事の方法のなかで私の関心を強く引きつけるものです。しかし同時に、分析を活動家の生に限定しながら分析することは、ユートピア的ではないのかと、そしてどのつまり間違った方向にいくのではないかと自問したりします。

ガタリ――繰り返し言いますが、私は基準となる理論を提案しているのではありません。科学的分析をしようと唱えているわけでもないし、そういう分析をしたことがあると主張したこともありません。主観性の地図作成が分析的性格を持つためには、つまり過程的であるためには、当然にもいっさいの科学的理想から解き放たれなくてはならないという考えに私はたどり着いたのです。労働世界の歴史から生じる〈したがって単にマルクス主義理論家の分析を通したものではない〉社会闘争という現象は、〈主観性を探知する試み〉の系譜のなかに刻印された過程なのです。したがって社会闘争という現象にあっては、客観的な力関係と主観性の生産のくわだては地続きなのです。ある時期、労働運動の諸制度が新しいタイプの主観性をつくりだしたこと、あえて言うならそれまでとは異なった〈人間種〉をつくりだしたということを見逃しては、労働運動の歴史を理解することはできないでしょう。パリ・コミューンの労働者はあまりに〈変異的〉になったので、ブルジョワジーにとっては抹殺する以外に解決法がなかったのです。彼らはブルジョワジーにとって耐えがたい悪魔的脅威に見えたのです。パリ・コミューンは壊滅させられましたが、それはさらに昔のサンバルテルミーにおける新教徒の虐殺と同じことだったのです。歴史が正真正銘の〈主観性の戦争〉をわれわれに見せてくれているのに、このような突然変異を考慮に入れないなら、この主観性の戦争の重要性を把握することはできないでしょう。たとえばレーニンは、資本主義に統合された社会民主主義的主観性とは一線を画する新しい様式の闘争的主観性を発明しなくてはならないと考えたのです。

集合的装備、マスメディア、迅速なコミュニケーションのシステム、情報生産、遠距離通信やロボットを使った生産などに基づいて、地球全体を囲い込むかたちで大規模に行なわれる資本主義的主観性の生産は、比較的限定された領土の枠組みのなかにおける直接的従属あるいは間接的な象徴的従属に基づいた〈前資本主義的〉な社会の主観性の生産とは根元的に異なっているのです。つまりそれは、人口や労働や交易や文化の流れの一般的脱領土の文脈のなかにおけるカーストや階級の割り当てに基づいた前資本主義社会の主観性の生産とはまったく異なるということです。今日では、経済的・社会的領土だけでなく主観的主体化の様式も脱領土化されて、主観的主体化の様式も完全に人工的な生産の結果でしかなくなろうとしています。自我、超自我、家族、一次集団なども含めて、主観性の領土はおしなべて生産機械によって加工されるのです。そしてそこから、とてつもない差別的分離現象とコミュニケーションの全面化との逆説的な混交が生じているのです。

このような状況のなかで、私が〈過程的〉と呼ぶ脱疎外的・脱系列（セリー）的主観性の動的編成をどのように再起動させるかが問題です。私がそのような主観性を〈過程的〉と呼ぶのは、それが特異化の過程を通して自らの固有の存在を生産するからであり、それが分析的な地図として構成されるにつれて実在的領土として生み出されるものだからです。これが私が数十年をかけて考えている核心的問題なのです。流行に棹をささず正統的教義への回帰にも陥らず、ポストモダニズムとネオ保守主義に抗すること、これこそもっとも緊急を要することだと私には思われます。

質問者——それであなたはこのインタビューが始まる前に、ミルネールの戦略(6)に対抗することの重要性についてて話していたのですね。その点では私も同感です。

ガタリ――そうなんですよ。それは国民教育の腐った世界のなかで、体制から逸脱するいっさいの教育的分岐のくわだて、いっさいの特異的な制度化の過程といったものを歪曲し骨抜きにする陰険な試みなのです。こうした知識教育や公民教育など古臭いものへの回帰を説く説教など愚の骨頂ですよ。主観性の生産の現在的条件をまったく理解していないのです。今日の条件はジュール・フェリー〔ジュール・フェリーはフランスの政治家（一八三二―一八九三）。第三共和政下における政教分離、初等教育の義務化、無償制といった公教育改正の遂行者として知られる〕の時代の条件ともはや何ら関係がないわけですからね。

質問者――ミルネールはシュヴェーヌマン〔一九八〇年代前半、社会党政権下で科学研究省、国民教育省などの大臣を歴任した政治家〕を代弁しているということですね。

ガタリ――それは言いすぎでしょう。シュヴェーヌマンにはアイディアなどまったくありません。彼はひとつのモデルを提供されて、それをありがたい贈り物として受け取っただけですよ。それはシュヴェーヌマンがすでに科学研究省でやっていたことなんです。でも科学研究省のときは、結果はさほど破滅的ではなかったと白状しなくてはなりません。今回の場合、とにかくシュヴェーヌマンは不適応の子どもが少ない割合とはいえ存在していることに配慮しようなどとはまったく思っていません。それは〈構造的〉失業と同じで、どうしようもないのだから、そんなことに出費するのは〈無駄金〉だというわけです。経済競争に勝つためにはエリートを選ぶことが重要であり、そのためには日本に倣った教育方法に転換しなくてはならないというわけです。彼らは日本に取り憑かれているんですよ。といって日本のことは何も知らないんですがね。というのは、日本の側では、自分たちの教育システムの欠陥のために、神経症や自殺や教師に対する攻撃的行為が不安を催すほど増えていることに深刻に悩み始めているからです。しかし彼らはそんなことはおかまいなしで、とにかく日本を真似たいというわけです。これはまったく馬鹿げたことであって、地球にはそこら中に日本ができるほどのスペースはありません。それはともかく、彼らの考えでは、子どもの感情問題、子どもの社会的諸関係、子どもの創造性といったものには配慮しないで、とにかく規律正しく勉強させれば十分だということです。これは新種の社会主義とでもいうんですかね。国立行政学院（ＥＮＡ）や高等師範学校を出たこの連中が、人々が幼稚園のときから狂ったように勉強するようにさせたいという社会主義ですね。この点では、まともに議論するまでもありませんね。要するにこれはひどい退行なのです。教育に関して何の考えも持たずに国民教育省を得々と動かしている役人どもが相手ですから難儀なことです。彼らはこれまでのいかなる反動的統治者も持たなかったような権威でもって保守的結びつきを強めているのです。おまけに、あなたもご存知のように、教員組合のなかにも支持してくれる連中がいるので、彼らは自分たちが一般に受け入れられていると思っているのです。

質問者——魅惑的ですが、必ずしも把握しやすくはない〈機械〉という概念に戻りましょう。この機械という概念はきわめて重要な概念で、あなたが主観性に関して述べてきたこと、そしてあなたがミクロ政治的な動的編成と呼んでいるものと結びついているように思われますが、あなたが欲望するものと定義したこの機械の理論は、いまどうなっているでしょうか？

ガタリ——機械は欲望するだけではありません。それによろしいですか、機械という言葉の用法の幅を拡張したのでは私ひとりだけではありませんよ。生物学者も数学者もそうしてきたのです。機械を技術の面からのみ考えるのはまったく不十分なのです。機械は技術である前にダイヤグラム的なので(7)す。つまり機械のなかには、ダイヤグラム、地図、方程式、等々が住み着いているのです。たとえば航空機コンコルドは、鉄、アルミニウム、電線だけでできているわけではありません。コンコルドに使われている鉄やアルミニウムの重さだけしか考えなかったら、遠くまで飛んだりできないでしょう。とくに、それでは経済的空間や欲望の空間を飛ぶことはできないでしょう。技術機械、化学機械、生物機械と並んで、またそれらと結合するかたちで、私が記号的、ダイヤグラム的と呼んでいる機械、理論機械や抽象機械、それにもちろん経済機械や政治機械などの存在を認めなくてはなりません。たとえばジョン・F・ケネディの行なった〈アポロ計画〉では、この計画を支持する意志や政治機械が働かなかったら、ロケットは日の目を見なかったでしょう。月に行きたいという少しおかしな欲望が、ケネディたちの世代になかったなら、機械は決して発動しなかったでしょう。つまり、技術的機械は記号的機械、経済的機械、政治的機械、制度的機械などとまぎれもなく噛み合っているということです（陸軍や空軍はアポロ計画をNASAに任せたくないと思っていたことを考えてみてください）。自然と文化、上部構造と下部構造を単純に対置する幼稚な自然主義に陥りたくないなら、歴史的変動がどのようにして生じるのかをはっきりさせたいなら、機械の全様相を説明することができるような拡張された機械概念をつくりあげることが必要だと私には思われます。機械には目に見える共時的次元もあれば、目に見えない通時的次元もあります。ひとつの機械というのは、それに先立つ一連の機械の端っこに位置すると同時に、来たるべき機械への進化的系統流を生み出すものです。したがって機械は、時間や空間だけでなく、生物学、感情、集合的なエネルギー備給、脳といったきわめて多様な存在的諸次元をも貫くある物質的・記号的な動的編成なのです。

質問者――たとえば今日、機械的構造、機械的系統流といったものをいくらかでも探知しなければならないとあなたはお考えのようですね。しかし現在のような状況のなかでいかにして闘うかという問いを考えたとき、その問いはこうした新たなかたちでの状況の読み方のなかのどこに位置づけられるのでしょうか？

ガタリ——つまり、闘うあるいはもっと簡単に言えば〈社会的実践〉をすることがまだ意味を持つのかということですね。意味はないということを言わせようとする人は多いでしょう。たとえばボードリヤールにとっては社会的なものが存在したことすら確かではないのです。[8] とにかく、社会的なものはもはや存在しないということは彼にとっては明らかなことなのです。あるいはそのような幻想に浸っているのでしょう。しかし私はそんなことは信じません。社会的なものはかつて以上に厳然として存在しているのです。ただし社会的なものを他の主観性の諸形態の下部構造として取り出さなければ、それは単なる大きな塊のままなのです。たしかにいまやさまざまな政治的・社会的な表明主体は完全に崩壊しました。しかしだからといって、もはや社会的実践は不可能になったということではありません。要するに、結論として言えるのは、組合とか左翼政党のさまざまな二番煎じなどの旧態依然たる社会的実践は、破綻したということです。

そこからさらに引き出すべき結論は、複雑きわまりない現在の状況に応答しうるような社会的実践を発案しなくてはならないということです。活動家の実践は社会的なものを政治的なものや経済的なものから引き離してはならないのです。いまや社会党や共産党のような政党の存在は歴史に逆行するものになったのだと思います。そういうふうに考えれば、政治的次元と日常生活の次元とのあいだの相互作用、個人間の諸関係と大規模な社会的諸関係とのあいだの相互作用といったものを捉え損なうこともないでしょう。とにかくすべてが絶えず重なり合って進行しているのです。今日、国民教育のあり方を変えようと思ったら、学校のミクロ社会的諸関係、ものの見方・考え方、知識との関係、身体との関係、音楽との関係、等々を同時に変えないかぎり、それは無理な話なのです。

質問者――あなたの言う社会的実践とは、諸領域の交差を実践するということですね。

ガタリ――私の言う社会的実践は、昔の社会階級のような明瞭に範囲を定められた集合体に限定されるものではありません。主観性の新たな諸領域はそうした集合体にますます対応しなくなっています（たとえば女性の状況、子どもの状況、社会から〈保障されていない者〉の状況、移民者の状況、アイルランドやバスクやコルシカなどの少数民族の願望といった諸領域）。それらの諸領域は国家的空間とは合致せず、地域的空間とも例外的にしか合致しません。他方、南北問題は階級関係と符合することなしに交錯しています。フランス社会が妄想的としか言いようのない仕方で抵抗している（ここから民族差別が生じる）多民族・多文化社会がそこらじゅうに現れ始めているのです。このような社会的実践は同時に東西の力関係の無軌道な性格をも考慮に入れなければならないでしょう。いわゆる社会主義社会と資本主義社会との亀裂は完全に見かけ上のものになっていて、地球規模の資本主義（私が「統合された世界資本主義」と呼ぶもの）が依拠する差別的ピラミッド構造を維持するために、アメリカ、ソヴィエト（ロシア）、中国、ヨーロッパなどの帝国主義のあいだに存在する巨大な複合性がどのように機能しているかをわれわれはまだ十分に理解していないのです。要するに、政治的実践はもはや東西関係とか南北関係で考えるべきではなくて、私が述べてきたあらゆる次元のあいだにある横断的諸関係のなかにおいてわれわれが発明しなくてはならない社会的実践に結びつけて考えるべきなのです。とくに賃金労働との関係における闘争目標を再定義することが急務でしょう。旧来の協調組合主義（コーポラティズム）的な全要求は、生産と情報の機械状ネットワークが設置されたことによって時代遅れになろうとしています。重要なことはもはや基本給ではなくて最低限の社会保障なのです。不安定労働者、失業者、潜在的失業者、慢性的に社会の周辺に追いやられた人々など、増大の一途をたどっている〈保障されざる人々〉のことを考慮に入れた社会保障こそが重要なのです。専門職といったような特権的労働概念は、生産諸関係の変化によって完全に摩耗したのです。

質問者――機械の概念に戻りたいのですが、知識人的読み方では『アンチ・オイディプス』をシステム理論と対照しながら欲望の理論の方に引き寄せていたと思います。つまり欲望は現在のシステムのなかで定義されるものであって、欲望がなにか問題提起的な意味を持つとしたら、それはこのシステムが壊れるときでしかないというわけです。そこでおたずねしたいのですが、欲望する機械はシステムのなかに深く根を下ろしたものではないと、あなたはお考えなのでしょうか？

ガタリ――あなたの言う知識人たちは、大半が六八年以後に議論されたことを読みもしなかったし耳を傾けようともしなかった人たちです。われわれの言う欲望の概念は自然発生主義を称揚するものではないし、無秩序な解放の称賛でもありません。まったく逆ですよ。われわれが欲望を〈機械状〉のものとして、つまりもっとも今日的でもっとも〈緊急性〉を持った機械状系統流と結びついたものとして定義したのは、欲望の〈建設主義的〉な人為性を強調するためなのです。つまりわれわれはライヒからもオルゴンの圧力からも遠いということです。(9)

質問者――あなたは欲望の概念を構築すべきものとしていろいろ書いてきたわけですが、現在はどうお考えでしょうか？

ガタリ――私はなにも変わっていないですよ。いつも同じですよ。そういった質問はむしろ他の人たちにしてほしいと思います。

質問者――いつもかわらずこの欲望の概念に依拠してきたということですね……。

ガタリ――世間はなんでもかんでもこじつけて、われわれがとんでもないことを言っているということにしたのです。いっさいの社会的規制からはずれた野放図な自由を推奨しているといったようなね。われわれがそんなことを言おうとしていたと考えるなんて、まったく勝手な思い込みですよ。当時はそんな考えが流行ってもいたので混同したのかもしれませんがね……。

質問者――『分子革命』のなかでは欲望はマイノリティーの側にあることを強調していると思うのですが、その点はあなたも現在少し変化しているのではないでしょうか。

ガタリ――私には欲望は特異化の過程のように思われるのです。つまりすでに出来上がっているシステムのなかで創造と増殖が可能な地点です。この過程は特異性の核を探り出しながら周辺性に滞留して〈マイナーへの生成〉に向かうのです。これはラボルドのような制度のなかでは何を意味するのでしょうか？ みんなが退屈しているときに、理由はよくわからないのですが、突然雰囲気を変えるような出来事が生じることがあります。ある思いがけない過程がなにかそれまでとは異なった参照世界を生み出すのです。ものごとが違ったふうに見えることがあり、単に主観性が変わるだけでなく、可能性の領域、生の指針が変わるのです。たとえば、あるとき、ラボルドで働くコート・ディヴワール（象牙海岸）出身の料理人が故郷に帰る決心をしたことがあります。しかし彼には故郷の村に帰る家がなかった。彼はラボルドで数年間働きました。みんな彼のことが好きでした。それで彼を援助するグループができて、これが一九〇一年制定の法〔アソシエーションの法〕に基づく〈ラボルド－象牙海岸〉協会の設立につながったのです。そして二〇〇万サンチームが集まり、彼は悠々と故郷に帰ったのです。次にひとりの医師とひとりの看護婦が彼のもとを訪れました。さらにそのあと、今度はその村の人がラボルドにやってきて三カ月滞在しました。みんなで象牙海岸について話をし、お祭りや討論会を行ないました。現在、ラボルドの在院者六人がグループを組んで象牙海岸に三週間の休暇を過ごしに行っています。これが〈制度的な特異化の過程〉なのです。これは精神療法の一種なのでしょうか？　うまくいった事例なのでしょうか？　闘争の成果なのでしょうか？　それはともかくとして、この出来事はこの現場の主観性に深い影響を及ぼし、とくに潜在的民族差別（精神病者によく見られるもの）に深い変化をもたらしたのです。欲望というのはいつもこうしたものです。閉じられているように見える世界で誰かが何かに恋をする。すると一挙に別の可能性が開かれるのです。愛とか性はいわばこうした欲望の変化を記号化するための手段にほかならず、一昔前なら社会参加への登記の手段と言われたものでした。つまり欲望というものは、世界が閉ざされている場所で別の参照システムを分泌する過程を出現させるのであり、その別のシステムが――そこではなにひとつ保証されていないにしても――新たな自由の段階を切り開くのです。

質問者――『分子革命』のなかで語られている重要な命題のひとつとして、欲望は下部構造に統合されてその一部をなし下部構造のなかに身を置いているというのがありましたね。

ガタリ――欲望が下部構造の一部をなすと言うことは、主観性は現実を生産すると言うことと同じです。主観性はイデオロギー的上部構造ではありません。旧来の基本的構造、昔からのエコロジー的、人類学的な参照領土は、その内在的なモデル化のシステムとともに、資本主義的な経済と主観性によって脱領土化されてしまったのです。現在、人が社会のなかで何者かになるのは、太古的社会とちがって、局地的〈イニシエーション〉という脱領土化のプログラムの習得の結果ではありません。そんなことをまだ信じているのは大学教師くらいでしょう！　今日では、大半の人々は自分がどこにいるのか、自分は何者なのかわからずにいます。巨大な機械状システムの系統流が人々をある一定の場所に割り当てるのであって、それがいい場所か悪い場所かは問題外なのです！　個体化された主観性が一種の工業生産の対象になったということを見なくてはなりません。私が言いたいことをはっきりさせるために歴史的事例をだしましょう。二つの国が第二次世界大戦によって完全に破壊されました。ドイツと日本です。この二つの国はブレーメンのように単に爆弾で物理的に押しつぶされただけではありません。社会的、心理的に破壊されただけでなく、長い間占領もされました。しかしここから二つの経済的〈奇跡〉が起きました。しかも逆説的にも、この両国はいかなる物質的切り札も持っていませんでした。つまり資源も備蓄資本もなかったのです。しかしこの両国は驚くべき〈主観性資本〉（知識、集合的知性、生き延びたいという意思といった資本）を再構成したのです。実際、彼らはこの壊滅状態から新たなタイプの主観性を発明したのです。とくに日本人は古代的な主観性の諸要素を取り込んで、それをもっとも〈進んだ〉社会的・物質的な生産形態のなかへ転轍したのです。こうした主観性の生産が、あえて言えば、下部構造的であったことが見てとれるでしょう（繰り返しますが、〈上部〉や〈下部〉というのは不完全な概念なので、実際にはそのどちらでもないのですが、ここでは挑発の意味をこめて〈下部〉と言っておきます）。こうした無数の創造的過程（そのうちのいくつかはひどく疎外的なものでもあったのですが！）を生じさせたのは、一種の主観性の生産コンビナートにほかならないのです。このような事例からわかるのは、なにか生物学的、欲動的、経済的、地政学的な基盤があって、その上に超構造的な主観性が打ち立てられるということではないということです。主観性もまた、動的編成（アジャンスマン）の基盤にあるものなのです。今日、多くの政府が直面しているのが、このような主観性にかかわる問題なのです。西側でも東側でも、民族問題が資本主義システムにややこしい事態を引き起こしています。パレスチナ、バスク、黒人問題、ポーランド問題、ユダヤ人問題、アフガニスタンなどを考えてみてください。諸政府は理論的には合理的解決をもたらすことができるあらゆる手段を持ってはいます。しかしそれは集合的主観性の抵抗を無力化し、それを〈均衡のとれた主観性〉へと変質させてしまうでしょう。そうすると、ひとりひとりの個人、ひとつひとつの機能、おのおのの思考、それぞれの感情といったものが標準化されて、積木遊びのなかにでもあるかのようになってしまうでしょう。しかし均質な主観性が機能しない場所もあるのです。というのは、主観性は単に資本主義機械によって生産されるだけでなく、あなたや私のなかで、そしてあなたや私の属している制度や家族のなかでも生じるからです。また主観性はしばしばひとりでに欲望や小説や旅行などのなかにも書き込まれたりします。それはまったく神出鬼没なのです！

質問者――労働のあり方をも変えてしまいますよね。

ガタリ――そうなんです。それはものの見方すべてを変えるものです。この特異化の欲望を現在の危機の本質的構成要素として勘定に入れたら、いま経済を牛耳っている〈経営者〉と同じようにはものごとを見ることができなくなります。彼らは危機を名目にして、われわれがかかえる学校の問題、都市生活の問題、社会変化の問題などを、われわれがわれわれ自身の手で葬り去るように仕向けているのです。まず危機を解決しなくてはならないのだというわけです。欲望の問題はいまに始まったことではありません。六八年のテーマは〈われわれはすべてを欲する、いますぐに〉というものでしたが、これはたしかにまずい定式化で、混乱していたとしか言いようがないですね。しかしそれでもこの定式は、多くの点でなお絶対的に今日性を保ち続けていると言わねばならないでしょう。〈われわれはすべてを欲する〉とは、欲望の経済をただちに考慮に入れなければならないということの言い換えなのです。フランスでは、多民族的社会の構築、これまでとは違った社会性や市民性の構築が緊急に必要とされています。将来さらに一〇〇〇万人もの移民がやってくるでしょう。これは私ではなく人口問題を真剣に検討している専門家たちが言っていることです。このような〈人間の輸入〉（こんな無作法な表現を用いて申し訳ないのですが）がなければ、フランスは二〇年後には世界で一〇番目の国力に落ちてしまうでしょう。では何がこうしたことの理解を阻んでいるのでしょうか？ ルペン流の集団的愚行はどうして生じたのでしょうか？ 他者性のすべてのファクター、特異化のあらゆるファクターがシステマティックに消し去られ、社会的〈正常性〉へと折り畳まれ、標準的モデルに順応するようにつくりかえられてきたという事実を直視しなくてはなりません。散歩中の子どもが黒人や黄色人種を見かけて、無意識的に〈尋問する〉ようなことがあるでしょうか？ するとしたら、それは誰の指導の下で、どういう状況の下でそうするのでしょうか？ 子どもが自分と異なるものをすべて否定する条件付けをされるなら、標準からはずれるものすべてを切り捨てる条件付けをされるなら、人種や民族が違う人々に対する大々的な拒絶が引き起こされるでしょう。そのとき、ことは黒人や黄色人種だけにとどまらず、もっと一般的に、足の悪い人、口蓋裂の人、顔の歪んでいる人、あるいは老人までもが問題になってくるのです。このようにしてフランスでは反老人という人種差別が広がったのです。この場合、普通の人というのは、人々がテレビで見ている人のことです（たとえば女性アナウンサーですが、ただし女性アナウンサーも美しすぎるといけません。美しすぎると特異化される恐れがあるからです！）。他者性は壁のなかに封じ込めなくてはならない。平均的幼児化という壁のなかにです。しかし本当は、子どもたちの方が差異や特異性を非常によく引き受けることができるのですがね。逆説的にも、子どもを見下すような大人ぶりが幼稚化への王道をなしているのです。

質問者――あなたが提案しているようなことをしようという欲望は、一種のコード解読、サルトル的意味における〈気づき＝自覚〉ですよね。このタイプの機械状の活動、このタイプの特異化の作業が社会の隅々にまで行き渡るようにしたいという欲望をあなたは持ったことはありませんか？

ガタリ――一九六四年から六八年にかけて、雑誌『ルシェルシュ』やＦＧＥＲＩ[10][11]などによって、われわれはそういったことを拡張しようと試みてきました。顔の知らないような多くの人々――経済学者であったり、建築家であったり、教育者であったりしました――がわれわれの問題に関心を持ってくれていることに大いに驚きうれしく感じました。われわれはそこで、制度論的教育、制度論的精神療法、フェミニズムの問題、メディアの問題などたくさんの問題について議論しました。そして六八年の出来事が起きました。そのときわれわれは完全にタガが外れてしまったのです！　六八年の渦中では分析すべきものはなく、繊細な仕方でやらなくてはならないようなものはなかったのです。人々は出来事や辛辣なスローガン、少数者の群れといったものに熱狂してしまったのです。しかし私は〈私は何も後悔しない〉というシャンソン〔エディット・ピアフが歌って有名になったシャンソン〕の歌詞に同感で何も後悔していません。私はこの二〇年間で学んだことよりも多くのことを二カ月で学んだのです。それ以降は、あらゆる種類の保守主義者が状況の統制を回復しようと考えてきました。こうした状況は大半の先進国で大なり小なり起きていることでしょう。しかしラテンアメリカやアフリカではそうではありません。われわれは北と南のあいだの一種の潜在的戦争の時代に入ったのではないでしょうか。問題は発展なるものの根源的な究極目標は何かということです。つまり地球上の生活をどのようにやりくりしていくのかです。それは物質的生活だけでなく、社会的生活、生きたいという欲望、創造したいという欲望の問題です。歴史は直線的に進むものではないということ、これがいま言える唯一のことでしょう。最悪の事態もありうるし、驚くべき状況の急変もありうるのではないでしょうか。

質問者——それがかつて以上に現実味を帯びてきていますね。

ガタリ——とにかくこれが私の信念とでも言うべきものです。しかしこういうことを言うと、頭がおかしいのではないかと言われかねませんがね。

質問者——私としては次のような問いに導かれます。つまりスキゾ分析というのはひとつの方法論なのかどうかということです。あなたがこれまで述べてきたこととの関係でスキゾ分析をどこに位置づけているかということです。

ガタリ——私が重要だと思うのは、特異性とか特異化の過程に対して一定の根源的次元を導入するということです。社会的実践のなかに主観性の発明にかかわるこの分析的次元を導入しないかぎり、政治的闘争であれ、組合的闘争であれ、エコロジーなどの日常生活にかかわる闘争であれ、すべて失敗に帰して、士気喪失に陥ることは必定です。さいわいにも、こうしたことに気づき始めた人たちもいます。たとえばドイツの〈緑の党〉などにそれは体現されています。この党はいまやある種の政治的力関係のなかで状況を左右する重要な鍵を握り始めています。

森が消えていくのを見たくない人々、家畜のように扱われる移民たちを見たくないと思う人々、軍事予算に投入されている巨費を拒絶する人々、こういった人々のあいだに新たな結合関係が生まれようとしています。つまり緑の党、オルタナティブ派、革命主義者のあいだに新しい同盟関係が結ばれようとしているのです。私の見るところ、これが現在の袋小路から脱出するための唯一の希望です。

それでスキゾ分析ですが、これをさまざまな問題や新たな社会的実践すべてにわたる一般的方法として打ち出すことには無理があります。今のところは、精神医学などの制度的領域にかかわる理論的・実践的考察に重きを置いています。ただし精神医学における教育的課程を促進しようとするのではなく、われわれが囚われているモデル化のシステム、われわれが頭も心も完全に汚染されつつあるシステムから抜け出すためのリゾーム的ネットワークを構築することが重要なのです。精神分析の古ぼけた基準（機械論的であろうと構造主義的であろうと）、疫病のように広がったシステム理論の基準、教条主義的なマルクス主義の残存物、こういったものがわれわれが新たな分析的－闘争的地図を作成する能力を阻害し続けているのです。理論に巣くうこうした〈病〉を抑え込むために議論することは大切な仕事だということです！

結局、スキゾ分析にとって重要な問いは、〈あなたはどのように自分をモデル化していますか？〉ということです。たとえばあなたが精神病者だったら、あなたは特異的体質を基準として自分を構成するわけですが、他方で、あなたはオイディプス的な家族的領土に足枷をはめられてくくりつけられている。あるいはまた、あなたは国民教育機関のような集合的装備が自分の属する民族文化だと思ってそこにわが身を適応させている。そのように、そのつど舞台は変化するわけですが、そのとき主役も基準的神話もまた変化するのです。ある日、仕事に行かずにベッドに寝ていたら、昆虫になっているかもしれませんしね。もしあなたに才能があったら、『変身』を書くかもしれないわけです！ちょっとしたことで、いわば小さな革命で、人生は変わるものです。しかし場合によっては、高度に洗練された装置が必要になることもあります。どんなことでもありうるのです。機械論的、構造的にすすむものは何ひとつありませんよ。保証されたものは何もないのであって、〈典型的治療〉と称していかなる解釈をほどこしてみても、またいかなる分析的位置づけをしてみても、それでその人の人生を変え欲望を解放するための入場券を与えることはできないのです。

繰り返し言いますが、スキゾ分析はモデル化のオルタナティブではありません。これはメタモデル化〔モデル化自体を究明対象としたモデル化〕の探究なのです。たとえばあなたがどのようにして現在のモデル化に行き着いたのかを理解しようとする試みなのです。「あなたのモデルはどういう調子ですか？　うまくいっていませんか？　それがなぜなのかはわかりませんが、とりあえずみんなでいっしょにやってみませんか？　別のモデルと接合できるかやってみましょう。そうしたらもっとうまくいくか、あるいはもっとうまくいかないかわかりませんが、とにかくやってみましょう」といった具合に行なうものです。この場合、絶対に基準的モデルを課してはなりません。真理の指標は、メタモデル化が自己産出的モデル化に変わりうるかどうか、いわばモデルの自主管理に変容することができるかどうかなのです。

質問者――それでは、あなたの言いたいことは、トスケルがあるテクストのなかで喚起しているようなこと、つまり労働者‐医師がブリコラージュのようにいろんなものを結びつけていくということですか？

ガタリ――おっしゃるとおりです。しかしこの種のことを精神分析のようなおつにすました世界のなかで主張したら、それはソーシャルワーカーの仕事だと一蹴されるでしょう。「そんなものは分析ではない」とか、「ご意見うけたまわりました。それはそれで大目にみておきましょう」とかね。しかしこれは残念なことです。というのは、無意識の形成の分析は、家族主義とかロゴス中心主義による還元主義の罠に陥らないで、あらゆる形態の探究、記号的結合のあらゆる〈恣意性〉を探究する方向に開かれているものであって、それはけっこういいことなのですから。そう思いませんか？

しかもこれは、ある領域から別の領域への主体化の転移、多様な記号的構成要素間の意味のシステムの変化などを説明することができる複雑な理論的アプローチをも可能にするでしょう。たとえば、経済的関係が強迫的症状にどのような影響を与えるかを説明するのは簡単ではありません。部分対象とシニフィアンの理論だけでは十分に説明することはできません。言表行為の動的編成の具体的地図を起点として、一貫性の次元に移行する現象がどのように始まるのか、世間に広く認められた意味作用の世界から新たな実在的領土を構成する非シニフィアン的リトルネロの世界への移行を可能にする記号的シークエンスとはどのようなものかを突き止めなくてはならないのです。この場合、性〔セックス〕というような万能的概念の使用は警戒しなくてはなりません。思春期の性と大人の性は同じ性質ではありません。リビドーという一般的カテゴリーはこれらを横断的に貫いているわけではないのです。思春期の性と大人の性は互いに根本的に異なった様式の動的編成として構成されるもので、この二つは決して直接的因果関係で結ばれているものではありません。

質問者――それでは、実際にスキゾ分析を専門とするような技術者を想定することはできるのでしょうか？

ガタリ――六八年のイデオロギーは、〈精神の専門技術者〉からいっさいの責任を解除しなくてはならないという結論に至りました。しかしその後も事態は変わらず、主観性の生産もご覧のとおり旧態依然のありさまなので、〈ユーザー〉が主観性をわが身に再領有するには別の過程形態を経なくてはならないということが明らかになっています。ソーシャルワーカーは存在し、教員や看護師も存在しています。問題は彼らを排除するのではなく、彼らの持つ知の蓄積や彼らの潜在的転移能力が権力の倒錯的機能を自動的に担保する方向に向かわないようにすることです。彼らはひとえに科学的知識を運搬したり適用したりしているだけだと考えるべきでしょうか？　あるいは逆にそうした彼らの知識に対する科学的評価をいっさい拒否すべきなのでしょうか？　いずれにしろ、そうした知識は分析的地図作成の特異的過程のなかにおいてしか有効性を持ちえないのです。繰り返しますが、分析的地図はそれが生み出す〈実在的領土〉から区別することができないのです。知の対象と言表行為の主体はこの種の動的編成のなかで一致するのです。このような科学性の概念、いわゆる人文諸科学のなかにおけるその使用法は、自然科学の領域における知識の相対性を論じたクーン[12]の研究に照らして検討されるべきでしょう。〈福祉〉の理論家、技術者、教育者、ユーザー[13]、そして国家の代理人たちは、主観性の生産の動的編成の構成要素なのです。ですから、おのおのの人が、おのおのの実践的選択において、〈科学的な問い〉ではなくてミクロ政治的性格を持った問いを自らに課さねばならないと思います。主観性の生産がわれわれの時代の大問題になっているとしたら、社会的選択の潜在的決定者という特権的位置を占めるのはそうした人々です。この特権的位置は、最近までは産業労働者階級、そしてそれ以前は都市ブルジョワジーや在俗聖職者によって占められていたものです。

質問者——問題が一巡りしたようですが、もうひとつお聞きしたいと思います。あなたはたいへん弁証法的に説明してくださいましたが、抽象機械への言及も含めて、なにか非常に複雑なものがあるような気がします。とくに〈精神医学〉に関する概念全体がいささか形式主義に囚われすぎていると思いませんか？　記号論的足場づくりとか機械状無意識といったような語彙は必ずしも理解しやすいものではありません。そうした形式化を度外視しても問題の核心に到達できるのではないでしょうか？それともこうした概念的装置はどうしても必要なものなのでしょうか？

ガタリ——もちろん必要です。私がこれを足場づくりと言うのは、それが文字通り足場づくりだからです。

質問者——その足場づくりというのは何なのでしょうか？

ガタリ――それは現状は残念ながらそうなっていませんが、言ってみれば芸術作品のようなものです。フロイトにおける最良の部分は、その文学的次元です。

質問者――根源的機械とか根源的方程式を求めようということはないのでしょうか？

ガタリ――私にはまったくないですね！

質問者――あなたのお話を聞きながら、私自身ときどき目眩のようなものを感じながら強く思ったのですが、あなたが言及した多様な領域で機能しうる横断的母型を見つけることもできるのではないでしょうか？

ガタリ――それこそ私が若い頃考えていた地図作成の問題です。私はさまざまな領域に心を惹かれていました。そして〈それらをみんなつなぎ直そう〉と思いました。しかしそれは〈スキゾ分析の五つのレッスン〉とか〈欲望する機械に関する三つのエッセー〉といった体裁にはなりませんでした。

質問者――いまでもあなたは分析家として活動していますか？

ガタリ――個人相手に分析活動を続けていますが、私自身について自己分析もやっています。しかし私はそうした活動と私が集団や制度に介入する活動とを区別していません。

質問者――六八年以来言われてきたことですが、今日でも制度のなかで有意義な仕事ができるとお考えでしょうか？

ガタリ――それ以外に選択の余地がありませんね。制度のなかで働かないとは何を意味するのでしょうか？　自分の診察室に患者を迎え入れる精神分析家も制度のなかにいるのです。それはいわばばらばらに分裂した制度ですが、しかし〈人々〉の頭のなかや一般医の頭のなかやメディアの頭のなかでは強い力を持った制度なのです。特別に恐るべき制度と言ってもいいでしょう……。

質問者――おっしゃとおりですね。

ガタリ――個人なるものは結局、制度的構成諸要素の交差にすぎません。個人の見る夢にしても制度的なものであり、映画やテレビのシーンに接続しているのです。そういったことすべてが制度なのです。

質問者――それであなたはミルネールに対してああいう対応をしたのですね。あなたはつねに能動的方法や社会的革新を擁護してきたわけですが、いまや誰もがそんなことに関心がありません。そんな動きは発展しえないし、ばらばらの状態に置かれ続けるのだと……。

ガタリ――フレネ、フェルナン・ウリ、ガビー・コーンベンディット(14)のやったような革新的実験について二つの考え方があります。ひとつは、それはまったく偶然になされた実験で、些細な結果しかともなわず、言説の展開には限界があり、限られた射程しか持たなかったという考え方。もうひとつは、それは絶えず問題提起を繰り返し、リセットされ続ける作業だという考え方。この後者こそが抽象機械の系統流なのです。もしそこで真の変化が現れ、問題をつかみ出す新しい方法――たとえば学級のなかにおける個人的あるいは集団的な症状を分析的な様式で受けとめる必然的方法――が確立されるなら、シュヴェーヌマンの妄言など吹っ飛んでしまい、新たな真理が自ずから影響力を発揮することになるでしょう。これはいつか中国でも出現するかもしれません。こんなことを言うのは、最近中国人の学生がラボルドで研修したいと言ってきたからです！

質問者――それはまあそういうことなんでしょうね。欲望はしょっちゅう移動するものですからね。とにかくもう一度スキゾ分析の話に戻ってうかがいたいのですが、スキゾ分析の専門技術者の実際的目的は何なのでしょうか？

ガタリ――スキゾ分析の専門家技術者なんていないでしょう。それは言語矛盾ですよ。もしスキゾ分析が存在するとしたら、それはすでにいたるところに存在しているのです。それは分裂症者のなかだけにあるのではなくて、地図作成が自ずから行なわれる自己生成的分岐、漏出線のなかに存在しているのです。目的ですか？　そんなものはないと言っていいでしょう。なぜなら重要なのは目的ではなくて、〈途中〉つまり自己生成する過程にあるからです。これは脱領土化の過程を全面的に信頼するということです。たとえばあなたがなんらかの制度的企画あるいは映画や小説をくわだてるとして、あなたは既存のモデル（スタンダールの小説とかマルセル・レルビエ[15]の映画など）を取り入れることができますね。そのときあなたは消費対象をターゲットにしているわけで、その手段や目的なら計算することができます。しかしスキゾ分析の場合はその逆なのです。スキゾ分析では限定された対象を設定しようとしません。また既存のプログラムのなかに参入しようともしません。スキゾ分析は言表行為の動的編成のもたらす可能性の領野を生きようとするだけです。たとえばあなたが小説を書き始めるとして、それがどういう結末になるかあなたはわかっていないということです。それが小説と呼べるものかどうかすらわかっていないのです。しかしこれこそが分析的過程なのです。最後に何を発見するかわからないまま、あなたは自分を分析のなかに投入しているということです。私にとって根本的に重要なのは、まさにこの過程という概念なのです。対象や主体を手懐けようという考えは放棄しているのです。私はもはや〈私の主人でも世界の主人でもない〉ということです。

　こんなふうに私は、分析的探究のなかに、有限性、特異性、実在的限定の次元、時間や価値との関係における不確実性の次元を導き入れようとするのです。人はある意味で不死であるとか、人は目的を定めてそれを維持し続けなくてはならないとかいったふうに、われわれは思い込まされてきたのですが、これはつまるところ狂気であり、しかもしばしば死に至るような狂気でしかありません。こうした私の考える倫理的でミクロ政治的な脱中心化は、既存の教育システムの完全な方向転換を意味するのです。しかしそれは目的が手段の前に姿を消すということを意味するわけではありません。目的も手段もないのですから、手段と目的という定式自体が崩壊するのです。もはや過程（プロセス）しかないのです。それは生の自己構築の過程、世界の自己建設の過程であり、そこにはかつてない予測不可能な前代未聞の変化がともなうということです。もしすべてが予め書き込まれているなら、すぐにでも死んだ方がましでしょう！　映画の結末がわかっていたら、映画を見みても無駄じゃないですか！

質問者——おかしなことに、逆説的にも人は観念論を信じているようですね。それに対してあなたがここで述べていることは非常に唯物論的で、ものの見方を変えるでしょう。ただしそれがわれわれの性に合うかどうかはわかりませんがね。

ガタリ——観念的であるということは——もちろん良い意味での観念論のことですが——観念的なアンガジュマンの力によってものごとの流れに作用することができるということを信じることです。下部構造には予め決められた運命はありません。資本主義社会はひとつの社会を構築するのであって、自然的でもなければ必然的でもない主観性を分泌するのです。だから人は資本主義社会とは別のものをつくることができるのです。私にとって耐えられないのは、プログラム化された不可避的な必然性があるという考えです。歴史はコンピューターのようにプログラム化されていると考える人がいます。ミッテランはバールと同じ経済政策を採用したのですが、それはなぜかというと、ミッテランは可能な政策はひとつしかないと考えたからです。これは恐ろしいことです。あらゆる特異性、生にかかわるすべての事柄、一見何の役にも立たないように見えることをすべて回避して、システムがひとりでにプログラム化されるのですから。あなたが幸せであろうと、吃りだろうと、死の恐怖にかられていようと、老いることを恐れていようと、そんなことは何の役にも立たないというわけです。これが現代資本主義なのです。欲望、狂気、無償性といったものは何の役にも立たないのです。むしろ反対に、やっかいな邪魔ものなのです。情報理論の用語を使うなら、それは〈ノイズ〉なのです[16]。

質問者——あなたの言う制度論的実践というのは、具体的にどう組織化されるのでしょうか？

ガタリ——それにしても鎌を掛けるような質問ですね。手順もモデルもないと一生懸命あなたに説明してきたじゃないですか。それでもあなたは使用説明書を要求するのですか？　なにか具体的な状況を私に示してください。どんなふうにその状況が編成されているのか、その状況とあなたがどんな具体的関係を持っているのか、そういったことを私に言ってみてください。そのうえで、あなたの話に私がひっかかるところがあれば、もっと関心を持つことになるでしょう。そうして現場に行きたくもなるでしょう。そうすれば質問の性格も変わってくるはずですよ。つまりその質問にしたがって、指標となる諸要素、症状としてのつまり制度の空隙としての非意味的シークエンスをあぶり出すこともできるようになるでしょう。そしてそうした非意味的シークエンスは、マージナル化されて脇に置かれるのではなく、ある表現の領野を与えられ、かつて持っていなかったような可能性の広がりを含むことにもなるでしょう。そしてそこから、さまざまな対話者とのかかわりを通して、主観性という領野の無意識的形成の別の仕方の地図作成の過程が登場することになるのです。つまり単一的表現しか存在しなかった場所で、表現行為の多声性が現出するのです。私にとって〈無意識に働きかける〉とは、こういうことなのです。それは単に無意識を発見するということではなくて、まずなによりも無意識がおのれ自身の特異性の諸線、おのれ自身の地図、おのれ自身の存在を生産するように仕向けることなのです。

質問者――つまり改めて古典的な制度論的実践にもどるということですね。

ガタリ――私はそうではないとは決して言わなかったですよね。ただし、現行の――分析的ではない――制度論的実践が、特異性について解釈しそこねていることは指摘しておかねばなりません。往々にして集合的動的編成を集団的実践に重ね合わせてしまうのですが、この二つは私にとってはまったく異なったものです。カタトニー患者の沈黙すら、おそらく制度論から見た言表行為の動的編成のもっとも重要な要素になりうるのです。こうした前人称的特異性の領域は、非常に多くの場合集合的次元から切り離されてしまっているのです。ウリとトスケルの実践的理論展開の重要性は、非-意味、制度のもたらす意味作用、空っぽの言葉、あるいはラカンが部分対象（対象a）という一般理論で捉えようとしたこと、こういったものにしかるべき場所を与えようとつねに努力したところにあるのです。

（1） このテクストは以下の書物に収録されている。Jean Oury, Félix Guattari, François Tosquelles, *Pratique de l'institutionnel et politique*, Éditions Matrices, coll. « pi », 1985.〔邦訳は以下の書物に収録されている。『精神の管理社会をどう超えるか？――制度論的精神療法の現場から』、松籟社、二〇〇〇年。ここでは若干改訳した〕。ガタリは〈エコゾフィー期〉への移行期である〈冬の時代〉の終わりに行なわれたこのインタビューのなかで、六〇年代の終わりに彼が〈制度論的分析〉と名付けたものの歴史を概観しているが、それは一九五三年にジャン・ウリが創設したラボルド精神病院での彼の若き日の実践から、七〇～八〇年代の彼のスキゾ分析の実践にいたるまでの期間を包摂している〔ナドーは明記していないが、ここでガタリのインタビュアーとして登場しているのは、当時この本の出版元〈マトリス〉の企画編集にかかわっていた著名な教育学者ジャック・パンである。独自の〝暴力論〟でも知られるジャック・パンは私とほぼ同い年の友人で、数年前パリ第一〇大学を退職後いまも健在である〕。

(2) フランソワ・トスケル（一九一二―一九九四）はカタロニア出身の精神科医で、スペイン内戦時にフランスに亡命し、サンタルバン病院（ロゼール県）で活動した。彼はこの地で制度論的療法という革命的概念をつくり実践した〔詳細はフランソワ・ドスの『ドゥルーズとガタリ――交差的評伝』を参照〕。

(3) 制度論的精神科医の集合体であるＧＴＰＳＹ（制度論的心理学・社会学作業グループ）は一九六〇年に創設され、一九六五年に〈制度論的精神療法協会〉になった。

(4) カストリアディスの影響を受けた〈ヴァンセンヌ〉の制度分析学派のリーダーたち。

(5) サンタルバンはロゼール県にある病院で、第二次世界大戦から戦後にかけて、ここでとくにフランソワ・トスケルの影響の下に、以後〈制度論的精神療法〉と呼ばれることになる潮流が生まれた。

(6) ジャン‐クロード・ミルネールの著書（*De l'ecole*, Paris, Seuil, 1984）への示唆〔ミルネールはラカン派の言語学者でチョムスキーの研究者。『学校について』という本のなかで、制度論的教育学の功績を無視する内容の主張をしたため、ウリとガタリがミルネールを批判した〕。

(7) 記号学者チャールズ・サンダース・パースの言う意味におけるダイヤグラム。

(8) 本書第五部（6）「新しい結合」を参照。

(9) オルゴンは精神分析家ヴィルヘルム・ライヒ（一八九七―一九五七）が諸個人の抑圧された性的エネルギーを形容するために創案した概念。

(10) 「制度論的教育・研究グループ連合」（著者注）〔ＦＧＥＲＩは一九六六年に設立され雑誌『ルシェルシュ』を発行するなどガタリを中心にさまざまな活動をした〕。

(11) この点についてはステファヌ・ナドーの以下の論文を参照。*Recherches* (*1966–82*) : *histoire(s) d'une revues*, n° 34, 2003, pp. 47–76.

(12) トーマス・サミュエル・クーン（一九二二―一九九六）は科学史家。とくに以下の著作で有名。*La Structure*

des révolutions scientifiques, trad. Laure Meyer, Paris, Flammarion, ‹Champs›, 1983。

（13）本書第五部（1）「資本主義の新世界について」の注（1）を参照。

（14）ガブリエル・コーンベンディットはダニエル・コーンベンディット〔六八年五月革命のヒーローのひとり〕の兄で、新たな教育的手法の研究者であった。

（15）マルセル・レルビエ（一八八八―一九七九）はフランスの映画監督。

（16）情報理論における〈ノイズ〉については本書第三部（1）「機械状無意識と分子革命」の注（2）を参照。

（3）「忘れられた手紙」(1)

サレンコ――私があなたに書いた手紙のことを憶えていますか？
ガタリ――どんなことが書いてあったのかな？
サレンコ――いや、忘れてしまいましたね。
ガタリ――自分で書いた手紙の内容を忘れてしまうということですね。
サレンコ――私は濫書症じゃないんですが、手紙のコピーもとらないんですよ。
ガタリ――あなたが中身を忘れたことは私にはわかっていましたよ。
サレンコ――私はその手紙に何を書いていましたか？
ガタリ――いろんなことが一杯書いてあったね。〈私はサレンコです〉とかね。
サレンコ――そうですね。
ガタリ――〈私はサレンコです〉から始まっていることは、すでにいろんなことを考えさせますよ。私は最近ちょっとした戯曲を書いたんですが、それもそんなふうに始まるんです。「男は言った。『私はソクラテスです』。女は答える。『おやおや、またぞろ始めるんだね！』(2)」。この「またぞろ始めるんだね！」は、〈私はサレンコです〉と響きあうね。
サレンコ――なるほど、なるほど。
ガタリ――その手紙のなかで、あなたはこう言っています。われわれはニューヨークのポリフォニックス・フェスティヴァルのときに知り合いました。そしてそのあと、ココラン〔南仏サントロペの近くの町〕、ポンピドー・センターなどで……。これはお互いのコードの確認ですよね。それからこう続きます。私にはおもしろいアイディアがあります。私の映画にはいつも馬とグランドピアノが出てきます。それで本づくりの材料にするためでもあるのですが、なぜそういうことになるのかを詩的・夢幻的〔オニリック〕観点から理解するために私はあなたと精神分析関係を持ちたいのです。それに対して私がひどくためらったことをおぼえていますよね。なぜかというと、オニリック〔夢幻的〕の「オ」の変わりに「イ」があった〔つまり「オニリック」ではなくてアイロニカルを意味する「イロニック」とサレンコは書いていた〕からです。それと、私はそれはイコニック〔図像的〕ではないかとも考えました。で、結局、イコニックなのかオニリックなのかわからなかったのです。

サレンコ——イロニックなんです！

ガタリ——それじゃあ、話は変わってきますよ！

サレンコ——ソクラテスの話になるんですね。

ガタリ——ソクラテスともかかわってきます。

サレンコ——私は手紙の内容を忘れてしまったんですが、あなたと会うときのことを考えて、馬とピアノについてメモを書いてきました。それを話してもいいですか？

ガタリ——どうぞどうぞ、うかがいますよ。

サレンコ——私はこれまで、『コラージュ』、『第三次世界大戦を待ちながら』、『映画にようこそ』という三本の長編映画を撮ってきました。で、気がついたのですが、この三本の映画のなかには、つねに二つの要素が繰り返し出てくるのです。たとえば最初の映画『コラージュ』では、ジャン＝フランソワ・ボリー[3]の企画に基づいて、ヴェローナの近くの風景を背景に、〈芸術〉、〈詩〉、〈文学〉といったような文字でできた言葉の柱を吹っ飛ばす騎手を使いました。騎手は一種の文学に対する襲撃のなかで馬と剣で言葉の列柱を粉砕するのです。馬を使うかどうかは選択の問題でした。しかし第二作の『第三次世界大戦を待ちながら』でもやはり馬ができてきます。われわれはムードンの森にいて、あるシークエンスを撮影していました。あるとき、その撮影中に、二人の騎手が通りかかり、カメラの視界に入ったのです。で、騎手たちはそのまま映画の一部となったのです。この場合は私が馬を選択したわけではなくて、偶然だったのです。三作目にもやはり馬が出てきますが、これは本格的です。つまりこのとき私は正真正銘の選択として馬を使ったのです。西部劇のように何度も繰り返し騎手が登場して池を渡ったりします。しかしアイロニカルな撮影の仕方をしていて、騎手はまるで大きな川から出てくるかのように池から出てきますが、実際に撮影に使ったのは小さな腐ったような汚い池なのです。しかしもっとも興味深いシークエンスは、おそらく私が主演女優を馬に乗せたときでしょう。私は高速道路の路上に裸で馬に乗っている女優がいるシーンを撮ったのです。

ガタリ――で、事故は起きなかったのでしょうか？

サレンコ――まったく偶然にも事故は起きませんでした。それは日曜日の午前一一時のことです。車は停車し、高速道路は封鎖されましたが、警察がやってくる直前に逃げることに成功しました。馬をワゴンに乗せ女優を車に乗せて脱出しました。これはやってみる価値のあることでした。高速道路のレディー・ゴディヴァ〔一一世紀のアングロサクソンの伯爵夫人。詳しくは原注参照〕という新機軸です[4]。おまけに、それは真っ白な肌の娘で、馬は黒馬で、彼女は虹のように色とりどりの光を放つ巨大なデパートの真横を通っていくという趣向です。第三作には、意図的に行なったこのシーン以外に、もうひとつ偶然に起きたことがあります。私は詩人のエウゲニオ・ミッチーニの九七歳になる母親に、ちょうど二年前に死去した彼女と同い年のイタリア無声映画の大スター、フランチェスカ・ベルティニの役を演じてもらいました。市立オーケストラに音楽を演奏してもらい、この老女がベルティニの若かりし頃の無声映画時代の経験を語るという趣向でした。が、彼女が話している最中に、その様子を見るために突然三人の紳士が馬に乗って現れたのです。これもまた馬の話です。さらにもうひとつ、私が意図した話があって、それはピアノは馬のようには動かないところからきているのですが……。

ガタリ――ブニュエルの『アンダルシアの犬』にも、ピアノとそのなかで死ぬロバが出てきますが、そこではピアノは動いていましたね。

サレンコ――でもピアノがカメラの視界に偶然入るというのは、むずかしいですよね。私の第一作では、ベッペ・モラという名前のナポリのイタリア芸術のコレクターが燃えているピアノを演奏するという一種の詩的ハプニングの場面が出てきます。彼は酔っ払ってピアノに火をつけて演奏し始めるのですが、そのあと火を消そうとします。彼が息を吹きかけたので炎がピアノを覆い、まるで地獄のような構図でした。で、彼は消せないとわかったので、ピアノが燃えつきるまで演奏し続け、それから立ち去るのです。これはたいへんうまくいきました。第二作の『第三次世界大戦を待ちながら』でも、ピアノの場面が二つでてきます。

私はグランドピアノをトラックに乗せて、標高二五〇〇メートルのアルプスのドロミティ山脈に運び、クレーンを使って下ろしました。そこで機関士の服装をした奏者にピアノを演奏させたのです。さらにその周りに一〇台ほどの車を配置し、山の霧のなかでピアニストの格好をした全運転手にエンジン音を使ってピアノのように演奏させたのです。無茶といえば無茶なことをしたものです。それからこの映画には、もうひとつグランドピアノが出てくるシーンがあります。それはパリ郊外の空っぽの劇場のなかで、ある歌を男性歌手と女性歌手が歌っているシーンです。第三作にも、ピアノが出てくるシーンが二つあります。最初のシーンでは、高速道路で裸で馬に乗ったのと同じ女優が、ある別荘のなかでグランドピアノを裸で弾きます。これはハリウッドのある映画製作者の若くて裕福な後継者の女性がスカルラッティ〔アレッサンドロ・スカルラッティ（一六八五―一七五七）。イタリア・バロックの作曲家〕の古いモチーフをピアノで演奏するというポルノ雑誌から引き出したテクストを元にしています。これは非常にアイロニカルです。もうひとつのシーンは、ある若い女性ピアニストが誰もいないパラディオの別荘(5)のサロンでグランドピアノを弾く場面です。彼女はショパンの曲を弾きます。これはショパンの親友だったポーランドの詩人ノルヴィッド〔チプリアン・カミュ・ノルヴィッド。一九世紀ポーランドの詩人で名画『灰とダイヤモンド』の題名の由来となる詩で知られる〕のテクストから引き出したものです。それはまことに美しいテクストで、ショパンがピアノを弾いていたとき警察が入ってくるのですが、自分がそこに居合わせたときのことを語ったものです。警察はショパンを殴りつけ、ピアノを奪って窓から放り出したのです。私としては、この場面に基づいて、似たようなシークエンスを再構成しようと思ったのですが、それを私が撮影しようとしていた町で問題が起きたのです。つまり、一九七四年にファシストの襲撃があったブレシア(6)の大きなサロンからピアノを放り投げることになっていたからです。それで、撮影許可が出ず、私は仕方なしにパラディオの別荘で同じシーンを構成したのです。私は別荘の真ん中にグランドピアノを持ち込んで、若い女性ピアニストにショパンの曲を弾かせました。そこへ警官がやってきて若い娘をおしのけてピアノを奪い、別荘の外に放り出して階段から落とす。さらに警官はハンマーやノコギリを使ってピアノを完全に破壊するのです。フルクサス運動型[7]の動きを付け加えたわけです。とにかく、こういうふうに、私の三本の映画にはピアノと馬がつきものなのですが、しかしなぜ私がピアノと馬を映画のなかに取り込むのが好きなのか、自分でもわからないのです。

ガタリ――私に何か言ってほしいのでしょうか？

サレンコ――精神分析の面接では、しゃべるのはいつも患者の方ですね。で、分析家は絶対に何も言わないわけです。でも、ここではあなたに何か言ってほしいんです。

ガタリ――とにかくなんらかの拘束的システムで――拷問、誘惑、お金等々、あらゆる種類のことを想像できますね。たとえばすごい大金をくれるとか……――私がどうしても何かを言わなくてはならないとしたらですね。

サレンコ――とてつもない金額のお金が手に入るとかですね。

ガタリ――まあ、私が何かを言わねばならない理由は脇に置いておくことにしましょう。まず最初に言っておきますが、これは理論的次元の考察だということです。というのは、こうしたものごとが起きる理論的――純理的――コンテクストが、根拠のないものではまったくないからです。理論的コンテクストが、いわばメタコミュニケーションのある一定の位置を決めるのです。引っ越しのときに偶然窓を通るピアノは、階段から落とされたピアノ、市当局が窓を通したくなかったピアノとは非常にちがったものですね。ですから、たとえあなたがそのパフォーマンスをするとき理論的目標を持っていなくても、実際にはあなたは理論的課題が問われる舞台の上にいるのです。まず私が明らかにしたいのはこの点ですね。そのあともっと形態論的、状況論的な問題に戻ればいいのではないでしょうか。

単純化して言うと、私が選択的テーマと呼ぶものから議論を出発させることができるということでしょう。要するにいろいろな選択肢のなかからひとつのテーマを選択して論じるということです。たとえば、あなたの映画のなかのさまざまな実際のシークエンス、さまざまなアクション、さまざまなパフォーマンスといったものがすでに目標を持っていて、それらはそれらの潜在的具象化を取り仕切るある実体、したがって一般的方程式のようなものに帰着しうるある実体の表現を行なうことを要請されていると考えるわけです。要するにすでに構成された潜在的対象があって、その対象の表現を実現しなくてはならないと考えるということです。するとその場合、潜在的なもの／現実的なものという組み合わせのなかにいることになります。潜在的なものは何でもいいのです。たとえばそれはフロイト的コンプレックスでもいいし、ある原型的な何かでもいい。あるいはプラトン的観念でもいい。要するにいかなるタイプの出来合いのパラダイムでもいいのです。啓蒙時代の哲学に属している解放の観念やパースペクティブでもよければ、マルクス主義やマオイズムなど、あなたのお好きなものでいいのです。重要なことは、すでに構成されている何かを表現するために何かをつくるということです。

二番目の方法論的選択は、逆に、さまざまなシークエンスは、まだ構成されていない潜在的対象に向かって、つまり運動を通してこれから構成される〝途上にある〟が構成されないかもしれないという一種の潜在的なリゾーム的対象に向かって、組織化されるというふうに考えることです。そうすると、すでに存在する潜在的対象に取って代わって、絶えず運動し続ける潜在的パースペクティブが得られることになります。それは自らの内に閉ざされた潜在性ではありません。ものごとの推移にしたがって潜在的なものが現れて地平をつくっていくということです。私にはここから出発することが重要だと思われます。

というのは、この二番目の選択的テーマこそが、現前するものとして感じ取られた強度の実現、具象化というヒステリックな全体的行動――それはエネルギーや紛争として扱われるあらゆる種類の事柄、根底的にフロイト主義に刻印されたエコノミーを呼び寄せる――と、逆に、それよりもはるかに創造主義的でおそらくある意味ではるかにスキゾ的なパースペクティブとのあいだの境界をなすものだからです。ここでは、こうした選択的テーマとの関係でシュルレアリストやダダイストの潮流がどのように位置づけられるかを検討することはしませんが、問題は非常に複雑だと思われます。というのは、この二つの選択的テーマの流れの両方の性質を有している作家もいるからです。ブルトンは一番目の精神病的パースペクティブの流れに乗っていたのだと私は思います。アルトーはむしろ二番目のパースペクティブに乗っていたのではないでしょうか。

それはともかく、私に関して言うと、私はスキゾ分析の線に沿った理論的考察と結びついた実践的考察を行なおうとしているわけですから、実際にはこの二番目のパースペクティブに関心があります。さまざまな行動、症候、言説的表示といったものは、どのようにして〈無から〉ものごとを創造することができるのかということです。しかもその創造は、主観性の奥深くに固定されしっかり縛り付けられた潜在的内容に対応する顕在的内容の表現や症候の位置を占めようとして行なわれるわけではないというところに、私は強い関心を持っているのです。これが私がまず最初に提起したかった理論的問題です。

さてここから話は別の次元に移行します。あなたがせっかく私を訪ねてきたのですから、私もあなたのシークエンスのひとつになりましょう。つまり私は馬やムードンの森の騎士あるいは〈ヘルザポッピン〉(8)のラクダと同じようにあなたの映画のなかに入り込むことにします。そうすると話はまったくちがってきます。私もまたあなたの話に関して私なりの特異な道具立てを持ち込むことにしますが、私とあなたのあいだには行ったり来たりの話のやりとりがあるので、どこからどこまでが私のものなのか、あるいはあなたのものなのか判然としないかもしれません。

ともあれ、あなたの話を聞きながら私が最初に考えたのは、フロイトの小ハンスにおける馬の役割です。(9) というよりも、これは心に留めておくべきことでしょう。というのは、これは〈辛辣な〉問題の交差路に位置しているからです。ハンス少年の話はフロイト主義にとってキリスト教の遺言書に相当するものです。フロイトはこの話から去勢を発明したのです。私が発明という言葉を使うのは、フロイトは絶対にすでに存在していた何かを発見したわけではないからです。このときから、母親は子どものお尻をもう以前のように洗うことは絶対にできなくなります。無垢はこの馬の話とともに終わりを告げるのです。黒い目をした馬、倒れる馬、荷車を引く年老いた痩せ馬とともにね……。あなたはムードンの森のどこかにある腐った沼だと言いましたよね。ムードンの森というのはそうした神話的シーンをつくるのにはたいへんおかしな組み合わせですね。とくにこの森の今の状態を考えると奇妙ですよね。私が考えたのは英雄物語の系譜です。美女を征服するにはあらゆる種類の試練に耐えなくてはなりません。それがうまくいかないと、不敗の王ルノーが臓物を手にして戻ってくるのです。そこにはまだある種の威厳があります。しかしあなたの話の場合、王はまったく悲惨な状況から脱出して下水渠から戻ってくるような感じがします。で、高速道路を馬に乗って出発するわけです。これはもちろんゴダールの映画に出てくる高速道路を思わせます。(10) 自動車修理工の服を着た英雄の帰還というわけです。

そこには私がシナプス（神経接合法）あるいはキアスム（交錯配語法）と呼ぶものがあります。あなたがそれを見つけたとは言いませんが、それを探してはいるわけでしょう。あなたは何かを探しているのですが、おそらく絶対に見つけられないでしょう。そしてそれでいいのです！　それがキアスムなのです。ピアニストはコンサート用の青い服を着て、ピアノの方に向かいます。私から見ると、ピアノも馬も少し似ています。同じファインダーのなかに捉えられます。さまざまなテーマをめぐって考えていると、私の頭のなかにはある思念がよく浮かんできます。人は、うす汚れたＨＬＭ〔低家賃住宅〕のなかで、ぼろぼろの建物のなかで、大都市郊外の地下室のなかで、どうやって幼年期をつくり、世界を発見するのだろうか？　しかしこれがまぎれもなく実際に起きていることなのです。

私はこれをシナプスと呼びます。なぜなら、そのとき突然、意味作用や明示的意味が宙吊りになって、実存的機能がそれに取って代わるからです。ゴミや汚物の堆積から私は奇跡をつくろうとするのです。そこにはキリスト教的な回心という側面もあるでしょう。私の腐ったからだは板に釘で打ち付けられた。すべては失敗に帰した。神は私を支えるはずだったのに、すべては失敗に帰した。それはレイモン・クノーの『わが友ピエロ』(11)と少し似通っていて、失敗の連続で、絶対にうまくいかない。しかしまさにこれこそ私が〈テルチュリアンの逆説〉(12)と形容したものなのです。神が死ぬというのはスキャンダルである。それでは筋が通らない。でもそれが本当のことだ、というわけです。あなたが一連のピアノや馬やなにやかにやを使った転換で求めているのは、まさにこうしたキアスムではないかと私には思われます。

あなたが求めているのはなんだかよくわからない。しかしそれが重要なのです。そしてそれが第三の問題です。つまり、なにはともあれ求めているのは何でもいいというわけにはいかないからです。それは人が期待しているものではない。原則的にはショパンでなくても何でもいいかもしれないのに、実際には何でもいいというわけにはいかない。幼児は家に帰るのに、まず自分がどこにいるかを知るために自分の道標をつくります。それはすべての建物が似通っているからだけではなくて、自分のなかに詩的な覚醒を促すためでもあります。そのとき子どもは何でもおかまいなしに道標にすることができるのに、そうはしません。そこには選択があり、何かが働いているのです。それがたとえ受動的働きであったり、実験的で誤ることがある働きであったりしてもです。つまり実存的領有があるのです。

サレンコ——あなたの言うことをたいへん興味深くうかがいました。私はトレントのフェスティヴァルでインタビューを受けたとき、撮影場所をどうやって決めるのかと尋ねられたことがあるので、よりいっそうあなたの話に引きつけられました。で、そのとき私は、私が場所を決めるのではなく、〈場所が私を選ぶのです〉と答えたのです。するとジャーナリストが〈それはすばらしい!〉と応じてくれたのですが、べつにすばらしいわけではなく、それは普通のことなのです。あなたの言う潜在的なものとキアスムの話はとても気に入りました。とくに誰でもいいとか何でもいいというわけではないというところですね。それはもちろん選択の問題なのです。

ガタリ——もちろん選択の問題ですが、あなたが言った〈あなたが選ばれる〉という言い方が私は好きですね。そのとき何が起きるのかということです。あなたはこの世界でこれから何者かになっていく以外にない存在、いわば次から次へと変化していく存在でしかないわけです。そこでは一見すべてがコード化されているように見えながら、突然何かが起きて、コードから食み出した冗長的部分に亀裂が生じて特異化が起きる。ではその場合どうしたらいいのか? すべてを元に戻してやり直すことができるのか? それはできない相談でしょう。そこであなたはこのシーンをカットしない、シーンはまさにここから始まると考える。これがあなたが選ばれるということです。あなたは一挙に特異性によって選ばれた者になるのです。これは予め予見されたことでもなければ、コード化されていたことでもありません。しかしこの特異性は、反復的症状のように自閉的な堂々巡りに陥るかもしれないし、逆につねにプロセスとして機能するための源泉になるかもしれません。私はここから言い間違いや徴候のフロイト的捉え方にかかわるすべてのことを考え直すことができると考えています。そうしたことは解釈すべきものではなくて、作動させること、特異性を主観性の生産主体にすることが重要なのです。それは単に付帯徴候とか表面への現れといったようなものと考えてはならないのです。そのとき起きることは、密かにあなたのためだけにしか機能しない特異性——ピアノ、馬、ハンス少年、動物への生成変化、カフカ、等々——かもしれませんが、それはいつの日か働き始めるのです。それはあなたがあなたのコンピューターにある数字を打ち込んだだけで、すべてのレジスターがいたるところで作動し始めるようなものです。

もちろんそれでもって何も作動しないかもしれませんが、私が考えたのはだいたい次のようなイメージです。音楽を演奏する椅子、森の馬たち、騎手のようなグランドピアノ、尻尾を持った車の群れ、いわば動物／機械の交差、したがって性的分割以前のイメージ。というのは、馬に乗った女性の裸による挑発は性的分割の手前にあるイメージではないのかと思うからです。それは性的分割にショックを与えます。しかし白と黒は性的な分割に先立つ公理として機能するように見えもします。あるいはむしろ一種の動物への生成とか、性的関係の生成の強度を表わすものかもしれません。

サレンコ——それはケンタウロスのイメージではないのでしょうか?

ガタリ——おやおや！　私はそんなことはまったく考えませんでしたよ。それはまた新たな接続線ですね。

（1）　このテクストは以下の書物に収録されている。Sarenco, *Le triptyque du cinéma mobile 1983–1987*, Paris, Henri Veyrier, 1988. これはパリで一九八七年一一月一五日にサレンコとガタリのあいだで交わされた議論である。サレンコはイタリアの前衛的マルチ・アーティストで、このインタビューで言及されている映画の監督である。この議論はサレンコの活動というよりも、ガタリの精神分析との関係を考えるうえで興味深い。議論がすすむにつれて、職業的精神分析家の解釈メカニズムではなく、ガタリのスキゾ分析的装置が起動して、〈潜在的・リゾーム的対象〉に向かって漏出する〈現在進行的作業〉が発動する。

（2）　ＩＭＥＣに保管されている戯曲（整理番号 GTR 22.14）。

（3）　ジャン゠フランソワ・ボリー（一九三八―　）。フランスの作家・詩人。サレンコとの共同作品がある。

（4）　伝説によると、あるアングロサクソンの女性が裸で馬に股がってコヴェントリー通りを通っていたが、それはなぜかというと、住民を戦争のための重税で苦しめていた夫の伯爵が、彼女がそのようにしたら重税をやめると約束したので、そうしたのであった。

（5）　建築家アンドレア・パラディオ（一五〇八―一五八〇）の考案したイタリア・ヴェネト州の有名な別荘。

（6）　ロンバルディアにあるサレンコの生まれた町。この町で、一九七四年五月二八日、労働組合のデモをファシスト・グループが襲った。

（7）　一九五〇年代、ギャラリー経営者でアーティストのジョージ・マチューナス（一九三一―一九七八）の唱導の下に創設された前衛芸術運動。

（8）　一九四一年ヘンリー・C・ポターが演出したアメリカのナンセンス・コメディー。

（9）　フロイトの『五つの精神分析』のうちのひとつ。ハンス（ハンスの本名はヘルベルト・グラフ）のケースは「五歳の少年の恐怖症の分析」で、一九〇九年に精神分析の父によって公刊され、とくにフロイトが小児の性と去勢についての理論を構築するのに役立った。ガタリがここで喚起しているエピソードは、ハンス少年のトラウマ体験――ハンスが荷を引く馬が道路で倒れて脊椎を骨折するのを見たときの――であるが、フロイト自身は、分析のなかで去勢の恐れのオイディプス理論を優先させ、この少年の白い馬に噛まれるという恐怖とこの体験を関係づけようとしていない。

（10）　ジャン゠リュック・ゴダールの映画『ウィークエンド』（一九六七）への示唆。

（11）　Raymond Queneau, *Pierrot mon ami*, Paris, Gallimard, 1942.

（12） テルチュリアン（一五〇頃―二二〇頃）は神学者で教会の神父。テルチュリアンの逆説――よく「不可能ゆえにわれ信ず」という定型表現に要約される――は、彼の次の著書から引き出された文句である。*Le Chair du Christ* (*De carne christi*)：そこにはこう書かれている。「それは信じうる、なぜならそれは絶対的だから。それは確実である、なぜならそれは不可能だから」。

（4）機械への情熱[1]

テルミナル——機械に対するあなたの関心はどこからきているのでしょうか？

ガタリ——それは子どものときからの情熱ですね。いわばアニミズム的情熱とでも言ったらいいでしょうか。要するに、生物学的、社会的、経済的等々の現象の構造的説明は私には不十分だと思われたからです。私は、システム的概念を超えて、システムの構造の自己調整に対応するだけでなく、システムが外部と結びつきながら展開する事柄をも説明することができる概念的実体を構築しようと考えたのです。[2]というのは、機械というものはつねに他性と対話をしているものだからです。それはテクノロジー的、人間的な環境のなかにおいてだけなく、機械に先立つ諸機械や来たるべき諸機械との発生論的関係としても行なわれているのです。そこに新たなかたちの他性、つまり時間のなかに位置づけられる他性形態が現れるのです。機械はさらに有限性を確立します。機械は生まれ、変調し、壊れ、死滅します。そういう理由から、われわれは技術機械、生物学的、社会的、都市的機械を超えて、言語的、理論的なメガ機械、さらには欲望する機械にまで機械の概念を拡張したのです。[3]したがってこの概念は機械が自ら消滅する可能性まで考慮に入れているのです。

テルミナル——あなたは〈機械状異質発生〉というテクスト[4]のなかで、〈機械は機械として存在することができるためにつねに外的諸要素に依存する〉という考えを強調しています。〈構造〉、〈再生可能性〉、〈他性〉といった諸要素のあいだには、どのような関係があるのでしょうか？

ガタリ――そのことを理解するために、私は機械の過程的性格を結び目として導入するのです。機械の本質は際限のない持続性に由来するのではなく、機械はつねに変動状態にあるところに本質があるのです。個体がおのれの属する種のなかにあると同時にその進化的系統流から見るとさまざまな種のあいだにあるものとしても捉えられるように、機械の場合も切断、断絶といった現象が介在します。テクノロジー的、理論的等々の機械にも生と死があるのです。とてつもない複雑性とその消滅のあいだに虚脱状態が存在しうるのです。それを私は〈カオスモーズ〉と呼んでいます。人は世界や環境との関係において非常に分化した状態のなかに存在することができますが、同時にそうではなくてカオスのなかに消滅し融解することもありえます。こうした二つの要素の節合によって進化や創造的生産が可能になるのです。それはあたかも人が複雑性の程度を引き上げるためにカオスのなかに沈潜しようとするかのごとくです。カオス自体が潜在的に複雑性につきまとわれ、また逆に複雑性がカオスにつきまとわれている、と言ってもいいかもしれません。

テルミナル――あなたはまた、〈機械は技術の表現ではなく、技術に先立つものである〉とも言っていますね。さらに、ルルワグーランにとって機械は〈機械が属する技術総体〉の外部には存在しない、とも指摘しています。この二つの考え方は対立しないのでしょうか？

ガタリ――いいえ対立しません。というのは、ルルワグーランの立場は機械についての議論の踏台を示しているからです。(5) 彼は道具や機械をその社会的、人間的、身体的な環境、機械状の身ぶり、そしてそれらを支える文化的諸関係に結びつけています。この自己産出（オートポイエーシス）という問題はヴァレラとマトゥラーナによって生物学的世界で定式化されています。(6) 機械、道具、そして社会的・人間的領野といったものの共生、さらに概念的機械、言語的機械、ダイヤグラム的機械のあいだの節合の出現によって、機械はその可視的部分から不可視的部分に向かって移行することになります。そうすると、明瞭に区別された諸事物がそれらを包む外在的・先在的パラダイムやその説明・習得のパラダイムとともに一定の地層のなかに収まるという論理から抜け出すことができ、別のタイプの事物的対象、つまりおのれ自身のなかに固有の自己産出的な価値化のシステムを持った抽象機械に到達することができるようになるのです。そしてこの抽象機械が、機械的、社会的、生物学的、神経的、エコロジー的等々のさまざまに異なった地層の結びつきを理解することを可能にするのです。

テルミナル——機械の本質のそういった定義を前提にして、機械における人間的なものと非‐人間的なものの持ち分をあなたはどうお考えでしょうか？

ガタリ——私としてはむしろ、人間的なものと非‐人間的なもののなかにおける機械への生成の持ち分はどうかという問い方をしますね。というのは、機械への生成は人間的な形態なすと同時に、人間とは別の存在的生成——動物、植物、音楽、数学等々への生成——をもたらすからです。機械への生成は潜在的なもの、非身体的（無形）で先行的存在のない参照世界に由来する隣接地帯に則って行なわれるものです。そしてそれは活力と増殖をもたらし、私が〈実在的領土〉と呼ぶ部分的実在性の姿をとるのです。こうした機械の概念を直観すると、対象の存在を言説的に論証しようとする論理、明示的な流れから脱却して、非‐言説的、非身体的で、存在自体と同じように状況的な実体を組み込むことができるようになるのです。

テルミナル——あなたの言うそういった〈機械の本質〉は、ハイデガーの〈グルント〉やラカン的意味のシニフィアンとどう違うのでしょうか？(7)

ガタリ——ハイデガーやラカンのそうしたカテゴリーは、存在やシニフィアンの根源にある言語、コードの秘訣などとのある言説的関係を前提としたり、それを支えたりしています。そうすると、すべてのことが〈大文字の他者〉や〈グルント〉のなかに、あるいはとくにギリシャ哲学の立場に過剰に刻印された存在との関係のなかに書き込まれるということになりますが、それを私は拒否します。それだと参照の宇宙の変化にともなって、それと同じだけの〈大文字の他者〉の参照世界があるということになります。しかし、たとえば多声的音楽はいかなる基盤もいかなる〈グルント〉も持たない——数学的あるいは哲学的思考の誕生などいかなる系譜に関係付けようとも——〈それ固有〉の創造なのです。私はこうした絶対的創造に先立つものはない、シニフィアンの鎖だとか存在の優位性などというものはないと思います。そこにあるのはひとえに異質発生であり、これが人間の人間的活動を保証するものなのです。そうでなければ、普遍概念の世界に陥ってしまいます。

テルミナル——〈歴史の運動は異質構成的機械状世界の十字路で特異化される〉というあなたの表現を説明してもらえませんか？

ガタリ——歴史というのはいずれにしろ物語であり、宗教的、マルクス主義的、機械的等々の含意を持った叙事詩です。しかしこの物語は重要な価値を有していて、これでもって持続的時間に一貫性を持たせることができるのです。私の主張は他の主張に比べてもっと科学的であるというわけではありません。しかし社会的・文化的諸関係に対して生産諸関係の普遍性を重視する説明との違いは、要するに私の機械理論を用いた説明が下部構造と上部構造の関係を主張するいっさいの考えを根底的に回避しているところにあります。テクノロジー的変化に起因するいくつかの歴史的曲り角が存在します。たとえば鉄を使った武器の出現は幾千年も続いたアジア的帝国からの決別を刻印しました。しかしそれは同時に、生産関係（貨幣単位）や科学、輸送（海運の発見）等々における法的変化をも画したのです。

ただし、そこに不可避の因果関係が働いたわけではありません。逆に、さまざまな機械性の変化がどのように浸透しあい影響を及ぼしあうか、どのようにその変化がコントロールされるのかを探究しなくてはならないのです。たとえばブローデル(8)が描いた大きな世界都市の時代において、支配的位置にあった都市資本主義的実体はイタリアの大都市からアムステルダムやロンドンなどに移行していきます。この移行は純粋に経済的なものではなくて、文化的、社会政治的、宗教的なものでもあります。歴史はそういうふうにして成り立つのであり、そのつど発生状態から結晶化が起きて、特異性が生まれるのです。

テルミナル――構造主義はどうしてわれわれが機械の現実的世界に参入することを妨げるのでしょうか？ また機械の問題は情報科学に適用可能なのでしょうか？

ガタリ――その点に関してはピエール・レヴィ(9)の考察を参照してください。くわえて言うなら、情報の機械状変化は、非身体的（無形の）指向対象のなかにおけるハイパーテクストと密接不可分に結びついています。もし機械の純粋にサイバネティックス的ヴィジョンにとどまっているなら、もし機械をその交渉相手全体に結びつけないなら、つまり情報機械の本質をあらゆる種類のソフトウェア（プシケ、生命、流通システム、理論、等々）にずらして考えないなら、いささか視野狭窄で未来を見通しえないヴィジョンしか持つことはできないでしょう。したがって大製造業者の未来予測的細胞は機能しないのです。彼らは人間集団が使うことができる方法を実験しようとしません。新たな可能性を持った機械の〈ハードウェア〉(10)のなかに組み入れられる真の機械性の次元は、サイバネティックス的な構造的要素に還元されうるものではないのです。

テルミナル――彼ら製造業者は製品を決め、それをマーケティングの角度から検討し、どういう使い方があるかを考えようとします。彼らはコミュニケーション機械はオートメーションのパラダイムにしたがって人間の代わりになることができると考えますが、実際には共力作用、補完作用、相互作用を重視する考え方をしなくてはならないわけです。ルルワグーランによると道具〈腕の延長としての道具〉との断絶は、人間的なものに置き換わって人間的なものを粉砕する〈メタフィジック機械〉のために行なわれたということです。

ガタリ――みんな機械が好きではないということでしょうかね……。

テルミナル――今日の人間は機械状技術的世界の端末に位置しているわけですが、あなたによると、この世界は〈カオスの速度の定数と制限の地平によって塞がれているけれども、しかしこの同じ拘束された世界が、新たな可能性の領野を分岐的に生み出そうとする別の諸世界と二重、三重になっている〉ということですね。この別の可能的諸世界とは何でしょうか？　またそれはどのような可能性を持った領野なのでしょうか？

ガタリ――とくに二つの領野をお伝えしておきましょう。まず哲学の世界です。これは無限速度つまり世俗的カテゴリーとの果てしない断絶関係のなかにおいて自らの絶対的対象を錬成します。それは一挙に概念の持つ創造性のなかに身を置き、それによって無限を無化するために作動するのです。(11)　次に美的世界のレジスターです。これは逆に、感知することができるマチエールを出発点にして、哲学や際限のない発見の場を再生産し復権します。そこにはマチエールの働きによる迂回路があるのです。

テルミナル――それで、それはどんな可能性の領野なのでしょうか？

ガタリ――創造の可能性ですよ！　それは、科学、哲学、芸術の創造的ファクターと、機械状脱領土化のファクターによって脅かされていると感じているため自閉的になってまだ地層化され領土化されたままの社会的・経済的・エコロジー的領野とのあいだを〝接続〟しようという、いささかユートピア的な考えではあります。もちろん人はこの二元論的対立を抗いがたいものとして受け入れ、人類の運命を裂傷のようなものとして、参照される領土のなかの矛盾した欲動として、あるいはポール・ヴィリリオの言う〈ドロモティック〉（速度競争）[12]に打ち捨てられたものとして定義することもできるでしょう。しかし私にとって〈機械圏〉という考えは、この接続を実験することを可能にする装置が生まれることは不可能ではないということを前提にしています。しかもそれは科学や哲学や芸術を社会的なものと交ぜ合わせるのではなくて、多様で異質混交的な価値化システムを生産し、特異性、有限性、現存在といったものへの嗜好を生み出すことによって可能になると想定しているのです。そしてもちろん、贖罪神話や疎外的表象の政治的機能の外部においてです！　結局なにものにも対応せず欲望を社会的領野に結びつけることができない進歩という価値記号を追求するという、メディア空間を特徴づける誤った一般論から脱却しなくてはなりません。私が〈エコゾフィー的〉と名付けた実践を切り開く脱中心化の鍵はそこにあるのです。それは政治、エコロジー、芸術、科学などと関係を持ちながらも、ある特殊な実践であり、一種の非‐瞑想的な知恵とも言うべき分野なのです。

（1）このテクストは一九九一年雑誌『テルミナル』（‹*Terminal*›, n° 55, octobre-novembre 1991）のためにエマニュエル・ヴィドコックとジャン‐イヴ・スパレルによって行なわれたインタビューである。その後、抜粋が『シメール』（*Chimères*, n° 28, printemps-été, 1996）に再録された。ガタリは、このインタビューのなかで、彼の機械についての最初の論文「機械と構造」以後、『アンチ・オイディプス』、『哲学とは何か』、『三つのエコロジー』などで展開することになる〈機械〉の概念を説明している。

（2）Félix Guattari, ‹Machine et structure› (1969), *psychanalyse et transversalité*, Paris, Maspero, 1972 (rééd. La Découverte, 2013).

（3）Avec Gilles Deleuze, dans *L'Anti-Œdipe*.〔ドゥルーズとともに『アンチ・オイディプス』において〕

（4）article paru dans la revue *Chimères*, n° 11, printemps, 1991.

（5）André Leroy-Gourhan, *Milieu et technique*, Paris, Albin Michel, 1945.

（6）本書第二部（5）「フェリックス・ガタリと芸術」の注（5）を参照。

（7）ハイデガーにとって近代形而上学の「グルント」（基礎）はデカルトによって発見された主体に依拠するものである。したがって彼は主体を「存在」に、主体性（主観性）を「存在論」に移行させる（ガタリは「引き下ろす」という表現を用いている）ことをくわだてる。

（8）Fernand Braudel, *civilisation matérielle, économie et capitalisme, XVe–XVIIe siècle, op. cit.*

（9）本書第二部（3）「〈機械〉という概念をめぐって」の注（3）を参照。

（10）〈ソフトウェア〉が情報機械を機能させるために必要な無形の部分に対応するものであるのに対して、〈ハードウェア〉は情報機械の装備（部品）である。

（11）Gilles Deleuze et Félix Guattari, *Qu'est-ce que la philosophie?, op. cit.*

（12）Paul Virillio, *Vitesse et politique*, Paris, Galilée, 1977.〈dromotique〉は、速度と結びついた権力形態を指示するために、ヴィリリオがギリシャ語の〈dromos〉（競争）から着想した造語である。

（5）高松伸〔の建築〕について①

建築家高松伸は自らが設計した仁科クリニック〔京都市伏見区桃山にある仁科歯科医院ARKのこと〕の建物について次のように書いている。「この建築が〈機械〉あるいは機械の一部との類比の感情を引き起こすことを否定することはできない。建築はつねに同時代の他の領域から借用した装飾物をある同一の目的のために精錬・統合することによって美化される。それは断固たる教条的態度であるが、純粋かつ自立的な言葉を建設しようと空しい努力をするあらゆる人間的活動にとって不可欠のものである」。

（ここで私が採用する機械についての考え方はスキゾ分析由来のものではない。私は高松についてのこの覚え書きを情報業界で言う〈シェアウェア〉として提起する。つまり個人的マイクロコンピューターの使用者共同体が〈無料で分かち合う〉ソフトウェアとしてである）。

1　機械／建築

二〇世紀の建築は執拗にとまでは言わなくとも集中的に機械というレフェレン〔指示対象〕にかかわってつくられた。高松伸が設計し建設した作品は、こうした建築的オブジェの機械への生成の過激化によって、現代的建築領域の核心部における機械の圧倒的存在を確認させてくれる。仁科クリニックの建物はおそらく建築が機械と取り結ぶことができる形式的関係〔高松の場合それは〈プロセス〉や

〈概念〉にかかわる関係ではない）を極限にまで推し進めたものである。この建物はあえて言うなら建築という領域を工業的想像界がどれほどまで希求していたかを思い起こさせてくれる。

2　建築物の通念的解釈の危険性

高松の創造力はこうした方向を現代の建築家としては類例のないほどの大胆さで極限まで推し進めたところにある。彼の唯一の弱点は、チャールズ・ジェンクスによるエキセントリックな建築を集めた写真アルバム(2)の最新版の表紙にでも載るような作品であるということだろう。この写真アルバムは方法論のない寄せ集めで、ファクトゥール・シュヴァル〔フランスの山村に奇怪な〝理想宮〟をつくった郵便配達夫シュヴァル〕、いわずと知れたアントニオ・ガウディ、建築デザイン集団SITE（アメリカのネヴァダ州ヒューストンに〈BEST（products）〉の建物を設計した。なおこの本のフランス語版の表紙はこの建物のファサードの写真をあしらったもの）といったような欠かすことのできない〈古典〉と並んで、ピーター・アイズマン、ロベルト・ヴェントゥーリ、エーリヒ・メンデルゾーン（もちろんアインシュタイン塔の設計者）、フランク・ロイド・ライト、マイケル・グレイヴス、ピアノ＆ロジャーズ（ポンピドー・センターの設計者）、ブルース・ゴフ、ヨーン・ウッツォン（シドニーのオペラハウスの設計知られるデンマーク出身の建築家）等々の作品、そして恐竜の形をしたカリフォルニアのレストランなどが置かれている。

こうしたアイディア商品的刊行物のために〈安易〉な組み合わせをした張本人はもちろんジェンクスだろうが、それでもここにはある一般的徴候が見て取れる。つまりこの本は、これらの建物に対する公衆、ユーザー、市民の受けとめ方を忠実に体現していると考えられるのである。

3　写真

建築的参照物の知覚、構成、流通において写真が占める役割の問題を改め問い直さなくてはならない。私は高松の建築を目で見て体験するために京都に行ってはいない。しかし私は、ごくわずかの人数ではあるが彼の作品を建築専門雑誌で知っている建築家たちが、現場に行って高松の建築を写した素晴らしい写真と実物をつきあわせていることを知っている。写真的イメージをつくりだす写真家のまなざし、カメラのレンズ、光学的メカニズムといったものは、高松の場合建築的プロジェクトの一部になっているのである。

（1）高松伸は一九四八年生まれの日本の建築家。このテクストは日付のないタイプ原稿で、形式は整えられているが公刊されたものかどうか不明である（ＩＭＥＣの整理番号は GTR 8–3）。このテクストはガタリの「高松伸の建築機械」という論文と関係を持つものと考えてよい（この論文は最初以下の展覧会のカタログに掲載され、その後 ‹*Chimères*› n°21, hiver 1994 に再録された。*Transfiguration. Europaria 89, Japan in Belgium*, Bruxelles, Centre belge de la bande dessinée, ancient magasins Waucquez, pp. 99–107)。

（2）Charles Jenks, *Bizarre Architecture*, New York, Rizzoli, 1979. チャールズ・ジェンクス（一九三九―　）はポストモダンの建築批評家。ここでガタリが名前を引用しているたくさんの建築家について、煩雑さを避けるためいちいち注釈をつけなかたことをお断りしておきたい。

(6) 誇らしげな東京(1)

ビルのてっぺんで光り輝く立方体。(2) 航空標識のためか? 神々に呼びかけるためか? いやおそらく、ボローニャの中世の塔のように、誇り高さによってだろう。

日本人が話し相手に示すあの真似しがたい注意深さ。それは突然自分が尊敬に値する人間にでもなったような気分にさせ、自分もそれを真似て他人を新たな優しさでながめようとする――あてどなくも抗しがたい――誘惑に駆り立てる。

そして、捉えがたい侵犯を通した果ての、究極の空虚の岸辺における拒絶と放棄。視線に漂う誇りと優しさと暴力。

女性的・母性的諸価値がいたるところに存在しながら、しかし厳重このうえなく囲い込まれ抑圧されているという逆説。そうした抑圧のこれ見よがしの姿。

モザイク都市を跨ぐ三層のコンクリートからなる〝ハイウェイ〟。その大腿部は通り道のすべてを威圧する歌舞伎役者さながらに大きく開かれている。毎日何千人とパラシュート降下する新住民、征服をたくらむ何百もの企業。都市の世襲財産の不条理な圧延。

毎年いったい何人の〈アルピニスト〉が命がけでヒマラヤのもっとも近寄りがたい斜面をよじ上ろうとするのか、私にはわからない。ただその半数以上が日本人だということを私は思い起こす。

何が日本人をかくも走らせるのか? 利益と贅沢の魅力か、記憶のなかに烙印された欠乏への恐怖か？　あるいは、なによりも〈最先端情報を知る〉ことへの情熱、私が〈機械状エロス〉と呼ぶものだろうか！

日本の子どもになること。われわれの来たるべき幼年期の日本人への生成。

ただしこれを資本主義的小児病やその集団的ヒステリーゾーン――幼児的退行を思わせる〈かわいい！〉シンドロームや、マンガへの耽溺や、甘ったるい音楽の氾濫（私からすると汚染のなかでも最悪のもの）といったような――と金輪際混同してはなるまい。

西洋由来の流行はすべて、なんら抵抗に遭遇せずこの列島の岸辺に上陸してきた。しかし、われわれの〈資本主義の精神〉を浸しているユダヤ－キリスト教的罪責感の波がこの列島を呑み込むことは決してなかった。日本資本主義は突然変異体なのか？　幕藩体制時代の封建主義から受け継いだアニミズムの力と、いまやこの地ではすべてがそこに収斂されていくように見える機械状の力との怪物的交雑の結果なのか？

外面化された内面性。一義的な有意性への還元に逆らう外面性。表面に立脚したこの民族は新たな深さを生み出す。その結果、内部と外部はもはや西洋人の慣れ親しんだ排他的対立関係を維持することはなくなり、主観性の組成に固有の記号的素材は都市の繊維組織のエネルギー的－時空間的な構成諸要素と分かちがたく結ばれることになる。

いつなんどき癌性の腫瘍で窒息させられるかもしれないのに、東京はさまざまな相の下に、その昔からの実在的領土、ミクロコスモスとマクロコスモスのあいだの先祖伝来のその親和性を透かし見せている。そのことは東京の原初的形状（その素晴らしい夢幻的探査を安部公房が小説『燃えつきた地図』で試みている）において明らかであるが、公共の空間を私的領域のように扱っているかに見える群集の分子的行動のなかにも見て取ることができる。

はたして次のように言うだけで十分なのだろうか。すなわち、陰と陽、生のものと焼いたもの、アナログ的な図像性と〈ディジタル〉的な言説性、こうした昔からある両面が日本では互いの延長線上の先でいまも結びつくことができるのだ、と。あるいはまた、多くの人類学者がそれで満足しているように、日本人の脳は、今日、その右側半分と合体しているのだといった類の、脈絡を欠いた有害な戯言を述べておけば十分なのだろうか。

こうしたアルカイックで単純化した見方ではない別のアプローチしてみなくてはならない。そうすれば、この日本的誇り高さの現在的形象をよりよく理解する視野が開かれるだろう。そして、男根支配の君臨のなか、時として不条理の域にまで達する功業への意志のなか、順応を強いる外的記号への違反と必ず結びついた恥の意識の圧倒的な力のなかなど、日本社会のいたるところに見え隠れするマニ教的（善悪二元論的）肯定をもっと理解することができるようになるだろう。

日本社会におけるこの規範への崇拝、美術品のように錬成されたこの〈規範主義〉は、そのなかに根源的な異端性、密かな離反性を秘蔵してはいないのだろうか？　この規範が知覚不可能な（少なくとも西洋人の目からは）特異化への道程の仮面や支柱にすぎないとしたらどうだろうか。

互いに似通った親密なしぐさの織りなす脱領土化された曼陀羅。礼儀を重んじ、時間を守り、魂を浄化する儀式へ服従するといったことのもたらす誰も口に出して言わない享楽は、曖昧な志向性の彷徨を体現しているかのようだ。しかしそこにおける微小な差異を起点にして大規模な集団的突出——自我の均衡ではなく——が増殖していくのである。

しかし罠もある。この分子的な資本主義機構は日本人エリートを歴史的に形成されたブルジョワジーの領土化された快楽主義から一時的に遠ざけようとして、そのため彼らを今一度致死性の権力意志のなかに陥らせかねないのだ。

「山谷を支援する有志の会」の招きで、ヤクザが佐藤満夫[3]を暗殺した現場に巡礼した。この革新的映画監督は、明日の保障のない不安定な日雇い労働者たち、反抗者たちの日本の実態を描こうとしたのだった。

山谷はおそらく絶対的貧困以上に既成秩序に対する決定的拒否を体現するのだという安部公房の指摘。彼は自分自身が〈山谷にふさわしい〉人間でありたいと言明している。

もうひとつの日本の道という眩暈。東京が西洋資本主義の東の首都たることを拒否し、第三世界の解放の北の首都になるという、目眩のするような道。

（1）　このテクストはガタリ自身の手で一九八六年一月二日と日付を付されたタイプ原稿である（ＩＭＥＣの整理番号はGTR 14-24)。これは日本語に訳されて以下の書物に収録されている〔訳者は浅田彰〕。『東京劇場——ガタリ、東京を行く』、株式会社ユー・ピー・ユー、一九八六年四月二五日。また雑誌『ミュルティテュッド』(*Multitudes*, n°13, été, 2003) にも再録されている。

（2）　高松伸の建築作品（キリンプラザ大阪）への示唆〔しかし、このテクストが東京を扱ったものであることと、ビルの屋上に光る広告塔はいくらでもあることから、この注は必ずしも妥当とは言いがたい〕。

（3）　佐藤満夫（一九四七—一九八四）は一九八四年一二月に暗殺された。山谷のホームレスについてのドキュメンタリーを撮り始めた直後であった〔映画はその後仲間たちの手で完成され、『山谷、やられたらやりかえせ』というタイトルで各所で上映され好評を博した〕。

(7) デイヴィッド・ヴォイナロヴィッチ(1)

デイヴィッド・ヴォイナロヴィッチの作品がかくも強い力を獲得したのは、彼の創造的作品が彼の生全体をもとにしてつくられているからである。逆に言うなら、彼が現在あるような姿に自らの存在を構築したのは、彼の造形作品や文学テクストによってである。年端もいかない幼少期から苦難を余儀なくされ、その日暮らしで生きざるを得なかった彼は、九歳のときから売春に身をゆだねたが、彼の芸術家・作家としての資質を直感したある大人との出会いをきっかけに、自らの存在を根底的につくりなおすことになる。

彼の作品はニューヨークの建物の壁にステンシル絵画を描くことから始まった。とくに燃え上がる爆撃機や爆発する家である。その後彼は使われなくなった倉庫のなかに巨大なフレスコ画を描き始める。そこに三〇人ほどのアーティストの友人が合流して、この場所は三カ月間芸術のメッカとなり、ついにジャーナリストもやってくるようになる。イースト・ヴィレッジ・アートがこうして誕生する。やがてデイヴィッド・ヴォイナロヴィッチは有名になり、数多くの個人的あるいは集団的な展覧会に参加することになる。しかし批評界は彼を遠ざけ続ける。彼は分類不可能、回収不可能だからだ。けれども想像力を駆使した彼の仕事の本物性は抜きんでていた。彼の〈手法〉は彼の抱く幻想、とくに夢の世界を活用することであった。彼は夢や幻想をシステマティックに書き留めたり記録したりして、おのれの存在を文字通り永続的に再構築することを可能にする言葉や地図を錬成した。彼の作品の異例の力強さはここに由来する。

彼の絵画は、コラージュ、フォトコピー、ステンシル、アクリルペインティングなどを重ね合わせたものである。そこには彼が深めようとし続けたテーマが出揃っている。爆発する家のかたわらには、破られた世界地図、張り合わされたドル紙幣、唇を縫われた顔、拳銃を持った男たち、ギリシャ神殿の円柱といったものが置かれている。これは引用でもなければポストモダン的折衷主義でもない。なぜならヴォイナロヴィッチの意図は公然とイデオロギー的だからである。彼はこうしたメッセージを通して世界の極限に触れようとしているのだ。彼にとって重要なのは、既成権力に抵抗するための想像的武器を錬成することである。ともあれ彼が彼の特異な幻想をある歴史的脈絡にどのように結びつけようとしているかをよりよく理解するために、蒸気機関や歯車といった彼になじみのテーマ群についての彼自身のコメントに耳を傾けてみることにしよう。

「〈歴史〉にひとつの意味を与え直さなくてはならない。たとえばアメリカ西部の絵画には、通りすがりに開拓の邪魔になるようなものをすべて破壊しながら、白人文化を先住民が住む土地へ運んでいく汽車、蒸気機関が集中的に描かれている。残念ながら私はその時代に生まれていなかったので、そのことについて私が旅の途中で集めた現在も存在している証拠、書き残されたもの、イメージ、夢、象徴といったものを通してしか語ることはできない。しかしそうしたさまざまな証拠を繋ぎ合わせると、白人文化によって放逐された現実、他者の血の犠牲の上に築かれた現実についてのある言説を構築することができる。(……)機械や歯車という象徴の利用には重要な意味がある。というのは、今世紀〔二〇世紀〕の初め、未来派はすべての希望を機械に託したからである。彼らは機械を神格化し、神の代わりに機械を創造主にしようとした。機械は人間をその不完全さから解放し、人間が自らの生を自由に意のままにすることを可能にするものとされた。ところが今日、工業化されたあらゆる国において、道路の端っこ、空き地、川のほとりなどで、錆ついて打ち捨てられた数々の機械を目にすることになった。これは過ぎ去った過去の遺物の象徴である。これは時間を圧縮した〈歴史〉の意味のイメージそのものである。機能を取り去られた空っぽの貝殻のような機械はミクロな情報機器に取って代わられたのだ。いまや電子チップが神格化されている。私が作品のなかで電子回路のイメージを使うのは、そのものの未来が時間と〈歴史〉によってすでに化石化している何かを探し求めるためである」。

デイヴィッド・ヴォイナロヴィッチの作品を鑑賞する芸術愛好家たちは、おそらく彼の作品のこうした多様な要素に彼と同じ意味づけを与えないだろう。しかし問題はそこにはない。重要なことは、彼が自分がつくりだす記号的鎖の結びつきを通して、ある過程的に進展する言表行為の再構成が可能になるような仕方で彼の伝えたいメッセージを特異化しているというところにある。ここには特異化にふさわしい転移がある。彼の作品においては、われわれにとって表象は単になにか意味のある形態を受動的に見させるためにあるのではなく、反逆とは言わないまでも少なくとも実存的創造性と言うべき実存的動きを始動させるためにそこにあるのだ。〈芸術〉の〈歴史〉についてすべてのことが幾度となく繰り返し言われてきたように思われる現状において、デイヴィッド・ヴォイナロヴィッチのカオスからは何かが浮かび出て、それがわれわれを世界の動きのなかで何かのために存在すべきであるという責任性の前に立たせるのだ。

今日スポットライトを浴びている芸術（コンセプチュアルアートやミニマルアート）に対してデイヴィッド・ヴォイナロヴィッチが批判するのは、まさにそれらの芸術が先在的形態への崇敬によって創造的想像世界の破壊を強化しているということである。デイヴィッド・ヴォイナロヴィッチというこの作家－画家は、おのれの創造過程をおのれの生の日常的暴露に全面的に従属させている点で模範的存在である。そのようにして彼は、普遍主義的安心感のなかに身をゆだねようとしすぎる世界のなかに特異化の原理を具体的に再注入しようとしているのである。そしてこの特異化は、現在、デイヴィッド・ヴォイナロヴィッチが死を目前にしているという事実によって劇的な仕方で二重化されている。彼はエイズウイルスの保菌者として、彼のこの生のシークエンスをとくに彼の著述作品の最終局面に組み込もうとしているのである。彼はエイズ患者に対する社会の烙印の押し方を激しく拒絶する。そこには六〇年代の大運動のような響きが感じられる。死への反逆、エイズ現象を取り巻く社会の致死的とも言うべき受動性に対する彼の反逆は、彼の生命力にあふれた作品に感動的としか言いようのない調子を与えている。それは現在という時代を特徴づける運命のエントロピー的悪化への断念と受動性を文字通り乗り越えようとする作品である。

（1） このガタリの覚え書きはもともと次の英語の著作のなかに掲載されたものである。David Wojnarowicz, *in the Shadow of forward Motion*, New York, P.P.O.W, 1989. フランス語の原稿はＩＭＥＣに保管されている（整理番号はGTRa 09–16）。デイヴィッド・ヴォイナロヴィッチのいくつかのテクストがローランス・ヴィアレ（Laurence Vialler）によってフランス語に翻訳されて刊行されている。

第四部

主観性の生産について

(1)「主観性の生産様式」

(2) 機械状インターフェイスのシステム

(3) ゼロへの回帰を超えて

(4) 内在性の眩暈——無意識の生産を再構築するために

(5)「超越性ではなく機械状主観性」

(6) 想像力を権力に

（1）「主観性の生産様式（1）」

アンヌ・ブリジット・ケルン〔以下、ＡＢＫと略記〕――現在、われわれはわれわれの社会の経済的、社会的、環境的な諸政策の失敗が思考システムの失敗でもあるような苦境に立たされているわけですが、そこで〝人間〟あるいは〝人間的〟といった言葉が頼みの綱として舞台の前面に回帰してきています。そこで問題になっているのは、これまでこれ見よがしに愚弄されてきた人間にかかわる権利への回顧的参照ではなくて、なにか別のもの、あるいは別のものであろうとすることが問われているのだと思います。ガタリさん、あなたは革新的実践によって個人的・集合的主観性を再構成することを提唱していますが、それは人間あるいは人間的歴史を取り戻そうということなのでしょうか？

ガタリ――一九世紀以来、社会闘争、進歩のための闘争といったものは、社会階級、社会的立場あるいは社会的対立などによって特徴づけられたある人間的なものに依拠してきました。そしてその場合、それらの闘争は解放的性格を持つとともに、いささか図式化されたヴィジョンにしたがってですが、歴史のテコになりうると考えられてきました。しかし今日、こうした社会的主体にゆだねられた人間的なものという概念は崩壊しつつあるように私には思われます。それはまず、共産主義イデオロギーや国家社会主義の実践形態とともにきわめて明瞭なかたちで崩壊しています。結局、七〇年にわたる社会主義的教育が、民族主義的・宗教的な主観性との対立を招く土壌をいかんともしがたく、完全に手付かずのまま残したということでしょう。いかなる進歩的弁証法も、昔から続く主観性を乗り越えられなかったということです。その証拠に、東側における宗教原理主義（アンテグリスム）の毒性とネオナチズムの増大は西側に優るとも劣らないほど強力になっています。第二に、この社会的人間性というグローバルな概念はマスメディア的主観性とも呼べるものの進展のなかでも崩壊しつつあります。私が言いたいのは、主観性は伝統的な人間形成やモデル化の手順からますます逸脱するとともに、よりいっそうマスメディアによる道具化に従属するようになっているということです。そういったことを念頭に置いて、歴史的出来事やテクノロジー的変化に目を転じると、何が見えてくるでしょうか。人間的なものの社会的側面というよりも、いわば社会的諸階級や個人化――たとえばこの二〇〇年間につくられた市民性の要《かなめ》としての個人化――といった枠組みに限定されない主観性のあり方です。

ＡＢＫ――それは抽象的な市民性だったのではないでしょうか。

ガタリ――おっしゃるとおり、抽象的な市民性でしたね。ところが実際に機能するのは、社会的のみならず民族的、宗教的な区分をも貫通するある具体的な主観性だということです。

ＡＢＫ――市民性以前、プロレタリア以前、消費者以前に起源を求めていくと、どこかにそういった主観性の形成につながるアイデンティティの純粋な主体があるということでしょうか？

ガタリ――そうは思いません。宗教的イデオロギーや民族主義的イデオロギーの増大はなにか純粋な太古性（アルカイズム）に対応するものではなくて、ある種のネオアルカイズムに対応するものだと私は考えています。イランにおけるシーア派主義の再出現はイデオロギー的アルカイズムをもとにした再創造――ナチスが昔の神話をもとにして主観性の再創造を行なったのと同じようなオリジナルな主観性の再創造――なのです。

ＡＢＫ――でもそれは破局をもたらす再創造ですね。

ガタリ――それは行きづまった状況に対して破局的な仕方で対応するという現象です。イランにおけるシーア派のネオファシズムは、絶対的窮乏化の途上にある第三世界的状況への対応としてではなく、経済的発展に対する対応として出現したものです。

ABK――近代化への対応だと……。

ガタリ――ですから、ベルエポック時代に言われたように、社会問題などは時代遅れで、それはもう終わった話だ、と考えるのは錯覚であると言いたいのです。社会的二極化は、さまざまな地政学的状況のなかでわれわれが慣れ親しんできた左翼／右翼という形態を取らなくても、なお存在し続け、今後も存在し続けるであろうということです。自由と解放への試みの極に対して、アルカイズム、〈現状維持〉、あるいは過去への固着化の恐るべき形態の発明といった極が敵対してくるでしょう。

ABK――その進歩主義的とも言うべき極はどんな形態を取るのでしょうか？

ガタリ――スターリン的あるいは毛沢東的な古い上着を着ることもあれば、新たな社会契約や新たな宇宙的契約を求めるさまざまなユートピア主義的色調を帯びることもあるでしょう。

ABK――つまり、つねに全体性や全体的システム、さらには全体主義といった道を進むことになるのでしょうか？

ガタリ――そうですね。そしてそこで犠牲になるのはまたしても特異性や主観性に立脚した立場の特殊性でしょう。しかし私は、真の社会解放の運動が行なわれるのは、そうした社会イデオロギー的なものへの焦点合わせからではなく、むしろ私が大ざっぱに〝主観性の生産様式〟と呼んでいるものを重視するところを起点としてであると考えています。新たな焦点はある倫理的次元に置かれなくてはならないでしょう。それは、社会的実践や個人的実践、自己構築の実践といったものの再特異化を行なうということです。その意味から言うと、さまざまな時代に科学性や社会主義性を自称したパラダイムから、より倫理的－審美的なパラダイムへと、つまり自己自身の創造、自己と身体や世界や他者との関係の創造にもっと軸足を置いたパラダイムへと移行しなくてはならないということです。この他者との関係は私が〝エコゾフィー〟と名付けた倫理のもとになるものです。この倫理は単に出来合いの人間的他者性、諸個人との関係、同胞との関係といったものだけにかかわるものではなくて、人間や動物や植物などの次元における非相似性や対立や相違への配慮、さらには宇宙との関係、あるいは音楽や造形芸術のような抽象的価値との関係などにもかかわるものです。われわれが経験している近代的・ポストモダン的絶望から脱出することができるのは、科学や芸術などの人工的媒介の手も借りて、生や意識のあり方を新たに構築し、存在を組み立てようという意志を通してであると私は考えています。

ABK——そのような生を構築しようという意志が本当に明瞭に現れているとあなたはお考えですか？

ガタリ——いや、明瞭なものは何ひとつありません。すべてはカオス的で、不安を催させるものです。現在、東側のイデオロギーの崩壊という途方もない出来事が起きています。そして、そこで開いた穴を商業的自由主義イデオロギーへの直接的移行によって埋めようというくわだてが見られます。しかしそんなことがうまくいくかどうかまったくわかりません。とくに若い世代がそれを受け入れるかどうか定かではないでしょう。青年世代は西側で提供されている諸価値とは別のものを求めているかもしれないのです。私が言えることは、そこにはたしかに革命的エネルギーが存在するけれども、そのエネルギーは国家権力の奪取や生産手段の領有へは向かっていなくて、自由の諸価値への曖昧で単純な希求しかないのかもしれないということです。

ＡＢＫ——では、たとえばフランスでは、そうしたエネルギーはあるのでしょうか？

ガタリ——短期的に見たら、私はきわめて悲観的です。それは社会が明らかにエコロジー的崩壊や精神的退廃に見舞われ、若い世代は一種の主観性の荒廃に陥っているからです。さらに、もっと不明瞭でわかりにくいけれども、私が集団的不能状態と形容するような現象が社会全体に浸透しています。しかしそうは言っても、思いがけない出来事が起きる可能性も排除できません。

ＡＢＫ——思いがけないこととは？

ガタリ——たとえば目を見張るような事態の逆転です……。

ＡＢＫ——まだそういう可能性があるんですか？

ガタリ——ブラジルではとてつもない貧困がとてつもない寡頭政治と共存しているし、アフリカでは人口の急増が続いているし、アジアの新興工業諸国はすでに袋小路に入りつつあるし、現在のイデオロギー的システムは他者との関係を閉ざし、自己を自己のなかに押し込め、われわれの存在に内属している異例の諸次元——われわれの欲望との関係、有限性や苦痛や死に対するわれわれの不安や悩みなど——を度外視する方向に向かっています。要するに主観性のシステマティックな幼稚化が見られるのですが、それに対するまぎれもない反乱も不可能ではありません。それはたとえばダダイスムやシュルレアリスムの時代に見られた芸術のあらゆる生き生きとした形態のなかにおける永続的な反乱のようなものです。しかしそれは美的次元のみにとどまるものではなくて、われわれは現在のような主観性が包囲された状態のなかで、どのようにして生き延びることができるかを問わなくてはならないのです。

ＡＢＫ――それはすでに幾人かの理論家や実験家が述べているカオスと関係があるのでしょうか？

ガタリ――それは通常の組織形態を持ったカオスのことですね……。

ＡＢＫ――通常の因果律からの脱却が世界と主観性を救うということなのでしょうか？

ガタリ――おそらくそうでしょうね……。

（1）ゴルドマン・コレクションにあるタイプ原稿（G44）。日付がなく、ただ次のように記されている。〈アンヌ・ブリジット・ケルンによるフェリックス・ガタリへのインタビュー〉〔アンヌ・ブリジット・ケルンはエドガール・モランとの共著（『郷土としての地球』）などで知られる女性批評家。ラジオチャンネル〈フランス・キュルチュール〉のプロデューサーでもある〕。これはおそらく雑誌『トランスヴェルサル』のために行なわれたものであろう（したがって時期は一九九〇～一九九二年頃）。しかしどの号に載ったのか、また実際に載ったのかどうかもわからない。ガタリはこの対話のなかで、主観性の生産について、ＣＭＩ（統合された世界資本主義）が課すネオアルカイズムやファシズム的様式とは別の様式を念頭に置いてアプローチしている。

(2) 機械状インターフェイスのシステム[1]

ピエール・レヴィは彼の素晴らしい著作『知性のテクノロジー』[2]のなかで、あくまでも情報科学者としての視点を維持したまま、きわめて独創的な哲学的展望を展開している。すなわち、いにしえからハイデガーにいたるまでの哲学の歴史を通して確立された存在とものとのあいだの〈存在論的鉄のカーテン〉をどう乗り越えるかということである。彼は意識次元の個人化の問題と主観的主体化の集合的動的編成の問題を切り離して考える。後者は間主観性の諸関係や社会的諸関係を包含するだけでなく、あらゆる種類の宇宙的・機械的構成要素ともかかわる。互いに組み合うように節合された多数の機械状インターフェイスは、〈客観的〉主体化の発源地と意識的〈表示〉のターミナル(端末)とのあいだに連続体を打ち立てる。

この交差的あるいはインターフェイス的と言ってもよい本は、主観性の非歴史的ヴィジョンのなかに陥ることなく、いみじくも〈認識的エコロジー〉の基礎(情動と幻想を思考に組み込んだ精神的エコロジーに通じることを期待させるような)を設置している。ピエール・レヴィは共時的に作動する三つの主観的主体化の段階を区別している。[3]

(1) 循環的時間にかかわる第一段階は、口頭文明の永遠回帰に対応する。
(2) 線形的時間にかかわる第二段階は、書かれたものと国家の超越性に対応する。

（3）今日始まっている情報機器の規則的時間にかかわる第三段階は、ものごとのプロセスの全体的な直接的把握に対応する。

したがってわれわれの前に開かれている機械的時代は、必ずしも呪いや破局と相関関係にあるのではない。機械なるものの概念を拡大すると、人間の条件を永続的に再発明する可能性が垣間見える。無限の豊かさを創造することができる潜在性を持った存在論的複数世界をつくりだすことができるかもしれないのだ。この〈機械圏〉を引き受けることができる言表行為の集合的動的編成の倫理的－政治的選択にすべてはかかっているのである。

この作業をたしかなものとする方向のひとつは、フランシスコ・ヴァレラ[4]の〈自己産出（オートポイエーシス）〉――つまり構造を永続的に再構成するシステムの能力――についての考察との接続――これもインターフェイスだ！――を図ることである。ヴァレラは自己産出の過程を生命システムに限定し、それ以外のシステムは〈他者産出〉に属しているとした[5]。しかしこの〈他者産出〉の概念は、ピエール・レヴィが取り上げている機械状インターフェイスのすべてのシステムにまで拡張することができると、私には思われる。インターフェイスは、コード化や記号的表現の二つの異質の地層のあいだを通る何かに存在論的一貫性を与える。インターフェイスは、一方でおのれの存在を支えるために周囲から協力するすべてのものとの個体発生的な原型的他性関係[6]を維持するとともに、他方で個体発生に先だって存在するインターフェイスや個体発生を継承するように誘われる潜在的なインターフェイスとの系統発生的な原型的他性関係を維持する。これは素朴なアニミズムのようなやり方で〈魂〉を機械にゆだねることを意味するのではなくて、機械のなかにはシステム工学的な単純な相互作用やフィードバックのなかよりも〈多くのもの〉があるということを認識しなくてはならないということを意味する。私が焦点化しているのは、外在的基盤との関係における存在論的な自主的一貫性――したがって存在論的複数主義――であり、それはピエール・レヴィがコンテクストをハイパーテクストに置き換えたことに対応するものである。さらに言い換えれば、現在ハイパーテクストのなかだけでなく潜在的系統流のなかにも居場所を持っている言説性の根元にある非言説的なものの発源地の存在を重視しているのである。

最後に単刀直入に言わせてもらうと、ピエール・レヴィは、私の友人ポール・ヴィリリオやジャン・シェノー(7)の〈裏返しのユートピア思想〉に対して少し辛辣すぎるのではないかと思う。彼らは彼らなりにわれわれに大きな貢献をしているのだから。

（1）このテクストは雑誌『テルミナル』（n° 52, février-mars, 1991）の〈ブロックノート〉欄――ジャン・シェノーのあとを引き継いでガタリが担当していたコラム――にガタリが書いたもののひとつである。
（2）Pierre Lévy, *les Téchnologies de l'intelligence*, Paris, Découverte, 1990.
（3）本書第二部（4）「コミュニケーションの自己産出に向かって」の注（4）を参照。
（4）本書第二部（5）「フェリックス・ガタリと現代芸術」の注（5）を参照。
（5）Francisco Varela, *Autonomie et connaissance*, trad. Paul Dumouchel et Paul bourgine, Paris, Seuil, 1989.
（6）本書第二部（3）「〈機械〉という概念をめぐって」の注（1）を参照。
（7）ジャン・シェノー（一九二二―二〇〇七）。ガタリの前に『テルミナル』の〈ブロックノート〉欄に執筆していた歴史学者・活動家〔「アジア的生産様式論」や「ジュール・ヴェルヌ論」で知られる。私事にわたるが、訳者はガタリ・ルートとは別の回路でシェノーと親交があった〕。

（3）ゼロへの回帰を超えて（1）

トニ・ネグリ〔以下、ネグリと表記〕——まず最初に最近『千のプラトー』についてジル・ドゥルーズにもした質問から始めたいと思います。今世紀の偉大な哲学的エッセーのひとつであるこの本に、私は悲劇的な調子を感じました。このなかで描かれている対立的概念カップル（過程（プロセ）／企画（プロジェ）、構成（コンポジシオン）／組織（オルガニザシオン）、漏出線／装置と戦略、ミクロ／マクロ、等々）、この対立しているけれども開かれているシステムを構成するすべてのものは、解きがたい緊張と終わりなき努力のなかに閉じ込められているわけではないけれども、そのなかに包含されているというわけです。そこに悲劇的要素があるように私には思われます。

ガタリ——最低限言えることは、喜びであれ、悲劇であれ、コメディーであれ、私が好んで〝機械状〟と形容する過程は保証なき未来を編み上げるということです。人は〈鼠のようにつくられている〉のですが、そこには思いがけない心踊るような冒険が待ち受けてもいるのです。人は自分を過大評価してはなりませんが、自分にこだわらないわけにもいきません。私はこうした曖昧な論理を〈解きがたい緊張〉として見るのではなく、むしろ多義的な戯れとして見たいと思います。それは多声的で、ときには対立するようなものを平行的に選択したりもするもので、そうするとなにもかもが中途半端になるような分岐が起きて、居心地の悪い気分になったりします。こうした参照世界の耐えがたい星座的布置をいかにして〈耐え忍ぶか〉ということでしょう。おそらく忘却が救いの手のひとつでしょうが、誰もがそうすることができるわけでもありませんね。

ネグリ――『分裂分析的地図作成法』のなかで、あなたはトポロジー（位相学）や力学と主体化の過程を節合しながら新たな一歩を踏み出そうとしていますね。そこでは動的編成（アジャンスマン）の系統的分析を通して現象学が展開されています。そしてあなたは主体化の集合的装備にますます関心を深めていますね。ところで、そうした集合的装備を分析するとき、権力や社会的再生産のシステムのなかにそれが挿入されていることを捨象し、審美的な立場に依拠しすぎると、逆説的にも運動を排除して汲み尽くせぬ歴史を汲み尽くされたものと見なすポストモダニズムの形式主義の陥穽に陥るのではないでしょうか？　あなたは〈永遠回帰〉という観念と慣れ親しみすぎてはいないでしょうか？

ガタリ――初めからやり直しましょう。歌詞のあまり違わない似た音楽の場合そうする必要があります。歴史は線形的ではなく非時系列的です。そこでは時系列から脱した再領土化が未来指向的潜在性と隣り合っているのです。出来事というのは根本的に一致しない諸要素の異質発生から生じるものです。あなたが私のトポロジーと呼ぶものは主体化の集合的装備を説明することだけを目的にしているのではありません。もっと正確に言うと、〈集合的〉という言葉を〝強度の多様性〟という意味で理解しなくてはなりません。つまり、芸術や前個人的生産――たとえばヒステリー症状の身体化――は、非人間的な集合的動的編成から生じるのです。モル的次元の力関係はもちろんそれ相応の力を持っていますが、その地位は言表行為や非身体的（無形的）なものの発生源の活性化、実在的領土の具現化などによって、言説的体系の論理から逸脱した感性的論理にしたがって相対化されるのです。だから私は、形式ではなく自己産出的な抽象機械に応じた言表行為の動的編成の分析を推奨するのです。形式というものはつねに、空間とエネルギーの内在的時間座標系を外的状態に置き直す線形的手順にしたがって変化させられるのです。それに対して抽象機械は、その存在論的体系を自己肯定的反復として明示するのです。抽象機械にとって、線形性はあとからくるものでしかありません。線形性は表現の内容をともなった部分的言表主体ですが、客観的素材を提示し、形式的主体化に向かうものでしかないのです。〈審美的立場〉とは、存在論的複数性の問題は大文字の〈存在〉の問題ではなくて、絶えざる変化を続ける〈選択的課題〉であると考える立場に立つということです。言表行為の動的編成は、そうした変化の過程を肯定しながら、異質発生的で特異化を触発する存在論的構成諸要素を生産するのです。

ネグリ——あなたは『分裂分析的地図作成法』のなかだけでなく、以後のすべての著作のなかで、現在の歴史的時期を特徴づけるために〈地球規模の情報化時代〉という表現を使っていますね。このカテゴリーはコミュニケーションの時代についてのフーコー的・ドゥルーズ的な言説と共鳴し、それを明確化するものです。このカテゴリーを哲学のなかに受容することは根源的な方法論的影響をもたらします。それは系譜学を認識論のなかで解決し、逆に認識論を系譜学のなかで解決することを可能にし、言表行為の動的編成を歴史的観点から構築しようとするものですね。しかしながら、このような還元は、情報的参照をともなった認識論においては、悪しき副作用をもたらすことはないのでしょうか？ つまりそこには、この認識論を特徴づける横断的、線形的、中立的な諸関係の世界のなかで、系譜学的な決定や動的編成をのっぺらぼうに圧延してしまう危険はないのでしょうか？ 情報的地平の無差別性をどうやって断ち切るかということです。

ガタリ——資本主義的主観性はあらゆる〈メッセージ〉の体系的な単純化や二項対立化をもたらします。それは等価性をまんべんなく行き渡らせ、その一般的等価性が空間、時間、エネルギー、資本、シニフィアン、存在といった領域でその座標系を繰り広げます。問題はその出現が日付を持った歴史的地平であると同時に、大昔にまでさかのぼる価値論的眩惑をもともなっているということです。重要な複雑性が内部から廃棄されるという脅威がつねに存在してきました。カオスは複雑性に宿り、複雑性はカオスに宿るのです。その結果、カオスは絶対的速度を持った生命的実体で構成されることになります。もちろん科学はcとかhといった定数（プランク定数）[2]、ビッグバンのゼロ時点、絶対的ゼロ地点などでこの速度を〈緩める〉のですが、それはそれです。〈分子革命〉のパースペクティブが正当だと思えるのは、この主観性の資本主義的エントロピーがあらゆるレベルに定着し、絶えずその灰のなかから再生するからです。主権統治社会から規律社会を経てコントロール社会に至るという時代区分は系譜学的であると同時に個体発生的[3]でもあります。こうした権力、知、主観性の領土化体制は、現代的主観性のなかで解体され再構成されます。ですから、たとえば現在、原理主義や人種差別の増大を〈始原（アルカイックな時代）への退行〉と見なすことはできなくて、それはファシズム的進歩主義あるいはネオアルカイズムと見なさざるをえないのです。つまりそうした動きは現代世界の知性や感性の形態を一から十まで再発明しようとしているということです。したがって現在問われているのは、歴史を最初からやり直すとか歴史を進歩主義的目標に向かって延長するといった問題ではありません。そうではなくて、主観性の動的編成を別の基盤の上に再構成し、それとともに歴史的主体化の多様な相貌――そのなかで資本主義的主観性は、その空虚さ、陳腐さ、卑俗さ、低俗さにおいて群を抜いているのですが――を感性的に再創造しなくてはならないのです。

ネグリ――今日、主体化の過程をどのようにして認識することができるのでしょうか？　またそれをどのようにして安定させることができるのでしょうか？　その過程が構成される存在論的次元（構成、コード、ブロック、動的編成、装置などにおける）をどのようにして認識することができるのでしょうか？あなたが〝存在論〟という言葉を好きではないことを私は知っていますが、私はこの言葉をスピノザの言う意味、つまり〝情念の構成的過程の内部における特異性のあり方の検出〟という意味であなたに使ってほしいと思っています。言い換えるなら、あなたがそれを存在論と呼ぼうと呼ぶまいと、主観性の構成体の意味とその内部における対立を具体的に明確化してほしいと思うのです。主体化の過程はどのようにして現実的なものの新たな地平、〝レーベンスヴェルト（生活世界）〟(4)の新たな相貌——その内部で闘争を方向づけることが可能な——を構築することができるのでしょうか？　明示的意味や意味作用が魔法の円あるいは非シニフィアン的物語の自律性を超えていく地点はどこにあるのでしょうか？

ガタリ——いや、私は〝存在論〟という言葉が好きですよ。私が気をつけているのは、むしろ私がこの言葉を使いすぎる傾向を持っているということです。私にとっては、存在論的生産の発源地、自己産出的肯定の場所というものがあって、そこでは一連の無形の個別的現存在性からなる参照体系をともなった反復や強度が存在します。こうした考えは若干アニミズム的なヴィジョンに由来するのですが、それはたいした問題ではありません。ものごとが複雑化するのは、実践（プラクシス）について考えるときです。記号化の動的編成を起点として、どのようにして新たな強度を持った星座的布置を存在させることができるのかということです。そこからリトルネロや顔貌性の機能に魅かれていったのです。なぜならそれらは部分的主体化の発生源はどういうものかを示すものだからです。しかしまた、それ自体が実在的機能として自立的に作動する脱領土化された問題提起的なリトルネロ——鳥の鳴き声などとはまったく異なった——のまわりには矛盾を孕んだ難問もあります。私の考えでは、もっとも単純なリトルネロ、たとえば強迫神経症のようなものでも、つねに複雑なリトルネロなのです。単純な反復が複雑性の支柱になっているのです。しかしそうであるからこそ、言説的参照体系を非言説的な感性的理解の方向に向けなくてはならないのです。しかしそうではありません。優位性というのは単純ではありません。単純きわまりないと思われるものが実は超複雑であったりするのです。単純や慣習的な明示的意味をしみ込ませるなにかべたべたしたものが、あなたが存在論的と形容する実在的機能の再起動をうながす生き生きとした骨組みへの接近を多くの場合阻むのです。

ネグリ――主体化の過程の複数性が、集合的装備や市場や制度などの複数性で構成されている時代にわれわれは生きています。この過程は非常に豊穣で、民主主義や社会主義といった古いカテゴリーを使って要約することは不可能です。自由資本主義という古いカテゴリーは言うまでもありません。しかしこの過程はまた、主体化の過程の強度を相対化し超コード化するグローバリゼーションと従属のダイナミズムによって貫かれてもいます。私はときどき、ひとたびヘゲモニーを握った分子的過程も、もはや敵対者の存在を認めないモル的力によって飲み込まれ消化されているような気がします。こうした状況のなかで、形而上学的な政治的脱出には関心がありません（新たな神秘主義から緑のイデオロギーにいたるまでそういう例は山ほどあります）。そこでうかがいたいのですが、分子的マルチチュードのなかで、どのようにしてモル的反対派が再構成できるのでしょうか？

ガタリ――政治的民主主義は、いまやマスメディア、世論調査、宣伝広告、広報活動といったものによって引き継がれて、ますます形式的なものになっているだけでなく、ますます現実から切断され、ますます錯乱的なものになっています。しかしそのことは、政治的民主主義が資本主義的主観性に対する影響力をまったく失っていることを意味するわけではありません。政治的リーダーはテレビの司会者たちと張り合いながら、ものごとの根源的発生源の擬似的親密世界のなかにますます深く入り込もうとしています。〈ベベットショー〉[5]の支配する時代から〈サイコショー〉の時代に移行しているのです。こうしたすべてのことを通して考えると、このタイプの主観性の生産が、内在的過程、分子的変化といったものをキャッチする能力には目眩を起こさせるようなものがあるということです。しかしながら、そこで展開される幻想、渋面、偽装といったものが正真正銘の実在的領土化の拠点にもなりうるとしたら、そうしたものの真偽を判別するための真理テストは存在するのでしょうか？　たとえばロック文化のスターシステムによってステレオタイプ化された身ぶりを見たらいいでしょう。そうした身ぶりのあり方の特徴は、ステレオタイプではあっても、子どもや思春期の青年たちが彼らの人生の決定的に重要な時期に取り戻そうとする対象でもあるのです。これが真理テストなのです。真理テストが裏切らないのは、それが感性的次元にあるものだからです。出来事を創造する一種の実存的吸着力を引き起こすのはこれなのです。こうした資本主義的主観性の集列性に反逆する分子的抵抗の拠点が、たいていの場合超越性や神秘主義や〈自然〉崇拝への回帰として具現化されるということはあまりにも本当のことでしょう。しかし私はそれをあなたほど気にかけません。私は神が神のものを再び見いだしただけのことだと思います。こうしたネオアルカイズムのなかにはとびきり人工的な何かがあります。それはさまざまな主観性の構成体のなかのひとつの地層としか決してかかわらないものです。原理主義者が酒を飲んだり密かにポルノ映画を観たりしていることはよく知られたことです。両立可能なんですね。要するに、ミクロファシズムはいつでも再生するけれども、マクロファシズムは必ずしもそうはいかないということです。モル的対立はいまなおつねに社会的戦争機械の構成を経て行なわれるのです。ただ、いまやレーニン主義的機械とは別のものを考えなくてはならない時期がきているということでしょう。第三世界におけるモル的機械について言えば、最近ではイランの原理主義やイラクのナショナリズムとともに生まれているわけです。八年もの間、モデルをめぐる戦争があり、不自然な選択があり、それがいま試されているのです。東西の対立による国際関係の超コード化が弱まっている現在、一連のモル的機械が誕生し増殖することになるかもしれません。それは破局的な事例だけとはかぎりません。ブラジルの労働党は現実的な希望を抱かせるものです。[6] しかしあなたもご存知のように、私はそのためのプログラムも参照すべきモデルも持ち合わせていません。私に言えるのは、いまのところ分子的革命は、いまも消え去るどころか分岐しながらも強固になり続けている社会的諸力の力関係のなかで作動する大規模な諸機械によって〈追い越される〉ことは不可避であると思われるということです。

ネグリ——あなたは特異性への根源的権利を支持していますね。あなたはそれを分業や解放的な社会的実践の究極目標に焦点を合わせた有限性の倫理の行使として顕揚しています。そこでうかがいたいのですが、特異化の過程はどのようにして対立的力になりうるのでしょうか？　言い換えるなら、抑圧された特異性はどのようにして有効化するのでしょうか？　まだなにか耐え難いものが存在するのでしょうか？　そうしたもの自体が、増大する市場の複数性のメカニズムのなかに解消されてはいないでしょうか？　共産主義の哲学的理念を再構築し、それを主体化の過程に結びつけることができる可能性は存在するのでしょうか？　そうしたことを実証主義や教条主義やユートピア主義の陥穽に落ち込むことなしに実行することはまだ可能なのでしょうか？

ガタリ——あなたは私にしゃべらせるために無理をしているような気がします。あなたも私同様ご存知のように、特異化の過程というのは対立関係も抑圧も相互作用すらも知らないある純粋な自己肯定です。まさにメタファーの持つエネルギッシュでダイナミックな世界からきっぱりと脱出するということです。内在性の共産主義はおのれに固有の参照体系を支える倫理－政治的実践の上にカーソルを絶えず引き戻します。すると、マルクス主義やフロイト主義、構造主義などに取り付いていた科学主義的パラダイムは〈退場〉することになるのです。超越性の思想、永遠性の感情といったものが、進歩主義を有限性に対する大きな恐怖、そのシステマティックな回避、サミュエル・ベケットが鮮やかに描いた究極の空虚に変えてきました。進歩主義を病気にするのではなく、現実に即した実践的理性にしなくてはなりません。それには、キルケゴールの宗教的飛躍に倣って言えば美的飛躍が必要です。どうして変えようとするのか、どうして何もしないよりも革命をするのか、ということです。その方が格好がいいからですよ！　しかし、本当は何のためというのでもなくて、あえて言うなら無形の喜び、ものの表面に生じる知覚しがたい〝ときめき（パルピテーション）〟のためです。

ネグリ――私はあなたが出来事への情熱や生きることへの喜びの感情を大事にしていることを知っています。しかしあなたは哲学的に思考するとき、あえてそうしたことから離脱しようとしているように見えます。あなたは構造と出来事に対するスキゾ的関心をどのようにコントロールしているのでしょうか。あなたは出来事に語らせないという危険を冒してまで、出来事に潜む構造につねに先んじようとしているのではないですか？　この問題はあなたのドゥルーズとの仕事のなかにも潜んでいるような気がします。あなたの出来事に対する理論とはどういうものでしょうか？　今日、革命的過程ではなく革命的出来事を、革命の条件ではなく構成的権力を、どのようなものとして想像することができるでしょうか？

ガタリ――出来事というのは贈与（神）のようなものです。人はつねに何事も起こらないだろうし、これからも何事も起こらないだろうという気がしています。ところがそうこうしているうちに〈湾岸戦争のような出来事〉が起きるわけです。しかしそれでも、まだ本当には何も起きないだろうと思ってしまう。地球地規模のマスメディア機械があらゆる凹凸、あらゆる特異性を圧延してしまうのです。もはや神秘のゾーンと出会うことはないのです。現在問われているのは、いまわれわれの前に現前しているものごとで出来事をつくることができるかどうかということです。何が起ころうとも〈一面のトップ記事〉をつくらねばならないジャーナリストとは異なった仕方によってです。しかも詩的なやり方で出来事をつくれるかということです。したがってここで構成的権力の問題、〝独自の〟存在論的生産の問題が登場するのです。構成的権力とは集列性に耐えるということです。それは戦車のなかで焼けつくような思いをしているアメリカの兵隊、人質の困惑、若いアラブ人の歓喜、サダム・フセインのシステマティックな錯乱といったものを思い浮かべながらということであってもかまわないでしょう。とにかく何かが起きるためには、こうしたはっきりとした限界のない場面が必要なのです。次に、構造についての問いに関しては、私としては真正面からではなく斜めから答えたいと思います。なぜなら私は歴史のある状態、主観性のある状態、要するにものごとのある状態といったものを説明しようとは金輪際思っていないからです。私はただたださまざまな説明様式の可能性の条件を明確にしようとしているだけです。集合的言表行為にかかわる問題を把握し輪郭を明らかにするには、いかなるモデル化のシステム――それが理論的なものであれ、神学的なものであれ、美的なものであれ、はたまた錯乱的なものであれ――も、私が〝存在論的ファクター〟と呼ぶもの（流れ、機械状系統流、実在的領土、非身体的（無形）世界、等々）をきちんと位置づけなくてはなりません。そこにおいて、私にとって本質的に重要な存在論的複数性の問題が回避されたり引き受けられたりするのです。つまりそうしたなかで、〈存在〉を創造説的な不可逆性のなかに落とし込む不安定な有限性によって刻印されているさまざまな実在的領土のなかに具現化されているもののなかから、特異な星座的布置を持った参照世界を選択することもできるのです。こうした条件の下では、存在は地図作成的なものでしかありえず、強度を通した結合の過渡的相貌のメタモデル化でしかありえません。出来事はこうした言表行為的地図作成のなかから生じるもので、この不安定的、質的、強度的な仕方での存在の捕獲にほかならないのです。こうした表現するものと表現されたもののあいだ、与えるものと与えられたもののあいだの創発的相互関係は、まさに存在論的な構成的権力と見なされる美的創造のなかにその激烈な表現を見いだすのです。初発状態の時間、ゼロへの回帰の時間、過程性の再開の時間、という三つの時間があると想定しましょう。第二の時間は弁証法的ではありません。この時間は有限性や無-意味性と果てしなくかかわるものです。しかしながらこれは豊穣な時間であり、複雑性をカオスの海で充填するということでもあります。ゼロ時間にはつねに思いがけないものが内蔵されているのです。それはたとえば特異性の発源する地点として可能性の諸線を再出発させるというようなことです。第三の時間は想像的なものの時間、つまり曖昧なものの再開の時間です。共産主義をどう定義するか、あるいはもっと単純に永遠の欲望という幻想を完全に脱却した完璧な愛をどう定義するか、と言い換えてもいいでしょう。生きる力、スピノザ的な喜びは、その断片的、多声的、多参照的な様態性によってしか超越性や苦しみの法則から逃れることはできません。ある規範が倫理的構成要素の複数性を統合しようとすると、創造的過程性はたちまち遠のいてしまいます。唯一の最終的真理は、複雑性の絶対的貯蔵庫としてのカオスの真理です。社会主義やアナーキズムの最初の草案の持つ力や純粋性は、まさにそれが共産主義的あるいは絶対自由主義的な想像世界のありようを少なくとも部分的には把握するとともに、それを支える個人的・集合的な企図の不安定性に対する鋭敏な感覚を持ち合わせていたことに由来するのです。しかしそれ以後、有限的世界の中身は精彩を欠くようになり、マスメディア化によって集合化された主観性は幼稚化していきました。〈土地の捕獲〉という第二の時間の有限性は一度行なわれたら終わりというものではありません。それは絶えず再捕獲され、そのリトルネロと存在論的組成のなかで再創造されるものです。今日、共産主義の再構築は主観性の生産様式の大きな拡張を抜きにしては考えられません。そうであるがゆえに、環境のエコロジー、社会的エコロジー、精神的エコロジーのあいだの〝エコゾフィー〟による結合という主題が登場しているのです。

(1) このフェリックス・ガタリとトニ・ネグリの対話は、『分裂分析的地図作成法』の出版を機に行なわれ、雑誌『前未来』(*Futur antérieur*, n°4, hiver 1990) に掲載されたものである。この希有にして興味深い意見交換のなかで、ネグリはガタリを受け身の態勢に追い込み、ガタリが自分で気づかずに、ポストモダン的、反歴史的、ニヒリスト的、存在論理的、ユートピア的、教条的、実証主義的、構造主義的な傾向性を持っているのではないかと矢継ぎ早に問いかけている。
(2) プランク定数は量子力学において量子の規模の大きさを描くために用いられる。
(3) 本書第二部(3)「〈機械〉という概念をめぐって」の注(4)を参照。
(4) フッサールの概念。「生活世界」は、人間は互いに個人的実体の並列状態に置かれているのではなく、共同的に生活し、行動し、思考するというコンテクストに対応する。この概念は、とくにハイデガーからハーバーマスを経て多くの現代哲学者によって問いに付されてきた。
(5) 本書第二部(4)「コミュニケーションの自己産出に向かって」の注(8)を参照。
(6) ルラの率いるブラジル労働党。

（4）内在性の眩暈——無意識の生産を再構築するために(1)

ジョン・ジョンストン〔以下、ジョンストンと表記〕——あなたは長いあいだ主観性の生産についての考察を中心的主題にしてきましたね。

ガタリ——私にとって重要な問題は、主観性の生産、無意識の生産というものを、さまざまな現実的状況——集団的、家族的、制度的等々の——のなかで実践的に再構築することでした。そうした具体的状況のなかで、主観性の生産、言い換えれば言表行為の動的編成は、自動的に行なわれるものではありません。かりに人間どうしのあいだに自然的諸関係が存在したとしても、主観性の生産は自然的諸関係のなかに存在するものではないのです。したがって主観性の生産は絶えず発明し再創造しなくてはならないものなのです。そしてそのような発明が一種の存在論的な安心感をもたらすのです。私が誰かを受け入れることを可能にしているもの、その人にその人自身のこと、その人の夢や幼年期のこと、将来のことなどについて語らしめること——しかもある一定の連帯的様式で——を可能にしているのは何なのでしょうか？ ラカンの表現を借りるなら、「分析家は自分自身しか拠り所にすることはできない」のです。しかしこれは実際には本当ではありません。分析家は自分自身を拠り所にしてはいません。分析家はある理論、同業者との一体化、ある学派への帰属といったものを拠り所にしているにすぎないのです。それが私が存在論的な擬似保証と呼ぶものです。私の関心は、こういった実践を、精神療法や精神分析の既存のモデル化に直接則るといったやり方ではなくて、私が〝メタモデル化〟と呼ぶものに基づいて再構築することなのです。

ジョンストン——その場合、モデルは予め与えられていないということですね。

ガタリ——そういうことです。精神分析や精神療法のモデル化のシステム、そのさまざまな概念、さまざまな潮流のモデル化のシステムを考察してみると、どんなモデル化もモデル化が行なわれるたびごとに確立され、ある特殊で特異な関係のなかで定着するものであるということ——分析家の権威や経験にかかわりなく——がわかります。

現在、スキゾ分析を実践するなかで私の関心を引きつけるのは、その実践過程を通して現れる世界の異質混交的様相です。つまりひとつひとつの治療法がさまざまな特異的世界からなる星座のような布置をなして、まったく特殊なあるシーン、ある舞台をつくりだすのです。〟メタモデル化〟は、このような多様性、特異性、異質混交性を把握するための道具をつくりだすためにあるのです。

ジョンストン——ラボルド精神病院におけるあなたの仕事とあなたの理論的仕事とのあいだには緊密な関係があるのでしょうか？　それともあまり関係はないのでしょうか？

ガタリ——私はつねにさまざまな活動のあいだで引き裂かれた状態で生きてきました。社会的アンガジュマン、いわゆる活動家としての活動、ラボルト精神病院における集団的な実践活動、精神分析医としての個人的実践、それに文学的・理論的な活動といったものです。そうした活動は同質的な活動でもなければ重なり合うものでもまったくありませんでした。ところが、まさにそうした引き裂かれた状態を経験するなかから、私は何かを考え直したり、何か新しいものに働きかけたりするようになったのです。

ラボルドで精神病者とつきあうことによって、精神分析の学派のなかでモデル化された伝統的精神分析のやり方を再審に付すことになったのは明らかです。他方、私が若い頃に青年グループや極左翼の運動のなかで行なった社会的実践は、私に一種の社会的関係のテクノロジーのようなものを与えてくれましたが、それは私がラボルドで行なっていたこととまんざら無関係でもありません。そのあと、ジル・ドゥルーズと一緒に行なった哲学的仕事は、それ以前には私にとってフロイト－ラカン主義に対する問いや疑いといったものにすぎなかったものを深めてくれることになりました。私がそれよりずっと以前に着想した横断性という概念を改めて持ち出すことになったのは、こうした絶えざる次元の移行を通してなのです。つまり、さまざまな異質の極のあいだをいかにして通っていくかということです。それらの極を貫通する横断性をどうやって見つけるかということです。一般概念の向かう方向とは逆に、異質性の混交の方向に向かう抽象機械をどのようにして発展させていくかということですね。

ジョンストン――あなたは横断性という概念を六〇年代に提起したわけですが、その概念はその後変容したということですね。

ガタリ――そうです。横断性という概念は七〇年代に私が〈脱領土化〉という概念を打ち出したときに完全に変化したのです。つまりそのとき、単なる横断性が脱領土化された諸審級の横断性へと変化したのです。そして現在、それはさらに〈カオスモーズ〉という概念へと変化し続けているのです。なぜなら横断性はカオスモーズ的なものであり、それはつねに意味の外側、構成された構造の外側に潜り込んでいくという危険と結びついたものでもあるからです。

ジョンストン――ジル・ドゥルーズによると、われわれの住む社会は規律社会から管理（コントロール）社会へ向かっているということです。このような体制の相違は、人々の行動、とくに〈適応不全〉の行動のなかにどのように現れているのでしょうか？

ガタリ――私は覇権社会、規律社会、管理社会といったものを対立的に考えるべきではないと思います。資本主義の展開を念頭に置くと、私はそこに統合社会というものもくわえておきたいと思います。こうしたさまざまな社会体制は、実際にはつねに共存しているのです。この点について、私はミシェル・フーコーのような明瞭な系図をつくろうとは思いません。そういった社会体制というのは、互いにもちつもたれつしながら共存している主体化の構成要素にほかならないわけです。そうした観点に立つと、管理社会のかたわらで、しだいに頭をもたげてきているのが統合社会であるということに注意を払わねばなりません。つまり主体が社会的ロボットとして機能すべくモデル化されるといった〈主体統合社会〉です。そういった社会では、もはや主体を監視したり管理したりする必要はなくなるのです。

ジョンストン――あなたは最近『カオスモーズ』というタイトルの新著を出版されましたね。そのなかで、リトルネロ、物質的・映画的・エネルギー的流れ、価値の諸世界、実在的領土といったような、たいへん独創的な概念や思想を展開しています。しかしそのなかでもっとも重要な鍵概念だと私に思われるのは、あなたがすでに触れた〈メタモデル化〉という概念です。

ガタリ――私の言う〈メタモデル化〉の概念は特異性を持った地図作成にかかわるものです。つまり私はこの概念を構造主義的あるいは科学主義的な解読格子として提起しようとは毛頭考えていないのです。要するに私は、身体や自我のレベルあるいは建築的・都市的な環境との関係のレベル、倫理的・宗教的な理念といったような諸価値との関係のレベルなどにおいて、実在的な特異化の問題を考えているのです。私はそこに横断的な概念を見つけだし、実在的領土という概念をつくりだそうとしているのです。そして、実在性を〈把握する〉機能が宿り、そこでは既存の言説性が崩壊するという、このような実在的領土が、いかにして自己産出性を回復するのか、またその自己産出性が新しい価値の諸世界の言説性とどのように結びつくのかといったことを検証しようとしているのです。私は、自分自身が破裂し、引き裂かれ、断片化した状態のなかで、私のなかでもう一度できうるかぎりすべてがくっつくことを可能にするメタモデル化という概念機械をつくろうとしているのです。

ジョンストン――それをするために、あなたは現象学、記号論、マルクス主義、美学といったものをあえて結びつけようとしているのですね。しかしそうした混合は私の見るところそれ自体が厳密かつ非常に有用な一貫性を備えていて、そのことが多くのものごとを同じ枠組みのなかで分析することを可能にしています。あなたにこうしたタイプの分析を可能ならしめたものは何なのでしょうか？　それはあなたが単一の職業的領域のなかに閉じ込もっていなかったからなのでしょうか？

ガタリ――数ヶ月前に、リオデジャネイロでブラジルの友人たちと歓談したときにも、同じような質問をされました。で、そのとき、私は自分のことを哲学の世界におけるドゥアニエ・ルソー〔フランスの画家アンリ・ルソー（一八四四―一九一〇）のこと。日曜画家として独自のプリミティブ絵画を創造したことで知られる〕のようなものだと思うと答えたのです。もちろん大いなる自負を持ってですよ。

ジョンストン――それはとてもうまい答え方ですね。

ガタリ――つまり私は理論的資料や哲学的資料のなかから役に立ちそうなものをつまみ食いする泥棒なのです。しかし、あまり情報に通じていない泥棒です。泥棒はよく壁にかかっている大家の絵の横を通りすぎて、自分の気に入った小物を盗んだりするんですよ。私の場合もそれと似ていますね。私は哲学的大家の作品の横を通りすぎて、私の理論を構築するのに有用と思われるようなものだけを拾い集めるわけです。

ジョンストン――なるほど。そういう説明を聞いていると、一般の分析家や社会学者がどうして本当に新しい分析をしたり、新しいことを言ったりすることができないのかがわかるような気がします。

ガタリ――あなたは私の生活をよく知っていますよね。私が週の半分はラボルドで働き、あとの半分はパリで生活し、よく旅行をし、それにまた生活条件を変えねばならないように客観的に拘束されてもいるということを。そういったことのために、私には理論的な作業を行なうことが困難になっているのです。ときには実践的な作業すら遂行するのがむずかしいときもあります。こうした絶えざるノマディスム――それがたとえ同じ軌道の上を回っているノマディスムであっても――に耐えられない人もいます。残念ながら、多くの理論家や研究者がそうなのです。彼らは自分たちが居心地がいいと感じる安定した理論的領土のなかに安住して、まるでタイムレコーダーでも押すように決まった時間に決まった仕事をするのです。私の場合はまったくちがいます。私にあれこれの横断的な直結を可能にしてくれるのは、さまざまな出会いと断絶のシステムのようなものなのです。私は一冊の本を最初から最後まで書こうとくわだてたことはほとんどありません。ただし、ジル・ドゥルーズと一緒にした仕事だけは例外で、彼なくしては私は持続性の次元というものを知りえなかったでしょう。

ジョンストン――つまりあなたは小さく仕切られた循環回路に取り込まれるのを免れているわけですね。それに対して、ほかの連中は自分たちが分析している問題そのものの部分をなしているということですね。

ガタリ――そのとおりです。

ジョンストン――たとえばジル・リポヴェツキ(2)のような社会学者は、個人なるものは衰滅し、死にかけているということを、郷愁と憂愁の情をこめて語っています。アメリカでは、構造主義の隆盛以降、哲学における主体の死が語られています。さらに、フレデリック・ジェイムソン(3)のようなアメリカのマルクス主義者は、脱中心化した分裂的な主体を消費社会と世界資本主義の産物として語っています。しかしあなたの場合、こういった問題に対してもっとポジティブで生産的な仕方でアプローチしているように見受けられます。つまり、あなたは主観性の諸形態に関心を持ち、とりわけある種の動的編成が主体もしくは主体化の契機をつくりだすと考えていらっしゃるわけです。そこでうかがいたいのですが、こういった脱中心化し断片化した主体なるものについてどうお考えでしょうか？

ガタリ――私の考えでは、いかなる方向に向かってであれ、主体を不可逆的に運んでいくことができるような論理も弁証法もありません。たしかに、私が資本主義的主観性と呼ぶ主観性の圧延された状態が見られます。そして逆説的にも、そのことによって、コミュニケーション社会が強化されるとともに人間のコミュニケーション能力がますます失われてきています。なぜなら、言説的論証性や情報の次元が世界中に広がるにつれて、言表行為的な能力は逆に閉ざされていくからです。そこには一種のはさみのような二重の動きがあって、そのかたわらで人間の集合的な応答はしだいに減少していくのです。つまり市場的な主観性への自己放棄のようなものが生じているわけです。そしてそのことがポストモダン主義という主題系の出現に対応してもいるのです。

しかし私にとっては、宿命もなければ必然的決まりもなく、主体の死もありません。逆に、私の関心は主観性を再特異化することですが、それは必ずしも個人的な回路を経て行なわれるものではありません。それは複雑な動的編成、集合的動的編成によって行なわれるのですが、単なる集合的なものではなくて機械状の動的編成であり、別のタイプの環境や別の生産性をともなった動的編成なのです。

それは歴史のなかに刻印されていない選択肢であって、別の展望に立った倫理的－政治的選択なのです。こうした主観性の集合的な動的編成の再構成なくしては、われわれは精神的エコロジー・社会的エコロジーの大きな危機、したがって当然のことながら環境のエコロジーの危機に直面せざるをえないことになるでしょう。しかし、こうした実在的領土の再構成を価値化するような人間活動や経済的生産の新たな目標を設定できないはずはありません。

ジョンストン——あなたはそうした新たな参照体系を創造する動的編成として芸術を重視していますね。しかし、近代芸術の主体は多数多様的な主体化に対応しうるような多数多様的な中心を持った主体なのでしょうか？ つまり近代芸術はバフチン[4]の言葉を借りて言うなら〈ポリフォニック（多声的）〉な主体を要請するのでしょうか？

ガタリ——誤解のないように言っておきますが、私は社会的なものを美的なものにしようと主張しているわけではありません。私が芸術を参照するのは、あくまでも三つの問題を触発するパラダイムとしてです。まず第一に過程性の持つ創造性の問題、言い換えれば対象のアイデンティティを絶えず再審に付さなくてはならないという問題。第二に言表行為の多声性の問題。第三に自己産出の問題、つまり部分的主体化の拠点の生産の問題。こうしたパラダイムの混交は、科学の領域においても、社会的なものの領域においても、言表行為の動的編成の再構成にとってたいへん重要なものです。芸術はこうした問題設定の核心に位置する前衛であって、軍事的レベルで言うならコマンドと同じなのです。とくにマルセル・デュシャン以降の近代芸術は、このような言表行為をめぐるラディカルな問題と切っても切れない関係にあるのです。

ジョンストン——政治的な次元で言えば、今はまだ新保守主義の時代であると言われていますが、すでにネオファシズムの時代に突入しているようにも思われます。あなたは『分子革命』のなかで、ナチス国家のすぐれた分析を行なっていますね。そこでうかがいたいのですが、われわれは今、いかなる危険に直面しているのでしょうか？

ガタリ——アメリカとソ連の対立関係からなる冷戦の時代には、核の脅威による均衡が大きな軍事的機械の庇護の下に領土的対立を超コード化していました。ベトナム戦争、一九五六年のエジプトとイスラエルの戦争、あるいはその後のアフガニスタンの戦争といったものは、こういう状況のなかで起きたのです。しかしそれゆえに、それらの戦争ではつねに管理者がいて、ボクシングの試合の審判のように、「それは反則」、「ちょっと離れなさい」、「そこでストップ」、「そこを打ってはダメ」といったように、仲裁の機能を果たしていました。いまや、そういう時代は終わってしまいました。現在われわれは多数の力を前にしています。そのなかには原子力も含まれますが、それが対立を仲裁する力を持っているかどうかはよくわかりません。もちろん国連に仲裁の役目をさせようというくわだてはあります。しかし私の見るところ、国連は湾岸戦争のときに信用が失墜してしまったのです。

ジョンストン——それはなぜでしょうか？

ガタリ——あのとき国連はたいへん不誠実な振る舞いをしたからです。それに国連は何ひとつ解決することができなかった。ともあれ国連の失墜、これがまず大きな危険です。さらに、ユーゴスラヴィア、モルダビア、アルメニアなど、あちこちで私的あるいは部族的といってもいいような小戦争が起きています。それを大動乱の予兆と見て、「これはいずれヨーロッパ全体を巻き込む戦争に発展する」と言う人もいますが、私はそうは思いません。つまり、もう一度繰り返し言いますが、こういったときに、歴史的、進化論的、弁証法的、破局的なヴィジョンを安易にあてはめない方がいいと思うからです。

ジョンストン——パラノイア的にならない方がいいと……。

ガタリ——そういうことですね。なぜなら、そこには、歯止めとして影響関係や利害関係のゾーンというものが存在しているからです。たとえば、ソマリアで内戦が勃発して、すさまじい飢餓が発生しても、諸大国はまったく知らんぷりです。また、いつの日かベルギーにおいてフランドルとワロンのあいだで内戦が勃発したとしても、それはクロアチアやセルビアのようには拡大しないでしょう。さらに言うなら、アメリカ合衆国のアラバマ州とジョージア州のあいだで何かが起きたとしても、それがひとりでに拡大していくことはありえないでしょう。

ジョンストン——湾岸戦争はほとんどジェノサイドとも言えるものでした。軍とメディアが一体となって情報を管理し支配したのです。あれは実に恐るべき出来事でした。

ガタリ——あの戦争で興味深い点は、マスメディアによる主体化の機械、政治機械、知的機械、宗教的機械といったものが、破局的な方向、カオス的な方向（カオスモーズ的ではなくて）に向かって横断的に統合されたということです。宗教的機械は軍事的ロビーに比べたら、まだしも慎重ではありましたがね。いずれにしろ、一挙に戦争イメージづくりだすために遂行されたあの戦争が、数十万人の死者を出し、あらゆる社会的・軍事的・情報的機械の一般的流通機能を完全に変えてしまったのです。国連という機械はそのなかに巻き込まれて打ち砕かれ、それまで国連に託されていた人々の期待を深く傷つけてしまったということです。国連事務総長のペレス・デクエヤルは実にひどい人物で、彼は国連が交渉役として保つべき中立性・自立性をまったくないがしろにしてしまったのです。

ジョンストン——『カオスモーズ』や最近の論説のなかで、あなたはジェームズ・グリックの『カオス理論』[5]を引き合いにだしていますね。またプリゴジンとスタンジェールの共著『時と永遠のあいだ』[6]を参照しながら、「奇妙な牽引力」とか「時の不可逆性」といった概念を強調してもいます。こういった概念はあなたのいまやっているお仕事にとって重要なものですね。とくに「動的編成の形成」とか「世界の出現」といったような概念と深い関係があるように思われます。そこで、あなたが最近の科学の動向についてどうお考えになっているのか、うかがいたいと思います。たとえば〈増殖〉という概念についてはどうでしょうか？

ガタリ――現在、科学的な研究について恐るべきことだと思われるのは、存在論的な観点から見て、結果がすべて同質的な地図のなかに書き込まれているのではないかということです。しかし実際には、それぞれの科学的実践は異質発生的な手続きをともなうのです。とくに、移行、分岐、特異性といったものの生じる地点があって、それらはすべて不可逆的な異質発生の地点で、これがあらゆる創造的分岐に対応するのです。科学的なダイヤグラムは定数とか機能の論証的探知から出発します。そしてそのあと、ある時点で分岐点が現れるのですが、そのときとくに数学的な手順――今日で言えば情報的な手順――の媒介によって増殖が生じるのです。つまり科学の具体的創造性のある次元全体がそこで粉砕されてしまうのです。そうであるがゆえに、私は科学的パラダイムをもっと美的なパラダイムの方に引き寄せようと考えているのです。

ジョンストン――生命の謎に立ち向かおうとする研究者も、複雑性とカオスのあいだに身を置いていますよね。したがって、この〈あいだ〉という位置から出発しなければならないわけです。これがあなたの本の第一の教訓のように思われるのですが……。

ガタリ――私にとって重要なことは、言葉や科学的言表による伝達の領域における感覚的言説性と、非‐言説的な感性的理解との関係について、ある程度の見当をつけることです。そのために私は、相対的に限定されたコミュニケーションの速度のかたわらに、無限の速度を持った実存的理解というものが存在するということを仮定するようになったのです。私が一方に、言説性の世界つまり言説的複雑性の世界、そして他方に、非‐言説的な複雑性の世界と私が〝カオスモーズ〟と呼ぶこの複雑性を理解するための世界を想定するのは、こうした二重に重なり合った分節的結合を仮定するからです。それは究極的には、いかにして質と量を関連づけて把握することができるかということにほかなりません。

ジョンストン――『カオスモーズ』という本は特異性の倫理と政治を提唱した本でもありますね。つまり、これらの言葉がリトルネロのように繰り返し登場しているわけです。そこでうかがいたいのですが、特異性の生産とリトルネロはどういった関係にあるのでしょうか?

ガタリ――リトルネロは特異性よりも特異化あるいは再特異化と関係が深いのです。特異性は数学や科学の領域においても特異点といったようなかたちで見いだすことができるものです。あなたがリトルネロを持ちだしたので言うのですが、私の関心は、日常生活のリトルネロ、美的なリトルネロから出発して、どのようにしたら再特異化の過程を生み出す分岐点を見いだすことができるかというところにあるのです。言い換えるなら、私にとって特異性というのは、一般性や普遍性といったものに対する大いなる反対物としてあるのではなくて、ある実践的な交差点つまりひとつの選択として出現するものなのです。たとえば、私がいまここで何をしているのだろうか、私はこの場所に何者として存在しているのだろうか、私がいまここにこうしているということについて私は責任があるのだろうか、しかもこれから生じるだろうことについて、ただ単に私だけでなく他者に対しても、さらにはわれわれを取り巻く意味の世界の総体に対しても、私には責任があるのだろうか、といったような疑問を抱くことがすなわち倫理的な選択に通じるのです。

ジョンストン――私はあなたに音楽についての質問をしたいとずっと思っていました。もちろん音楽はあなたにとって重要なものですよね。たとえば、私は『千のプラトー』のなかの素晴らしいページ、とくにリトルネロについての条りなどを想起します。あなたは音楽を勉強したことがあるのでしょうか?

ガタリ――私は子どもの頃ピアノを習いました。けっこう長い間ピアノを弾いてきて思うのは、私がほかの美的世界に接近したり、ほかの美的世界を参照したりするときに、音楽の世界が大いに役立ってきたということです。なぜかというと、結局、音楽の世界というのはもっとも無償的(グラチュイ)なもので、したがって間主観的な諸関係をもっとも根源的に問いに付すことができるからです。音楽のなかには、どこか存在論的な豊かさのようなものがあって……。

ジョンストン――音楽は突然たいへんな速度でわれわれを運び去りますよね……。

ガタリ――そのとおりです。文学のなかには、そして詩や造形芸術のなかにさえも、つねに意味の領域がつきまとっています。意味をさまざまな方向に転用したり、活用したりするにしても、意味の領域がついてまわるのです。それに対して、音楽は私にとって基準となる参照世界を一挙に把握させてくれるのです。私がよくドビュッシーや多声音楽といったステレオタイプ化した例を持ちだしてそうした参照世界を説明するのはそのためなのです。

ジョンストン――『カオスモーズ』のなかではパフォーマンス芸術が重要な位置を占めていますね。そのなかの一節をちょっと読んでみます。「パフォーマンス芸術は奇妙でありながら近しくもある世界を幻暈のように瞬時に現出させる。それは日常性の記号的網状組織から出発しつつ、そこから非－時間的、非－空間的、非－シニフィアン的な強度を持った次元を引き剥がし、それがもたらす影響力を極端なまでに高める」。普通、パフォーマンス芸術は映画と同じように混成的美学にしたがって機能し、感覚的・シニフィアン的な圏域をもたらすものと考えられていますが、あなたの言っていることは、それ以上に精確で適切であるように思います。

ガタリ——通常の古典的な美的装置にあっては、媒介の時間と美的世界の結晶化の時間とのあいだにつねに区別が存在します。

ジョンストン——それからもうひとつ、現実の時間とのあいだにもですね。

ガタリ——現実的なものというのは生成的時間です。たとえば、人がある部屋のなかにひとりあるいは誰かといるとして、そのとき突然美的世界の生成に取りかかるとしましょう。そのときあなたが芸術の歴史についての知識を背景としながら、個人的な職業人としての蓄積された実用的技芸を使ってそれを行なおうとするなら、それはあなた自身が直接表現されたということになりません。ともあれ、美的世界においては、個人的職業や芸術の歴史への参照ということがつねにあるのですが、パフォーマンス芸術の場合には、そういった正当化を保証する網状関係はないのです。俳優が自分が何を演じるのかあらかじめ知っていてそのとおり演じるというのとはわけがちがうので、演劇とは言えないのです。それは俳優が緊張して取り乱すようなもので、突然作動するのであって、一瞬の切断なのです。私はその取り乱す姿を演じてほしい、この一瞬の切断が見たいということです。

ジョンストン——あなたは『カオスモーズ』のなかで新たな美的パラダイムの重要性、とりわけあなたが〈過程的内在〉と呼ぶものに関する美的パラダイムの重要性について語っていますね。

ガタリ――それはパフォーマンスに対する私の問題関心とまったく同じものです。つまりパフォーマンスにとって二種類の内在性があるのです。まずひとつは何も起こらないという内在性。それは自らの内部に自閉したリトルネロになかにとどまるということ、ジル・ドゥルーズが『差異と反復』のなかで「空虚な反復」と言っているものですね。それからもうひとつは、微小な差異が過程性を発動させるという内在性。この後者の内在性において、何かが動きだし、組織され、発展していくのです。たとえばこうして二人で話をしているとき、私はいつも同じことを繰り返すか、たいしたことは何も言わないかもしれない。しかし他方で、何かある分岐が生じて、ある過程が発動するかもしれない。その何かはもちろん美的な問題に大いにかかわる何かですが、それにとどまらず精神分析的な問題にもかかわるかもしれない。なぜかというと、この場合にも、自らの内部に自閉したリトルネロが生じることがあるからです。要するに、そのとき出来事が生じるかどうか、実存的な特異的感情をもたらす何かが生じるかどうかということが重要なのです。そういう事態が生じたとき、人は際限のない可逆的時間のなかではなくて、ある過程的時間、不可逆的な時間のなかにいるという感覚を与えられるのです。

ジョンストン――少なくともデュシャン以降の芸術はどこか考えさせるところがありますよね。決まったモデルがないというか……。

ガタリ――それはあるリスクなんですね。狂気のリスク、無-意味のリスク、支配的意味作用との断絶のリスク、そのほか組織化されたすべてのものとの断絶のリスクというんでしょうかね。芸術のなかには何かヒーローの出現する一種の循環的な動きと関係するようなものがありますね。ジョイスの『ユリシーズ』が私にとって重要なのは、そこではそうしたヒーローの出現の循環的な動きが美的問題として置き換えられているからです。

ジョンストン——それをホメロス時代の生活とはまったく異なった近代の日常生活のなかに置き換えたわけですよね。そしてその置き換えが、言葉や文章や文学的構造といったものの増殖をもたらすわけです。あの作品は極め付きのポリフォニックな小説ですね。

ガタリ——そのことは政治的な領域でも同じことなのです。たとえば、現在、アメリカでロス・ペロー[7]というヒーローが出現していますよね。すべてが組織化され、決められたシナリオがあって、同じことが反復されているときに、彼は何をしようとしているのでしょうか？　フランスのルペンの場合も同じで、この種のとんでもない人物がカードをかき乱して、メディアを別のやり方で自分に引きつけるのです。

ジョンストン——「私は政治とは無関係である」とか「呼吸しているなら働け」といったようなことを言うペローのような人物は警戒しなくてはなりません。それは彼が何をしようとしているかを言わないままで、ある直接的なメッセージを送っているのです。彼の話し方のなかにすべてがあるのです。彼は次のように言ってもいます。「私は同性愛者になんら反対ではないけれども、彼らを私の政府に入れる気はない」。これは恐るべき発言ですね。

ガタリ——正真正銘の古代的ヒーローですよ。

ジョンストン——そうなんですけど、近代においては、こういうヒーローがネオファシズムに直接通じる道を切り開くわけです。

ガタリ——近代の大ヒーローはすべてファシストですよ。ヒトラーであれ、あるいはセリーヌのような文学的ヒーローであれ……。しかしいま、われわれのところでは、ヒロイズムやヒーローの周期的循環のための場所はないですね。

ジョンストン——文学についてひとつ理論的質問をしたいと思います。『カオスモーズ』のなかで、あなたはマラルメの詩『サイコロの一擲』の一節を引用したあと、次のように書いていますね。「この不可逆的なものの闖入、この有限性の選択は、それが存在の記憶のなかに登記されて、ものごとの整序と参照の基軸との関係で位置づけられないかぎり、相対的な一貫性を獲得して定立した状態になることはできないだろう。自己産出的な襞はこうした二つの要請に対して、実在的なものの取得あるいは把握とモナドを横断的につなげる登記という二つの不可分に結びついた面を作動させることによって応答する」。そうすると、登記があるなら、一種のエクリチュール、痕跡、したがってコード化があるということになりますね。そのときシニフィアンによる捕獲が行なわれ、たぶん新たな論証的言説体制が出現することは不可避なのではないでしょうか？　言い換えるなら、何がこのシニフィアンによる捕獲を妨げることができるのかということですが……。

ガタリ——このモナド横断的な動きは、感覚的レベルのもの、つまり非‐言説的なものなのです。そうであるがゆえに、さまざまな異質のレジスターを貫通するシニフィアンの一般的で普遍的なエクリチュールは存在しないのです。

ジョンストン——なるほど。しかし、おのおのの動的編成はおのおのの型を持った論証的言説性を生産するのではないでしょうか？

ガタリ——いずれにしても、論証的言説性は不可避であって、それはわれわれの世界理解の一部をなしているのです。それは、人が時間や空間、あるいはエネルギーの流れといったもののなかに、つまり私が時間‐空間‐エネルギー的流れと呼ぶもののなかに投げ出されているという事実に結びついているのです。問題は、はたしてそういった言説的－エネルギー的存在者が存在の創始者であるのかどうかということです。言い換えるなら、この言説的－エネルギー的存在者は存在の骨組みをなすものであるのか、それとも逆に、そうした存在者は存在者の公約数的な類型的存在に還元されるものではなく、言うならばサルトルの言う投企された存在――ただし、サルトル的な意味におけるよりももっとはるかに強く投企され、かつ多次元的、異質混交的で、特異的な布置に対応する存在――であって、したがってある種の実存的把握機能に見合った存在であるのか、ということなのです。とにもかくにも、存在は言説的ではありますが、存在にとって言説性は二義的なものなのです。

ジョンストン――言説性は癌のように動的編成を待ち伏せしているのではないかと私には思われるのですが……。

ガタリ――言説性それ自体が癌というわけではなくて、資本主義的言説性が癌なのです。つまり、資本、エネルギー、シニフィアン、といったような交換材料を使って、対比的に弁別され規格化されて通用する資本主義的言説性が癌なのです。それに対して、異質発生的言説性、つまり言説性の参照世界を言説性の表現過程を通して整備するといった方向で機能する言説性がきわめて重要なのです。たとえばスキゾ分析的治療では、言説性は異質発生的なさまざまな言説性の線にしたがって探究されるのです。そうすると、一種の虚脱状態、何も言わず何も表現しないというような状態にとどまっていることはできなくなるのです。

ジョンストン――結局、問題はそれほど複雑ではないんですね。つまり、言説性というのは動的編成の出現を待ち伏せして、その出現を脅かすようなものではないかと思っていたんですが、そうではないのですね。

ガタリ――そういうものではないんですよ。たとえば、あなたは私に、流れについて、参照世界について、あるいはまた実在的領土や実存的把握といったようなことについて語るように仕向けましたが、機械状系統流についてはいっさい口にしませんでしたね。ところが、まさにこの機械状系統流こそが、表現の言説性や機械的命題といったものの根茎にほかならないのです。この機械的命題が論理主義的あるいは情報主義的な還元主義のなかに引き戻されることになるのか、それとも逆に、機械性の異質発生というものが出現することになるのか、ここに問題の核心があるのです。あなたが問いかけなかったこの第四の極こそが実に根源的なものなのです。

ジョンストン――ところで、あなたはハイデガーが存在と存在者とのあいだに設けた存在論的な違いを引き合いにだしていますよね。しかしあなたにとって、ハイデガーは超越的普遍主義の哲学者のはずですが……。

ガタリ――ハイデガーが超越的普遍主義者であるということよりも、彼が同質発生的存在論の信奉者であるということが問題なのです。彼は彼自身にとってカオスモーズ的な眩暈にほかならないある〈存在〉のなかに沈み込んでいくのです。したがって、この〈存在〉がそのままこのカオスモーズ的な眩暈に対応するものなら、当然のごとく、すべては根源的な意味の喪失、破局的なペシミズムのなかに崩れ落ちることになるでしょう。しかし私にとって関心があるのは、存在者の背後には、あるひとつの同質的な〈存在〉があるのではなくて、いくつもの異質発生的な存在論的次元があるのではないかということです。

ジョンストン――しかしハイデガーにとって存在というのは、何かある一定の恒常的なものではありません。つまり、存在はつねに開示されると同時に再び覆い隠されるものでもあるわけです。けれども、そのことが起きる様式は歴史的に変化するのです。したがって、もしも真理がそれぞれの時代に固有のやり方で判別されるものなら、われわれの時代においては、真理は内在性として、いわば内在的過程として存在しているということではないでしょうか。

ガタリ――そうですね。しかしこの問題は思弁的に片づけてすむものではありません。重要なのはテクネー（技術）の歴史性を位置づけることであり、その点で問題の核心はきわめて政治的であり、きわめて直接的なものなのです。もしもテクネーがますます根源的存在を覆い隠すものなら、そしてわれわれを根源的存在から逸脱させる呪いのようなものと結びついているなら、私が提起するものとはまったく異なった展望が生じることになるでしょう。しかし私にとって、テクネーは機械的系統流の一様相にすぎません。テクノロジー的な系統流つまり普通の意味における機械以外に多数の別の機械的系統流が存在するのです。科学技術の系統流、諸科学の系統流、数学の系統流といったものが結びついているだけでなく、詩、社会体、欲望する機械、等々の系統流も合わせて考えなくてはなりません。そのとき、科学技術のもたらす陰々滅々たるヴィジョンとは正反対の異質発生的な機械状混成状態のヴィジョンを持つことができるのです。

ジョンストン――エコロジー問題を気にかける多くの学生がハイデガーに関心を持つというのは印象的なことですね。

ガタリ――ですけど、そこには死臭のするエコロジーの危険を感じますね。

ジョンストン――あなたは『三つのエコロジー』のなかで、環境のエコロジー、社会体のエコロジー、精神（心理）のエコロジーについて語っています。実際、エコロジーの危機は一般に考えられているよりもはるかに広大な危機ですよね。しかし、こうした危機、こうした問題に対して、哲学的次元も含んだあらゆるレベルで取り組もうとしているあなたのような思想家はまれです。ところで、あなたはこうした問題全体に取り組むために〈エコゾフィー〉という言葉を考案しました。この言葉の意味するところを少し説明していただけませんか？

ガタリ——私の関心を引くと同時に私を不安にさせるのは、自然の問題、種の擁護といったものだけに集中したエコロジーが発展していることです。つまり、これは一種の同一性を求めるヴィジョンであって、結局、保守主義や権威主義に通じるものではないかと思うからです。私にとっては、物質的な種、自然的な種、植物的な種、動物的な種といったものの擁護は、非身体的な種つまり抽象的な種の擁護と密接不可分の関係にあるのです。私がいつも引き合いにだすのは手作りの映画なんですが、要するに、連帯の価値、友愛関係や仲間意識、人間的なあたたかみ、みんなで何かをつくりだすことの重要性です。こういったこともまた現在絶滅の危機に瀕しているのであって、保存し擁護すべきものなのです。主観性の動的編成の問題は〈エコロジー（エコ＝ロジック）的対象〉との関係においてもっとも重要なものです。〈エコ＝オイコス〉の問題を考えるときに重要なことは、家の壁や仕切りの問題だけではありません。そうではなくて、存在を自然的存在、単にそこにもともといたとかあったものとして捉えるという還元主義的なヴィジョンを持つのではなくて、複数主義的な存在論の地平を提起することが重要なのです。つまり人間的実践は、異質混交的世界を生み出すことができるということです。そうした意味から言えば、機械の領域も自然の一部をなしているのであって、それに対してわれわれは現在の環境問題に対する責任と同じ責任を負っているのです。そしてそれは未来に対する責任でもあるのです。つまり、後続の世代にとって世界がどのようなものになるかという科学的・美学的な展望に対して、われわれは責任を負っているということです。したがって、すでにここにある存在と向き合うだけでなくて、来たるべき存在、機械的存在、脱領土化された次元、存在の複数性といったものにも目を向けなくてはならないのです。存在を創造性と捉えたときの存在に対する責任、それが私がエコゾフィーとして提示しようとしたことです。それは一種の〈エコ＝オイコス〉の知恵なのですが、人間のあいだをつなぐ諸関係についての知恵にとどまるのではなくて、環境との関係、機械的系統流との関係、意味の世界との関係、実在的領土との関係についての知恵でもあるのです。

ジョンストン――あなたはエコロジー運動が正真正銘のグローバルな運動の基盤を形成することになるとお考えですか？　もしそうなら、その場合の条件や危険は何だとお思いでしょうか？

ガタリ――危険はエコロジーが新たな保守主義になり、既存の構造を支えるイデオロギーになる可能性があるという点にあります。エコロジーがあらゆる機械的系統流と節合することができないならば、そうなるでしょう。ですから私は、環境のエコロジー、社会的エコロジー、精神的エコロジー、都市のエコロジー、マスメディアのエコロジー等々といったものを節合しなければならないと考えるのです。人類はいまや生命圏の土台そのものが危うくなっているという危機にさらされています。そのことは多分、こういったことを意識し認識する運動を生み出すでしょう。このような認識が広範囲に広がり、しかもそれがエコロジー運動が往々にして陥る還元主義的な方向ではなくて、異質性の共存の方向に向かうことが根本的に重要なことだと私には思われます。

（1）　このテクストは、一九九二年にジョン・ジョンストン（アメリカのアトランタにあるエモリー大学の比較文学の教授）によって行なわれたインタビューで『シメール』五〇号（‹*Chimères*› n°50, été 2003）に掲載された。ガタリはここで『カオスモーズ』と『三つのエコロジー』の内容について語っている〔なおこのテクストは、訳者杉村が独自に編集した『フェリックス・ガタリの思想圏——〈横断性〉から〈カオスモーズ〉へ』（大村書店、二〇〇一年刊）のなかに収録されている〕。

（2）ジル・リポヴェツキはフランスのポストモダンの理論家。

（3）フレデリック・ジェイムソンはマルクス主義の政治理論家で、フランスではとくに次の二著で知られている。*Postmodernisme ou la logique culturelle du capitalisme* tardif, trad. Florence Novelry, Ensba, 2007. *L'Inconscient politique. Le récit comme acte socialement symblique*, trad. Nicolas Veillescazes, Paris, Questions théoriques, 2012.

（4）本書第二部（4）「コミュニケーションの自己産出に向かって」の注（4）を参照。

（5）James Gleick, *La Théorie du chaos, Vers une nouvelle science*, trad. Christian Jeanmougin, Ptaris, Flammarion, 1988. ジェームズ・グリックは科学ジャーナリスト。

（6）本書第一部（2）「エコゾフィーに向かって」の注（9）を参照。

（7）ヘンリー・ロス・ペロー（一九三〇— ）はアメリカの大富豪で、一九九二年の大統領選挙に立候補したことで知られる。

(5)「超越性ではなく機械状主観性[1]」

オリヴィエ・ザーム〔以下、ザームと表記〕——現在、どこか空虚な時代を迎えているように思います。具体的には、東西の壁が崩れた大変動のあと、湾岸戦争などもあって、なお危険が増大しているような印象を受けます。何をどう考えたらいいのでしょうか？

ガタリ——本当に空虚なんてあるのでしょうか？　私から見ると、むしろ大掃除のあとの一種の〝白紙状態〟と言った方がいいと思います。すでに多くの人が東側の諸国の思考形態、政治的・経済的方針の有効性について自問自答してきました。資本主義世界との緊張関係がすべての考察要素を超コード化していたとしても、私はこうした国々では大部分のことが本当は不自然に組み立てられていたような印象を受けます。

アメリカ・モデルの新自由主義のなかに奇跡的解決を見つけることができると信じた東側諸国の人々の空想であれ、新自由主義そのものの幻想であれ、そうしたものは長続きしないでしょう。西欧の資本主義ブロックは、現在これらの国々で生じている巨大な諸問題に解決をもたらすことはできません。これらの諸国の人々を引きつけようとするあれこれの動きはまやかしのものであって、結局は紛争や民族的緊張を引き起こしたり、保守主義や宗教的原理主義への回帰をもたらしています。さらに言うなら、湾岸戦争後の新国際秩序は、結局、先次世界大戦以来前例のない国際的無秩序をもたらすことにしかならないでしょう。ともあれ、ある偽造された不純なイデオロギーが〈西欧の諸価値〉

の勝利を包み込んでいるのではないかということです。

では現在何を考えねばならないかということですが、現実的な諸問題に真剣に取り組まなければならないということでしょうね。たとえば人間の主観的主体性とは何かという問題です。それは物質的因果律に依存しない超構造的なファクターであり、それを通して個人的・集合的な〝人間存在〟が構成されるのです。

もしこの〝人間存在〟が、アラブ・イスラムの原理主義、東側諸国やアメリカのナショナリズムなどのように、きわめて反動的・保守的な仕方でしか再構成されないとしたら、それは別の答え、別の選択肢が存在していないからだと思います。ではファシズムへの圧倒的な回帰に立ち会うことになるのでしょうか？　それとも進歩的な変化を静かに期待することができるのでしょうか？　とにかく現在、緊張の深刻化と貧困の増大は、むしろファシズムのような破局的な結末に向かうのではないかと考えざるを得ないような状況だと思われます。

それをどうしたら回避できるのでしょうか？　そのためには、世界市場に参入して解決策を見つけようというあらゆる組織やシステムの投げやりな姿勢を拒否して、新たな社会的実践、新たな創造的企画を生み出すような社会的・政治的アンガジュマンを想像しなくてはならないでしょう。チリやアルゼンチンは負債や貿易赤字に終止符を打ちましたが、そのために払った犠牲はいかばかりのものだったでしょう。人口の大半を占める人々の底知れぬ貧困という犠牲をともなったのです。エジプトでも同じようなことが起きています。

したがってわれわれは非常に危険なペースト状とでも言うべき神話的世界のなかで生きているということでしょう。そのなかから集合的主観性や個人的主観性をどうやって再構築することができるのでしょうか？　そうしたすべてのことの根底には社会的諸関係があるのです。あるいは関係の政治と言ってもいいかもしれません。都市生活のなかにおける諸関係、文化的諸関係を構想し直し、失業を生み出さない新たなテクノロジー的持ち札に適合した労働活動をつくりださなくてはならないのです。こうした関係の見直しが、別の知性のあり方、別の集合的感性のための社会的・文化的諸活動の支柱にならなくてはならないでしょう。

左翼の分派的な社会的・政治的実践が真の革命をもたらすという図式は破産しました。ずっと前にです。おそらく、ロシア十月革命のあと、党による少数者革命から大衆への権力の移行の可能性が消滅したときからでしょう。

重要なのは集合的生活と諸価値の再領有化です。これが目前の課題でしょう。無私無欲と再構築のための意志、進歩主義的な極――この点、左翼という用語の使用が適切かどうか疑問なしとしません――の形成、そしてあらゆる領域あらゆるレベルにおける主観性の構築のための政治、こういったことが求められています。いま現在の状況を正当化するためのポストモダン主義的思考や経済決定論にすべてを委ねてよしとするわけにはいかないでしょう。

人間の全活動を市場経済に集中的に向けるのではなくて、主観性の生産に向け直すこと、これがもっとも重要な争点なのです。

ザーム――あなたにとって主観性とは何かもう少し明確に説明していただけませんか？

ガタリ――それは諸個人の成長、教育、物質的・社会的な安寧、価値関係といったものが相互依存しているということです。さらに個人間の関係を超えて、テクノロジー的環境との関係もあります。主観性は単に人間のあいだにあるだけではありません。それはまた機械システムのあいだにもあるのです。たとえばマスメディアやコンピューターや言語システムによって産出される主観性もあります。主観性はマルクス主義が言うような上部構造的カテゴリーではないのです。主観性は人類の原材料であり、これが個人的生活、集団的生活、要するに人類の生活そのものをつくりだすのです。

ザーム——あなたは主観性を社会関係のなかに位置づけていますが、主観性は社会の外にもあるということはないのでしょうか？　人間を〈生産する〉のは社会なのですか？

ガタリ——私にとって、人間、社会、〝テクネー〟、環境の領有、実在的領土の構成といったもののあいだに境目はありません。社会というのはまずもって社会的道具のことであり、言語のことです。言語は人間の個人性、特異性に浸透します。個人的なもの、社会的なもの、無意識的なもののあいだに境界はないのです。

ザーム——東側で飢えて反乱を起こしている人々は、最初になすべきことは民主主義的で自由な独立共和国を再興することだと、非常に謙虚な言い方をしています。ほんの少しのことで満足するかのようです。そういう言い方しかできないのかもしれませんが、ここには実に大きなずれが存在しているように思います。しかし他方で、実際には、西欧社会、東側諸国の社会、第三世界諸国の社会にある問題は同じものであるように思われます。

ガタリ——東側諸国や第三世界諸国の人々は、文化的アイデンティティ、自律的政治構造、個人的決定と集合的決定とのあいだの一定の近接性といったものを切望しています。しかし彼らはまた、われわれが知っている物質的富をも求めています。したがって多次元的な論理を採用して、単一の市場ではなくて多数の市場を共存させ、それらを多数の権力構成体に基づいて据え付けなくてはならないということです。資本主義市場すら単一ではありません。たとえばオイルマネーの市場もあれば、原材料の市場もあり、軍備の市場もあるわけです。それらはきわめて異質混交的で、複雑な権力諸関係を通して調整を行なっているのですが、そこになにかひとつの奇跡的なメカニズムが働いて全体を統合しているわけではありません。たとえば最近、産業的エコロジーの新市場が出現しましたが、それは他の諸市場と並列的に存在しているのです。

したがって現在、権力構成体は、諸個人の擁護、環境の擁護、父祖伝来の土地といったものの擁護に与しなくてはならないのです。さらには集合的な実在的領土を強化しなくてはなりません。しかしそのことは他の諸市場を無視してもいいということではなくて、そういった諸市場を共存させせなくてはならないということです。市場経済や権力諸関係が重層的に折り重なっているということを考慮せざるを得ないのです。人は自分の住む地区の生活の特異性、学校、民族、地域などの特異性を主張すると同時に、連帯、コスモポリタニズム、複数的アイデンティティなどからなるラディカルな国際主義を引き受けることもできるのです。

ザーム――民主主義は乗り越え不可能な地平だと言われています。しかし民主主義を再審に付すということも考えなくてはならないのではないでしょうか。というのは、民主主義はつねにその内部に隙をうかがう危険がつきまとっているからです。たとえばフランスのフロン・ナシオナルの党首ルペンのような存在です。また、ドイツ人はこの数十年素晴らしい民主主義者ぶりを発揮しましたが、同時に父親たちがひとりの人間として参加したヒトラー主義（ドイツ国家社会主義）に対するいっさいの批判が禁止されていたことも思い起こさないわけにはいきません。

ガタリ――私は意見の対立はあくまでも認める立場です。つまり、原則的に差異を受け入れるという政治的立場です。差異の受容、寛容さだけではなく、差異への愛とそれがもたらす原動力を重視するのです。要するに以下のようなことだと言ったらいいでしょうか。〝私があなたに引きつけられるのは、私があなたを理解することができないからであり、あなたが私とは違うからです。この差異から私は私にとってなにか本質的に重要なものを引き出したいのです〟。

しかし現在、この差異の支柱は、都市の大集合住宅街の貧困のために砕け散ってしまい、そこにどうしようもなく閉じられた領土が構成されて、敵対的諸関係が生まれているのが見られます。そしてネオファシズム的イデオロギーが出現してもいます。ファシストを理解することは重要です。私は〈クメール・ヴェール〉と呼ばれる人々、フランスの緑の運動のなかの原理主義的傾向の人々のことを考えます。彼らは少数派ではありますが、フロン・ナシオナルのテーゼとの親近性――とくに移民や民族問題に関して――をはっきり示しています。しかし彼らを完全に排除し無力化するわけにはいきません。要するに、緑の党が勢力を拡大したのは、そうした活動家がいたからでもあるのです。私は、フロン・ナシオナルに投票するよりも、正体不明ではあるけれども緑の党に投票する人々の方を好みます。フランス的伝統のなかでは、排除、偏向、硬直性といった動きはまったくネガティブにしか作用しないように思われます。民主主義を再発明するには、どうして人は苦悩、不安、孤独、狂気、排除といった位置に自らを置くにいたるのかということを理解しなくてはなりません。精神病者のなかには分裂症的破局と呼ばれる症状を示す者がいます。彼らはしばしば人種差別的、外国人嫌悪的な言葉を吐いたりします。では、彼らに道徳の授業をするべきなのでしょうか？　そうではなくて、そのような精神的地平の収縮にいたるために何が起きたのかを理解しようとつとめる方がいいのではないでしょうか。ルペン主義は社会的病気の一形態であり、病気として扱わなくてはならないのです。

ザーム――とくに自由主義的な民主主義は強い活力を発揮しています。それは工業主義、商品社会、資本主義の過剰にまではいたらず、絶えず新しい道を見つけようとしているように見えるのですが……。

ガタリ――自由主義システムと社会主義システムの対立はそれほどはっきりしたものではありません。この二つのシステムはある種の共謀関係で生きてきました。たとえばナチズムに対して一緒に戦争をたたかい、スターリニズムはルーズベルトとチャーチルの政治によって救われたのです。地球は二つの国際的憲兵によって管理されてきました。一方は比較的穏やかなスタイル、もう一方はまぎれもない態のような強権的スタイルですね。一九四五年以来、ある国際秩序が存在してきたのはたしかでしょう。朝鮮戦争やベトナム戦争、キューバ危機などがあっても、なんとか持ちこたえてきたのですが、ベルリンの壁が崩壊したあと、いまやすべては振り出しに戻ったということでしょう。

資本主義の大きな砦は現在非常に深刻な危機を経験しています。政治的、経済的にだけでなく、文化的、精神的にもです。はたして国際的秩序は存在するのでしょうか？　ものごとを詳細に見てみたら、否定的な答えしかありえないでしょう。フランスにおいても、ソ連官僚主義の最悪の時代の計画経済に似た図式が現れています。マフィア資本主義はイタリアや旧ソ連だけでなく、アメリカ合衆国にもコロンビアにも存在します。資本主義は富者と貧者の差を激化させながら、そしてテクノロジー的に過剰なほど装備した諸大国と貧困地帯との相違をいっそう際立たせながら機能しているように思われます。資本主義は人々を延命競争に引き入れることによってしか生きるための動機づけができないかのように見えたりします。

新たな価値を創造し、人々に連帯して働いて生きたいという欲求を与えるための別の手段はないのでしょうか。ニューヨークでは、マンハッタンやブルックリンで延命するために、人は狂ったように働かなくてはなりません。それはまた日本のいくつかの都市でも見られることです。そうしないと極貧に陥り第三世界の最悪の状況にも比すべき打ち捨てられた状態に陥ってしまうからです。

ケネディやマンデス－フランスの時代の進歩主義的思想は、テクノロジー的進歩や国内総生産の増大による生活条件の平等化を目指していたようですが、それはいまや完全に幻想と化しました。現在いたるところで見られるのは、テクノロジー的進歩が高まれば、緊張が高まるということです。

ザーム――われわれのいるヨーロッパ社会は政治以外の領域における緊急の必要に迫られているという主張が見られます。〝反政治的〟とでも言うのでしょうか。つまりモラルを、政治や科学や経済を超えた位置に置かなくてはならないということでしょうか？　そこには知識人に対する批判、知識人の裏切りに対する再認識があるようにも思われるのですが……。

ガタリ――私の考えはまったく新しい基盤の上に政治を再構築しなくてはならないということです。一八世紀以来、目標は国家権力の奪取であり国家的機構の掌握でした。いわゆる〈左翼〉と〈右翼〉の両極に特化した政治的団体の出現はそこに由来するのですが、このようなあり方はいまやたいした意味を持たなくなりました。ものごとを決定する権力はいまや国家権力の埒外にあるのです。それは多国籍企業なのです。そしてそれにともなって国家的諸問題もその性質が変化しました。私は政治的対象はエコゾフィー的なものになったのだと思います。つまり主観的、個人的、倫理的、エコシステム的なものです。なぜなら、人間のあいだの関係、人間と環境のあいだの関係、新たな実在的領土の構成といったものを考慮に入れなくてはならないからです。したがってそれは四つの次元を持った対象です。すなわち、旧来の物質的・経済的な〝流れ〟、エコシステムと関係する〝諸機械〟、諸価値（政治的、精神的）の〝世界〟、実在的〝領土〟といった四つの次元です。

知識人の問題について言うなら、彼らは政治的活動の指導者になろうという使命感は持っていないと思います。彼らは世界の表象を豊かにするために働くかぎりにおいて政治的領域に貢献するだけです。社会的次元、倫理的次元、無意識の次元といったもののあいだのつながりをつけ、主観性がどのように機能するのかを明らかにしようと試みるのです。したがって技術を呪いとしてではなくて手段として、人類がわが身を拘束するやっかいな仕事から自らを解放するために、そして物質的財と価値の新世界を創造するために与えられた手段として考えようとするのです。知識人に固有の任務は技術という古くからの問題を考えることです。知識人は活動範囲が限定されたたひとつの職能団体に属しているわけではありません。教員であったり、技術者であったり、科学者であったり、いろいろです。したがって、社会的領野全体に散らばって存在する知的機能があるというふうに考えた方がいいのです。

ザーム——法治国家についてうかがいたいと思います。現在大いに話題になっているのですが、それは国家は法なきテロル機械になりうるということが知られているからです。これについてどうお考えでしょうか?

ガタリ——たとえば文学的機械や数学的機械があるのと同じように、法的な記号機械があります。それは固有の一貫性を持った記号機械ですが、しかしこの記号機械は、この場合権力構成体という指示対象とのコミュニケーションを行なう諸記号をダイヤグラム化するほどの射程は持っていません。ソ連の法的機械は根本的に官僚主義的な権力構成体に対応するもので、法をおのれの利益のために適用していました。法は存在する。それはたしかです。最近テレビで放映された番組で、東ドイツの若い映画監督が彼を投獄するのに協力した人々に会いに行くというルポルタージュを観ました。それで興味深かったのは、彼らがいつも同じ答えをしていたことです。つまり「あなたは私に何を非難することができるのですか？　私は主権国家の法律、そこに書かれていることを適用しただけです」と一様に言うのです。テレビを観ていた人々は、この監督がこの答えに対して狼狽し、なす術もない様子をしているのを感じ取っていたのではないかと思われます。

超越的な法的機械というものは存在しません。別の諸機械、政治的諸権力、集合的生活（教育や健康への権利）の諸権力などと結びついた法的機械があるだけです。また法的機械とは別のものとして行政機械があります。さらに、さまざまな利害関係者——家族、政治的公論、職業組合、等々——のあいだの権力諸関係がつねに存在します。そしてそれに、マスメディアが重なります。主観性の動的編成を生み出すのは、社会機械、記号機械、都市的巨大機械といったもののあいだの相互作用であり、これらの機械の結合なのです。超越的なものは何ひとつなく、他の諸審級に優越するいかなる審級も存在しないのです。

一例を挙げましょう。湾岸戦争は法の名において遂行されました。しかしそれはどんな法でしょうか？　世界のマスメディアをコントロールする権力構成体の法です。シーア派の法、クルドの法、パレスチナの法、キプロスの法は、この国際的メディアに組み込まれているでしょうか。

法治国家は存在するのか？　世論機械、社会機械といったもののあいだにつねに紛争が存在するという意味で、それは幻想でしょう。対立や軋轢を魔術的、超越的に解消しようとするのではなく、それをそのまま生きなくてはならないのです。諸価値は諸価値として引き受けなくてはならないということです。ある法的価値を超越的価値として打ち立てるということは、別の価値スステム、欲望のシステム、ナルシシズム的、社会的、審美的等々の別の価値システムからそれを分離するということです。価値の世界は、根元的に矛盾したものであり、対立的、紛争的なものであって、民主主義というのはこのような世界を、そこにおける矛盾、リスク、困難を抱え込んだまま管理するところに成り立つものです。

ザーム――そうなんでしょうけど、それでは〈管理不能〉の沸騰状態のままではないでしょうか？　踏み越えてはならない限界はどこにあるのでしょうか？　政治的なものはどこに見出されるのでしょうか？　これは重要な点のように思われます。というのは、あなたの意見にしたがうと、社会は爆発を引き起こすかもしれないような大きな要求を提示しているわけですから。

ガタリ――要するに、政治的なものというのはつねに人々の水準に見合ったものなのです。ですから、政治的城塞は市民の関心に対応しなくなれば砕け散るしかないのです。そうして政治的なものは袋小路に入るわけです。われわれがそれをタイミングよく再構築することができるかどうか、私にはわかりません。諸権力の個人への集中の度合いが明らかに高まっています。個人が社会に対抗しているのです。しかしこうした個人への権力集中は見かけだけのようにも感じられます。近代社会における権力構成体は非常に複雑です。この多次元的に変動する多様な複合性にアプローチするには、マスメディア的な言説の単純性を放棄しなくてはならないでしょう。

ザーム――そうした問題の精神分析的次元はあなたの展開する言説に抵抗の拠点として浸透することができるでしょうか？

ガタリ――それは私の言う精神的エコロジーの問題ですね。権力、あるいは人間を取り巻くもっとも強力な生活環境の意志に対する諸個人の関係を、どうしたら変えることができるかということです。男性優位主義（ファロクラシー）、財の奪い合い、生産至上主義といったものが存在しています。精神分析家は、ヒステリーや神経症、幼年期、芸術などを起点として、主観性を異質のものに変容させることができることを示しました。しかし彼らは同業者組合となり、寝椅子以外の場所で精神分析を行なうことができなくなって、社会的領野から切り離されてしまいました。精神分析は、学校でも、街のなかでも、精神病院的機構のなかでも、同じように行なわれることができるものでしょう。

ザーム――古くさい価値に回帰しないまでも、われわれがつくってきた価値を見失ってはいけないのではないでしょうか？そこに精神性を付け足すとか（人によっては倫理と言うのでしょうが）。しかしとくに想像的世界の価値化が必要かもしれませんね。想像力を解き放って、想像の領域を拡張するということでしょうか。

ガタリ――精神分析の構造主義的潮流は、想像界を象徴的図式に依存させるシニフィアンの図式に無意識を帰着させようとして、象徴的なものを優位に立たせて想像界の価値を低下させました。しかし実際には、想像界、象徴界、現実界のいずれについても語るべきではなく、(2) 多種多様な想像世界について語るべきなのです。物語的要素、審美的理解（必ずしも芸術作品にかかわるものではない）といったような、比較的抽象的な要素に依拠した価値の生産は、絶対に象徴的決定論ではなく、想像力による創造性を最重要視するものです。分析にかかわる人々は精神分析家の診察室から外に出て、集合的分析家として自らをつくりなおし、社会的領野全体に拡散しなくてはならないでしょう。重要な課題はすべての領域における想像力による創造性なのです。

（1）一九九二年二月に行なわれたオリヴィエ・ザームとの対談。オリヴィエ・ザームは芸術ジャーナリストで、一九九〇年代に雑誌『パープル・プローズ』（〈*Purple Prose*〉）を創刊し、最近『パープル・ファッション』（〈*Purple Fashion*〉）という雑誌もつくった。このテクストのタイプ原稿には、ガタリの手書きで「コルシカ人のためのテクスト」という注釈がつけられている（ゴルドマン・コレクション、整理番号G10）。ガタリはこのテクストで、法、主観性、国家、政治的組織などに超越性が内在しているわけではないことを強調するとともに、彼から見ると、〈統合された世界資本主義〉（ＣＭＩ）が超越性を打ち立てて機能しているとして、それに対抗してたたかうためには意見の対立を深めなくてはならないと述べている。

（2）想像界、象徴界、現実界と、シニフィアンによるその節合というラカン理論への示唆。

（6）想像力を権力に(1)

『リヤン・ソシアル』〔以下、「リヤン」と表記〕——われわれの現代社会がますます多くの排除された人々を生み出していることをどう説明しますか？

ガタリ——現在、従来の社会的地層化が解体しつつあるのではないかと私には思われます。あなたの言うわれわれの社会における排除の現象は、第三世界のもっとも悲惨な状況にも匹敵する信じがたい貧困を生み出していますが、その貧困とともに、あるいは貧困と肩を並べるかたちで奢侈が共存してもいます。それはあたかも自由主義的資本主義経済のシステムは、富める諸世界と貧しい諸世界のあいだに人為的ダイナミズムをつくりだすことによってしか存続することができないかのごとくです。現在、諸個人は、都市のリズムに合わせてわが身を維持し、満足のいく生活水準を確保するためには、〈過剰労働〉をして、ありうべき社会的諸関係の大半を犠牲にしなくてはなりません（日本やニューヨークの例がそれを如実に語っています）。こうした社会的コードのなかに組み込まれるようにしないと、あっというまに貧困化してしまうのです。テクノロジー的進歩と社会的成果は格差をなくすだろうとよく言われてきました（ニューディール、ケネディ主義、マンデス－フランス主義の幻想）。実際には地球的規模でも、一都市という規模でも、排除的諸関係は減少するどころか、逆に社会的格差が激化しているのです。そしてこれは価値化システムの歯車の一部をなしているのです。実際、諸個人に仕事をさせ、社会的領野に組み込むためには、一方に寡頭政治的世界（消費価値に依拠した）、他方に〝ホームレス〟

に象徴される絶対的貧困（現在これはエイズに引き継がれてもいる）があるという緊張状態が不可欠なのです。以前、キリスト教のある曲り角の時期に、悪魔と神という二極が存在していました。今はその代わりに富者と貧者という二極があるのです。

「リヤン」――周辺部の人々の脱落という現象は、現在の社会を特徴づける一種のダイナミズムのしるしなのでしょうか？

ガタリ――そのとおりですよ。こうした排除された人々は二極システムの維持にとって役立つのです。貧しい人々は残りかすとしてマージナル化される傾向にあります。しかし彼らは支配的価値システムのなかに含まれる部分なのです。われわれが抱く恐怖や不安、実存的めまい、解体への恐れといったものの否定的機能は、われわれのシステムによって生み出されるものなのです。

「リヤン」――そうした社会的解体への恐れが続くことをどう説明なさいますか？

ガタリ――まず第一に、人々がそうした恐れをあまり話題にしたがらないからです。そのため、それは根元的に人を幼稚化する集合的主観性や〈資本主義的なもの〉（システムのなかへの主観性の蓄積）のなかに取り込まれるのです。つまりそうした動きによって、特異性や死、苦悩、苦痛、〈規範外のもの〉などのすべてが排除されていくのです。そうしたものは邪魔なものとされ、あたりさわりのない安心感を与えるイメージや物語だけが提示されるわけです。マスメディアの世界が提示するのは、ものごとが自ずからひとりでにすすんでいく世界です。それは人々が〈メトロで出勤－お仕事－帰ってお寝んね〉という繰り返しをする条件をつくる逃避的世界にほかなりません。そのようにしてマスメディアは人々を、ある者にとっては出世街道をまっしぐらに進むための、また別のある者にとっては定年退職への歩みをすみやかにたどるための、夢遊病者に変えてしまうのです。

「リヤン」――そうした疎外を前にして、マルクス主義のような進歩的影響力のあるイデオロギーも、この解体状況のなかに組み込まれているように思われます。

ガタリ――マルクスは、社会的闘争の概念を生産諸関係のなかに持ち込むことによって社会的図式を複雑化して大きな貢献をしました。しかし現在、マルクス主義思想は運動的に捉えられるよりも、図式化されて物化しているように私は思われます。マルクス主義はひとつしかないと考えるのではなく、マルクス主義的系統流があるのであって、マルクス主義思想は分化し豊富化されうるものであるにもかかわらず、固定化され教条化されたと考えるべきでしょう。加えて言うと、このような複雑化する社会の動きを、マルクス主義理論家たちは理解できませんでした。とくに矛盾は単に階級矛盾だけではない（階級矛盾は、北／南、男／女といったような他の対立的システム、あるいは資本主義機械のなかにおけるさまざまな時間性の対立のなかで、ある相対的位置を占めるものにすぎない）ことを理解できなかったのです。したがって思考は複合的な対象に向かっていかなくてはならないのです。それはエコゾフィー的対象を考える思考とでも言うべきもので、搾取、生産手段の占有といった経済的流れだけでなく、実在的領土、人々が個人的、倫理的、宗教的アイデンティティのなかに閉じ込もろうとするやり方、さらにはマルクス主義思想が取り逃がし、今日、人種主義、原理主義、外国人嫌悪などの形をまとって爆発している諸現象などをも考慮に入れたものです。もうひとつの次元はマルクス主義的価値化システムにかかわるものです。マルクス主義的価値化システムは絶対自由主義的な価値化の想像世界、ユートピア的システムを十分に取り込むことができませんでした。そのため労働者運動の歴史のなかにおけるユートピア思想はますます限定されたものになってきました。現在、新しいテクノロジーや新たな国際関係が出現している状況のなかにおける人間存在の複雑性は、支配的なイデオロギーシステムのなかに囚われて表現手段を見いだすことができないでいます。

「リヤン」——一九三〇年代の大規模なストライキ、あるいは六八年五月の反逆のなかで、人々はそうしたユートピアや人間の未来や実存的なもののパラダイムを再発見したように思います。しかし現在、社会的異議申し立てはひとえに賃金に集中しているように見受けられます。こうした価値観の喪失をどのように分析しますか?

ガタリ——おっしゃるとおり価値観というかさまざまな価値の世界の陥没が見られますね。単一の基準しか存在しないかのようなありさまです。つまり市場の神話をまぎれもなく体現するコミュニケーションと交換があまねく行き渡った世界というんでしょうか。世界市場に〈真理〉が宿ることになったと言ったらいいでしょうか。一九三六年の大規模ストライキのときにも協調組合的な次元がありましたが、それはまだ別の新たな自由な世界への希求を象徴するものごと、したがって諸価値の共存する世界と結びついていました。しかし現在は、こうした世界をどこに見いだすべきかははなはだ心許ない状況になっています。おまけに今の社会主義者たちは資本主義的主観性の管理者に堕しています。そういったことを前提にしてですが、それでも規範性から逸脱する非常に意味深い主観性の移行が現れてもいます。一方に、ネオファシズム的保守主義の流れのなかで主観的動機に基づく価値世界を代表するフロン・ナシナル的なファシズム的主観性の価値世界があり、他方に、混乱し近似的な仕方ではありますが、世界や環境や労働との新たな関係づくりの道を求めるエコロジー的価値の世界があるのが現状です。

「リヤン」——フロン・ナシオナルが体現する価値世界の欺瞞性をどのように告発したらいいでしょうか?

ガタリ――まさにそうした不条理で欺瞞的な性格そのものがフロン・ナシオナルに活力を付与しているのです。これは宗教の歴史のなかに見いだされる逆説と似通っています。すなわち――(a)キリストは死んだ。それは不条理である。(b)キリストは復活した。それはもっと不条理である――というわけですが、まさに「それはもっと不条理である」がゆえに、それは真実になるのです。ある種の虚偽の享楽というものがあります。それには合理的な精神的図式の解体が一役買っています。ですから、こうした現象とのたたかいは教育的説明を行なうことによってはできません。そこに現れている主観性の解体の核心部にまっすぐに向かわなくてはならないのです。そして別の仕方で諸価値の世界の創造的推進を図らなくてはならないでしょう。

「リヤン」――その潜在的な諸価値の世界は、一九六〇年代や七〇年代にアメリカやヨーロッパで起きたカウンター・カルチャーを基盤にして組織化されうるのでしょうか?

ガタリ――私にはそう思われます。しかしその展望は私が人類の〈カオスモーズ〉と呼ぶもの(ユーゴスラヴィア、アフリカ、ソ連)と相関関係にあります。これは一種の渦巻きであり、破局性を内包したシステムで、そこでは社会的調整や国際関係のシステムが明らかに欠乏しています。現在、目のくらむような社会的砂漠化がすすんでいます。カオス(混沌)-コスモス(世界)-オスモーズ(浸透)という三位一体のカオス的沈潜のなかから、われわれは新たな図式の複合性、実践性をともなった新たな動的編成の複合性を再発動させなくてはならないでしょう。そのような主観性の生産の装置がなければ、カオスモーズは空転し続け、ヒトラーやムッソリーニのファシズムすら軽い冗談としか思われないようなとてつもなく荒涼としたシステムに行き着くしかないでしょう。人間存在自体が危機に瀕しているのです。哲学はつねに存在に対して一種の受動性のなかで生きてきました。そして今日、存在というカテゴリー自体が浮遊して変質し、存在が同質的に生産されるという現象が起きています。それは他性の収縮であり、存在に対する関係の収縮にほかなりません。

「リヤン」――人はそのような存在の他性、否定性に依拠して、自らを肯定的に規定することができるでしょうか？

ガタリ――否定的なものはつねに、権利（たとえば人権）などの超越的な参照基準と相関関係にあります。善と悪、富者と貧者といった二元論的対置は、たしかに実存的肯定という重要な歯車を捉え損なうように作用するものです。実存的肯定は政治的権力諸関係のなかで表現の権利を持つべきものでしょうが、同時に欲望の経済の次元においても同様に表現されなくてはなりません。そのとき引き継ぎ役となるのは、もはや善ではなくて、喜びや創造性や夢といったスピノザ的な内在的カテゴリーです。現在、根本的に欠如しているのは実践的なものです。いま自問しなくてはならないのは、近隣との直接的社会生活や美的・集合的な生活のなかで、創意工夫をした生の実践が行なわれているかどうかということでしょう。〈実践〉という考えが沈下しているのです。しかし連帯や存在の構築といったものの実践の仕方を再発明することができないなら、破局的落ち込みの試練が待ち受けているのです。

「リヤン」――変化の発源地としての実践の形態に立ち戻るということですね。

ガタリ――もちろんです。実践は存在に先立つのです。現実に目をやると、教育的刷新のくわだてから残っているものがあります。もっと一般的に言うと、社会的領野のなかには進歩主義的運動もあります。家族セラピーのような精神分析的実践もある意味で、かつては分離やマージナル化、問題の回避といった答えしかなかった場所において、主観性の生産、主観性の発明を行なうことができる審級なのです。しかしながらそうした実践は、なお解体や志気喪失の状態から抜け出ていなくて、さらに広範囲にわたる社会的表現を見いだしえていません。しかしそうは言っても、支配的価値システムを拒否する大きな潜在的可能性もないわけではありません。ミクロな実践活動が相互に結びつくことによって、価値の世界に大きな変化もたらすことができるのではないかと思います。

「リヤン」――そうした価値の世界を、ラカン的審級の三角形、あるいはサルトル的二元論に結びつけることは可能だと思いますか？

ガタリ――二項的選択肢（サルトル的な〈存在〉と〈無〉といったような）あるいはラカン的三角形（現実界／象徴界／想像界）は、私が〈存在の異質発生〉と呼ぶものと対立します。存在には異質発生的な諸次元があります。複合性を担っている差異化された非身体的（無形的）諸世界があるのです。この複合性は単に諸要素が互いに密接に絡み合っているというだけではなくて、複合性を生産するもの（つまり主観的主体化の発源地）でもあるのです。したがって、現実界／象徴界／想像界という三つの審級があるというわけではなくて、互いに地層化されて現実を構成する諸次元（想像的世界や実在的領土など）があるのです。普遍的マテーム[2]があるのではなく、互いに結びついて機能する記号化やコード化の諸様式、地図作成などがあるのです。〈虚無〉について言うと、それは資本主義的主観性のひとつの地平です。虚無とともに生きなかった多くの社会があります。サルトルにおいても、虚無の経験は非常に文学的なものにとどまっているのです。

（1） このテクストは雑誌『ル・リヤン・ソシアル』〔社会的絆〕（‹*Le Lien social*›, n° 181, le 17 septembre 1992）に掲載されたギー・バンルービュによるインタビュー。ガタリはこのなかで主体－集団という考えに沿って社会的絆を思考しようとしている。

（2） 「マテーム」はジャック・ラカンが精神分析的諸概念を定式化するために用いた数学的象徴。

第五部

社会的エコロジーと統合された世界資本主義

(1) 資本主義の新世界

(2)「軍事の倫理的再定義」

(3) スペクタクルは終わった

(4) 価値生産の新たな空間を求めて

(5) 拘束的モデルか創造的モデルか

(6) 新たな結合

(7) 社会的なものの反映としての組織形態

(8) エコロジーと労働運動(エコゾフィー的再構成に向かって)

(9) 東と西の大変動――政治の再発明に向けて

（1）資本主義の新世界[1]

労働の概念は生産のあり方を激変させ続けるテクノロジー的変化のために新たな光で照らされている。時間や物理的エネルギーの消費にかかわる労働の量的次元は、労働の情報的・存在的次元の陰に隠れて希薄化している。こうした変化の結果は、おそらく機械による人間の解放の方向に向かっていくだろう。しかしこれまでのところ、科学技術的資源と社会的・文化的進歩の展開とのあいだにいかなる因果関係も確認されていない。

この現象は本質的に、個人的・集合的な主観性の構造は生産的・経済的変化のリズムに自動的に従うものではないということに由来する。現在、逆に、大半の社会的構成体が従来の伝統的モデルさらには古めかしいモデルのなかに絶望的にとどまっているという現象すら見られる。たとえば、ある種の序列構造はコンピューターのおかげで情報や協議の手段が発展したためにその序列的機能のかなりの部分を失ったにもかかわらず、過剰な想像的備給の対象となり、それはときには——たとえば日本の大企業におけるように——宗教的献身に近い様相を呈してもいる。移民や女性、若者、老人などに対する差別的態度の強化も、これと同じ線に沿って考えることができるだろう。

主観的保守主義（主観性の保守化）とでも呼ぶことができるもののこうした台頭は、単に社会的抑圧の強化だけに帰せられるものではない。それは社会的行為者全体を巻き込んだ一種の存在的痙攣にも由来するのである。私が〈統合された世界資本主義〉（ＣＭＩ）と形容するポスト工業的資本主義は、とくにマスメディアや広告、世論調査などに及ぼす統制的影響力を通して、記号や主観性を生産する構造的権力の源泉の中心をますますずらそうとしている。そこには、われわれに資本主義の旧形態がどうであったかということを考察し直すようにうながす変化がある。たしかに旧来の資本主義にも主観性の力を資本化するという傾向がなかったわけではないが、そうした傾向はそれほどはっきりと表現されていたわけではなかったために、労働運動の理論家たちはその真の重要性をしかるべき仕方で認識しえなかったのである。ともあれ、今日、CMIが依拠する道具を四つの主要な記号的体制にまとめることができると私には思われる。

(1) 経済的記号体制（貨幣的、金融的、会計的、予測的等々の諸道具）。
(2) 法的記号体制（所有権や法的権利にかかわる証書、さまざまな規制等々）。
(3) 科学技術的記号体制（企画、ダイヤグラム、プログラム、調査、研究等々）。
(4) (1)〜(3)に挙げたような主体化の記号体系に、さらに建築、都市計画、集合的装備などにかかわる他の多くの記号体制を加えておかねばならない。

さて、これらの記号体制のあいだに序列性を打ち立てようとしてきたモデルが現在その適合性を失いつつあることを認めなくてはならない。たとえば、マルクス主義が規定するように、経済的・生産的記号体制が法的・イデオロギー的記号体制に対して下部構造的位置を占めると主張することはますます難しくなっている。CMIの対象となるのは、いまや生産、経済、主観性がひとつながりになったものである。スコラ哲学的なカテゴリー化に立ち戻って言うなら、そうした対象は、同時に物質的、形式的、目的因的、動力因的な原因に由来すると言うことができるだろう。[2]
流通、分配、コミュニケーション、配置といった諸活動が、剰余価値の産出という観点から見て、物資的財の生産に直接かかわる労働とまったく同じ次元に位置する経済的ベクトルを構成するということを労働運動が認識するまでには、まだ相当の時間を要するだろう。理論家たちによって教条的に維持されてきたこの無知無理解は労働者至上主義や組合的協調主義を強化し、そのことが一〇〇年以上にわたって反資本主義的解放運動を変質させ立ち後れさせてきた。資本／労働関係の新たな〈与件〉、エコロジー的、反人種差別的、フェミニズム的等々の意識覚醒の台頭といった状況のなかにおいて、現在起きているこうした運動の再構成が、非身体的（無形的）諸価値のシステムに属する主観性や社会性の生産が、今後新たな生産過程の根元に位置するものであることをすみやかに認知させるきっかけとなることを期待したい。
資本主義権力は分散し〈脱領土化〉したが、それは一方で、その影響力を地球上の経済的、社会的、文化的生活全体に広げるとともに、他方で、人間諸個人のもっとも根元的かつもっとも実存的な主観性の地層の内部に浸透することによってである。
したがって資本主義権力に対して、従来の組合的・政治的実践によって外からのみ対抗しようとするのはもはや可能ではない。この権力の及ぼす影響に対して、家庭や近隣や労働にかかわる日常生活の内部において、さらには文化や個人的倫理のなかにおいて立ち向かうことが要請されてもいるのである。この論点を推し進める前に、とりあえず、この論点に関連した大きな症候のひとつは人間の行動の幼稚化（〈子どもへの生成〉と混同しないこと）として現れているということを指摘しておこう。あらゆる性質あらゆる規模の作用因子によって造形される資本主義的主観性は、存在を撹乱し混乱させることができるあらゆる出来事の闖入から存在を守るような仕方で加工される。資本主義的主観性にとって、いっさいの特異性は回避すべきものであるか、特別に限定された参照基準を持った装備、職業、枠組みの支配下に置かれなくてはならないものである。そうであるがゆえに、資本主義的主観性は、子どもや芸術や愛による世界の発見や発明までをも、また不安や苦悩や死あるいは世界のなかでの喪失感と関係するものまでをも管理しようとするのである。資本主義的主観性は、人種、民族国家、職業団体、スポーツ競技、力強い男性的特徴、理想化されたスターといったようなものに引きつけられる共感的情動を寄せ集めて、ある種の擬似永遠性の感情のなかで自己陶酔し麻痺する。しかし私の考えでは、こうした異質混交的に入り組んだ〈戦線〉の総体のなかでこそ、主観性の再特異化、主観性の個人的・集合的再領有化を行なうことができる新たな美的実践や新たな分析的機構と結びついた新たな政治的・社会的実践が組織されなくてはならないのである。実のところ、資本主義的主観性が今後もこの一〇年間と同じように勝ち続けるという保証はなんらない。現在起きている金融的・経済的な大きな危機は、社会的〝現状〟とそれを底支えするマスメディア的想像界を再審に付す大きな動きに通じるかもしれないのである。そして、労働のフレキシビリティとか規制緩和といった新自由主義によって持ち込まれたテーマが、逆に新自由主義に向かって刃を突きつけるかたちで跳ね返っていくことも十分に考えられることなのである。

したがって選択肢は、旧来の国家‐官僚主義的な後ろ楯と〝福祉政策〟の拡充への固着化か、〝ユッピー〟イデオロギーへのシニカルあるいは絶望的な信従か[3]、という二者択一にかぎられるわけではない。現在起きているテクノロジー革命によって生み出される生産性の向上は対数曲線的成長のカーブを描くかもしれない。問題はひとえに、新たな作用因子、言表行為の新たな集合的動的編成が、

ＣＭＩよりも明らかに不条理性が少なく行きづまりに直面しない道程のなかで、そうした新たな生産性の向上を蓄積することができるかどうかにかかっているのである。

（1）このテクストは一九八七年一二月二二日付けの日刊紙『リベラシオン』の〈ルボン〉（〈Rebonds〉）というコラムに掲載されたものである。また同じテクストが異なったタイトルで『レザンジュー』（〈Les Enjeux〉）という雑誌に掲載された（ＩＭＥＣにそのコピーがひとつだけある（整理番号 GTR 12-12）が、日付もこの雑誌についての詳しい記載もついていない）。タイプ原稿はゴルドマン・コレクションに残されていて（整理番号 G47）、日付は一九八七年一一月となっている。ガタリは、このテクストで、彼がＣＭＩ（統合された世界資本主義）と名付けた主観性の実体としての資本主義の定義を凝縮的に提示している。

（2）アリストテレスが『ニコマコス倫理学』のなかで記述し、中世のスコラ哲学が継承した四原因説のこと。

（3）〝ユッピー〟は若い野心家の企業幹部を指す。

（2）「軍事の倫理的再定義[1]」

現在見られる地政学的諸関係の脱分極化は、われわれに現代の社会経済的動的編成のなかにおける軍事機械や国家主義的強制機械の位置や機能を再考することを迫る。冷戦の終焉が東ヨーロッパや第三世界といったもっとも脆弱な地帯のなかにおける軍事的機構の相対的比重を小さくしているのに対して、その他の場所ではこの同じ軍事的機構の権力的位置は強化されているように見える。このような軍事的機構と市民的機構の結びつきの変化は、短期的に見て、関係諸国の国内的状況や国際的諸関係に重大な影響をもたらす危険がある。

実のところ、国家レベルの調整はこの二〇世紀の終わりを特徴づけるさまざまな権力構成体の変化によってもたらされているのである。強大な諸帝国は風化している。経済的に強力な民族国家は地域的大市場の構成に向かっている。そして民族的封建制が再構成されたりもする……。こういった条件下においては、軍隊を民族国家の単なる一装置と考えるだけでは不十分であろう。軍事機械はむしろ一種の社会体の機械状脊椎骨をなすもので、他のすべての権力構成体と横断的に結びついている。法的機械、貨幣機械、都市機械、工業機械といったもののなかには、それぞれの次元に応じて軍事機械が住み着いている。

軍事機械はまた、科学技術機械や社会機械、集合的想像世界、地政学的諸関係などの変化と相互的に密接不可分に結びついてもいる。

左翼の伝統的思想は長いあいだ軍隊をひとえに支配階級に奉仕する道具として定義してきた。それゆえ軍隊を有害邪悪なオーラに取り巻かれたものとみなしてきた。新国際秩序と相関関係にあり、社会的・環境的エコロジーの原理に則って倫理的・文化的特異性や地球規模の経済的連帯性を引き受けようとする新たな国際主義は、軍事的事象の倫理的再定義を呼び寄せなくてはなるまい。機械状の強制権は、地域的、国家的なさまざまな次元、地政学的・国際的な大集合体などにわたる社会秩序の必要かつ十分な一貫性の原理に基づいてのみ確立されなくてはならないだろう。したがって軍事組織の民主的運営と内部的な動的編成は、本質的に多様な価値を包含した多声的な新たな複合性を想定して思考されなくてはならない。この新たな多価値的複合性は、どんな〈牽引力〉が働いてどこに向かうか皆目見当がつかない現在の世界のカオス的沈潜に取って代わるものとして、われわれの未来の地平に姿を現わし始めている。

（1） ゴルドマン・コレクション所蔵（整理番号 G42）のこのテクストは、サシャ・ゴルドマンの提唱下に組織されたある企画と関係がある。この企画はフェリックス・ガタリ、ポール・ヴィリリオ、エドガール・モランのあいだで戦争をテーマにして議論し、権力と政治についての研究の基礎資料をつくることを目的にしていた。ガタリは、この短いテクストのなかで、軍事的事象を、倫理的観点から、社会的・環境的エコロジーの原理に立脚した新たな社会秩序のなかに導入し直そうという彼の立場を要約している。

(3) スペクタクルは終わった[1]

今後、クウェートの解放がもっと害の少ないやり方で——たとえば禁輸とか交渉で——行なわれえたことを証明するのは歴史家の役目に帰せられるだろう。しかしサダム・フセインの古臭く血腥いシニシズムに対して、ジョージ・ブッシュは力でもって応答した。そしてそれは国際経済の舞台におけるアメリカ合衆国の位置、とくに日本やドイツに比しての恒常的後退によるブッシュのあせりを背景としたものだった。

この湾岸危機は多様な諸問題の十字路で起きた。たとえば、法外な武器貿易によってイラクとその近隣諸国が過剰武装したこと、石油の生産や市場が民衆の存在を無視したロビーの手中にあるということ、パレスチナやレバノンやクルドの民衆の民族的利益の略奪、ソ連崩壊後の国際的諸関係の不安定化、等々である。

エドガール・モラン[2]の用語を借りると、この〈複合的対象〉がとてつもなく単純化されている。実地に戦争を行なう論理が優先され好戦的精神による知性の鈍化が生じて、それがテレビメディアによって巧妙に保たれたのである。悪対善の戦いという名のもとに、世論はイラク民衆の爆撃による圧殺を支持するように導かれた。いまや人々はアメリカを中心とした同盟軍の勝利を声高に誉めたたえている。われわれは歴史の最悪の時期に立ち戻ってしまったかのようだ。〈わが将軍たちに誉れあれ。でかしたぞ！　ありがとう！　平和主義者はこれを見習いたまえ〉というわけだ。誇張しなければならないと思ったのか、なんとブリス・ラロンドのようなエコロジストまでもがこう言明したのである。同盟軍〔多国籍軍〕側の死者が二〇〇人なのに対して、イラク側はおそらく一〇万人の死者がでた。これはアメリカ先住民〔アメランディアン〕の殲滅にほとんど等しい。この自称きれいな外科手術的戦争のあいだ、一貫して低劣きわまりないイラク人評価を下し続けたメディアは、それでもイラク戦争における真実を少しは伝えざるをえないだろう。

スペクタクルが終わったいま、この戦争の過剰生産がかつてと同じものであることが明らかになった。すなわち、それは正真正銘の虐殺であったということである。単に犠牲者や破壊の話だけにとどまらず、この災害の総括を行なわねばならないだろう。国連はどう考えてもこの事件による信用失墜を免れないだろう。なぜなら国連はパレスチナやゴラン高原についての安全保障理事会の決定を遵守させることができなかったからである。奥深いところまで辱しめられたアラブ諸国の世論はさらに原理主義に傾いていかざるをえないだろう。民主主義の擁護は本来権利のための闘いと密接不可分に結びついている。民主主義〔多国籍軍に参加した諸国の〕はシリアやサウジアラビアの〔反動的〕体制の強化とどういう折り合いをつけるのだろう。またイスラエル国家は血の試練がさらにいっそう危ういものにしたこの地域の人々との和解や相互理解を展望できるような状況にあるとはとても思えない。

世界中で起きている飢餓、人口の増大、発展途上国の負債、環境汚染、この先二〇年のあいだにエイズで死んでいくだろう七〇〇〇万人のアフリカ人、ラテンアメリカにおけるコレラの増大、東側諸国の復興、等々といったこの地球上に課された巨大な諸問題は、今回見られたような軍事的手法によっては解決を見いだすことはできないだろう。本来こうした問題解決のために当てられるべきお金が数十億ドルもの単位でこの戦争のために浪費されたことを考えなくてはならない。破廉恥にもクウェートの復興のための資本をわれ先に貯め込もうと殺到した富める国々のありさまを忘れてはならない。

この戦争は悪しき前例であり、悪しき予兆である。その長期にわたるであろう危険な影響を払いのけるためにすべてのことが活用されなくてはならないが、まず第一に世論が迷妄から覚醒しなくてはならないだろう。

（1）このテクストは一九九一年三月四日付けの『リベラシオン』のコラム（〈Rebonds〉）に掲載されたもの。テーマは、サダム・フセイン支配のイラクに対してブッシュ（父）が始めた第一次湾岸戦争――一九九〇年八月二日のフセインによるイラク侵攻を口実とした――に対するガタリのリアクションである。
（2）モランにとって〈複合性〉は単純化すれば必ずその実体を失うものである。以下を参照。Edgar Morin, *La Méthode*, Paris, Seuil, 1981.

（4）価値生産の新たな空間を求めて（1）

「テルミナル」——『三つのエコロジー』のなかのあなたの次のような文章をもう少し詳しく説明していただけませんか。「社会的に承認された人間活動の威信保証や金銭的見返りが、利潤に依拠した市場によってのみ管理調節されるという状態は、しだいに正当性を失ってきている」。しかしながら現在、市場の普遍性が大きな話題になっているわけです……。

ガタリ——新自由主義イデオロギーは貿易の自由による市場の絶対的支配力を正当化しています。新自由主義イデオロギーは経済的領域の総体を超コード化し調節する抽象的市場の存在を前提にしているのです。これはまことに強大なまやかしです。〈唯一の市場〉なるものは存在しないのです。そうではなくて、あらゆる種類の市場が存在しているのです。たとえば、強大な国家の掌握する軍備の市場、地方や地域のさまざまな市場だけでなく、麻薬やマフィアの闇市場、芸術の市場などもあります。さらにミクロ社会学的次元から言うと、さまざまな国内市場や発展途上国における物々交換の市場もあります。そしてそれらの市場を価値の取り引きや等価交換の場として設定しているのは権力構成体であり、市場相互間の競争は権力市場間の競争になるのです。そこにおいて、ある市場は過小評価され、また別のある市場は過大評価されたりするのです。したがって、唯一の超越的な世界市場などというカテゴリーは存在しません。いくらかの権力の動的編成の形成体からなる実在的領土として設置されたいくつかの価値化システムがあるだけです。だからアメリカは石油市場との関係で湾岸戦争という強行措置、タイミングを見計らった地政学的な行動を企てたのです。

「テルミナル」——非商業的価値は誰が割り当てることができるのでしょうか？　国家でしょうか？　あなたは、ひとつひとつの人間活動にそれぞれひとつの価値化の切片（セグメント）が対応するとして、どこか人類学的な前提を持ち出しているように思われるのですが……。

ガタリ——欲望の市場はすべて国家の外部で価値化のベクトルとして成り立つのです。たとえばロックミュージックは一方で欲望機械ですが、他方で資本主義市場なのです。また欲望と社会的好ましさとのあいだには強い関係があります。非商業的価値を割り当てるのは国家だけではありません。ポストモダン的展望に立つと、現行の権力構成体を受け入れ、市場に存在するものはすべて必要で不可避的なものであると言えるかもしれませんが、逆に、価値論的展望を受け入れ、権力構成体（たとえばファロクラシー〔男性優位主義〕の市場）を解体するための権力構成体、あるいは異なった権力の市場（たとえば画商や美術館、要するに芸術の世界市場を取り仕切っているすべてのものに反対しつつ、芸術のために働く市場）を創設するための権力構成体といったものを構想することもできるのです。

「テルミナル」——しかし、生産システムや権力構成体には序列がありますよね。

ガタリ——もちろん、本質的に資本主義的な序列が存在します。しかし、権力構成体の多中心化、リゾーム的配置といったものを構想することはできます。そこで、ロビーなどよりもはるかに脱領土化された権力ゾーンを引きつけて、カオス的論理に則って調整を行なうこともできるでしょう。

「テルミナル」——それでは市場のパラダイムのなかにとどまったままではないでしょうか？　新たな価値化の空間はどんなものなのでしょうか？

ガタリ——データ通信のコミュニケーション装置などを使った新たな協議の動的編成が可能です。そこで、国家を超え、民族を超え、文化を超えた新たな主観性が実体をともなって出現するのです。もちろん、その一方で、世界的規模で展開する国家権力の市場は維持され、これは一朝一夕にはなくならないでしょう。しかし緊急を要するのは、市場の論理、国家の論理、権力の論理といったものが現実にどのように機能しているかをしっかり位置づけ、資本主義の権利行使を絶対的に正当化する神話、今日いたるところで君臨している一種の新自由主義宗教から脱却することです。こうした価値論的な脱中心化を通して、別の実践的可能性があることを示すことができるでしょう。それは、現行の市場のなかも含めて、資本主義市場を後退させることができ、自由の空間、創造の空間を改めて発明することができるという方向です。

「テルミナル」――あなたは貨幣的等価性による物象化現象を過小評価しているのではありませんか？

ガタリ――たしかに貨幣的等価性は呪縛的な役割を果たします。それはもっとも強度の高い領土化の線を描きます。それは主観性を強迫観念的欲望の対象のなかに退縮させ、他の価値化の様式を解体してしまいます。それはもっとも抽象的な全能的武器なのです。そうであるがゆえに新たな価値化の形態は、こうした資本主義的諸価値の〈同質発生〉と訣別して、私が〈異質発生的〉と呼ぶ過程を通して再特異化し、諸価値がおのれに固有の存在論的次元を取り戻すようにしなくてはならないのです。私にとって価値というものは、欲望の領野、権力の領野、実在的領土におけるある分極化であり、完全に脱領土的な次元を獲得することができるものです。価値論的次元は経済的領域だけでなく知覚の領域や他者との関係の領域などにも組み込まれていて、価値を位置付ける機能をするのです。

「テルミナル」――どのようにしてですか？

ガタリ――獲得されたもののなかにはすでに分子的次元が存在しています。ひとつだけ例を引きましょう。女性解放運動です。それは脅迫や後退にもかかわらず前進しています。これは生の領土を設定する新たなやり方であり、たとえ資本主義的な別の吸収形態のなかで爆縮することになるとしても、市民的抵抗を明示し、マイノリティーを擁護するやり方の新たな一例となるものです。そうした運動を六〇年代のように純粋なユートピアのなかに閉じ込めるのではなく、議会や労働組合における諸勢力との節合を図ることが必要です。そうしなければこうした分子的実践、こうした欲望の闘争は、どうしようもなく体制内に回収されるかマージナル化され、取るに足らないものになってしまうでしょう。他方、全面的な価値論的一貫性を求める白か黒かという切断の論理は、逆説的にも自動的に進歩主義的な判別式は存在しないということを証明しています。社会的・精神的エコロジーと結びついて、特殊性を持ったあらゆる社会的実践、分子的革命に歴史的展望を与えること、これこそが新たな価値化の空間を形成するためになすべきことなのです。

（1）　これはエマニュエル・ヴィドコックとジャン＝イヴ・スパレルによるインタビューで、雑誌『テルミナル』（‹*Terminal*›, n° 54, juillet-août 1991）に掲載されたものである。なおこのテクストは『シメール』（‹*Chimères*›, n° 28, printemps-été 1996）に一部削除されたかたちで採録された。ガタリはこのテクストのなかで、価値システムは、単に資本主義市場だけに組み込まれたものではないがゆえに本質的なものとしてとどまり続けると主張している。

（5）拘束的モデルか創造的モデルか[1]

ミシェル・フーコー以後、権力構成体の歴史的・概括的解釈をするまでもなく、われわれは、君主社会、規律社会、コントロール社会という三つの社会を区別することができる。[2] 君主は、ある一定のアイデンティティと領土的自律性を保持した社会的集合体——民族、村落、同業組合、等々——の上に立ち、これを超コード化する権力機構をもとにして、人間労働の産物を徴収していた。したがって社会的モデル化はそれまで、経済的搾取の装置や道具に対して比較的外部の位置にとどまっていた。しかし資本主義的規律、労働分業、エネルギー的機械の比重の増大にともなって、経済を取り仕切る記号的諸道具が旧来の社会的諸集団を〈脱領土化〉し、それに見合った物質的・制度的・精神的な閉鎖的装置を構成する生産空間をつくりだす。こうして資本主義は、国家機構や集合的装備から諸個人の行動や情動にいたるまで、社会的なものをその最小の細部にいたるまで再モデル化するようになる。他方、都市機械は、一種の原‐コンピューターとして機能し、システムの必要上の変化につれて、搾取される階級と〈エリート〉、保証された市民と排除された人々、正常人と狂人、等々といった二元対立的状態を生み出す。

コントロールが行き渡った時代においては、モデル化は全体主義的・覇権主義的なものになる。主観性の生産はもはや単に大きな集合体を通じて行なわれるだけでなく、もっと分子的なプログラミングを通しても行なわれる。新たなソフトウェアの神の教理は口から耳打ちするような仕方で伝えられるのではなく、神経や心理の分子的構造に直接働きかける。子どもは揺り籠にいるときからテレビを通して伝えられる人生案内図を吸い込み、それが子どもが参照する基準的価値観のみならず知覚の仕方や想像世界をもモデル化する。労働者はコンピューターやあらゆる種類のデジタル操縦装置に補助された生産現場の歯車のなかに捕捉される。消費者や選挙民の行動は、広告や世論調査、テレビの催眠効果によって後ろ向きに遠隔操作される。

コントロール社会は一種の決定論的な集合的欲動によって支配されるが、だからといって内部から浸食されないわけではないという逆説を孕んでいる。というのは、科学や技術や芸術の領域には、それを欠いたらシステムが一種のエントロピー的惰性のなかに陥没してしまうであろう最小限の自由、創造性、企画力を保持しなくてはならないという絶対的な必要性があるからである。

この外部からプログラム化されたモデル化の体制はおそらく、こうした創造性の領域をシステマティックに発展させる言表行為の集合的動的編成によって内部から引き受け直されたモデル化を前にして消えていかざるえない一局面にすぎないだろう。そしてこうした進展は、一方で科学や技術や芸術の発展に依存するが、他方でそれに適合的な社会的実践の再構成にも依存するだろう。

二つの事例を挙げておこう。おのれのなかに閉じ込もった制約された集合体としての科学理論は、すでに科学の対象の定義やその方法のあり方を全面的に開かれたものとして考える進化的なモデル化のシステムに席を譲りつつある。映画の領域においては、現在、新テクノロジーによって、観客が自らカメラの角度や位置、カットシーン、アップシーン、俯瞰撮影などを指示して、映画制作にアクティブに参加することが可能になりつつある。いずれ観客は映画のアクションの観客であると同時にナレーターでもあるという位置を占めるにいたるだろう。たとえば、観客は、西部劇や湾岸戦争のような戦争映画の最中に、自分の好きなように陣営を変えることができるようになるといったようなことも可能になるであろう。

（1）これは雑誌『テルミナル』（‹*Terminal*›, n°. 53, avril-mai 1991）の「ブロックノート」というコラム用原稿の一つである。

（2）Michel Foucault, *Surveiller et punir*, Paris, Gallimard, 1975.

（6）新たな結合[1]

シルヴェール・ロトランジェ〔以下、ロトランジェと表記〕――現在、フランスでは、〈政治的なものの終焉〉とか〈社会的なものの終焉〉ということがさかんに語られています。しかし実際には、社会的なものは蒸発してしまったわけではないし、政治的なものも日々影響を与え続けています。ただし少なくとも、とくに資本主義陣営と社会主義陣営の対立といったような政治的・イデオロギー的課題をなすものに対する関心の希薄化が増大しているように見えます。こうした政治的対立関係は改めて固定化しつつありますが、未来を担う政治は少なくともそうした次元にはないということが多くの人々にとってますます明らかになっています。そうした状況のなかで、政治はどのように機能するのでしょうか？　つまり分析用具としてのマルクス主義の衰退と、東側諸国に根を下ろしていた現実の社会主義の破産が明白になっているにもかかわらず、楽観主義的に〈社会主義の可能性〉を訴え続けている人々も存在するという状況のなかで、政治的行動をどう再定義したらいいのでしょうか？

ガタリ――私は、いまやマルクス主義は過去のものになったとか、いまや新たな政治的時代に入りつつあるといったような考えを真に受けたことはありません。また私は、思想や理論、イデオロギーといったものを手段や道具以外のものとみなしたこともありません。そうであるがゆえに、思想や概念は〈道具箱〉の一部であるという表現をしたのですが、これはのちにミシェル・フーコーが引き継いだために広く知られるところとなりました。道具は代えることができるし、借りることも、盗むことも、使い方を変えることもできます。マルクス主義の終焉とは何を意味するのでしょうか？　何の意味もなしません。それは言ってみれば、マスクス主義的道具のなかには機能しなくなったものもあれば、見直すべきものもあり、なかにはそのままで有効であり続けているものもあるということであり、そうしたもの全体を再審に付すなどというのは馬鹿げているのです。そのなかにはニュートンの理論を再検討するという類のものも含まれているのですから困ったものです。ニュートンの学説は完全に死滅しているなどと言うことはできません。ともあれ、私にとっては道具の〈リゾーム〉というものが存在しているのです。リゾームのなかには死滅した枝分かれもありますが、小さな芽が増殖し始めてもいます。私から見ると、マルクス主義一般などというものはいまだかつて存在したことがありません。私は私にとって有用なマルクス主義的概念を借用したり転用したりしてきたのです。それに私はマルクスを読むことが好きです。彼は偉大な作家ですよ。作家としてのマルクスは乗り越え不可能に思われます。

ロトランジェ――政治的なものというのはどうですか？　それは乗り越え可能なものでしょうか？

ガタリ――私にとってこれまで政治という概念は決して〈政治家の〉政治ではありませんでした。だから、政治家的政治の破産は、私が〈ミクロ政治学〉という概念で指示したものにとって、なんら妨げになるものではありません。ただ政治というもの、私が〈分子革命〉という表現のなかに包摂しようとした真の政治、社会的大集団とその環境やその経済的機能様式との関係にかかわるだけでなく、さらには個人的・家族的生活や無意識的生活や芸術的生活などを横断的に貫く様態にもかかわる真の政治は、従来の政治と同列に論じうるものではないことはたしかでしょう。

ロトランジェ――つまり〈ポスト政治〉の時代は政治的なものの終わりではなくて、政治的なものが新たな水面に刻み込まれる時代であるということでしょうか。

ガタリ――もちろんそれはもはや政治的なものがないということを意味するわけではありません。同様のことはジャン・ボードリヤールが社会的なものの内破について論じていることにも言えるのであって、(2)彼が何を言っているのか私には理解できません。ひとつだけ言えることは、社会的なものはこれまで慣習的に用いられてきた意味におけるような型式の力関係のなかではもはや表現されえないということです。

ロトランジェ――力関係はもはや単に右とか左といった文脈、あるいは労働運動とブルジョワジーのあいだの権力闘争といった文脈では決められないということですね……。

ガタリ――労働運動については語らないことにしましょう！　労働運動という言葉を使って論じるには、状況はあまりにも複雑になっているからです。われわれが現在かかわっているのは、労働者階級という定義からは完全に逸脱した膨大な大衆です。しかしだからといって、それはもはや力関係というものが存在しないということを意味するわけではありません。そうではなくて、国家の諸力、資本主義、官僚主義といったものが状況を制御しえなくなっているのです。われわれはいまプレ革命的とも言えるような大きな沸騰局面のなかにいるのですが、しかしその革命は私の見るところ分子的な革命であり、そこではもはや誰ひとり何ひとつコントロールしえないような傾向がでてきているのです。フランスやヨーロッパのアンシャン・レジームの末期を例に取りましょう。その状況の特徴を把握するのはたいへんむずかしいことです。ことはバスティーユが奪取されたときに一挙に起きたわけではありません。アンシャン・レジームはすでにその数十年前から全面的な崩壊過程にある社会だったのです。それは、法、宗教、団体、系統的つながり、家族、労働、時間、文学といったものなどとの関係が、あらゆる側面から変化し崩れたということなのです。そしてブルジョワジーが再起し彼らによる再領土化が再定義されるまでにはかなりの時間を要したのです。また労働運動がブルジョワジーに立ち向かい力関係の勝負ができることを可能にする何かを見いだすにはさらに多くの時間を要しました。

ロトランジェ——いまや二極的な階級関係、そしてそれとともにマルクス主義的分析全体が機能しなくなっているわけですが、あなたの言うわれわれの社会で作動している〈分子的革命〉が取りうる形態を認識することはどうしたら可能なのでしょうか？

ガタリ——まずイデオロギー的側面について考えましょう。社会的なものはもはや存在しない、もう何もない、誰もがそんなものは馬鹿にしている、といったことを主張するのはやめなければなりません。そのうえで、われわれがかかわりあっている現象の性質を認識することを試み、政治的次元が分子的になり粉末状になって把握し記号化するのがむずかしくなっている場所に政治的焦点を合わせることを試みなくてはなりません。第二に、われわれが有しているいわゆる政治的諸道具を問題化しなくてはならないでしょう。これは世界資本主義の勢力にとっても左翼としてそれに異議申し立てをする勢力にとっても必要なことで、どちらにしても社会のあり方やこの地上における生活の目標を確立しなくてはならないのです。第三に、なにかこれまでと異なったものを生み出すきっかけとしてすでに出現しているあらゆることを把握するように努めなくてはなりません。フランスの一九六八年五月の出来事はすぐに壁にぶちあたってしまいましたが、あのような雪だるま現象がどうして起きたのかということを考えるというようなことです。現在はといえば、誰も現実との接続を可能にする革命的戦争機械を持っていないので、集合的主観性がいわばＬＳＤのもとにあるような状態です。つまり時々〈フラッシュ〉がたかれる状態と言ったらいいでしょうか。何かが見えるのですが、それがすぐに消えるという感じですね。かつてイタリアには〈アウトノミア〉の運動がありました。しかしいまは、ヨーロッパに戦争と荒廃の脅威が集合的にのしかかるというヴィジョンが見えます。それからポーランドの出来事がありましたね。そしてまた別のものに移行していきます。でもまた革命的状況は戻ってくるでしょう。こうした〈フラッシュ〉的出来事はそれをもたらす主観性に一貫性がまったくないということを意味するのではなくて、記録されても刻印されても判別されてもいない何かを知覚しようとする努力が行なわれているということを意味しているのです。私にとっては、これまでヨーロッパで平和主義を通して表現されてきた諸運動は、現在エコロジー運動や地域主義運動や私が分子革命と呼んだものの無限の構成要素を通して表現されようとしているということです。私が言いたいのは、それは自然発生的なものへの信仰ではなくて、新たな型の闘争、新たな型の社会を再構築する方向に向かうすべてのものを取り逃がさないようにしようということです。

ロトランジェ――では、フラッシュ的出来事としてのイタリアの経験は何だったのでしょうか?

ガタリ――イタリアの経験はイタリアにおける権力構造が他のヨーロッパ諸国に比べて非常に遅れていたということと結びついています。当時、ヨーロッパ的・世界的次元における経済的統合が非常に明瞭になってきたため、イタリアにおける国家の経済政策の不在、イタリア社会の信じがたいほどの汚職体制などのためイタリアのずれがますますはっきりしてきたのです。しかしそうは言っても、イタリア経済自体はそれほど周辺化されていたわけではなく、貿易収支なども含めた経済的メカニズムのなかでは重要な役割を果たしてもいました。つまりピエール・クラストルの表現を借りるならイタリアは一種の〈国家なき社会〉(3)の様相を呈していたのですが、他方でこの社会は国家権力が緊密にコントロールするという逆説的構造のなかに置かれていたのです。この点でイタリアは、第二次世界大戦以来左翼の基盤が徐々に衰退するか崩壊した他のヨーロッパ諸国とは異なって、左翼を利する非常に強力な力関係を維持していたのです。ただしこの左翼はキリスト教民主主義の隣にあってこれに加担することしかできない能無しの左翼だったのです。

同時に、この時期イタリアは前例のない知的沸騰を経験していました。そこでは出版や翻訳などの膨大な集合的作業が行なわれていて、それは今日でもイタリア人をして地上でもっとも思考をする人々にしているのです。今日、われわれにとっての光（啓蒙）の世紀の作動は、フランスでもアメリカでもドイツでもなくてイタリアで起きていることに人々が気づき始めるには、さらに数十年も要するでしょう。そうしたイタリア人たちは、理論的であると同時に実践的でもある二重の能力装置を持っていて、この社会に出現している変化の特徴は何であるのかを把握しようとしていました。彼らはイタリアの状況をネガティブに見るのではなく――後進的であるとか、近代化の欠如であるとか、先端的科学技術への参入が欠如しているとかといったように――、そこに欠如として現れているのは、おそらく実際には未来のポジティブな特徴であると考えたのです。要するに、あるタイプの労働の規律、労働と余暇の分割、あるいは知的労働と肉体労働の分割といったようなことがすでに失効しているということを、なぜ重視しないのかということです。なぜ別の価値化の様式――これを彼らは自主的価値化と呼んだ――を考えようとしないのか。するとたちまち、彼らはあらゆる保守的勢力と真正面からぶつかることになったのです。そのなかでも真っ先にたちはだかったのが、もっとも保守的な勢力であるイタリア共産党でした……。

ロトランジェ――しかしアウトノミアの実験は教条的な武装闘争のエスカレートによってすぐに自壊

しましたね。イタリア国家はアウトノミアに対して、証拠はないにもかかわらず、〈赤い旅団〉の〈頭脳〉であると告発して粉砕します。(4)

ガタリ——武装闘争は運動に破局的結果をもたらしました。というのは、武装闘争は、〈自主的値引き運動〉のような消極的と見えて積極的な抵抗運動によって延命しようとする運動内部のとらえどころのない大衆的構造を排除するための絶好の口実を権力に与えることになったからです。

ロトランジェ——〈アウトノミア的フラッシュ〉は別の場所で再生することができると思いますか？

ガタリ——それはまた必然的に再出現するでしょう。というのは、政治的争点の再定義は単に発達した資本主義諸国のなかだけではなくて、いたるところで行なわれているからです。フランスでは、われわれはすでにそこからちょっとした成果を得ました。たとえばわれわれの自由ラジオのたたかいはイタリアの経験から直接着想したものです。フランスの組合指導者のなかには、イタリアの実験のおかげで、現在行なわれているたたかいにはもはや対応しない要求が存在することに気づき始めた連中がいます。イタリアのアウトノミアが失敗したからといって何も証明されたわけではありません。ときどき一種の社会的化学が分子的でも原子的でもない別の型の組織のあり方を垣間見させてくれることがありますが、それが以前のモデルとはほど遠いある別の型の均衡に達することもあります。

ロトランジェ——その社会的化学はポーランドのようなもっと曖昧な状況のなかでも作動していましたね。ポーランドでは逆説的にも宗教が変化の原動力になりました。

ガタリ——ポーランドでは官僚主義社会に対する非常に激しい拒否が起きました。たしかに人々は宗教イデオロギーを頼りにしましたが、だからといってそれは宗教的現象だったのでしょうか。そうではないと思います。実際には、そこには教会やあらゆる種類の官僚たちを含む相対立する社会的諸勢力が集まっていたのです。

イランや中東の他の諸国では、そうした現象は別の仕方で表現されています。このような現象を評価するためには、左右の対立といったカテゴリー、二元論的階級闘争といった考えを絶対に放棄しなければなりません。いまのところは、こうした運動が互いを認識しあい支えあうことを可能する共通の意味論的特徴はありません。しかし私は、こうしたさまざまに異なった主観性の運動を〈積分する〉大胆さを持たねばならないだろうと思います。社会の生きた諸力が変化の原動力に接続することができないのはなぜなのかを説明し、新たな組織形態や〈社会的テクノロジー〉の転移、あるいは多様に異なったイデオロギーの結晶化といったものを出現させる矛盾を孕んだ集合的記号化様式を説明する理論を持たねばならないのです。

ロトランジェ——いまのところは分子はあるけれども革命はないということですね。いや、イランのように革命はあっても、民衆を動員しているのはまたしても〈アルカイズム〉〔古い形態〕だということでしょうか。

ガタリ——「連帯」はアルカイズムではありません。それは新しい闘争形態です。一〇〇〇万人もの組合員が突然現れるような国はそんなにありませんよ。

ロトランジェ——ポーランドの組合主義は逆説的にも、まさに西欧の組合運動がはっきり衰退しつつあるときに、東側で出現しました。

ガタリ——組合といっても、「連帯」が一般にそう呼ばれているだけで、これはおそらく、もっとも日常的な諸問題をも引き受けることができるまったく新しい構造の組織ではないでしょうか。もし「連帯」が組合運動であったなら、ワレサは妥協をして衝突を避けたでしょう。しかしあえて言うなら、それは裏で操ることができない組合運動なのです。それでは人々はついていかないわけです。といっても、それはアナーキズムの組織でもないですね。

ロトランジェ――それは一挙に表舞台に出てきた組合運動ですね。

ガタリ――グローバルな政治的次元だけでなく、ミクロ政治的な次元においてもですね。「連帯」は街頭で起きていることや、買い物の行列などにもかかわっていますからね。

ロトランジェ――ポーランドでは、ほかに、たとえば自主管理的な状況的要素がありますが、これはイタリアで起きたことと共通性があるのでしょうか？

ガタリ――まったくそう思いますね。しかし他方、こうした直観には無力性も感じます。イラン、イタリア、ポーランドにおける出来事は、この三つの状況の共時的特徴をあえて見つけようとするなら、そこからひとつの教訓を引き出さねばなりません。つまり、このタイプの闘争が国家的枠組みから脱却しないかぎり、持続的変化は望めないだろうということです。そしてそれはおそらく非常にむずかしく苦悩をともなうことであって、イタリアでなされた類の革命が権力という審級に変化をもたらすことになるだろうという考えは、私にはつねに不条理なものに思えます。

ロトランジェ――結局、これらの闘争の組み込まれた領野は、つねに国家的構造を超えたものあるいは国家的構造以前のものであって、一種の内部的〈集団〉、オルタナティブな構造、あるいは大陸的次元における結晶化といったようなものであるということでしょうか。

ガタリ――私は政治的・社会的闘争のパースペクティブについては楽観主義的です。なぜかというと、革命的危機の成熟は否定しがたいものであり、そこには多くの未来への約束や表現の豊かさがともなっていると考えるからです。

ロトランジェ――しかしそうした革命的表現は東や西の体制にどのようなインパクトを与えることができるのでしょうか。ロシアが国内消費の発展を犠牲にして核兵器を含んだ全方位的な軍備競争に走っていることは明らかです。

ガタリ――ソ連においては、軍事機械がいまや明白となっている危機と立ち向かうための一種の脊椎骨になっているかもしれません。同様の現象は中国でもリンピョウ路線として現れたことがあります。毛沢東主義が全面崩壊しようとしていた時期に、リンピョウは中国社会の最小限の一貫性を体現しようとしていたわけです。したがって、アフリカ諸国やラテンアメリカなどいたるところで、軍事機械の役割は顕著に増大しています。しかしながら私は、発達した大国（資本主義であれ官僚主義的社会主義であれ）の構造化が、それらの大国を純然たるやり方で軍事機械の支配下に置くような変化を目標とし、国際関係がその対立関係によって全面的に規定されるようになるとは思いません。

ロトランジェ――しかしレーガンは、アメリカの軍事力を劇的に強化しながら、〈福祉国家〉の構造を解体しようとしているのではありませんか？

ガタリ――アメリカにおいては、たしかなことがひとつあるように思われます。それは、国際地域における社会的・歴史的な矛盾や〈特異性〉に応じて力関係を行使するというキッシンジャー流の国際関係概念が事実上追い越されたということです。それはあたかもある種の外交的管理が廃れて、レーガンとその後継者たちのカーボーイ的狂気に固有のある種の善悪二元論をともなった純然たる戦略的概念が登場している状況とでも言ったらいいでしょうか。

ロトランジェ――現実にはその善悪二元論が世界全体を取り仕切っているということですね。

ガタリ――そのとおりです。その二つの陣営がシンメトリーになっていて、われわれはいま国際的状況の深い変化に立ち会っているという結論をそこから導きだすこともできるでしょう。しかし私は必ずしもそうは思いません。現在の局面は、一貫した集合的な政治的代表を欠いているのは社会変革運動だけでなく、資本主義もそれを欠いているということです。国際資本主義もまた大混乱に陥っているのです。国際資本主義はその再構造化にともなう危機に立ち向かうのにたいへんな困難に直面しています。厳密に経済的な諸問題（通貨や石油等々の）だけでなく、政治的次元においても困難で危険の大きい解決策を見つけなくてはならず、本質的には未来展望がないというのが現状でしょう。結局、国際資本主義は、アジア、アフリカ、ラテンアメリカなど第三世界の発展に対する確たる政策を持っていないのです。世界各国を荒廃させる人間的、エコロジー的等々の破局は、統合された世界資本主義の利益になる方向には向かっていきません。各国の大衆、労働者階級、農民、第三世界と第四世界が見舞われている全面的危機は、国際資本主義が切り抜けることができないものなのです。したがって私は、アメリカ資本主義とソ連の歴史的な対立的局面は過渡的なものではない何かであるとは思わないのです。逆に私は、長期的に見たら、いずれこの対立は共謀性を取り戻して、アメリカとソ連が連合した国際憲兵隊組織が生まれるのではないかとすら想像しています。

ロトランジェ――やがて新たなヤルタ会談が行なわれると考えているのですか？

ガタリ――おそらく地球を南北関係のなかに従属させ、東西の対立関係を弱めるような仕方で、影響圏域を分割し直すということになるのだと思います。私が言っていることは矛盾しているかもしれませんが、アメリカ資本主義とソ連官僚主義は互いに理解しあい妥協する方が互いにとって大いにメリットがあるのです。これはなにも私だけでなくシュミット(5)やヨーロッパのある種の社会民主主義潮流が直観しているところでもあります。

ロトランジェ――アメリカ資本主義とソ連官僚主義は対立関係のなかでもすでに理解しあっていると言いたいのでしょうか？

ガタリ――彼らは対立的言説を通してすでにわかりあっているのです。彼らは脅しをかけて日本とドイツをそのなかに組み込もうとしています。私は世界戦争が起こるとはまったく思いません。戦争は起こるでしょう。しかしどんな戦争かということです。それは三〇年来見続けている戦争です。同じような戦争が続くのです。チャドやエルサルバドルやグアテマラで起きている戦争を考えるとき、そこで苦しみ、傷つき、拷問され、飢えで死ぬ人々のことに思いを馳せなくてはなりません。これが戦争の現実にほかならないのです。これ以上に悪い事態を想定できるでしょうか。ですから、これからもこうした戦争がいたるところで起きるでしょう。結局つねに曖昧な部分的戦争が起きるわけですが、そうした戦争は地域的諸問題にかかわりながら、つねに国際憲兵隊による調整に貢献することになるのです。ベトナム戦争がそのとびきりの好例でしょう。カンボジアの戦争にもつながったこの果てしない戦争は、当初は人民戦争、南ベトナムの解放戦争でした。しかしこの戦争は、すべての人民戦争と同様に、諸大国の介入を招き、結局、そこから利益を引き出したのは、中国でありソ連でした。そしてそれは人民にとって、たとえばポルポトによる恐るべき破局的な事態をもたらしました。昔もいまも戦争で勝利するのはつねに大国なのです。

ロトランジェ――部分的戦争の増大に反対する無意識的な集合的感性も平和主義的運動のなかに現れてきていますね。

ガタリ――そうですね。しかし私から見ると、平和運動は別の側面から、つまり一九一四年の戦争に先立つ時期、社会主義者が軍隊しかも自分の国の軍隊の志気を挫こうとしたあの素晴らしい時代に展開された平和運動よりも、もっとはるかに分子革命的な運動として解釈すべきものと思われます。もしこうした考えが広がるなら、それは大きな成果を挙げるでしょう。

ロトランジェ――私はあえて言うなら核の脅威の〈ポジティブ〉な影響を過小評価してはならないと思います。新たな運動を鼓舞しているのは社会主義者や左翼だけではありません。単にブルジョワ市民的な恐れだけが迫り出してきているわけではありません。ドイツでは、この運動にはすでに、政治的には対立する進歩主義者、キリスト教徒、反動的勢力、緑の党など非常に異質的な要素の集合が見られます。そこには、無視すべからざる直接的な動機を超えて、いまだ曖昧ではあるけれども現実的でもある別の社会への希求が集合的主観性として現れるという独自の政治的行動形態の始まりを見て取ることもできます。重要なことは、平和運動はそれと重なり合うエコロジー運動と同じく、雪だるま式に作動し純然たる国家的な枠組みを速やかに超えていく能力を持っているということです。アメリカでは、反核運動が国中で大きな広がりを持つのに数ヶ月しかかかりませんでした。おそらく黙示録的な感覚が政治意識や〈政治屋的〉政治と民衆との関係に深い変化をもたらしたのだと思われます。これは、われわれがこれまで当てにしてきた大規模な機構のマヌーバーやイデオロギー的選択の混乱によって、あらゆる未来展望が塞がれていると感じ取られたことが影響を及ぼしているのだと考えられます。少なくともかなり前から、こうしたエネルギーの発露にわれわれは立ち会っていると言えるのではないでしょうか。

ガタリ――つけくわえると、そうしたエネルギーが具体的な形をとるなら、とてつもない力になると思いますね。軍事‐科学複合体が公然と機能し、核武装情報がどこよりも容易に流通しているアメリカ合衆国で、運動が強化され政治的知性が平和運動を通して出現するなら、それはヨーロッパの運動よりもはるかに大きな重要性を帯びると思います。重要なことは、人々がさまざまな方法で、自分たちがいたるところに仲間を持っていて、共通の敵を持っているがゆえに新たな結合が可能であることを感じ取ることです。

ロトランジェ――平和運動はいわばモザイク状で、旧来の政治的亀裂とは合致しなくて、敵対陣営の論理には従属しない雑多なコラージュのようなものです。それは要するに、様式は違っても、あなたの言う分子的革命に対応するものですね。この形成途上のモザイクは、絶えず形状を変え、さまざまな要素があちこちに移動し、ときには奇妙な、あるいは矛盾したかたちを取って再び現れるといったような動きをするという……。

ガタリ――ちょっとあなたを喜ばせるためにSF話をしてみましょう。ロシアがアメリカがベトナムでやったのと同じようなやり方でアフガニスタンに踏み込みましたよね。いつかロシアで大混乱が起きると想像してみましょう。それは力関係を完全に変えますよね。そうしたら対立するエネルギーの形状地図はどういうふうに描き直されることになるかということです。

(1) このインタビューは『シメール』(‹*Chimerès*›, n°. 23, été 1994 & n°. 50, été 2003) に掲載されたものだが、初出は〈*The New Alliance*〉というタイトルで雑誌〈*Impulse*〉に英語で掲載されたものである(このタイトルはプリゴジンとスタンジェールの共著のタイトルを想起させる)。これは一九八二年の冬にガタリがシルヴェール・ロトランジェ(コロンビ大学教授で雑誌〈セミオテキスト〉の編集長〔ガタリの古くからの友人〕)と行なった対談である。ガタリは〈冬の時代〉の真っ最中に行なったこの対談のなかで、世界的政治状況を分析し、それを彼の〈分子革命〉の概念に結びつけている。したがって、このテクストはエコゾフィーについての彼の仕事の枠組みからは逸脱しているが、われわれがここに再録したのは、その内容がやがて彼が最後に書いた三冊の本(『カオスモーズ』、『分裂分析的地図作成法』、『三つのエコロジー』)を誕生させることになる、冬の時代に生まれたエコゾフィーの芽——あえて言うなら——を示すものだからである。

(2) フランスの哲学者ジャン・ボードリヤール(一九二九—二〇〇七)にとって、近代社会を特徴付けるのは、古典的社会理論に則って言うなら、社会のあらゆる次元で(主観性、芸術、商業、等々)作動する差異化のメカニズムであるが、それに対して、〈ポストモダン〉社会の固有性は脱差異化、差異の〈内破〉であるということになる。

(3) Pierre Clastre, *La Sociét contre l'État*, Paris, Les Éditions de Minuit, 1974.

(4) イタリアで一九六〇年代から七〇年代に現れた〈オペライズモ〉と言われる反資本主義的な〈自律的〉運動が〈アウトノミア〉である。トニ・ネグリやビフォ(フランコ・ベラルディ)と深い関係がある。

(5) ヘルムート・シュミット(一九一八—)は一九七四年から八二年までドイツ社会民主党の党首。

（7）社会的なものの反映としての組織形態(1)

政治的組織形態はその綱領の中身以上にその社会選択のなんたるかを表わすものである。その点からして、組織の実体を組織の形態に結びつけて考えなくてはならないだろう。組織の形態はダイヤグラムによって描くことができる。そこには組織図、様態図、機能規則などが含まれる。逆に、組織の実体は社会関係のなかのもっとも質的な次元とかかわる。つまり、組織の実際的な稼動様態、受容や周辺化や排除の儀礼、特殊言語などであるが、それに合い言葉、悪魔払いの公式、理念だけでなく、情動、特殊なリビドー、集合的な実在的領土をつくるために貢献するあらゆることがらがともなう。

組織が官僚化することによって、その下部は最上位の装置にしだいに従属していくため、労働運動の組織――党や組合――は、市民社会と国家の関係を模倣し始めるようになった。かくして、国家の装備と労働運動の組織が、一見イデオロギー的にいかに大きく分岐しているように見えても、この両者をある同一の国家的機能が横断的に貫くようなかたちですべてが生起してきた。この国家的〈横断性〉は、欲望の共通的備級、いわばもっとも自覚的な革命家ともっとも自覚的な改良主義者がともにそのなかで自己疎外するある同一の官僚主義的エロスに依拠している（国家の機能ともっとも直接的な人間的諸関係とのあいだに入り込むこのリビドーの持つ曖昧な力をもっともよく描いた作家のひとりがフランツ・カフカである）。

このようなマルクス主義的・レーニン主義的諸組織の実体の変化は、それらの諸組織が労働者階級による国家権力の奪取とブルジョワジーの接収という方向で社会的諸関係を変えるためのテコの役割を果たすものとされていた図式の信用性を下落させた。というのは、国家と疎外的権力諸関係が、それらを当然問題に付すものと見なされていた道具の真ん中に根を下ろしてしまったからである。いまや、前衛党が治外法権的特権を持ってはいない根元的な力比べが演じられているのは、組織の分子的な社会的諸関係――男／女の関係、人種、階級、年齢、等々の関係――のなかにおいてなのである。

新たな社会的・政治的実践が行なわれるようになったら、旧来の伝統的組織形態を国家の機能のなかに埋没させてしまう官僚主義的実体を取り除く恒常的過程に入ることができるようになるだろう。そしてその過程が、そうした社会的実践が問題化する主観性の形成のあり方の分析を呼び寄せることにもなるだろう。各個人、各人間集団は、それぞれが生きている時代によって提供される表現の素材や主観化〔主体化〕の動的編成をもとにして、それぞれの存在を構築する。たとえば、主として口頭言語や身ぶりやイコンによるコミュニケーションに依拠したアルカイックな主観性は、もちろん、その後に現れた書き言葉や電子メディアに依拠した主観性とは性質を異にする。主観性の形成の正確な分析への障害のひとつは、一般に歴史過程のなかで後から現れた様態が古い様態に取って代わってきたと考えがちなことである。しかし現在の変化の様相が主観性のアルカイックあるいはネオアルカイックな形態の存続や毒性を十二分に示していることを考えると、それは明白なことではまったくない。実際には、さまざまな起源を持った主観性の形成体相互のあいだでしばしば対立を孕んだ共存がなされてきたのである。

われわれが今日かかわっている主観化の様式は、いたるところでさまざまな段階で交差したり分離したりしている五つのタイプの一般的構成要素から説明することができるように私には思われる。

（1）伝統的主観化
（2）普遍主義的主観化
（3）二項分類的主観化（2）
（4）マスメディア的主観化
（5）ポストメディア的主観化

伝統的主観化は今日、民族主義運動の解放闘争（バスク、コルシカ、アイルランド、等々）だけでなく宗教的・政治的〈原理主義〉の台頭としても現れている。またミクロ社会的に見ると、男性優位主義的（ファロクラシー）、家族主義的、学校重視的、人種差別的等々の保守主義の再出現も見られる。アルカイックな残存物というよりも資本主義的流れによって一掃された主観性のアクティブな再領土化を体現するこうした要素の両義性を適切に評価することが肝要である。つまり、これを単に防衛的な主観性の形成と考えてはならないということである。民族主義運動もネオファシズム運動も、ものごとの初発的手続き、思考や情動の自己中心的規範化を作動させるというダイナミックな過程に依拠している。このような手続きや規範化は、もちろんポストメディア的立場は除いてだが、他の社会形成の諸要素のスタティック（静態的）な性格とは一線を画している。進歩主義的思想が、フランス革命や十月革命以来、農民闘争、反植民地主義闘争、民族主義闘争をわが身に引き受けることができなかったのは、この構成要素の特殊性を完全に取り逃がしたからである。一貫性を持っているがおのれのなかに自閉してはいない集合的な実在的領土をつくることは、諸個人や人間集団の根元的な要請であることにかわりはない。それは、生きられた空間、特定の言語、象徴的表象、適度に内面化されたリトルネロといったものの結晶化をともなう。また、一方でアルカイックな儀式や信仰を取り入れながら、他方できわめて美的‐倫理的なパースペクティブのなかで再評価されることを求める実践的活動をともなってもいる。

普遍主義的主観化は社会体を理性の上に築こうとする。それは諸個人のあいだの形式的平等性を前提とする。それは統合的、一次元的であり、同時に最悪の差別やとてつもない序列構造を密かに保証する。普遍主義的主観化にとって、社会的条件、性、年齢、欲望のあり方などの相違は括弧のなかに入れられ、国家を保証人として成り立つ法律に従属する。実際上、これは疎外の実態を隠蔽する欺瞞的主観性である。マルクス主義運動はブルジョワ民主主義と合法性の段階を乗り越えようとした。そうしながらこの運動は、弱者、マイノリティー、〈特異な人々〉などの立場が守られるには、集合的に受容される規範の砦、〈法〉と〈正義〉の機械という防御物によって庇護されなくてはならないことを忘却した。最近になって、人権や女性の権利にかかわる諸問題が、個人的かつ集合的な規模で改めて話題になっているのは、こうした経緯からである。

しかし新たな市民性の原理――国家に基づくのではなくて集合的契約性に基づく――から発想することが重視されていないため、こうした闘いは絶えず普遍主義的組織形態に引き戻されて制約されたり操作されてしまうことになる。ただしだからといって、そうした闘争が新たな正当性を失ったわけではない。われわれが一九八〇年代の初めから経験している社会闘争や分子的変革運動の長い冬の時代のあいだ、(3) 唯一起きた大きな意識覚醒は、移民や女性や学生などの権利にかかわる問題であったことは特筆しておかねばならない。しかし、この動きを〈倫理的世代〉の出現とみなすのは早計であろう。こうした解放を求める欲動が〈SOSラシスム〔レイシズム〕〉〔人種差別SOS〕のような本質的にマスメディア的主観性に結びついた運動形態をとっているのは、生きた実在的領土と結びついた倫理‐政治的な動的編成の再構成が欠如しているからである。

二項分類的主観性は抑圧された者と支配的カテゴリーとのあいだを明確に区別しようという意志の確立に行き着く。この主観性は社会変革のための共通のアイデンティティと理念を打ち出すことによって、以前は貧困のなかで孤立化していた諸個人や非抑圧者の集合体を社会学的に統合した。伝統的主観性が国家的法の手前で打ち立てられ、普遍主義的主観性が国家の法と一体化したのに対して、二項分類的主観性は反‐合法性として定着してきた。この主観性はそれに固有の価値世界に応じてすべてを再考し再配分しようとする。それは搾取される労働者の条件改善の力強い原動力である一方、資本主義の強化に必要な集合的労働力の一貫性を保つ決定的なファクターでもあった。ロシアにおけるこの二項分類的主観性による権力奪取はまた、統合された世界資本主義を強化する方向にも作用した。組織された運動が鍛え上げるとされる労働者的主観性の覇権的意志は、しだいにその意味を失っていく。今日、マルクス主義が依拠していた労働者階級は、人民大衆の名において権力を行使することがしだいにできなくなっている。なぜなら労働者階級は、人間労働の時間の占める割合をますます機械状の過程に委ねるテクノロジー的変革のために、その存在自体がますます少数化しているからである。かくして、生産がもっとも拘束されたプロレタリア的労働から解放される時代を夢想することがもはやユートピアではなくなっている。資本主義の被搾取者たちの置かれている状態は、すでに明瞭に境界を画定された階級にしたがった形状をなしてはいない。第三世界の恵まれない民衆、発展した諸国で増大する保証されざる者たちは、従来型の社会主義の旗の下に結集する根拠をますます失っている。そもそもそうした社会主義を標榜してきた組合や政治組織が、具体性を持った国際主義や共通の利害関係に基づいた〈横断主義〉をいっさい放棄して、長いあいだ国家と協調組合主義の枠組みのなかに閉じ込もってきた。しかしながら、さまざまなカテゴリーの公務員や中産階級の人々が引き継いできた二項分類的主観性が構成し今後も構成し続けるであろう影響力のある少数派を二義的存在とみなすのは誤りであろう。この点においてもまた、いわゆるアルカイスムを性急に埋葬しないよう注意しなくてはならないだろう。

マスメディア的主観性は、その神経中枢がもはや国家の諸権力や政治的諸権力あるいはいにしえの宗教的諸権力などとシステマティックに合致しない生産の動的編成のコントロール下に置かれているという事実によって特徴づけられる。諸個人の意志決定にかかわる主観性の機能の重要な部分が、いまやテレビや広告や世論調査等々の影響下に従属している。テレビが法となっているのである！　マスメディア的主観性は、過剰に機械化しながら従来の規制を逸脱し、巨大な酔いどれ船(4)のように揺れ動いて、集合的な存在や生のあり方にかかわる真の問題にありうべき人間的応答を行なうことができない。実際上、これは二項分類的主観性でもある。なぜならマスメディア的主観性は人間を二つのカテゴリーに分割するからである。すなわち、人を幼稚化するイコンに従属する大多数の個人と、コンピューターを利用した書式的記号装置をもとにして実効権力をコントロールする少数のエリートという二つのカテゴリーである。

諸個人を孤立や寄るべなき不安に導くマスメディア的主観化によって生み出されるあらゆる種類の社会的実践の解体に対抗するには、ポストマスメディア的主観性がどのように作動するのかという問題をよりいっそう鋭く提起しなくてはならないだろう。ポストメディア的主観性の主要な特徴は、図式的に言うと以下のようになるだろう。

（1）それは主観性の自己創設（自律の機能）を体現する革新的な美的・社会的実践によってもたらされる。
（2）それは個人的ならびに集合的な次元における再特異化の過程をもたらす。
（3）それは還元主義的な理念的合意にしたがって機能するのではなくて意見対立的状況を生産的な仕方で蓄積することによってもたらされる。
（4）それは従来とは異なる法や規範の生産様式の発明によって形式民主主義を乗り越える。
（5）それは主観化の先行的様式の本質的諸様相と結びついて、それらを大きな歴史的欲動に向かって方向転換させる。

私の考えでは、政治的なものと社会的なものの再構築は、この五つの主観化のタイプのあいだの離接的綜合[5]を行なうことによってしか、その真の一貫的体制を見いだすことはできないと思われる。それらの主観化のタイプのうちどれひとつとして他のタイプを消し去ってはならない――もちろんネオファシズムやさまざまな形態の保守主義は別として――し、全体が主観性の複数的発展を可能にするように働かなくてはならない。後戻りは許されない。ネオアルカイスム、協調主義の残存物、ブルジョワ民主主義やブルジョワ法、メディアの比重などともつきあって〈耐え抜かなくてはならない〉だろう。〈法〉と〈正義〉の機械を外部の諸権力から庇護し、凡庸さを逸脱する特異性の道程に自動的に敵対しないように仕向けなくてはならない。こうしたあらゆる分離的選択を総合的に把握すれば、支配的規範に易々と屈することのない存在的選択を引き受けることができる欲望の論理を打ち出すことができるだろう。そして、新たな優しさ、新たな寛容さが、さまざまな組織形態を司るようになるだろう。組織というものは多様な目標に応えるために、運動―党―ネットワークを包含した多形的様相を身にまとって、国内的・国際的試練にしかるべく対応することができるだけでなく、日々の生活や文化にかかわる多くの問題を引き受けることができなくてはならないのである。

（1）このテクストの日付は一九八八年四月である（ゴルドマン・コレクション、整理番号 G37）。ガタリは、このテクストのなかで、国家がひとつひとつの政治組織のなかに入り込み、そこにまぎれもなく構造主義的機能を打ち立てる様式を分析している。このなかの多くの条りが、本書第七部（6）「新しい進歩的基軸」のなかで再利用されている。

（2）これは階級闘争を指示するガタリの新語法である。

（3）ガタリが「冬の時代」と呼んだもの。「序論」を参照。

（4）本書第六部（3）「マスメディア機械は〈酔いどれ船〉のように航行する」を参照。

（5）これはジル・ドゥルーズが『意味の論理学』で用いた概念で、のちにドゥルーズ／ガタリの『アンチ・オイディプス』でも使用された。「離接的綜合」という表現は以下のように定義されている。それは「おのれの位置を変えながらもつねに同じものに回帰するさまざまな差異、あるいは差異からすり抜けながらも差異であることをやめることなしに同じものに回帰するさまざまな差異、そうした差異のあいだのありうべき入れ替えシステムを指す」(*op. cit*, 1972, p. 18 et p. 82)。

（8）エコロジーと労働運動（エコゾフィー的再構成に向かって）①

自然は長いあいだ無限の恵みをもたらす母のようなものと考えられてきた。しかしテクノロジーの発展と人口の増加によって、自然の有限性はますます明瞭になってきている。地球という惑星は日々閉じた世界であることが少しずつ明らかになっていて、それはコミュニケーションや人間の移動や交易などの加速化のリズムに合わせて縮小しているようにも見える。空気、土地、水、エネルギーのもとになる火といったものが、超越的な神々の世界から離れて、〈再生不可能な自然資源〉のカテゴリーに入ろうとしている。

人類は太古の昔から永遠性という欲望に取り付かれてきた。この欲望は最近まで精神的高揚の源であったが、現在のメディア状況のなかでは、社会的不平等や不正義に対する受動的態度や無責任な態度の原因になっている。しかし時代を遡ると、啓蒙時代の哲学、フランス革命、次いで、歴史的舞台への工業プロレタリアの参入などが、そうした教条的睡眠状態に対して決定的な覚醒をしるしづけた。奴隷制、被抑圧者の搾取はもはや自明のことではなくなり、聖なる法の与件ではなくなった。そして、それまでとは別の社会的・経済的・政治的な組織形態が可能なこととして日程にのぼってきた。それが実効性を持つまでのあいだ、組合的・政治的組織による階級間の力関係の管理が、もっとも著しい搾取形態を矯正することを可能にし、真の社会的成果を獲得するとともに民主主義の進歩にも寄与することになった。労働者と農民の組合運動によって、〈社会的実践〉が歴史のなかに参入することになったのである。かくして組織されたプロレタリアが、他のすべての被抑圧者のカテゴリーの堅固な中心をなし、操作レバーの役目を果たすことになった。

しかし労働運動は同時に、自分なりの流儀においてではあるが、あの永遠性という有害な感情に参与することにもなった。そのため、階級闘争は、本来その理論家たちによって有限的弁証法として構想されたにもかかわらず、多くの場合、ほとんど宗教的と言ってよい権力に浸透されて、おのれのなかに自閉して小教会やセクトと化した代表制組織というかたちをとることになった。労働運動の大きな部分のボリシェヴィキ化は、基底部からの民主主義の後退をともない、自称前衛組織を助長した。ピラミッド型の序列的官僚主義が定着し、〈民主集中性〉という怪しげな名称の背後に身を隠すことになった。十月革命の成功とナチズムの粉砕から生まれた社会主義と称される諸国家のなかで、支配的カーストが独裁的位置を占めることになり、まぎれもない支配者の個人崇拝が打ち立てられた。これと並行して、生産のための生産の崇拝が台頭し、それが人類の進歩と自動的に結びつけられるようになった。生活（生きること）の質よりも量的要求が優先することになった。制約なき都市の膨張、農村地帯の人口減少、収益性のある土地の過剰開発といったものの必然的結果としてのエコロジー的荒廃は、政治的・組合的左翼を動員する課題とはならなかった。それは、第三世界の民衆の擁護、人種差別に対する闘い、女性解放の大義などがこうした左翼の課題にならなかったのと同様である。要するに、労働運動はおのれのなかに自閉し、自らが置かれている社会的コンテクストや世界の変化から断絶した協調組合主義的選択を採用する傾向を濃厚に持っていたのである。

他方エコロジーは、まずもって、自然のエコシステムの研究に特化した科学的領域として、あるいは自然を重視する人間の感性的現象として、あるいはまた消滅の危機にさらされた生物種や環境の擁護として出現した。この現象は長いあいだ、政治的階級からは人間的諸問題を犠牲にした〈自然への回帰〉に帰着する退行的なものとみなされてきた。またエコロジーは、環境への侵害、大気汚染、森林の破壊、核（原発）事故、オゾン層の危機といったものが人類の延命に対する大きな脅威として世論に受けとめられるまで、一部のセクト的活動領域にとどまり続けた。しかし一九八〇年代に、こうした問題を察知したマスメディアが大きな転換をすることで、政治的エコロジー運動に対する注目が拡大することになった。

ただしフランスでは、この運動はことの重大さに見合った主流的世論にはなりえていないことを指摘しておこう。党（緑の党）の活動家のセクト主義やブリス・ラロンドを中心とした〈ジェネラシオン・エコロジー〉の推進者の職業政治家的側面と、最近の地方選挙(2)で獲得した一五パーセント台の得票率とのあいだに、エコロジー問題に対する視点のずれが存在する。また、エコロジーというテーマを身近な問題としてとらえて関心を持っている人々は数字に表わされるよりもさらにたくさんいることも考慮しなくてはならない。エコロジストの大半は、環境のエコロジー、社会的エコロジー、精神的エコロジーのあいだの結合を図らなくてはならないと、まだ本当には実感していない。実際のところ、すべてがかかわりあっているのである。経済、社会構造、都市空間、消費習慣、メンタリティーといったものを変えないかぎり、環境への侵害を改善することはできないだろう。人間的エコシステムに接近しようとしたら、必然的に社会的、政治的な構成諸要素や、倫理的、美的な価値システムに直面することになる。私がエコゾフィーについて語ることになったのはそのためであり、エコゾフィーのパースペクティブは、直面する諸問題の物質的・価値的な諸次元を切り離して考えないということである。こうした特殊なタイプのエコシステムのフィードバック機能の再考はつねに、自由の度合いを高め新たな実践的動的編成の潜在的台頭をもたらす。かくして、可視的なもののエコロジー、社会的形成体のエコロジー、主観性のエコロジーが結びつくことになる。たとえば今日、脅かされているのは動物や植物や自然の風景だけでなく、独立的映画のような文化的種、連帯や国際主義（インターナショナリズム）といったような精神的種、そしてもっと根元的には、生きることや発意や創造への嗜好の刷新と相関関係にある差異を受け入れるだけでなく愛するという傾向といったような〈実存的種〉でもあることを重視しなくてはならないだろう。

こうしたエコゾフィー的意識覚醒は、はたしてプロレタリア的・労働者的主観性の結晶化をもたらした従来の解放的価値に取って代わろうとしているのだろうか。労働者階級は歴史から打ち捨てられ、もはやネオ資本主義的・ポスト工業的枠組みのなかで廃れてしまった社会システムの残存物でしかありえない存在として宿命づけられているのだろうか。それとも逆に、新たな組合的・政治的実践を通して労働者的主観性の再定義――あえて再発明と言ってもいいだろう――が行なわれ、それがエコロジー的パースペクティブを拡大し豊富化する方向に向かうことはないのだろうか。いずれにしろ、旧来の右翼‐左翼の対立構造に取って代わる新たな進歩主義的基軸は、新たな労働運動、フェミニズム、そしてエコロジーが決定的な役割を果たす新たな結合が実現されるという条件の下においてしか一貫性を持ちえないだろうと私には思われる。

こうした結合は同質的なアイデンティティを持った主観性やコンセンサスといったものの促進の同義語ではまったくない。それは逆に、異質的な構成諸要素を結びつけながら、言ってみれば共同行動のための最小限綱領を引きだすとともに、それらの構成諸要素間の差異を浮き彫りにし、その意見の相違に含まれる潜在的豊かさを利用することを目的にするものである。この点からして、現在、おそらく〈綱領〉という概念を、とくに情報のプログラミングの発展を横目でにらみながら再検討しなくてはならないだろう。というのは、情報のプログラミングは多くの場合、精神をたわめ、行動を過度に規律化し、身ぶりや表象の画一化をもたらすものだからである。この新たな結合のなかにおいては、無意識的実存形成体のもっとも重要な見えざる部分は、さまざまな異なった問題領域にわたっている。都市の労働者、技術者、研究者、農民、黒人運動、アメリカ先住民運動、女性運動、環境保護運動といったもののなかには、異質な角度からのものの見方がふんだんに含まれている。これらの運動のいずれともかかわるエコゾフィー的問題は、単に共通の目標において一致点を見つけようとするのではなく、より根本的には、互いの知識を交換し研究し合議しながら全体の豊富化を図るものとして位置づけられる。今日、活動家から期待されるのは、彼らがいい発言をするとか、〈正しい綱領〉を打ち出すとかいったことではなくて、彼らが新たな共同作業の設置のために働くことである。それは直接民主主義の〈集合体〉という意味での社会的民主主義のための仕事であり、連帯と親しい関係づくりの仕事、文化のための仕事である。資本主義社会が社会的組織の再構成のために専念することを期待するなどというのは問題外である。この点では資本主義に要求すべきものは皆無であり、すべてをわれわれ自身の手でやり直さなくてはならない。資本主義的価値化のシステムは、とりわけ新自由主義の自称勝利以来、人間間の諸関係の破壊、圧延化、劣化を導いた。統合された世界資本主義と、それが有するマスメディア的主観性の恐るべき生産道具は、そこに住まう生産者＝消費者市民を非特異化され、集列化され、非人称化したゾンビに変えようとしている。新たな進歩主義的基軸が社会体の恒常的な再構成の仕事、マックス・ウェーバーの用語を借用するなら〈再呪縛化〉(3)に取り組まねばならないのは、大きな革命を仮定してそれが起きてからではない。それは、日常生活、諸制度、集合的装備、政治的生活、国際的諸関係のすべての領域にわたって、今すぐに始めなくてはならないことなのである。

したがってエコゾフィー的目標は〈明晰かつ判明〉な共通の対象の把捉に帰着するのではない。それはむしろ異質的価値を持った諸世界のあいだの横断的な架橋である。エコゾフィー的目標は根元的に異質混交的かつ再特異化的である。といって、それは雑然とした夢想でもなければ、想像的希求にすぎないわけでもない。それは既存の諸制度を絶えず再問題化し、われわれの生きている時代の主観性の変化への扉を開く政治をもたらすものである。こういう風にして、労働世界はおのれにとってこれまで疎遠であった実存的諸次元や実存的諸問題と触れあうことによって豊富化されていくのである。〈反精神医学〉と呼ばれるものが堂々と登場した時代、マルコ・ベロッキオのある映画(4)は、イタリアのパルマ近辺のある工場の労働者たちが、彼らの作業場に精神障害者を受け入れ、こうした出会いが彼らの人間関係についての理解を深めたことを説明する姿を描いた。さらに最近のことだが、私はチリのサンティアゴの郊外で〈領土的組合主義〉の活動家に出会った。彼らは組合に加盟した労働者だけでなく、失業によって生活難に陥った人々、女性、子ども、地域の若者たちのためにも関与し、健康、衛生、エコロジー、都市計画などの諸問題ともかかわる教育的・文化的プログラムの組織化のために働いていた。しかし、こうした労働者の活動領域のすばらしい拡大が、序列的構造を持った通常の組合的機構から決していい目で見られてはいないということを残念ながら指摘しておかねばならない。

したがって組合活動のエコロジー的方向転換は、何を優先するかの再評価をすることであり、つまり、物質的なものに限定された量的要求と、仕事の仕方、相互扶助的・文化的諸制度、地域の生活への開放といったことなどに相関する質的希求とを同等の次元に置かなくてはならないということである。かくして主観性の生産は組合の再構成の根元的基軸となることができるのである。ただしそれは、闘争の要求的側面、政治的キャンペーンなどを脇に置くことを意味するわけではない。そうではなくて、それらはもはや今すでにそうであるように闘争の場の本質を占めるものではないということである。こうした再組織化は組織のあり方そのものの次元に大きな影響をもたらす。二〇世紀初めから継承した伝統的ヴィジョンにおいては、組合の活動は原則的には独立した大衆組織に属していたが、実際には、左翼諸政党に従属していた。共産主義運動はこのような組合運動の従属をかの有名な〈伝動ベルト〉理論で正当化し、組合運動は革命的前衛党と労働者大衆のあいだを取り持つものとみなしていた。しかし、このタイプの序列的、樹木的、ピラミッド的な図式は、より水平的、リゾーム的、横断的な機能を果たす組織に取って代わられなくてはならない。組織には、闘争の推進、力関係への配慮、メディアを通した公的表明といった組織上の任務があることはある。しかしそのことは、それにかかわる責任者たちが日常活動を行なう活動家、被抑圧者とじかに接触する活動家、現場で社会的・制度的創造性を発揮する活動家などに対して指導的位置を占めなくてはならないことを意味するものではまったくない。政治的価値世界は、戦略の〈科学〉よりもむしろ倫理的・美的パラダイムの領域に属する友愛や集合的創意の世界に対して、超越的優位性を持つべきものではないし持つ必要もない。

私は、現在見られるような、政党、組合組織、アソシエーション運動、基盤的集合体などのあいだの分離の有効性についても疑問に思っている。少なくとも、こうしたさまざまな審級の節合について再考する必要があることはたしかであろう。大きな政治的決定、組合の戦略といったものは、多くの場合、職業的活動家の排他的専売特許になっているが、彼らはどうしても下部の生活から離れた機構の虜になってしまう。そしてこうした活動家たちが権力をにぎることになる。彼らは自分たちが重要人物であると思い込んで自分たちの言動を過大評価し――これは非難することができないかもしれないが――、同時に、彼らと同じ考えでない者に対して非寛容になる傾向がある。彼らはユーモアのセンスや民衆的感受性との接点を喪失する。こうした職業的代弁者は、真理を集合的作業によって求めようとするのではなく、また既成観念やドグマや大原則といったものを絶えず問題に付そうとするのではなく、自らが真理を体現していると考えがちである。しかし生まれつつある真理は、偏見に逆らう何か、既成観念を乱す何かにつねに結びつくものであり、紋切り型の反応と衝突し、あらかじめ設定された立場の再検討を迫るものである。真理とは、生の運動であり、差異や他性をその不透明性にもかかわらず、その形式主義や図式主義に対する抵抗のなかで把捉しようとする動きにほかならない。私がここで言いたいのは、多くの場合献身的で勇敢でもある活動家の道を歩んでいる者たちを根拠もなしに断罪することではない。そうではなくて、頻繁に起こるそうした活動家のパーソナリティーの固定化を問題に付すための仕組みをつくらなくてはならないということである。責任ある機構がうまく機能するためには、彼らを支援しなくてはならないのだが、それは彼らが〈制度的神経症〉(5)と形容することができるものに陥るメカニズムの罠にはまらないようにするためでもある。同様に、青年の台頭を保証するための、とりわけ男性‐女性の平等の厳密な遵守を保証するための、責任あるポストの刷新は、私には不可欠のことと思われる。要するに、労働運動は自らの組織の社会的エコロジーに取り組まなくてはならないということである。

世界資本主義はこの地球上の全住民を統合し、プログラム化し、支配下に置こうとしている。世界資本主義はマスメディアを通して人々の無意識的幻想にいたるまで意のままにしようとしている。世界資本主義はまぎれもなく主観性を同質化しようという錯乱に捕われている。しかしながら現代の歴史的現実は、それとはまるで別の光の下にも現れている。社会的格差、身体的・精神的不幸は第三世界のみならず富める諸国でも深刻化の一途をたどっている。世界保健機構（ＷＨＯ）によると、環境に起因する病気で毎年四〇〇〇万人もの人々が死亡している。数億人もの人々が住居や労働の現場において化学的・物理的な危険にさらされて生きている。毎年、交通事故によって、五〇万人が死亡し、数百万人が負傷している。[6] 現在五〇億人の世界人口は、未来予測によると、二〇二〇年には八〇億人に達するという。アフリカだけで八億人から三〇億人になるという。こうしたすべての事情がいずれどんな人間劇を生み、新たな社会的・エコロジー的荒廃をもたらすか想像できるだろうか。地球上の諸問題は市場経済の無秩序な広がりのもたらす効用によって奇跡的に解決されるようなものではない。それは人々が自らの運命を民主主義的に奪回し、ここで私が喚起したような進歩主義的結合によって生産と国際関係の再構成を新たな基盤の上に打ち立てることによってしか可能ではないだろう。

　東側諸国の独裁的・官僚主義的体制の崩壊とその教条的イデオロギーの衰弱に引き続いて、われわれは巨大な空白の前に置かれている。すべてを考え直さなくてはならない。多くのものを再構成し再発明しなくてはならない。とりわけ国家と市場の問題を再検討しなければならない。国家機構による経済と社会の統制的調整、あるいは逆に世界市場によるほとんど魔術的なシステム調整が、二つの対称的幻想をなしている。国家も市場も権力構成体が絡まりあったものであり、したがって両者とも根元的に社会的諸勢力や主観性の生産の浸透を受けている。たとえば、今日、われわれの眼前で、世論やメディアの立場やエコビジネスといったものの動きに合わせて、エコロジーの新市場が定着しようとしている。〈市場〉という概念は純然たる経済学の領域に属しているものではなく、政治的、社会的、価値論的、欲望的な諸審級と不可分に結びついているものであり、そうした諸審級は資本主義的な交換と等価性の一般化を背景として繰り広げられている。国家権力の現実もまた、さまざまな権力構成体、欲望の動的編成、社会的実践といったもののなかに求めるべきものである。この点から考えて、組合運動や進歩主義的な政治的基軸の国際主義的・エコゾフィー的再構成は、北の市場と南の市場の再均衡や、湾岸戦争時に行なわれたおぞましい戯画的国際主義とは無関係の真の国際的秩序の推進に対して、大きな影響力を持ちえるだろう。新自由主義者が世界中で行なっている、組合組織のシステマティックな解体のくわだてと粗暴な規制緩和は最悪の錯乱の同義語であり、子どもの奴隷化への回帰、ゲットーや文盲や伝染病の拡大をもたらすものである。東側の諸国では、こうした政策の適用は、かつては不十分なりに存在していた社会的保護システムの破壊にいたるだろう。直接的利益が資本家階級に及ぼす催眠的呪縛によって生み出されるとてつもない不均衡は、長期的に見たら、いずれ彼ら資本家自身の利益に反するようになりかねないだろうと思わせるほどである。

今日、労働者、技術者、企業幹部、研究者、科学者などによって構成されている集合的労働力の特徴は、機械的・情報的過程にますます結びついているところにある。この領域においても、エコゾフィー的展望に立って、人間と自然の関係を根元的に変容させつつある革命や変動に対する退行的、自然至上主義的、永遠主義的な断罪を警戒しなくてはならない。機械はそれ自体として悪であり、それゆえ生産、交易、コミュニケーションのアルカイックな形態に回帰しなければならないということではなくて、機械が資本主義システムによって人間的目標から逸脱したから問題なのである。機械化が従来の労働のあり方を破壊し、多くの失業者を生み出したのはたしかである。おそらく真の労働のエコロジーだけがこうした被害、こうした不正を最小限に食い止めることができるだろう。労働時間や分業の再整備は、教育、養成、研究、文化などにかかわる社会的活動と不可分に結びついている。労働の価値化したがって労働に対する給与的報酬は、人間活動のあらゆる実在的領域に拡張されなくてはならない。使用価値と欲望価値は、資本主義的交換価値の市場のなかに明確に顕現する手段を見つけなくてはならない(7)。

こうしたすべての場で、エコロジーと労働運動の対話が行なわれることが、私にはきわめて重要なことだと思われる。エコロジーが保守主義に飲み込まれ、機械性の進化的系統流のリゾーム的変化と結びつくことができずに、還元論的システム概念のなかで〈現状維持〉に回帰する危険はつねに存在している。しかし集合的労働力は、今日生物圏を包む込む機械圏のなかで優位に立つことができる作用因子のひとつではないだろうか。直近の未来はかなり薄暗い光の下でしか想定できないことは認めなくてはならないだろう。しかし、だからといって集合的な知性と創造性の潜勢力は小さくなるのではなく、それによって状況が大きく変化することもありうるだろう。われわれは、ひとりひとりがそれぞれのやり方と手段を使って、そのために力を尽くさなくてはならないということである。

(1) このテクストは『シメール』(‹*Chimères*›, n°. 21, hiver 1994) に掲載されたものであるが、もとは一九九二年にサンパウロでガタリに対して行なわれたインタビューである。ゴルドマン・コレクション(整理番号 G48)のタイプ原稿にガタリ自身の手書きで一九九二年四月一二日と記されている。もうひとつのヴァージョンがＩＭＥＣに保管されていて(GTR 14-41 & 42)、タイトルは〈エコゾフィー的再構成に向かって〉とされているので、ここではこれをサブタイトルとして採用した。このテクストは社会(労働)運動をエコロジー運動(とくに環境エコロジー）に再接続し、社会的・精神的エコロジーについて考えようとしたものである。このテクストの一部が一九九二年六月四日付けの『ル・モンド』に「新たな進歩主義的基軸に向かって」というタイトルで掲載された（本書第七部（6）を参照）。

（2） ガタリはここで一九九二年三月の地方選挙を参照している。

（3） マックス・ウェーバーは「世界の脱呪縛化」という言い回しをシラーから借用したと述べている。『プロテスタンティズムの倫理と資本主義の精神』のなかで、ウェーバーは、これを次のように定義している。「ヘブライの古い倫理の特殊な立場ならびに預言者時代に始まるその後の展開は、それと類似したエジプトやバビロンの倫理と比べて、（……）救済手段としての秘跡的魔術の拒否という根元的事実に依拠していた」（Max Weber, *L'Éthique protestante et l'Esprit du capitalisme*, Paris, Plon, 1964, p. 68, note 4）。ウェーバーは〈再呪縛化〉という言葉はほとんど使用していなくて、これは彼の後継者たち（マルセル・ゴーシェなど）に固有の使い方である。彼らはウェーバーの定義のなかに魔術的思想の喪失について考えることよりもそれを取り戻すことを考えるきっかけを見て取ったのである。

（4） マルク・ベロッキオのドキュメンタリー映画『狂人の解放』を指す〔なお、この映画については、拙訳『精神と記号』の冒頭に収められている「マイナー芸術としての映画」というインタビューでさらに詳しく述べられている〕。

（5） 一九五〇年代には、精神科医ジャン・ドゥレーにならって、〈制度的神経症〉（無意識的欲動と現実原則による禁忌のあいだで生じる心的装置内の葛藤に由来する感情）と〈出来事的神経症〉（外傷性傷害に付随して起きるもの）とを区別することが一般的であった。ただしガタリは、ここではこの用語を制度論的精神療法における意味で用いている。つまり、それはいかなる制度にもつきまとう固有の病気であり、それゆえ制度をアジールに変えなくてはならないということである。以下の書物を参照のこと。Russel Barton, *La Névrose institutionnelle*, trad. Jean-Marie Mistouflet, Paris, Éditions du Scarabée, 1969.

（6） *Rapport de la commission OMS* : ‹Santé et environnement›, rendu public à Genève le 4 mars 1992（著者注）〔ＷＨＯによって一九九二年三月四日にジュネーヴで発表された報告〕。

（7） 交換価値は市場である商品が譲られたり別の商品と交換されたりするときの価格であることを想起しよう。使用価値はこの商品が必要性との関係で体現する主観的価値である（だからガタリは〈欲望〉という用語を使う)。この問題については『分子革命』のなかのガタリの論文「価値、貨幣、象徴」を参照のこと〔この論文は邦訳では先に挙げた『精神と記号』(八九頁) に収められている〕。ガタリはそのなかで三つのタイプの価値が存在するとして次のような説明をしている。「(1) ものを構成する諸要素のさまざまな異なった価値に働きかけて記号的な等価性のシステムを作動させる交換価値。(2) 二つのものの対置——ひとつのものはもうひとつのものとの関係で〈価値を持つ〉といった——からはじまり、その記号化の様式が価値の〔あるなしの〕二極性に依拠した世界観と矛盾しない使用価値。(3) これらの二つの価値の手前にある、私が〈欲望の強度的価値〉と呼ぶもの、すなわち全般的な交換主義システムの価値転換性とも、主体–客対、善–悪、有用–無用、美–醜といった二元論的な対置とも関係のない情動の価値」。

（9）東と西の大変動――政治の再発明に向けて①

左翼-右翼という基本的分け方は現在、われわれのこれまでの世界の見方を不安定化させている一連の大変動の影響下で曖昧なものになりつつある。その大変動に関して、それぞれの異質性は明白であるけれども同時に一続きのものとして把握することもできる三つの特徴を挙げてみよう。

（1）東側の民衆の解放
（2）宗教的原理主義とそれと相関するさまざまな形態の人種差別の台頭
（3）情報革命のテクノロジー的、生物学的、コミュニケーション的影響

ソ連をはじめとする東側諸国は、先端技術における遅れを取り戻すという条件を獲得することによってしか第一級の工業国の仲間入りをすることはできないだろう。そしてそれができれば、同時にスターリン時代から継承した官僚主義的封建主義からの脱却をもたらすだろう。しかしそこに到達するための代価はますます重たくのしかかっている。すなわち、国家中央集権主義の放棄、ソ連〈防御帯〉の解体、抑圧されていた諸民族の再生、国際関係の西側へ向かっての方向転換、等々が要求されているのである。

まず、民衆運動の高揚による〈鉄のカーテン〉の崩壊は、必ずしも〈進歩主義的〉変化に結びつか

ないということを指摘しておこう。東側諸国の人々にとって、西ヨーロッパの生活様式は一種の蜃気楼のようなものとして機能した。彼らがそこに到達することを保証するものはなにもなく、他方、そうした彼らが抱いている牧歌的ヴィジョンは西ヨーロッパにおける失業、人種差別、外国人排斥、汚染といった別の現実に触れたら必ず失望を引き起こすだろう。そうした条件下では、東側の全体主義から解放された多くの人々が、西側で勢力を増している全体主義イデオロギーの軌道のなかに再び陥る可能性を排除することはできない。

現在、生産性の顕著な増大を引き起こしている情報社会化と機械的装置化の広範囲にわたる加速化を考えるなら、この変化が必然的に社会進歩の方向に向かうと考えるべき根拠はないことを認めなくてはならいだろう。まず第一に、〈第三次産業革命〉と呼ばれるものが雇用を生み出すよりも雇用を破壊していること、そしてそれはあらゆる様態の膨大な社会的落伍者を生み出しつつあることを強調しておかねばならない。さらに、環境的、社会的、精神的なエコロジーの荒廃の原因はこの第三次産業革命に求めることができるのであり、この荒廃はいずれ、生命圏の純然たる消滅とまではいかなくても、地球上における人間の生命の消滅の方向に向かうかもしれないのである。

無意識的レベルでの破局の予感が出現し始めていると私には思われる。旧来の社会的諸関係を理想化する理由はないけれども、現在そうした諸関係が、マスメディアや集合的装備によって広くモデル化された、さらにいっそう孤立的かつ小児的な主観性によって押しつぶされていることを認めなくてはならない。家族や近隣との連帯関係、職業的、文化的、宗教的関係や活動家相互の関係などが、ますます弱まっている。多くの個人は、私が昔ながらの実在的領土の解体とみなすこうした広範囲にわたる竜巻のような脱領土化のなかに捕えられて、神経症に陥るのを免れるために、宗教的原理主義、カルト宗教、ネオナチズムなど、表向きは対立しながら後ろで密かに手を握りあうアルカイックな社会的再領土化にしがみつこうとしている。

資本主義の危機

したがって東側モデルの崩壊は、自動的に西側や日本のモデルの勝利をもたらすわけではない。そうした単純な結論は、多くの第三世界諸国を見舞っている荒廃した状況や地球上の全域で起きている極貧地帯の増大に対する富める国々の責任を免除することを前提とするものである。私が二〇年前に「統合された世界資本主義」と形容した現代資本主義は、いわゆる社会主義諸国を文字通り吸収し併呑しつつある。しかし現代資本主義はその都市的・マスメディア的航跡のなかにますます多くの人々を引き込んではいるけれども、比較的少数の人々にしか生活水準の向上をもたらしていない。そのうえ、生活の質について語るとしたら、質の高い生活を享受している人の数はさらに少ないと言わねばならない。

この四〇年のあいだ、資本主義の二つの覇権的ブロック――西側の市場と東側の国家主義――はある種の国際的秩序をなんとか維持してきた（もちろん、アルジェリア、ベトナム、アフガニスタンなどでの残虐な戦争をともなってであるが）。しかし今日、ソ連という憲兵がその一貫的力を失っている。そこで、ソ連の相棒でもあったなじみの敵が度を越した振る舞いをし始めたのである。この状況をこのままほっておいてはならないだろう。苦肉の策かもしれないが、このさい新たな官僚支配層を支援しなくてはならない。なぜかというと、新たな官僚的管理なしに、この突然政治的鎖から解き放たれた幾億人もの個人を掌握しうる人も組織も存在しえないだろうからである。東の敗北は西の勝利というよりも西の未来にとって大きな脅威になりうる。東側を横断する巨大な主観性革命を誘導するのは困難をきわめるだろう。世界資本主義の一方の旗頭であった官僚主義分派は崩壊した。われわれは一九〇五年あるいは一九一七年に戻ったのだろうか？　資本主義はこうした新たな状況とどのように折り合っていくのだろうか？　世界資本主義はすでに慢性的危機の種を背負っている。すなわちアメリカの赤字であり、第三世界の負債であり、ますます深刻化するエコロジー的問題である。そのうえここにきて、幾億人もの潜在的な生活保護予備軍を抱え込んだのである。資本主義はかつて、一九二九年の危機のあと、あるいは第二次世界大戦による荒廃のあとも、再生する力があったと言う者もいるかもしれない。もちろんそれは可能かもしれない。しかし、かつてそのためにどれほどの犠牲が払われたかを思い起こさねばならない！

別の社会を求めて

現在の状況が構成しているとてつもない困難は単に既成秩序にのみかかわるわけではない。その困難はまた、別の社会、諸個人と生産のあいだの別のタイプの関係、もはや利潤や商品経済だけに依拠しない人間活動の別の社会的価値化様式、といったものを構築したいと願望している人々の陣営にもかかわるものである。さらにこの困難は、ファシズムを懐かしむ人々や、アルカイックな表象にしがみつこうとするすべての人々にとってもかかわりあいのあるものであることを忘れないようにしよう。

原理主義、人種差別、外国人排斥、差異への無理解といった現象は、東側でも西側でも、都市化や地域にかかわる諸関係、家族生活、教育、等々の惹起する新たな諸問題に適切に対処しうる社会的・政治的実践が確立されないかぎり座礁させることはできないだろう。社会主義政党や自由主義政党は自らの存在理由を根底的に考え直さないかぎり、その地盤を極右翼に提供するかたちで失い続けるだろうが、さいわいにもその地盤のなかにはエコロジー的潮流も登場してきている。世論は、徐々にではあるが、おそらく不可逆的に昔風の〈政治の仕方〉から脱却していくだろう。いま現れ始めている新たな政治的地平と加速化するテクノロジー的変化を同時に考慮に入れながら、さらに、人間がおのれの身体や時間を生きる仕方、他者との関係、創造的活動、そしてあらゆる確かな実践の倫理的カーソルとしての有限性といったものを改めて問題化するような、新たな社会参加の形態を発明することほど緊急の課題はない。

（1）このテクストは一九九〇年三月八日付けの『ル・モンド』に掲載された論説である。ガタリはここでソ連／アメリカの均衡の崩壊を〈統合された世界資本主義〉の観点から分析している。

第六部

メディアとポストメディアの時代

(1) ポストメディアの時代に向かって

(2) メディアの倫理のために

(3)「マスメディア機械は「酔いどれ船」のように航行する」

(4) 潜在的なもののエコロジー

(5)「誰もが持つテレビとの個人的関係」

(6) 君は戦争を見たか？

(7)「コント（童話）としての広告」

(8) 広告について

(9) 広告界への闖入をめぐって

(1) ポストメディアの時代に向かって(1)

テレビ、データ通信、情報処理のあいだの接続が現在われわれの眼下で遂行されつつある。それはおそらく一〇年後には完遂されることになるだろう。テレビのイメージのデジタル化はテレビ画面が同時にコンピューターの画面でありデータ受信機の画面でもあるという状態にまもなく達するだろう。かくして現在はまだ分離されている諸実践がやがて節合されることになるだろう。そしていまはまだ受動的状態にとどまっているさまざまな態勢が変化していくだろう。ケーブル網と衛星がわれわれに五〇ものチャンネルをザッピングすることを可能にし、データ通信が無数のイメージ・バンクやデータ・バンクへのアクセスを可能にするだろう。暗示や催眠といった現在のテレビとの関係はしだいに弱まっていくだろう。それゆえ、現代の主観性を圧延しているマスメディア権力の改修が行なわれ、個人的・集合的な再領有化、ならびに情報、コミュニケーション、知能、芸術、文化といった諸機械の相互作用的使用から成り立つポストメディア時代の幕開けを期待することができるようになるだろう。

こうした変化を通して、古典的三角形構造をなす表現の鎖、指示対象、意味作用は改修されるだろう。たとえば電子写真は、もはや一義的指示対象の表現ではなく、他の可能な指示対象のなかのひとつの現実の生産となる。テレビで流されるニュースはすでに、異質混交的構成諸要素の外で行なわれるひとつのモンタージュの結果であった。それはシークエンスの図像化、支配的パターンに応じた主観性のモデル化、規範化への政治的圧力であったが、いまやあらゆる領域において、そうした非物質的な現実の生産が、物質的つながりやサービスの生産を押し退けて前面に出てきているのである。

ものがその表象の様式とは無関係にあるがままのものとしてあった〈古き良き時代〉を懐かしむべきであろうか？　しかしその時代にしても、はたしてものは実証主義的・科学主義的な想像世界以外の場所に存在しえたのであろうか？　表現の媒介作用は、すでに旧石器時代に——神話や儀礼とともに——〈現実〉と距離をとっていた。ともあれ、いにしえのすべての権力構成体と世界をモデル化するそのやり方は脱領土化されていたのである。貨幣、アイデンティティ（自己同一性）、社会統制といったものは、スマートカードの支配下にあった。イラクの出来事(2)は、地上への回帰ではなく、錯乱的としか言いようのないマスメディア的主観性の世界のなかにわれわれを導き入れた。ニューテクノロジーも同様の動きのなかで高性能と狂気を分泌している。しかし増大するソフトウェア・エンジニアリングの権力は必ずしもビッグ・ブラザーの権力に通じるのではない。そこには見かけよりもはるかに多くの亀裂が走っている。ニューテクノロジーはそれに取って代わろうとする分子的実践の影響下にフロントガラスのように身をさらしていると言えるだろう。

（1）このテクストは雑誌『テルミナル』（‹*Terminal*›, n° 51, octobre-novembre 1990）のコラム〈ブロックノート〉のためにガタリが書いた短文。
（2）本書第五部（3）「スペクタクルは終わった」を参照。

（2）メディアの倫理のために①

われわれの時代は科学的発見とテクノロジー的刷新のとてつもない加速化によって特徴づけられている。アメリカ、ヨーロッパ、日本が、必ずしも社会進歩や文化の解放の方向に向かっているわけではないこの変化の主たる立て役者であるが、国際関係の現状において、地球の状況を左右するいくつかの重要なパラメーターが、一貫性のある政治的管理を逸脱しているように見える。なかでも人口問題やエコロジー問題がおそらくもっとも目だったものであるとともにもっとも重大なものであろう。しかしメディアの未来もまた、大きな問題を孕んだものであり、工業諸大国に特別の責任がある問題である。新たな生産諸形態や現在起きている地政学的な大々的再分類化への経済的、社会的、人口的、エコロジー的な適応は、メンタリティー（人々の考え方・感じ方）の変化なしには、さらにコミュニケーション、協議方法、文化といったものの実践活動の恒常的な再発明なくしては、適切なやり方で遂行されえないだろう。そしてこうしたすべての領域で、視聴覚手段、データ通信、情報処理などの大きな変化が、もっとも重要な役割を果たすべく登場している。

先進諸国で一般的なテレビ番組の消費様式は、毎日長時間視聴する大人や子どものまぎれもない疎外状態を示している。テレビは催眠ドラッグのように機能して、主体を環境から切り離し、そうでなくてもすでに弱まっている家族的・社会的諸関係を解体するのに貢献し、皮相な――一般に〈すぐに忘れられる〉という特徴を持った現象を扱うのでいっそう皮相な――文化や情報を提供することによって、人々の読者や書くことの役割を減少させている。多くの個人がテレビ画面と保っている条件付けの関係は、他のさまざまな障害ファクターを隠蔽しながら自己重層的に生じる模造的神経症の源になっていることを認めなくてはならない。こうしたマスメディア的現象は、日本ではテレビゲームへの没頭やマンガの孤独な読書に引き継がれ、精神病理学的説明の対象になった（若者の場合は「オタク族」、大人の場合は「オタク亭主」といったような）(2)。

こうした受動性、テレビのイメージや音への〈自己委任〉は都市の機能にも影響を与えずにはおかない。民主主義的な協議システムは、アソシエーションや組合などの身近にいるオピニオン・リーダーをないがしろにして行なわれるグローバルなオピニオンのモデル化の登場によって苦境に陥る。政治的大政党も、メディアによる世論調査やメディアの消費者大衆のリアクションに対応するコンセンサスの確立の方向におのれの機能を従属させていく。こうして真の討論は衰退し、湾岸戦争時に典型的に見られたように意見の相違をまともに問題化しようとすることは回避される。

しかし、この非特異化、この世論と公衆の嗜好の圧延化は、おそらくメディアのあり方の過渡的局面にしかすぎず、より望ましい別の進展も不可能ではないだろう。この点、日本とフランスの対話は実り多いものになるはずである。というのは、この両国は、テクノロジー的近代主義と特殊な文化的特徴の保存——そのなかには前工業化時代から継承したものもある——を、ある程度まで結びつけることに成功したからである。重要なことはアルカイックな過去にしがみつくことではなく、少なくとも昔の時代と同じほどの実存的一貫性を持った新たな考え方や感じ方を発案することである。

現在のマスメディア時代から脱却して、私がポストメディア時代と呼ぶもののなかに参入するには、四つのファクターをもとにした未来予測的展望を立てなくてはならないだろう。

(1) テクノロジーの進化の予測
(2) 生産者と創造者の関係の再定義
(3) 新たな社会的実践の確立とメディアの進化への干渉
(4) 情報伝達の進化

(1) テクノロジーの進化の予測

視聴覚手段、データ通信、情報処理、情報コントロールのテクノロジーといったものの接合は、全体として、相互作用性、メッセージ伝達の質的改善、新たな美的可能性の開拓の発展の方向に向かうことになるだろう。

ケーブルや衛星による放送の普及、地球規模の放送ネットワーク、チャンネルや番組の増加、インタラクティブCD、インタラクティブ・テレビチューナーカード、携帯電話などと結びついた高性能テレビ(3)、こうしたテクノロジーの進化は、近い将来、視聴覚メディアに対する現在の受動的関係を変化させるだろう。選択肢の多様化、多数のデータ・バンクやイメージ・バンクへのアクセスは、メディアの再領有化や番組の再特異化へのきっかけとなるだろう。交流、対話、協議、祝祭的活動などの道具としてのテレビ画面が、個人的、家族的な生活、教育、文化、職業活動などのなかで、徐々に新たな場所を占めていくことになるだろう。そして情報革命はいずれ、新たなもの考え方、新たな世界の感じ取り方、新たな社会の生き方、新たな芸術や科学の発明の仕方に行き着くだろう。ピエール・レヴィに言わせると、われわれは新たなエクリチュールの形態の誕生に立ち会いつつあるとのことだ。彼はその新たなエクリチュールを〈ダイナミック表意文字法〉と名付け、それによって一五世紀における印刷術による大変動よりも大きな変化が起きるだろうと予測している。情報エクリチュールの直線性は多様な〈ハイパーテキスト〉に道を拓き、読者はそれと対話し、多数の対話相手との関係を打ち立てることが可能になるだろう。[4] そうした変化はいまはまだ技術者や研究者の独占的関心の段階にとどまっているが、いずれさまざまなカテゴリーの潜在的利用者——芸術家、教育者、地域の団体、等々——のあいだで広範な議論が始まるだろう。

(2) 生産者と創造者の関係の再定義

すべての芸術的分野が情報革命による呼びかけを受けている。マッタ〔ロベルト・マッタ(一九一一—二〇〇二)。チリ出身の画家で、シュルレリスムの影響を受けた独創的な作品で知られるガタリの友人〕のような大芸術家はすでに〈グラフィック・パレット〉を使って素晴らしい作品を制作している。しかし情報革命にともなうビデオや映画や写真といった領域におけるほとんど無限とも言える特殊効果に思いを馳せると、それにかかわる職業世界の再編成が必然的に生じるのではないかと考えられる。フランスでは、映画は左翼が権力の座に着く以前には死にかけていたが、国家の介入によって生き長らえ、同時にSOFICA(映画視聴覚産業金融会社)のような銀行システムが設立された。[5] しかしなお、映画分野における真の探究が存在することを可能にする諸条件はこれからつくりださなくてはならない状況にある。映画学校、シネマテーク、国立視聴覚機関などのあり方が、創造者、生産者、〈消費者〉、後援者、テクノロジー的研究といったものとのより有機的な関係のなかで再考されなくてはならないだろう。

（3）新たな社会的実践の確立とメディアの進化への干渉

ニューテクノロジーのポジティブな影響は、個人的・集合的な創造的実践をもとにしてニューテクノロジーを引き入れるという条件の下でしか期待することはできない。この点、〈ミニテル〉[6]の情報通信装置の適用範囲を、宣伝広告やアソシエーション活動、さらには〈ミニテル・ローズ〉などリビドー的なものも含めた多様な方向で考えることは興味深いことである。この装置の発案者はこうした転用を想定してはいなかっただろうが、こうしたテクノロジーと利用者の出会いは、一般に、それが市場に出回るようになってからしか起きないものである。しかしこうした出会いは、当のテクノロジーが完成される前、その定義や基準の変更が可能な時点においてできるかぎり整備されることが望ましいだろう。この段階で、交流、研究、実験、未来予測等の一連の政策が社会生活に組み入れられる方がいいからである。教育者、研究者、保健衛生や都市計画にたずさわる労働者——とくに地域の社会的発展やエコロジー問題などにかかわる人々——は、来たるべきテクノロジーの進化の潜在的一部をなしている。したがって、芸術の領域も含めて、こうした進化に貢献するさまざまな企画の未来構想や研究活動の現状が人々に知らされるようにすることはきわめて重要なことである。ここにおいて、産業的秘密の保護は底辺の倫理的原理の観点から制限されなくてはならない。つまり、その影響が万人に及ぶ研究は万人の知るところとならねばならないのである。このことは生物学の領域においては明白なことであると思われるが、メディアやデータ通信や情報処理の領域においても同様であると言わねばならないだろう。

(4) 情報伝達の進化

湾岸戦争は情報のグローバル化の広がりと限界を明らかにした。わずかのイメージしかともなっていなくてもリアルタイムで直接報じられる出来事のコメントは、幾億人もの人々が神経症に陥るほどの呪縛力を発揮した。しかしその反対に、情報とそのコメントの検証は軍事筋によってシステマティックにコントロールされ操作された。それ以前に、ルーマニアのティミショアラで起きた出来事が、すでにきわめてシニカルなメディア操作の事例を示していた。このレベルでは、一種の司法権力に該当するものをつくる必要があるだろう。メディアに関する国内的・国際的委員会が、メディアの乱用を処罰とまではいかなくとも、公的に明証するように保証しなくてはならないだろう。フランスでは、テレビはすでに国家的・政治的諸機関の直接的監督の下に置かれてはいない。しかしテレビ各局の内部では、ジャーナリストは指導部に従属したままであり、多くの場合自己検閲を行ない、支配的意見に服従する。客観的情報が存在するという神話から脱却するための情報の真の民主化に到達するには、まだ多くのなすべきことがある。事実はいかなるものであれ、多様きわまりない解釈が可能である。ひとえに絶えざる集合的作業による問題設定だけが、事実を位置づけ、それを適切な仕方で評価することを可能にする。そしてこの点においても、〈ピン留め〉したようなイメージや思考の単純な教唆的実践と絶縁しなければならない。公衆としての教育的実践は何度でも繰り返し行なわれなくてはならない。制度に関しても同様で、何度でもつくり直さなくてはならない。メディア、新たな情報伝達手段は、われわれの時代の主観性の大部分を生産する。その管理、その恒常的な再創造は、諸個人、アソシエーション、党、国家など、万人の仕事である。のみならず、国際的諸機関もさらに深く関心を持たねばならない。メディアは最良のものも最悪のものも生み出すことができる。メディアは自らに似せて諸個人や諸集合体を再形成することができるが、逆に、諸個人や諸集合体を相互援助や他者を知るための情熱の領域に開くこともできる。メディアは人々を人種差別や外国人排斥から解放することができる。メディアの倫理の問題、コミュニケーションのニューテクノロジーの方向性の問題、人口知能や持続的制御の問題は、エコロジーの問題と並んで、今日の地球にとって進歩的思想の再構成のための二つの基軸のひとつである。

（1）このテクストはＩＭＥＣ（整理番号 GTR 13-1）に保管されているものである。日付はついていないが、ガタリの他のメディアについてのテクストと同様に、一九八七―一九九〇年のものと思われる。

（2）*Nihon Keizai Shinbun*, cité par *Le Courrier international* n°35 du 4 juillet 1991.（著者注）。

（3）Joël de Rosnay, *Les rende-vous du futur*, Paris, Fayard, 1991.（著者注）。

（4）Pierre Lévy, *Les Technologies de l'intelligence. L'avenir de la pensée à l'ère informatique*, Paris, La Découverte, coll. Science et société, 1990.（著者注）。

（5）一九八〇年代、銀行はミッテラン政権の肝煎りで、金融的優遇と引き換えに、映画産業や視聴覚産業への融資を行なう会社を創設した。

（6）ミニテルとは以下の用語の略語。〈*Médium Interactif par Numérisation d'Information TELéphonique*〉。ウィキペディアによると、一九八〇年から二〇一二年まで、Télétel Actif と命名されたフランスの Videotext サービスと接続する情報端末であった。

(3)「マスメディア機械は「酔いどれ船」のように航行する」[1]

マスメディア機械は集合的主観性のなかで酔いどれ船のように航行する。マスメディア機械は集合的主観性の反映であると同時に集合的主観性をモデル化する機関である。マスメディア機械はあらゆる面から見て、その倫理的かつ未来予測的な考察が必要とされるものであることを痛感する。主観性がマスメディアへの従属の度合いを深めている状況は、おそらく一時的なものとは考えられないがゆえに、その必要性はますます増している。マスメディア機械はまた、世論の関心とテクノロジー的変化に応じて進化することを要請されてもいる。

公的権力はこうした問題に見合った考察や研究の組織体を設置する能力がないことが明らかになっている。市場に氾濫するある種の生産品の流通にともなう心理的・道徳的退廃に敏感な映画制作機構が、そうした考察と研究の機構が設置されるような措置を取らねばならないのではないだろうか。

CD－i[2]に体現されるテクノロジー革命は、こうした発意の推進のための絶好の契機となりうるだろう。CD－iは、消費者とマスメディア的対象との新たな関係の確立のための発案を提供することができるだろう。しかしこの問題を予め考察することなしには、また実験や生産者との協議なしには、なにごとも前に進まないだろう。

したがって、この倫理的かつテクノロジー的という二つの基軸に則って、われわれはマルチメディア問題についての研究と協議のアソシエーションを創設することを提案したい。このアソシエーションは、最初はCD－iの心理的・社会的影響を解明することに集中することになるだろう。それは単に映像の領域にとどまらず、学校、言語教育、都市計画、あらゆる種類のデータ・バンクといった領域においても行なわれなくてはならない。

このアソシエーションが正しく機能するためには、そこで企画された生産品の質に心をくばり、そのためにアソシエーションの出発時から創造過程にたずさわるプロダクション会社に支えられなくてはならないだろう。

（1） このテクストはゴルドマン・コレクションに保管されている日付のない手稿である（G4）。ガタリ流の〈マスメディア〉の定義が示されている。

（2） 〈Compact Disc interactif〉の略称。これは一九九〇年代の初めにフィリップスとソニーによって開始されたもので、マルチメディア情報をストックすることを可能にした。

(4) 潜在的なもののエコロジー①

現在、地政学的な風景はフルスピードで変化し、科学技術、生物学、情報処理、データ通信などの世界が、日々われわれの精神的座標系を不安定化している。世界の貧困、人口問題、都市的組織の増大と退廃、汚染による生物圏の密かな破壊、新たなテクノロジー的〈与件〉に適合した社会的経済を再構成することができない現在のシステム、こういったすべてが、人間の精神、感性、意志の総動員を発動させなくてはならない状況を生み出している。しかしわれわれが立ち会っているこの歴史の加速化は、メディアが現状を安心するような方向に誘導することによって隠蔽されている。われわれがいたるところから歴史的大変動に包囲されているにもかかわらず、時間はなにも変わらないまま流れているように思われる。このような主観性の幼稚化からいかにして脱却することができるだろうか？新たな情報的・コミュニケーション的諸道具は、たしかに躍動的知性を波及させうる協議手段を構成するものである。しかし、そうした道具にその全能力を与えるような創造的輝きを引き起こし、世界に存在論的豊かさを出現させる自己産出的な主観性の核を生み出すのは、そうした道具そのものではない。そのためには、社会的、倫理的、政治的、美的な多様な構成要素を持った言表行為の動的編成が、たとえ明白ではない目標であってもそれに向けて実験を行ない、断片的で不安定であってもものごとを先に進めようという企図を起点にして、飛躍的一貫性を獲得しなくてはならないのだ。ここで潜在的なもののエコロジー全体が問われることになる。この問いを等閑視したまま新たな認識的圏域にアクセスしようとするのではなく、この問いから生まれる新たな実存的潜在力を感性的に把握しなくてはならないのだ。ものごとを行なうこれまでとは別のさまざまなやり方、われわれ自身のこれまでとは違う別のさまざまな存在の仕方が開示され、それらが互いに循環し、豊富化し、触媒作用を及ぼしあうようにしなくてはならない。

（1） このテクストはＩＭＥＣに保管されている日付のない手稿（整理番号 GTR 1-12）であるが、「メディアの倫理のために」と同様、一九八七―一九九〇年に書かれたものと推定される。ガタリはこのテクストで、潜在的なもののエコロジーをポストメディア時代の同義語として扱っている。

(5)「誰もが持つテレビとの個人的関係(1)」

諸個人がテレビと取り結ぶ関係は、諸個人のもっとも親密でもっとも無意識的な世界に人間の諸機能を引き込む。この関係は直接的知覚のレベルでは暗示や催眠の効果に似ている。つまり意識状態や知覚的覚醒に深い改変をもたらす。テレビの一方通行的機能は、テレビと諸個人との相互作用領域を縮小しマージナル化し価値観を偏らせる。その結果、諸個人はおのれの意志や有限性を喚起するようなあらゆるものに対する一種の〈回避行動〉に向かう。テレビ番組は、こうした知覚的貧困化と和合しながら、人々の外部世界に対する理解を幼稚化していく。まじめな主題でも、主観性の平均的規範をできるだけ不安定化しないような仕方で扱われる。テレビ的主観性を退行的方向にもっとも強く引っ張るファクターのひとつは、テレビが時間に施す処置である。つまりで現実に生きられたシークエンスが放映される時間がますます短くなっていて、そのため人は観念的に外部の瞬間的把握を行なうようになり、記憶(力)が完全に衰退していくのである。そうしたやり方のもっとも典型的な手本になっているのがスポット広告である。

テレビ視聴のもたらすこうした退行的呪縛性のもうひとつの結果は、テレビが変化しないものと考えられているということだ。人々は一九五〇年代にテレビがどういうものであったかということを忘れてしまい、テレビが来たるべき未来に大きな変化を遂げることになるとはまったく想像しない。つまりテレビは永遠性の幸福感に満たされた風土のなかで開花しているのである。

しかしながら、テレビは将来大きく変化するだろうと予見するだけの十分な根拠がある。ケーブルと衛星によるチャンネルの多数化、装置のミニチュア化と近代化、テレビ画面とデータバンク、ビデオライブラリー、情報通信、オンライン通販といった情報処理的要素との接続、相互的作用の発展などが、現在のテレビ視聴がなお維持している一方通行的で幼稚化を促進する性格を根底的に問題化することになるだろう。こうした予見可能な変化は、テレビに対して未来予測的な研究や実験があらゆるレベルで行なわれることを要請する。しかしなによりも求められるのは、そうした発意を促進する意識覚醒と変化への希求である。

この点で、レユニオン島の〈Télé Freedom〉〔〈自由テレビ〉〕[2]のような断絶的実験には大きな注意を払わなくてはならない。この地域的・民衆的テレビは、その法的合法性を絶対に認めようとしなかった行政権力に逆らって設置されたことが知られている。これは一五年前にわれわれがはじめて自由ラジオを設置しようとして政府と一悶着あったときのことを想起させる。おそらくこのタイプのメディアをつくるにはさまざまな入り口があるだろう。したがってわれわれとしては、領域横断的な考察集団を結成して、〈Télé Freedom〉がどのようにつくられてきたか、またCSA〔放送メディア高等評議会〕が既成秩序の番人としてどう行動したかということを、研究しなくてはならないと思う。こうした権力にとって目障りな実験の力は、それが経済的・社会的存在として不安定なこの島の地域的主観性のなかに深く根差しているところにあるだろう。多くのレユニオン島の人がこの地域テレビを通して互いに知り合うということは、計り知れない意味を持っている。それは現実に起きている現象の理解を混乱させるだけのポピュリズム的・自然発生主義的な傾向のなかに陥るということではない。未来予測的探究は、地域的主観性の現在のあり方を重視するだけでなく、地域的主観性がその紛争性から解放されて、支配的諸権力の主観性への依存から自立しながら、より開放的より創造的な主観性の新たな形態を推進することができるような変化の可能性をも考慮しなくてはならない。そのための調査活動は現行の制度的交渉相手だけでなく、潜在的交渉相手――いずれ教育、文化、スポーツ、都市生活といった領域に隣接して構成されることになるだろうもの（たとえば青年評議会）――にもかかわるものでなくてはならない。

こうした潜在的な社会的実験は、現在、レユニオン島では、マスメディアを支配するカミーユ・シュードルというカリスマ的人物によって隠蔽されている。したがって〈Télé Freedom〉の研究は、テレビメディアの再領有化という、より広範な展望に立って行なわれなくてはならないだろう。テレビメディアはいずれなんらかのかたちで、〈視聴率〉の独裁と是が非でも視聴者を幼稚化しようという合意から解放されなくてはならないのだ。かくして、フランスでは、レユニオン島とは別のさまざまな地域テレビの実験を進めると同時に、この種の外国での実験に基づいて確固たる情報資料を構成することがきわめて重要なこととなっている。

現在、経済や社会生活のいかなる流れも、研究と行動を結びつけて行なうこと、いわば活動的研究が必要とされている。したがって、こうした研究を推進する組織体の設置が喫緊の課題として浮上してきている。横断的アソシエーションである〈Transversus〉[3]は、こうした方向の可能性を研究し、実効力のある提案を打ち出していかねばならないだろう。

（1） このテクストはゴルドマン・コレクションに保管されている手稿である（整理番号 G13）。そこには「パリ、1990」と記されているが、日付が記されていないもうひとつの手稿がＩＭＥＣに残されていて（整理番号 GTR 15–31）、細部を除いてほとんど異同はない。

（2） この海賊テレビは一九八六年に創設されたが、一九九二年にレユニオン島の地域圏議会の議長になったカミーユ・シュードルの意向でＣＳＡによって禁止され、これは大きな暴動を引き起こした。次のＩＮＡのサイトを参照のこと。http://www.ina.fr/media/television/video/CAB91016970/tele-freedom.fr.html.

（3）〈Transversus〉は、ガタリがサシャ・ゴルドマンと協力してつくろうとしていたアソシエーションである。

(6) 君は戦争を見たか？(1)

フェリックス・ガタリ〔以下、ガタリと表記〕――われわれは湾岸戦争のあいだ二つのタイプの戦争に立ち会いました。つまり、現場(中東)の物質的戦争と、マスメディア的戦争と形容することができる非物質的戦争です。現場はアメリカによって異論の余地なく制御されました――テクノロジー的、外交的な制御、ならびに国連の信用を失墜させるほどの途方もない国際機関に対する操作能力が示されたのです。世論を勝ち取るというマスメディア戦争もまた明らかにアメリカの勝利でした。それはアメリカやフランスだけでなくヨーロッパにおいても世論の方向転換を惹起しました。つまり戦争に対する敵対的あるいは煮え切らない立場が好戦的な方向に転換したのです。またアラブ諸国やイスラム圏、もっと一般的に言えば第三世界諸国においては、この戦争は民衆の応答を無力化する力を発揮しました。これは過小評価できません。

かくして、ブッシュの戦略は大成功したと考えることができるでしょう。しかし一歩退いて、この二つの戦争を直線的因果律の観点からではなく複雑な対象として検証してみるなら、結果はむしろ破局的なものに見えます。中東紛争は、以前は、諸勢力の均衡が非軍事的方法で交渉を通して保たれていました。しかしいまや、それが分解してこの地域全体が不安定化しています。その結果、おそらくクルド人のようにこの紛争から利益を引き出すことができる民族もあるでしょうが、他の民族国家においては、この地域のなかであらゆる種類の形態をとって存在する原理主義やファシズム的潮流の強化がもたらされるでしょう。この戦争では、経済的あるいは民主主義的な進歩はいっさい課題となりませんでした。結果がそれをよく示しています。現在、クウェート人も含めてこの地域の民衆がどのように扱われているかを見れば、それがよくわかります。この地域全域において、独裁者（シリア、サウジアラビア、等々）が権力を強化したのであり、アラブ的・イスラム的主観性が真の変化に向かうことを感じさせるようないかなる民主主義的進歩の展望も生まれていません。

私はマスメディアの次元でもこの戦争の結果について自問を続けています。その場合、感情におぼれないように注意しなくてはならないと思っています。この戦争に対して与えることができる破廉恥だ、卑劣だ、幼稚だといったあらゆる形容を超えて、世論操作が実際にどういうものであったかということ、そしてそれがアメリカが長年直面している問題の解決をどこまで可能にしたかということを熟慮しよく見ることを試みなくてはなりません。ウォーラーステイン(2)が強調しているように、世界の勢力地図は変化しています。アメリカは経済的力と国際的権威を急速に失いつつあります。今回の戦争はアメリカに〝心的アンフェタミン〟のような麻薬効果をもたらしました。それはアメリカに赤字を乗り越えて勝利の満足感の時期に入ることができるという錯覚を与えたのです。経済的関係を含めた国際関係がある面でこのタイプの麻薬に依拠して機能していることはたしかで、その結果がドル相場に現れてもいます。それはおそらくアメリカが経験している経済的落ち込みを緩和することを可能にするでしょう。したがってそれは効果がないということではないかもしれません。

しかし私にとって重要なことは、主観性ファクターが経済的領域を基本的に規定する力としてどんなふうに作用するかということを理解することなのです。主観性ファクターは経済的下部構造と関係する上部構造に属するものであるとあまりにも長いあいだ考えられてきました。しかし主観性ファクターは現実的な効力を持っているのです。おそらくアメリカがあらゆる領域――とりわけ日本やドイツがアメリカを蹴落としつつある先端部門――における遅れを取り戻すことを可能にするのは、この戦争ではないでしょう。アメリカは社会的問題、都市問題、抑圧されたマイノリティーの問題など、国内の第三世界問題と言うべき大きな内部問題を抱えています。ですから、〝アンフェタミン〟のようなもの、あるいは〝マスメディア的画一化〟などによって、こうした問題の解決がはかれるとは考えられないのです。

ウォーラーステインにしたがって、こうした主観性の原動力が現実にどう機能しているかを探索してみましょう。イランのホメイニ体制のような現象、また別のもっと世俗的なコンテクストではサダム・フセインを中心にした体制などは、はたして別の主観性の一貫的確立のためのくわだてなのでしょうか。アフリカやラテンアメリカの主観性は、支配的マスメディアの主観性によってそうとう圧延されています。ブラジルでは〈Globo〉(3)のようなチャンネルが圧倒的多数の貧困層を含む八〇パーセントの国民を覆っています。アフリカ諸国、とくにマグレブ諸国では、西欧のテレビが巨大な影響力を持っています。アラブ諸国、もっと広い範囲で言うと――少し漠然としますが――イスラム世界の主観性領域においては、抵抗運動が現れています。それは非常に保守的かつ反動的な様相を呈していますが、現実的な力を持っていないわけではありません。東側諸国について言うと、それは完全に崩壊して、西欧的主観性に同一化しています。西欧的主観性は、単に西欧にとってだけでなく、東側諸国、アフリカ諸国、ラテンアメリカ諸国の人々にとってはなおさらのこと、一種の幻想にすぎません。西欧的主観性は、富裕な国々における生産手段や経済手段の集中化、貧しい国々においてシステマティックに強化される貧困化、人口問題、エコロジー問題といったような重大な問題に答えをだすことができるような主観性、つまり生活様式を再構成することを可能にするような主観性ではまったくありません。現在、地球の四分の三の人々は奈落を目指すレースのようなものに踏み込んでいるのです。

こうした西欧的主観性の幻想は一種のバルサムのように働きかけ、身近の分子的レベルでも地球レベルでも生じている問題を前にして人々がおのれの意識を鎮静化する機能を果たしているのです。かつてアルカイックな国々あるいは前資本主義段階の国々に存在していた社会的、家族的、地域的組織の完全な解体が、日々の生活のなかで起きているのです。地球レベルにおいては、状況は負債の現象や、第三世界諸国が世界舞台において競争的経済を再構成することの不可能性をともないながら、全面的な袋小路に行き着いています。数年前には世界貿易の二パーセントを占めていたアフリカの対外貿易は、いまや一パーセントに下落しています。一九九一年には、二〇〇〇万人の餓死者が予測されていますが、そのなかには今後おそらく二〇―三〇年のあいだにエイズによる一〇〇〇万人の死者がでるかもしれないことは含まれていません。こうした破局的事態は比喩ではなく現実のものなのです。

「カナル・デシェネ」〔以下、「カナル」と表記〕――では、今後、どんなタイプの社会的対抗の極が再構成されると考えますか？

ガタリ――アラブ諸国は明らかに抵抗のファクターを秘めています。しかし彼らが新たな極になるかどうかは定かではありません。現代の主観性の歴史は、別の抵抗のファクターを経験していますが、これらはナチズムにしてもスターリニズムにしても解放の極には達することができませんでした。しかし地球上にはひとつの発展様式しか存在しない、経済的関係つまるところ主観性のひとつの様式、世論や感性のひとつの制御様式しか存在しないという考えは、完全に間違っています。その考えは、地球レベルでも、個人レベルでも、社会集団的レベルでも、いずれ一種の内破の全面化に行き着くでしょう。もちろん、第三世界諸国の解放の極を創造するのに、サダム・フセインのような熱狂者を信頼することもできません。

「カナル」——もう一度聞きますが、社会的極はどのようにして再構成されるのでしょうか?

ガタリ——その質問に対しては、断片的、部分的に答えるしかありません。ブラジル(ルラを中心とした労働者党)のような国では、抵抗の拠点があらゆるレベルでつくられています。闘いは経済的・政治的次元だけでなく、主観性の次元、とくにマスメディアの次元にも位置づけられています。ポストメディアの時代への参入に着手し、あなたがたが企画しているように、[4]情報の製造だけでなく、協議や対話、感性の呼び出し、イメージ生産や視聴覚生産の美的再把握といったもののシステムの再構成のために、マスメディアを再領有化するという展望をつくりだすたたかいが重要だと私には思われます。現在の状況に取って代わる別のタイプの対抗の極が結晶化しうるのは、こうした闘争やポストメディア的社会実践を通してです。左翼もエコロジー運動も現在のままのやり方ではこの領域で先へ進むことはできないでしょう。ウォーラーステインは六八年を参照していますが、これは興味深い考え方です。というのは、六八年を参照することは、大きな社会的集合体の次元で社会組織や価値化の様式を再構成するとともに、分子的次元で生活様式、社会的実践、美的実践を再構成するという進歩主義的な道程のなかに諸問題を置き直すことになるからです。

「カナル」——そうした再構成のなかで知識人の果たす役割をどう考えますか?

ガタリ——メディアが現在行なっているような情報選択や部分的で効果のない陳腐な提案の現状を考えると、知識人についてまじめに語ることは幻想でしかありません。予めマスメディアによって問いと答えがプログラム化されモデル化された表層的認識しか存在しないかぎり、知識人もみんなと同じなのです。知識人はマイクやイメージの前に立たないか、何も期待することができないマスメディア経済に適応するかのどちらかです。もちろん、それぞれ自分の領域で考察し仕事をしている知識人はたくさん存在します。だから知識人という概念そのものを考え直す必要があるでしょう。知識人とは誰のことでしょうか？　技術者は知識人です。また、教育者や、あらゆる種類の専門領域で仕事をしている人々も知識人です。そうしてみると知識人はたくさんいるのであって、問題は〈もったいぶった知識人〉について語るということではなく、むしろ〈知的機能〉について語るということでしょう。知的機能は生産的実践やあらゆる種類の社会的実践に住み着くことを要請されています。熟考しなくてはならないのは、このような知的機能がどのようにしたら一貫的表現をともなって出現するかということです。たとえば、メディア関係の労働者やジャーナリストを告発することはきわめて簡単なことです。彼らは他の誰ともまったく同様に、マスメディア的主観性の生産のなかに捕われているのです。彼らも自己組織化が必要であり、自己表現と自己主張の力を再発明しなくてはならないのです。精神医学、教育、都市計画、等々においても、これと同じ類の問題が問われなくてはなりません。

知的機能が諸権力によって絶えず張り巡らされている罠から脱却することを可能にする言表行為の集合的動的編成をどのようにして再構成することができるでしょうか。私が権力と言うとき、それは単に国家権力など大きな権力のことだけではなく、人々をなだめすかし幼稚化し、すべてを隠蔽し、特異的なもの、有限的なもの、危険や苦悩や死や欲望との関係で語られるべきものなどのすべてを本来の場所から遠ざける役割を果たす、主にマスメディアを通して流布される意見の分子的権力のことでもあるのです。この種の回避行動、主観性の生産手段の圧延化、私が〈主観性の同質的発生〉と呼ぶ主観性生産の一次元化をこそ座礁させなくてはならないものなのです。諸個人と収入とか威光といった目標とのあいだの関係はますます関数的なものになっています。そのため支配的価値システムに対する諸個人のロボット化が生じています。たとえばアメリカ的主観性のなかでは、ドルが圧倒的な知覚的影響力を持った情意的価値を有しています。さいわいなことに、こうした主観性の一次元性に対する潜在的抵抗ゾーンも存在しています。それが私が〈主観性の異質発生〉と呼ぶものです。このゾーンはすでに幼年期に発生しています。幼年期は、少なくとも過渡的には、存在を生産するための豊かで多様な記号化の手段を有しています。このゾーンは、創造への意志や存在の肯定への意志を含んだ否定的、神経症的、精神病的な個人的危機の発現状態のなかにも現れます。また、抵抗する民族や社会的階層のなかにも現れます。アメリカでは、黒人が主観性の再構成の一ファクターになっています。彼らはゲットーのなかで、さまざまな生活区域のなかで、歌や踊りや音楽のなかで、こうした支配的主観性による圧延化から部分的に逃れ出ています。歴史的主体の再構成はまた、分子的・個人的レベルにおける主観性の再構成の問題でもあるのです。

私は『ル・モンド』である大きな記事を読みました。それは〈アメリカで大流行しヨーロッパにも広がっている新たな心理的実践あるいは新たな宗教の様式〉についての記事です。ジャーナリストはこれを笑い飛ばしている風でしたが、これは笑ってすましていいような現象ではありません。人々は自分を復権し、地図を作りなおし、存在の座標軸を再発見するために小さな生のかけらを拾い集め、そうして見つけた手段を使おうとしているのです。このことは現在いたるところに見られる非合理主義の目をみはるような台頭を説明するものです。こうした主観性の再構成が人種差別や男根主義（ファロクラシー）や孤独や不安の培養土にシステマティックに帰着することを回避するための別の道は存在しないのでしょうか。個人的主観性の異質発生的実践、社会生活の再構成、地球的・エコロジー的な要素を包含した政治的対象に対する美的‐倫理的責任意識の覚醒といったものを横断的に結びつける道を発見することはできないのでしょうか。

主観性とは、感受性であり、社会的関係であり、他者に対する感性的アプローチであって、イデオロギーとは別ものの思想なのです。主観性にとってイデオロギーが重きをなさないようにしなくてはなりません。イデオロギーが重きをなすということは、それが主観性の生産手段として介入し、状況を理解し分析するための合理的・論証的言表の鎖として機能するということです。しかしロック音楽の二分法的リズムにおいて、われわれに時間との関係を取り戻させ、あるどこかの場所に自分が存在するように感じさせるのは反復的言表です。イデオロギーが反復とリトルネロの手段として機能するとき、その機能はイデオロギー的ではありません。

この領域においては、ひとりひとりが自分の立場から倫理的‐政治的責任の一端を担っています。もちろん、そこには、安楽さ、自暴自棄、不安、苦悩、神経症、自己抑制、そして場合によっては、倒錯的享楽といったようなものがまじっています。精神科医は、いまなおフランスの精神医療施設の大半が陥っている痛ましく哀れな世界に君臨するちっぽけな専制君主であることに倒錯的享楽を感じることができます。しかし、こうしたタイプの倒錯的享楽に対してあまり単純な判断を下さないように注意しなくてはなりません。というのは、そうすると善対悪の戦争、徳行対倒錯の戦争といういかにも単純な図式に陥る危険があるからです。ここで倫理的‐政治的責任の問題が登場するのです。人は自分が接続可能な部分対象と格闘しているだけでなく、介入しようもない領域における巨大な拘束にも直面して存在しているのです。

「カナル」——存在の自己肯定の再開、またセルフ・コントロールの再開にどうやって先鞭をつけることができるのでしょうか？

ガタリ——それも倫理的問題だと私には思われます。消費者は家に戻って、不安になったり、家族問題で頭を悩ませているときなどに、テレビをつけて、テレビの神経弛緩的作用を必要とするわけです。そうしてテレビと催眠的関係に入ると、あらゆる多様性が消えて、テレビ消費者は文字通り主体が装置に取って代わられる暗示関係のなかに吸収されてしまうのです。こうしてテレビ消費者は彼らが見聞きする言説、イメージ、音楽の隣接的付属物になるのです。そしてまさにそのとき、一種の主観性の自己喪失、無責任化、幼稚化といった現象が起きるのですが、それは不安をなくすために眠らせるという化学療法と実によく似ているのです。この二つはまったく同列に論じることができると言っていいでしょう。これは比喩ではありません。というのは、私はこの二つは同じ生物学的、機能的過程を作動させると考えているからです。これは主観性の生産がその操作場から状況の犠牲者である哀れな民衆に向かうといった、単純なベクトル作用の話ではありません。哀れな民衆はたしかに犠牲者ですが、この場合同時に動作主でもあります。一般的に言って、人は自分に見合ったメディアあるいは化学療法を持つものです。西欧的主観性は解体されればされるほど幼稚化し、その幼稚化された主観性の期待に応えるメディアが増えていくのです。そうであるがゆえに私は、もっとも分子的なものも含んだ主観性の再構成と、主観性の異質発生的生産の再構成の必要性を繰り返し主張しているのです。テレビを視ることは重要ですが、夜星を見ることも重要であり、自分の有限性、自分の年令、自分の性、そして詩や音楽や創作などたくさんのものと向き合うことも重要なのです。こうした再構成がなければ、抜け出しがたい悪循環に陥ってしまうでしょう。

さまざまな抵抗の次元が存在しますが、この点、おそらく第三世界諸国から多くのことを期待することができるでしょう。というのは、第三世界諸国は、西欧よりはるかに強度の高い主観性の異質発生の拠点を保持していると思われるからです。主観性の再構成の手段は異質発生の拠点が根付いた〈南〉からやってくるのではないかと私は夢想しています。それはもうひとつには、人口の顕著な増大と、それが北に及ぼす圧力を考慮してのことです。その点を考えると、われわれはもっとイデオロギー的、もっと活動家的な再構成をも構想して、力関係を変え、国際関係を変革し、経済的紛争にとどまらない別の解決の道を模索しなければならないとも考えます。

「カナル」——湾岸戦争時、西欧社会では、主観性の生産手段としてのマスメディアは、他のすべての主観性の生産過程を綜合したものよりも上位に立ち、より攻撃的な力を発揮しなかったでしょうか。

ガタリ——私もそう思います。しかもその傾向はますます強まっています。それはマスメディアが心理的、神経的な次元でも主観性に介入しているからです。一九一四年の戦争〔第一次世界大戦〕の時代、戦争が始まる前まで、人々が集まって喜びを分かち合いまるでお祭り気分にひたっているイメージが記憶されていますよね。戦争の終わったあとではないですよ。それに対して、現在はそうした社会性がいっさいなくなっています。マルク・フェロの〈イストワール・パラレル〉[5]で見ることができるロンドンのイメージのなかにも、戦争や爆撃を中心にした人々の社会生活の営みが見られます。しかしいまやこれとは別のタイプの戦争との関係が出現しているのです。つまり人々は戦争を待ち受けていて、砲弾が標的に当るのを見るのです。メディアは戦争について語るのですが、われわれ自身は戦争と孤独なかたちの関係しか持ちえないのです。しかしかつては、多くの人々は戦争をまぎれもない何かの闖入として体験し、不安でいっぱいになったのです。人によっては狂乱状態に陥り、ものを買い溜めしたり、銃、武器なんかを買い求めに走ったりしました。また、なかには覚醒する人もいます。「おや！　いつもは同じことの繰り返しでおもしろくもなんともないけれど、これは何かおもしろいことが起きているぞ！」というわけです。さらに、もっと精神病的な反応を示す人々もいて、彼らにとって戦争は注目すべき出来事、いい思い出、なにも起きないこの世界のなかの画期的事態でもありました。戦争がもたらす一般的効果は恐るべきもので、それは主観性のなかに非常に深く介入し、おそらく戦闘そのものよりももっと深い影響を及ぼすものでした。戦闘は結局戦う当人以外誰にも関係のないことで、たとえば外人部隊に二人の死者がでたがたいしたことではない、といったような受けとめ方をしていたのです。

八月から一月にかけて、私はこの戦争が本当にあったのかまったく信じることができませんでした。それはでっちあげであり撹乱工作ではないかと思われました。正直言って、私は今回だけはボードリヤールが軍事行動開始の二日前に『リベラシオン』に書いた記事を大いに評価しました。それは「戦争は起きないだろう」というタイトルがついた記事です。そのなかで感心したのは、最後の方でボードリヤールが「そうは言ってもこの戦争は起きるかもしれないが、起きるべきではないだろう」と書いていたことです。この戦争を回避するために、国際関係のなかですべてが組み立てられ、プログラム化されていました。それは明らかだと思われます。まさにこの出来事は起きるべきではないのに起きたということです。われわれは信じがたい狂気の発作のようなものの出現に立ち会ったのです。この途方もない情念の発作は数十万人のイラク人の命を奪うことになりました(6)。連合軍の側はというと、たったというと語弊があるかもしれませんが、数十人、数百人単位の犠牲者です。いったいこれを戦争と呼べるでしょうか。ボードリヤールが「戦争は起きなかった」と言ったのはある意味で間違いではないのです。戦争なんてあったのかということです。広島やドレスデンで起きたことと同じ虐殺が行なわれたのです。かつては戦争があったうえでのことですが、今回は戦争なしに原子爆弾を投下したようなものです。情報機関、政治的・軍事的参謀本部は状況を完全に把握し、世論もそれを予感することができました。だからこそ、どうしてもそれは戦争でなくてはならなかったのです！

これと同じタイプの唖然とするような現象がありました。イタリアの極左翼に対する弾圧です。イタリア政府はこう言ったのです。「これは戦争です。まぎれもない戦争です」とね。理由は数十人の〈赤い旅団〉がいくつか襲撃を敢行したことです。それだけで戦争になったのです。それはあたかも怒りの激発を正当化するために戦争のパラダイムを仕立て上げる必要があるかのごとくで、百年戦争以来の伝統を想起させもするものです。こうした信じがたい勃起をともなった乱痴気騒ぎは、ジャーナリストや軍事専門家、政治的指導者たちの媚態をともなっていました。「地球が危機に陥っているのだから、大統領に連帯しよう！」というわけです。まったくもって驚くべきことです。こうしてこの戦争はマスメディア的な言い回しをすると擬似出来事の様相を呈したわけですが、いかに錯乱的に見えようと、今日、歴史はこの種の出来事によってつくられているのです。

「カナル」——この戦争の初期、次のような〈情報〉が流されました。「イラクは世界で四番目の軍事力を擁し、大量破壊兵器、化学兵器も持っていて、イランとの一〇年にわたる紛争で戦争に慣れている」。そして結局、イラクは攻撃され、大量虐殺があったわけです。この二つの情報はテレビを通してわれわれに伝えられただけで、この二つの情報を結びつけて比較対照することがなかったので、嘘がどのように組み立てられたのかわからなかったのです。

ガタリ——そこには明白な不均衡がありましたね。これは高校生の反乱に機関銃で攻撃したようなものです。しかし、サダム・フセインやイラクの指導者が行なった暴力的演説が多くはでっちあげられたものであることを知る手段はいくらでもあったのです。たとえばイラクの指導者はこの戦争の初期に五〇〇〇人の人質をとりましたが、すぐに釈放しましたね。彼らにマキャベリズムがあったら、人質を解放しなかったでしょう。そうすれば前提条件が変わって、イラク市民に対する爆撃を回避することができたはずです。実際には、あらゆる情報の操作的転用があり、そこにはおそらくこれまでの歴史上なかったような人種差別が表れています。フランス人の二人の死者がでただけで、大きなデモがあり、パリだったかどこだったかで大々的な儀式がありました。しかし数十万人のイラク人の死者については無視なのです。この死者たちはまったく捨象されてしまうのです。アラブ人は西欧人と同じ秤でカウントされないのです。

「カナル」――第二次大戦中のユダヤ人の虐殺のときと同じような感性の方向転換があったのでしょうか。イスラエルに落ちたスカッド・ミサイルとドイツ企業による毒ガスの製造と比べるというような……。私にはこれはピンからキリまででっちあげられた一種の混合物が歴史の方向を変えたような感じがします。ブッシュは二年前に学生たちに向かってこう言っていました。「われわれにとってもっとも恐るべきものはわれわれの最大の敵であり、それは不安定と不確実である」。彼はこの戦争のあと中東に一〇〇年の平和を約束しました。ヒトラーは一〇〇〇年でしたがね。

ガタリ――イスラエルに落ちたスカッド・ミサイルに対するヒステリー的反応はじつに信じがたいものです。まるでイスラエル国民が抹殺されるかのような騒ぎ方でした。これと同じようなマキャベリ的手法で、ファシズム的主観性、信じがたいほど人種差別的な主観性を表わしている別の例もあります。たとえば、停戦の三日前、サダム・フセインが最初の休戦を求めたとき、ブッシュはこう答えたのです。「彼が休戦を求めるなんて、これはスキャンダルだ、これはごまかしだ」。これはあまりにひどい話です。休戦を求めるのがスキャンダルなのでしょうか。まったく理解不可能なことです。このときブッシュはとことんまでやって、クウェートからイラクに逃げたおそらく数万人、数十万人の人間を抹殺しなければならないと思っていたのでしょう。

現在、地球はとてつもないスピードで変化を遂げています。科学技術的発見や生物学的発見の速さを浮き彫りにし、把握し、記録することはもはや不可能です。これは前代未聞のことです。想像するのも困難なくらいです。クロード・ヴァレスキの機械[7]は瞬間の誕生を記録することができるというのですが、ウォーラーステインの言う世界経済の大変動の速度を把握するのは不可能です。しかし人は最小限必要な社会的、宇宙的、地政学的表象なしにはすますことができないので、歴史を再構成するしかないのです。いまやベトナム戦争は消し去られ、征服者精神が復活し、第二次世界大戦時におけるアメリカの全能的力の時代に戻ろうとしています。こうしたさまざまな時代のあいだを張り合わせ、混合し、そうして生まれる恒常的な冗長性〔冗長化作用〕を通して無理矢理に歴史の修正を行なおうとしているのです。パレスチナの子どもたちがインティファーダのたたかいのなかでいくら殺され続けても、何も始まらないのです。それどころか何も記録されないのです。

（1）このテクストは一九九一年一月に行なわれた「カナル・デシェネ」によるガタリ・インタビューをビデオ・カセットから起こしたものである。テーマは湾岸戦争で、『シメール』（‹*Chimères*›, n°23, été 1994）に掲載された。

「カナル・デシェネ」はフンソワ・パンがガタリとともに創設した自由メディアである。ガタリはここで、メディアの力を退廃した大国にとって不可欠の麻薬になぞらえている。言い換えるなら、メディアは、比喩でなく、麻薬や神経弛緩薬と同じように作用する西欧的主観性の擬餌(ルアー)であるということである。
(2) イマヌエル・モーリス・ウォーラーステイン(一九三〇—)は反資本主義の立場に立つアメリカの社会学者。
(3) ブラジルで非常に人気のある(ポピュリスト的)テレビ・チャンネル〈Globo〉は、同名のメディア・グループに属していて、このグループはブラジルのほとんど全メディアを独占している。なお、このチャンネルは一九六四年の軍事クーデターの直後に生まれた。
(4) 「カナル・デシェネ」はヴィデオ・グループ〈カオスメディア〉を中心とした作業グループで、マルチメディアとしての活動を志向している(著者注)。
(5) 〈イストワール・パラレル〉という歴史番組は、マルク・フェロを監修者として一九八九年五月から二〇〇一年六月まで、最初は〈La Sept〉ついで〈Arte〉で放映された。そのなかで、フランス、ドイツ、イギリス、ソ連、イタリア、アメリカ、日本などの、第二次世界大戦の始まりから一九五〇年代までの歴史が、関係諸国のニュース映像を使って紹介された。
(6) ジョージ・ブッシュが、サダム・フセインのイラクに対して、一九九〇年八月二日、イラクのクウェート侵攻に引き続いて発動した第一次湾岸戦争への示唆。本書第五部(3)「スペクタクルは終わった」も参照。
(7) この機械を見つけることはできなかったが、この種の実験の存在はインターネットで知ることができる。http://www.worldometers.info/fr.

(7)「コント(童話)としての広告[1]」

私が若かった頃、広告(コマーシャル・フィルム)はじつに侵略的でうっとうしいものと感じられていた。しかし、そうこうするうちに時がたち、私は広告はわれわれの社会の非常に本質的な現象を体現しているのではないかと考えるようになった。要するに広告には社会がおのれについてどういう風な仕方で考えているかが表わされているのではないかと思い始めたのである。広告は受動的な反映なのか、それとも広告は主観性の生産の重要なメカニズムに関与しているのだろうか? コマーシャル・フィルムが子どもにとって(子どもだけではないが)神話的とも言える機能を果たしているということは、現在広告は文字通り童話に匹敵するものとして、先行世代にとって童話が果たしていたのと同じ機能を果たしているということではないか。子どもたちが広告に出てくる人物にどれほどまで神話的機能を付与しているかを考えることはじつに興味深いことである。広告は市場の法則に屈するのでなく、一種の芸術形態として社会に働きかけ分析することができるならば、真に分析的な役割を果たすことができるものだろう。

(1) このテクストは日付は付されていないが、おそらく一九八七〜一九八八年に〈*Cahiers de la pub*〉(『広告ノート』」に関与していたときに書かれたものである（ゴルドマン・コレクション、整理番号G18）。〈*Cahiers de la pub*〉は、広告というマスメディア的対象物を把握し直し、それをポストメディア的戦争機械として主体集団のなかに取り込むために、ガタリがサシャ・ゴルドマンと一緒に取り組んだ企画である。この企画のデモンストレーションがソルボンヌでＴＦ１の協力によって行なわれた。

(8) 広告について[1]

私をつねづね魅了してきたテーマのひとつは、清潔なものと不潔なものというテーマである。ムッシュー・プロプル(清潔さん)、メール・ドニ(ドニかあさん)[2]といった、洗濯洗剤、歯磨き剤などにかかわる、ときに不快感を催すような類の広告は、〈個人の無意識と呼びうるもの〉のなかに非常に深く根を下ろしているように私には思われる。というのは、こうした清潔なものと不潔なものの話のなかには、秩序と無秩序の関係、善と悪の関係といった、いわば一連の道徳的カテゴリーの作用が働いているからである。したがってこの清潔なものと不潔なものという問題は、コマーシャル・フィルムのなかでほとんど精神分析的な仕方で扱われてきたのだが、そのさまざまな扱われ方のあいだになにか進化があるのかどうかを検討することは、興味深い結果をもたらすだろう。

私としてはそこに三つの局面、三つの時期を見たいと思う。そしてこの三つの時期の進展にともなって、事態はおそらく少しづつ悪化していった。まず最初の時期は、ムッシュー・プロプルやドニかあさん、あるいは〈トルナード・ブランシュ〉〔洗剤やワックスなどの手入れ用製品〕[3]などの時期で、この時点では総じて牧歌的な段階にとどまっていた。つまりどちらかと言うと好感の持てる人物たちが登場して、清潔なものと不潔なものという問題をわれわれに考えさせるという手法である。次いで、数年前に、〈ムッシュー・クリーン〉とともに転換期が訪れる。これは〈飲め、〔余計なものを〕除去せよ〉[4]といったような言い回しが大成功を博した時期に相当する。そして徐々に、ある意味ではるかに善悪二元論的で強硬的な事態が定着していく。完全に浄化された理想的身体、マッチョ的テーマ、接触恐怖症といったような、アメリカ的メンタリティーとしてすでに知られていたものがフランスにも訪れ急速に受容されていくのである。

そしてその後、ほとんどパラノイア的な第三の局面が現れる。つまり不潔なものを一掃するおぞましい怪物が登場するのである。もはやムッシュー・プロプルやムッシュー・クリーンあるいは〈飲め、除去せよ〉の時代ではなく、ミスター・アンチシダ〔ミスター反エイズ〕の時代である。これは完全にアルカイックな価値の方向に向かっていて、処女（性）の価値を想起させるほどである。たとえば、結婚したての若い女性がプラスティックの清潔さの体現として登場する〈Nubril Brillance〉の広告にはそういった臭いがする。(5) そこには接触恐怖、覆いを取ることへの恐れ、漠然としたものへの恐れ、動物への生成への恐れといったものが現れている。こうなると、もはやアポロンとディオニソスの対比などではなく、もっとはるかに粗暴な対比、エロスとタナトスの対比である。つまり、われわれを死の欲動、ミクロファシズムと呼びうる危険に近づける何かが登場しているのである。

これはなにか社会的変化が存在することを意味するのであろうか？　清潔／不潔の関係のような不安を催させる何かの方向に社会が向かっていることを意味するのだろうか？　そして広告市場はそうした方向に向かい続けるということだろうか？　私はそうは思わない。というのは、広告業界がそうした方向に不可逆的に向かうなら、広告のメッセージ自体が無力化することになるだろうと思われるからである。

私は逆に、「あらゆる不潔なものと縁を切らなくてはならない」と主張するコンセンサスへの欲動を方向転換させる手段はあると考えている。あらゆる不潔なもののメタファーはエイズである。そしてエイズの背後にあるものは何かご存じだろう。それは移民労働者であり、ユダヤ人であり、なんであれあらゆるいかがわしいものであり、それをパラノイア的に浄化したいのである。もし広告がこうした方向に向かうとしたら、それは破局的結果をもたらすだろう。しかし私は、これとは異なった広告メッセージの道具や様式があると思っている。そしてそれが広告にこうした無意識的欲動を管理する大きな責任性を与えるだろう。私にはとりあえず二つの方向が見えている。ひとつはある種の技術的構築であるが、注文された広告のテーマを強度の高いリズミカルな様式、いわば一種の瞬間的構成として扱い、一種の身ぶり音楽、イメージ音楽を仕立て上げて、善悪二元論的な方向を解体するのである。さらに、私にはもっと面白いと感じられるもうひとつの技術がある。つまり、広告のテーマをユーモアを駆使して扱うのである。さきほど〈Nubril Brillannce〉の例を引いたが、それと対比するかたちで、ユーモアの例を二つ提示してみよう。ひとつめは、若い女性が恋人といるところに、おばあさんが家のお手入れ用品、たしかジャベル（水）を持って不意に登場するのである。そのとき娘がおばあさんに目配せして「母にはこのことを絶対に言わないでね！」と言うのだ。(6) そうすると、このシーンが豊富化され、善悪二元論は粉砕されることになる。不潔というテーマは道徳的テーマから食み出して、異なった文脈に置き換えられるわけである。ユーモア精神で方向転換するもうひとつの例――これはほとんど精神分析的加工なのだが――は、〈Dim〉〔下着メーカー〕がマッチョ〔男性優位〕を扱うやり方に見られる。まずとびきりがっしりした体格の男、標準的な身体の持ち主が提示され、次いでとびきりの小男が現れるのである。(7)

私がたいへん気に入った例を最後に挙げると、例のランボー（Rambo）である。ランボーが壁を打ち壊し突き抜けたあと、お母さんとの場面になる。すると、この超人ランボーが、一挙にわれわれ自

身に非常に近しい存在、われわれの幼年期を思わせるような存在になるのだ。(8)

（1）これは一九八七年のテクスト（ゴルドマン・コレクション、整理番号G8）である。〈*Cahiers de la pub*〉の計画の一環で、もともとはガタリのインタビュー録であるが、われわれが本書のためにこういう体裁にしたものである。

（2）この洗濯機の広告（コマーシャル・フィルム）はYouTubeで見ることができる。〈pub de la Mère Denis〉、http://www.youtube.com/watch?v=pbvMnqOZeR8. また〈Mr Propre〉は以下で見られる。http://www.Youtube.com/watch?v-NBIQpgSMM.

（3）アジャックス（Ajax ammoniaque）の広告はＩＮＡのサイトで見ることができる。http://www.ina.fr/pub/produits-d-entretien/vido/PUB3216560030/ajax-ammoniaque-produit-netoyant-surfaces-le-mari-bricoleur.fr.html.

（4）このミネラル・ウォーターのヴィッテル（Vittel）の広告はYouTubeで見ることができる。http://www.Youtube.com/watch?v=_cLe_y268M4.

（5）〈Nubril Brillance〉のもうひとつの広告は次のサイトで見ることができる。http://www.ina.fr/pub/produits-d-emtretien/video/PUB3784035093/NubrilBrillance-ciba-geigy-nettoyant-sol.fr.html.

（6）ジャベル水（eau de Javel Lacroix）の広告では、おばあさんを女優ドニーズ・グレイが演じている。以下のサイトで見ることができる。http://www.culturepub.fr/videos/la-croix-javel-plus-denise-grey.

（7）http://www.ina.fr/pub/habillement-e-textile/video/PUB3784082047/dim-homme-sous-vetement-homme.fr.html.

（8）これはミルク入りフルーツ・ジュースの広告で、以下のサイトで見ることができる。http://www.culturepub.fr/videos/regilait-morea-rambo.

（9）広告界への闖入をめぐって(1)

ノルベール・ベレーシュ〔以下、ノルベールと表記〕——あなたのような人がどうして広告界に入ることになったのでしょうか？

ガタリ——私が非常に親しくしているフォックストロット（Foxtrot）プロダクションの社長サシャ・ゴルドマン(2)を介してです。彼が私に広告のメッセージについてなにか助言する気はないかと持ちかけたのです。

ノルベール——あなたが参加した最初の企画は何ですか？

ガタリ——それは二年前にやったミネラル・ウォーターのヴィッテル（Vittel）の広告ですね。

ノルベール——アジャンスCLM（agence CLM）〔フランスの広告制作会社〕がつくったものですか？

ガタリ——それはサシャに聞いてください。彼がよくおぼえているでしょう。

ノルベール——どういう風に行なわれたのですか？

ガタリ——私がアジャンスに行くか、アジャンスの連中がこちらに来るか、場合によりけりです。彼らは広告に入れるメッセージを私に見せました。エイズについてはいろいろ議論しましたね。

ノルベール——エイズですか？

ガタリ——そうです。この広告の話があったとき、私はエイズについて仕事をしていましたからね。テレビのFR3（チャンネル）でもやりました。まあ、広告の仕事はけっこうやってきましたね。最近では、ＤＶの被害にあった女性たちについての政府のキャンペーン広告の審査委員もやりました。

ノルベール——そのことでは、あなたはスポンサーでしたね。

ガタリ——え、なんて言いましたか？

ノルベール——スポンサーですよ。というのは、あなたが広告関係者を審判したわけで、彼らはいわばあなたのお客さんだったわけしょう？

ガタリ——そうですね。たしかに企画を提案しにたくさんの広告業者が来ていましたね。彼らの行なう企画の紹介の仕方はメカニックというかステレオタイプ化されていてつまらないものが多かったですね。しかし広告業者との話しあいは退屈しませんでした。ただし審査委員という立場にはいささかうんざりしましたね。

ノルベール——そうしたひとつひとつの仕事に対して、あなたはいくら支払われましたか？

ガタリ——一万フランだったと思います。しかし、まったく支払われないときもありました。友達関係ということでね。

ノルベール——お金がほしくて広告に関与したのですか？

ガタリ——そういうことではなくて、むしろサシャ・ゴルドマンとの友情関係によるものです。私はいつもこういう風に、つまり偶然の出会いから機能してきたのです。サシャはいつもこう言っていました。「広告というのは汚いもので、ろくでもないものだよ」とね。彼のそうした矛盾した心理に私は興味をもったのです。

ノルベール——あなたがかかわったキャンペーン広告が実際にできあがったとき、あなたの助言の影響を感じましたか？

ガタリ――私の指摘が大きな影響を与えたとは思いません。ヴィッテルに関して言うと、私の助言で何かが変わったとは思いませんでした。

ノルベール――これからも広告の仕事をしたいと思いますか？

ガタリ――その点は、私が決めることではありません。サシャが「これはやってみる価値があるぞ」と言うか、「これで時間を失う必要はない」と言うか、というようなことですね。

ノルベール――あなたは広告キャンペーンの財政的側面に関心を持ちましたか？

ガタリ――いいえ。関心はないのですが、広告フィルムをつくる費用にはかなり驚きましたね。ちょっと想像がつかない額です。一五〇〇万フランもかかるんです。どうしてそんなにかかるのか説明してもらわなくてはなりませんね。ひとつのフィルムをつくるのにたくさんの若者が寄ってたかってああでもないこうでもないと何年間も議論をするのです。率直に言って、ひどい話だと思います。

ノルベール――あなたはそういう経験以前に、広告に関心を持っていましたか？

ガタリ――私は制度論的精神療法に関心を持ってから、ある種の主体化の様式の機能の仕方に関心をもってきました。ラカンの表現を借りるなら、〈空っぽの言葉〉というやつの機能の仕方ですね。私自身、ラボルド精神病院で、病者の毎日の集まりを知らせるためにテレビ広告のジングル（テーマ音楽）に似たようなことを実験したことがあります。この集まりはその日の活動を知らせるのと、前日の活動の報告を行なうものですが、私はいつも「SCAJですよ、みなさん」という同じフレーズを言いました。「SCAJ」というのは「一日を活気づける小委員会」の略称です〔これについて詳しくは『精神分析と横断性』を参照〕。(3) すると、それを耳にした人々が駆けつけてくるのです。これは言ってみればリュシアン・ジュネスの「では、よろしければまたあした！」というフレーズと似たようなキー・

フレーズだったのです。

ノルベール――ジングルに興味をお持ちなのですね。

ガタリ――そうです。ジングルは、私の言い方では〈リトルネロ〉に相当するもので、たいへん興味があります。ジングルは動物行動学的なリトルネロで、鳥の鳴き声、領土を画定する音響的手段と結びついています。ある種の言表のなかでは、実存的機能は重なり合ったり、言葉の意味作用の機能を消したりします。私の考えでは、広告的情報パッケージは、この実存的機能を純粋状態で果たすのです。一見、伝達されるのはメッセージのように見えますが、実際には、伝達されるのは主観性のモデル化されたものなのです。私が興味があるのは、こうしたキャッチフレーズの実存的機能であって、広告の内容には、広告業界に対するのと同様、私にはあまり関心がありません。

ノルベール――あなたが一緒に作業した広告業者のことをどう思っていますか？

ガタリ――広告に携わっている人たちの知性、感性、それにとんでもない神経症的側面は、たいへん魅力的であると感じています。彼らは配達係が小包を淡々と運ぶようにメッセージを運ぶこともできるでしょう。でも、そうではないのです。広告のクリエーターは頭が沸騰しているような、奇妙で風変わりな人たちです。彼らは小包をつくるのに熱狂的に打ち込むのです。

ノルベール――広告に〈創造〉という言葉はあてはまるのでしょうか？

ガタリ――それは無理というものです。笑わせますね。ですけど、広告に携わっている人たちは、火山のイメージを持ち出すなら、主観性の知られざる断層の上にいるのではないかと感じられます。彼らはなにか見えないものの上にいるのですが、なぜ見えないのかというと、それを見るための眼鏡がないからです。これはフェルナン・ブローデルが〈長期持続〉と呼んだものと同じです。(4) つまり、社会学的あるいは通常の分析の次元には記録されない主観性の変化現象なのです。広告に携わる人たちは発生期状態の仕事をしているのです。それは純然たる言葉の変化であったり、言葉遊びであったり、視覚的なものや造形的なもの、さらには意味的なものの変化にかかわる仕事です。広告のなかには憑き物のようなテー系があるのです。

ノルベール――例を挙げてもらえますか？

ガタリ――たとえば清潔と不潔ですね。私は〈*Cahiers de la pub*〉(5)のために、この清潔と不潔というテーマの機能を分析することを試みました。(6)洗剤の広告は私にはまったく馬鹿げていると同時に魅惑的なものとも感じられました。実に阿呆らしい広告ですが、そこにはとても意味深いものもあります。馬鹿げていればいるほど、なにか知られざるものに触れるという感じですね。私が魅かれるのは美的に構築された広告ではありません。アメリカを例にとると、会社の社長が自社のつくった製品の前にじきじきにお出ましになるというテレビ広告が大好きです。なぜかわかりませんが、それは私にはなかなか素晴らしいと感じられるのです。

ノルベール――広告に出てくる光景がおもしろいというわけですか？

ガタリ――そう、それは実に示唆的ですね。広告というのは根拠のないものではありません。広告に対しては二つの態度の取り方があって、私は私の同世代と同じく、この二つの態度を共有してきました。まずひとつは、広告は糞だ、恥だ、言語道断だと言うことです。私も多くの人と同様に、当然のごとくそう言ってきました。しかしその後、「でも、広告にこれほどの財政的・リビドー的な投資（備給）が行なわれるということは、なにか意味深長なものがあるに違いない」と思うようになりました。

ノルベール――広告関係者はすでに二〇年前からそう言ってきたのですが、あなた方がそれを聞こうとしなかったのでは……。

ガタリ――おっしゃるとおりです。とにかく、私には広告を収益性からのみ説明するのは不十分だ思われます。

ノルベール――どんな別の説明がありますか？

ガタリ――広告は天気予報のようなものです（天気予報はテレビ番組のなかでもっとも高い視聴率を記録しています）。人がテレビに求めるのは、知覚的次元における催眠的関係みたいなものです。テレビは、そのリトルネロの次元、空っぽの言葉の次元において、乳幼児も含めて人を魅了するものです。なんという名前でしたか、天気予報を見ると、私は「ほら、ほら、やつがでてきたぞ」なんて思います。なんという名前でしたか、あの人……。

ノルベール――アラン・ジロ゠ペトレですか。

ガタリ――そうそう、ジロ゠ペトレ。それから髭を生やした人がいますね。

ノルベール――ミシェル・カルドズですね。

ガタリ――思い出させてくれてありがとう。自分流の言葉を使って悪いのですが、人はこうして神経を鎮めるために神経弛緩剤を使うのと同じように実存的〈リトルネロ〉を一服服用するのです。テレビのボタンを押してあらゆる種類の過剰情報を受け取るというほとんどパブロフ的な条件づけに従うのです。広告もその一部なのです。広告はテレビで起きていることの付帯現象などではありません。小さな子どもたちはニュース情報よりも広告を見るのです。

ノルベール――どうしてそうなるとお考えですか？

ガタリ――なぜなら、それが子どもたちを実存的に形成するからです。広告は子どもたちに実存性を接ぎ木し、存在感情を与えるのです。これは主観性の生産機能です。こうした見方を受け入れないと、広告というこの異常な現象を正確に位置づけることはできないでしょう。公共チャンネルは広告を廃止したら何かを失うのではないかと私は思います。

ノルベール——とにかく、新聞など活字メディアでは、読者は同じ新聞でも広告のない新聞よりも広告のある新聞の方を好んで読むということを証明した研究があります。

ガタリ——それはちょっとどうでしょうか。私もそうではないかと感じていましたが、そういう新聞の事例を実際に知らないので、そんなに自信を持って言えないですね。

ノルベール——メディアがなんらかのか社会現象について誰かに意見を聞くとき、ガタリではなくセゲラ〔ジャック・セゲラ（一九三二— ）はフランスの著名な広告業者〕が呼ばれますね。近年、広告業者が占めている位置についてどう思われますか。

ガタリ——ジル・ドゥルーズは、一五年ほど前から〈新哲学派〉の台頭とともに現れたそのような現象を嫌悪していました。[7]グラッセのような出版社が著作家たちを操縦して、世論操作の動的編成による権力奪取が起きたのです。それは相互作用に満ちた一義的ではない複雑な動的編成でもあります。「それは広告のせいだ」とか「それは出版社のせいだ」とかと、いちがいに言えないでしょう。

ノルベール——あなたはそのような広告業者による言葉の独占の被害をこうむりましたか?

ガタリ——もちろんわれわれはそのことに敏感でした。サルトル、フーコー、バルトなどの時代に発言していた知識人世代が、完全に一掃されたのです。いまでは、われわれがメディアからものを尋ねられることがあっても、それはコメントを鋳型にはめるためです。たとえば私は〈*Oceaniques*〉という番組[8]に呼ばれていったことがありますが、私は一時間もしゃべったのに、彼らは四分に切り縮めてしまったのです。まったくもってこれ以上愚劣なことはありません。一時間のうち少なくとも四分くらいはばかなことを言うわけですから、誰でも愚か者にされてしまうのです。私はまったく愕然としました。ベルナール゠アンリ・レヴィーが知識人についての四時間番組に参加を要請してきたことがあります。彼と電話で三〇分ほど話したあと、私は彼が私に一時間しゃべらせて、それを四分間に縮めるという手法を適用することに気づいて、断りました。

ノルベール――あなたの言うその〈型どおりのやり方〉はテレビというメディアの持っている性格によって押しつけられたものではありませんか？

ガタリ――メディアは何も押しつけませんよ。ピンからキリまで猿芝居なんです。時間や発言を切り刻んだりする代わりに、メディアを違った仕方で活用することはいくらでもできます。一〇月一三日に、私は『リベラシオン』に五頁のルポルタージュを掲載しようとしました。『リベ』の連中が文章を切ってもっと短くするように私に求めてきました。そんなことをしたら、わけのわからないものをつくって食わせるようなものです。別のメディア的生産システムが存在すれば、三時間も四時間も続く放送番組をつくることができるようになると私は確信しています。

ノルベール――あなた自身でもメディアを指揮したことがありますよね。一九八一～八二年に〈ラジオ・トマト〉でしたか[9]。そのときあなたは三～四時間の放送をしましたよね。でもそれは失敗に終わりました。聴衆を引きつけることができなかったのではないでしょうか。

ガタリ――いや、そうではないですよ。簡単に言うと、社会党によってひっくり返されたのです。この自由ラジオの実験は広告の束縛から抜け出すいい機会だったのに、逆にすべてが広告システムのなかに落ち込んでしまったのです。

ノルベール――ラジオ放送を経済的に持続させる別の手段をご存知なのでしょうか？

ガタリ――いまのところは、変えるのはむずかしいですね。万事が市場原理で動いていますからね。しかし、利潤率に基づいた競争原理ではなく別の目標に基づいた別のタイプの市場ができることを、必ずしもユートピアとしてではなく想像することは可能です。しかも東側諸国のように中央集権的にではなく、ラジオ・トマトのような多様な実験を競い合うところから何かがうまれるでしょう。

ノルベール――しかし聴衆はＮＲＪ〔一九八一年七月に創設されたフランスの音楽専門ラジオ局〕を好むのではないでしょうか？

ガタリ――ＮＲＪがキャンペーン費用を持っていなかったら、すぐにでも私の言うような方向にいっていたでしょう。われわれの方が賢かったんですよ。われわれが最初にアラブ音楽やアフリカ音楽を流したのです。それはすぐにいたるところで模倣されましたがね。またわれわれがフランスで最初に聴衆と一晩中直結する放送を組織したのです。これもすぐに模倣されましたよね。

ノルベール――それにもかかわらず広範な支持を得ることができなかったのは……。

ガタリ――有効な手段が欠けていたのです。専従者もいないし、技術的手段も乏しく、車も持っていなかったので……。

ノルベール――それは一九八一年にＮＲＪをつくったジャン＝ポール・ボドクルーもまったく同じですよ。

ガタリ――あ、そうですか。まあ、私はＮＲＪのようなラジオには聴衆に割り当てられた時間がないということを言いたいわけではありません。いずれにしろ、ラジオ・トマトはもっと手段を持っていたら、ＮＲＪに匹敵する聴衆を持つことができたでしょう。

ノルベール――NRJと同じくらいの予算を持っていたら、NRJに勝てたということでしょうか？本当ですか？

ガタリ――NRJをしのぐ聴衆を持てたかどうかわかりませんが、少なくともNRJの四分の一から二分の一くらいは獲得していたでしょう。いまFM放送を聞くと、まるで何も言うことがないかのように、人がしゃべることはないですよね。われわれは音楽をたくさん流しましたが、同時にすごくたくさんしゃべりましたよ。

ノルベール――でも、あなたは広告でお金を儲けましたよね。にもかかわらず、広告をそこまでこきおろすのは、うしろめたくはないですか？

ガタリ――うしろめたい？　うしろめたいとか恥ずかしいとかいうことは何もありませんよ。たしかに私はメディアのシステム全体に対して容赦しません。世論調査や広告に対しても同じです。しかし今のような状況のなかでは、単純な立場に固執してはいられません。そんなことをしていたら何も言えなくなって、隠遁的生活を送るしかなくなりますよ。

ノルベール――そういう風におっしゃると、それは昔のあなたの考えを裏切ることになりませんか？二枚舌では……。

ガタリ――二枚舌ねえ。それはウィーでありノンですね。私には変わる権利があります。たとえば私が人種差別的錯乱のなかにいる精神病者と一緒にいるとき、私は患者を理解しようと患者の立場に入り込むことがありますが、それは私が人種差別主義者であることを意味しません。人は誰しも矛盾した主体化様式のなかで引き裂かれているのです。私はテレビの現状について嫌悪感を吐露しますが、同時にテレビに引き込まれてしまうこともあります。それに対して私は罪悪性を感じなければならないのでしょうか？　あなたが私に与えようとする罪責感は、私にとっては避けて通らなくてはならない障害物です。そうした責任転嫁の仕方を私は倫理的に信じません。もし私がちょっとした富を手にしていたら、それはたしかに矛盾でしょう。しかし私は、弁証法的に解決することはできない複合的関係のなかに置かれているのです。あなたがいくら私に罪悪感を抱かせようとしても、それは無理な話なのです。

(1) このテクストは新聞〈*Globe*〉(spécial n°54 du 1er février 1991) に掲載されたノルベール・ベレーシュによるガタリ・インタビューである。
(2) サシャ・ゴルドマンはガタリが『三つのエコロジー』を捧げた人物。
(3) リュシアン・ジュネスは、一九五八年に〈一千フラン・クイズ〉という名前でつくられた大衆的ラジオ・ゲームの一九六五年から一九九五年までの司会者。このゲームは現在も〈一千ユーロ・クイズ〉という名前で〈フランス・アンテル〉で放送されている。
(4) Fernand Braudel, *Écrits sur l'histoire*, Paris, Flammarion, 1985.
(5) 新聞〈*Globe*〉は〈*Cahiers de la pub*〉のことを次のように紹介している。〈*Manifestation organisée à la Sorbonne par TF1 Publicité*〉〔TF1宣伝部によってソルボンヌで行なわれたデモンストレーション〕(著者注)。
(6) 第六部 (8)「広告について」参照。
(7) Texte de Gilles Deleuze publié en supplément au n°24 (mai 1977) de la revue bimestrielle *Minuit*. なおこのドゥルーズのテクストは次のサイトで読める。http://libertaire.free.fr/Deleuze03.html.
(8) 〈Arte〉ができる以前の〈La Sept sur la Trois〉の文化番組。
(9) 自由ラジオが禁止される状況のなかで、フランソワ・パンとガタリによって創設されたラジオ・リーブル・

パリが、一九八〇年一二月にラジオ・トマトになった。これはガタリが一九七〇年代以来支持していたオルタナティブ・メディアの表現運動の一環である（『分子革命』のなかの「潜在する無数のアリーチェ」を参照）。

第七部

環境エコロジーと戦争機械

(1) 社会的実践の再構築のために——メディアの破産、文明の危機、近代の逃走

(2) エコロジー的大危機への不安について

(3) 危機に瀕した郷土としての地球

(4) 環境と人間——価値の出現と回帰あるいはエコロジーの倫理的課題

(5)「リゾームと樹木」

(6) 新たな進歩主義的基軸

(7) 新しいエコロジー民主主義に向かって

(8) エコ的実践について

(9) もうひとつの未来ヴィジョン

(10) 今は亡き統一社会党と死産しかけの緑の党のための舞曲

(1) 社会的実践の再構築のために——メディアの破産、文明の危機、近代の逃走(1)

(オリジナル・タイトル:「新たな機械状の結合のために」)

日常生活の決まりきった繰り返し、メディアによって再現される世界の陳腐さといったようなものがわれわれを安閑とした雰囲気で包み込み、いまや何ひとつとして本当に筋道の通ったものはなくなっている。人々は目を覆い隠して、われわれの生きているこの時代がめまぐるしい勢いで逃走していくことを考えまいとしている。この逃走はわれわれがもっとも身近に慣れ親しんだ過去を、はるか後方にまで猛スピードで打ち捨てて、われわれの記憶にまだ新しい存在の仕方や生き方を消し去り、われわれの未来を暗雲と瘴気の充満した不透明な地平に押し向けようとしている。人はもはや確実なものが何ひとつないだけに、よりいっそう安心を得ることに執着する。長いあいだ踏ん張りあっていた昨日の二つの〈大国〉は、その一方の側の瓦解によって安定を失った。旧ソ連の諸国と東ヨーロッパの諸国は、一見出口のない惨状のなかにはまり込んでいる。アメリカ合衆国の方も、ロサンゼルスの事件〔一九九二年春の暴動〕に見られるように、文明の激震を免れているわけではない。第三世界の諸国もあいかわらず停滞状態から脱しえていない。わけてもアフリカは苛酷な袋小路に落ち込んでいる。エコロジー的災厄、飢餓、失業、人種差別や外国人排斥の動きの台頭といったようなもののひとつひとつが、この一〇〇〇年ほどの人類史の最後の時期の脅威として立ち現れてきている。他方で、科学とテクノロジーはすさまじい速度で進歩し、人間がその物質的諸問題を解決するために必要な鍵のすべてを潜在的に提供するまでにいたっている。しかし、人類はいまだそれをつかみ取るにいたっていない。人類は自らが直面している困難の前で呆然と無力のままでいる。人類は水や空気の汚染がすすみ、森林が破壊され、気候に異変が現れ、多数の生物種が消滅し、生物圏の遺伝的蓄積が貧窮し、自然の風景が損なわれ、町が窒息状態に陥り、人間の連帯や友愛と結びついた文化的諸価値や精神的指標がしだいに放棄されていくといった現象に際会しながらも、なすすべもなく立ちつくしている……。人類は頭を失ったかに見える。いや、もっと正確に言うなら、もはや頭が体と一緒に機能しないのだ。いたるところで人間のおよばないほどの複雑さを持つにいたったこの近代のなかで、人類はどのようにしたら自らを方向づける羅針盤を見つけることができるだろうか。

複雑性を考えること、また科学主義を取り上げて、その短期的射程しか持たない偏見や利害関係を改めて問題にするときには、とくに科学主義の持つ還元論的なアプローチを捨て去ること、これが私がポストメディアの時代と名付けた時代に入っていくためのパースペクティブである。というのは、ポジティブなものであれ、ネガティブなものであれ、現代のあらゆる大変動は、目下マスメディア産業によってふるいにかけられた尺度に基づいた判断を下されているからであり、マスメディア産業はものごとの些細な事件的側面しか眼中になく、現前している最重要の課題をその真のスケールにおいて問題にすることは決してないからである。

諸個人を彼ら自身の内部から引っぱり出し、彼らの目前の関心事から解き放って、世界の現在と未来について考察するように仕向けることは、たしかにむずかしいことではある。多くの人々にとって、そこにいたるための集団的な動機が欠けている。意志疎通や考察や合議にかかわる旧来の仕組みの大半は解体してしまい、それに取って代わって、往々にして不安や神経症の同義語にほかならない個人主義や孤独が広がりを見せているのだ。私がカップルや家族、学校、隣近所などにかかわる言表行為の新たな集合的動的編成の創案――環境のエコロジー、社会のエコロジー、精神のエコロジー相互のあいだを、かつてないような仕方で節合すること――を推奨するのは、こうした状況を念頭に置いてのことである。

現在のマスメディア、わけてもテレビの機能は、このようなパースペクティブに逆行するものである。テレビ視聴者は画面を前にして、ほとんど催眠術にかかったような受動的状態に置かれ、他者から切断されて、責任意識を喪失している。

しかしながら、このような状況が果てしなく続くはずもあるまい。テクノロジーの進歩はいずれメディアとその利用者とのあいだ、ならびに利用者同士のあいだに新たな相互作用の可能性を導き入れることになるだろう。視聴覚スクリーン、情報通信スクリーン、情報処理スクリーンが結び合わされて、集団的な感受性や知性の真の再活性化にいたるだろう。〈メディア=受動性〉という現在の等式は、おそらく想像よりもはるかに早く消滅するだろう。もちろん、これらのテクノロジーから奇跡を期待することはできないけれども、結局のところ、すべてはテクノロジーをわがものとし、それに見合った合目的性を付与する人間集団の能力いかんにかかっているのである。

西ヨーロッパが現在志向しているような経済的大市場ならびに均質的な政治空間の形成もまた、われわれの世界ヴィジョンに影響を及ぼすところとなるだろう。しかし、いまだ輪郭が曖昧なままにとどまっている諸々の社会的集合体のあいだの力関係の変化いかんによっては、その影響が逆向きに作用することもありうる。つまり、アメリカ合衆国、日本、ヨーロッパのあいだの産業的・経済的な対立が強まり、生産コストの低下、生産性の向上、〈市場占有率〉の獲得といったものがますます熾烈な競争課題となり、構造的失業を増大させ、結果として資本主義の城塞のなかでますます顕著な社会的〈二重構造〉がかたちづくられることになるかもしれない。そうなれば第三世界との断絶が当然のごとく生じて、第三世界はその人口の過度の増大とあいまってますます深刻な紛争の方向に向かうことになるだろう。

他方、これら〔日欧米〕の諸勢力がそれぞれに力をますことによって、地政学的かつエコロジー的な制御が打ち立てられる――〈全地球的レベルとまではいかなくとも〉――方向に向かうかもしれない。研究目標とかエコロジー的・人道主義的な計画についての大規模な実行手段の合意をおしすすめることによって、これらの三つの勢力の極の存在は人類の未来に対して決定的な役割を演じることもできるだろう。しかし、富める者と貧しき者、強者と弱者への二極分解とも言える今日の事態がとめどなく強化されていくことを許容することは、不道徳のみならず非現実的でもあるだろう。ところが残念ながら、リオの会議〔一九九二年六月の環境サミット〕に提出されたいわゆるハイデルベルグ・アピール(2)の署名者たちが、エコロジーの領域における人類の根本的な選択を科学的エリートの指導にゆだねるという道――たぶん彼らにしても決して最良の道ではないという思いはあるのだろうが――を示唆することで踏み込もうとしているのは、このような不条理なパースペクティブにほかならないのである（この点に関しては『ル・モンド・ディプロマティック』一九九二年七月号のイグナシオ・ラモネの社説、ならびに同紙一九九二年八月号のジャン＝マルク・レヴィ＝ルブロンの論説を参照のこと）。これは信じがたいほどの科学主義的近視眼に由来する。現在の地球のエコロジー的危機のもっとも重要な部分が、この富者と貧者のあいだの集合的主観性の断絶から生じているということがどうしてわからないのかということだ。科学者は新しい国際的民主主義の内部に自らの居場所を見つけだし、またそうした国際的民主主義を自らの手で促進する努力をしなければならない。そして、そうした道のなかで彼らが前進していくには、彼らが全知全能であるという神話をいつまでも抱いていてはだめなのである！

頭と体をいかにして再び結び合わせ、科学や技術と人間的諸価値をどのように節合したらいいのか。各個人の立場の持つ特異性を尊重することと、共同の計画をいかに両立すべきか。いまの受動的ムードのなかで、大いなる覚醒、新たな甦りをどんな手段を用いて引き起こすことができるのか。破局に対する恐れがその原動力となる十分条件だろうか。チェルノブイリ[3]のようなエコロジーにかかわる事故はたしかに世論の覚醒につながった。しかし恐怖心をかき立てるだけでなく、現実性のある実践に移らねばならない。危険というものがまぎれもない魅惑的呪縛作用を及ぼすものであることも想起しておかねばならない。破局の予感は破滅への無意識的な欲望、虚無への憧れ、抹殺欲動の引き金にもなりうる。ナチの時代に、ドイツの大衆が人類の神話的な贖罪意識と結びついた世界終末の幻想に支配されて生きたのは、そうした事例のひとつである。何よりもまず、革新的な実践に通じうる集団的な協議態勢の再構成に力点を置かねばならない。心の持ち方（メンタリティー）の変化がなければ、またポストメディアに時代にわけ入っていくことがなければ、環境につながる持続的な足場の確保はありえないだろう。しかし他方、物質的・社会的な環境の変化がなければ、心の持ち方の変化はありえないだろう。かくして、このような循環構造を前にして、私は、環境のエコロジーを社会的エコロジーならびに精神的エコロジーに節合する〈エコゾフィー〉を打ち立てる必要性を提起するにいたったのである。

誰が資本主義のカオスを管理しているのか？

このようなエコゾフィー的展望でもって、私はかつての大宗教やマルクス主義のようにヘゲモニー的なイデオロギーを再構築しようというのではまったくない。たとえば、国際通貨基金（ＩＭＦ）や世界銀行が第三世界において唯一の成長モデルを普遍化して推奨するなどということはばかげている。アフリカ、ラテンアメリカ、アジアといった諸地域は、それぞれの特性に基づいた社会的・文化的な発展の道に踏み込んでいかなければならないのである。

世界市場はそれぞれ別個の人間集団の生産を普遍的な成長概念の名のもとにあやつる必要はない。資本主義的成長はどこまでいっても純粋に量的なものであるが、複雑な発展は本質的に質的なものにかかわる。人間の諸活動の未来ならびにその本質的な究極目標を左右すべきものは、国家の優位性（官僚主義的社会主義にならった）でもなければ、市場の優位性（新自由主義的イデオロギーにバックアップされた）でもない。したがって、地球規模の協議を恒常化し、現在の資本主義権力を民衆の欲望の政策で置き換えるという新しい差異の倫理を発動させなければならないだろう。しかしそのような展望は結局カオスに行き着く危険はないだろうか？　この疑問に対して、私は次のように答えよう。すなわち、現在の危機が証明しているように、権力の超越はどのみちカオスに行き着くのだと。しかしすべてを考慮に入れてみれば、民主主義的カオスの方が権威主義から生じるカオスよりまだましなのだ！

個人や集団は実在的なレベルである程度までカオスのなかに潜り込むということを避けられない。それはすでにわれわれが毎晩夢の世界に身をまかせるときなどに行なっていることである。問題はひとえにわれわれがこの沈潜から何を引き出すかということにかかっている。破局の感覚か、それとも新たな可能性の方向の啓示か？　そのためにも、今日誰が資本主義のカオスを管理しているかを知らねばならない。証券取引所、多国籍企業、そして国家権力だ（これはしだいに力を失っているのだが）！要するに、本質的に言って、頭脳を失った組織体である。もちろん、世界市場の存在は国際的な経済的諸関係の構造化にとって必要不可欠であろう。しかし、この市場が地球上の人間の交易を奇跡のごとく調節しうるなどと期待することはできない。不動産市場は巨大都市の無秩序に拍車をかける。芸術の市場は美的創造を堕落させる。だから、資本主義市場とは別に、しっかりとした社会構成体に依拠し、独自の価値化の様式を明示する〈領土化された市場〉が出現することが、まず第一に重要なことである。私が諸価値――多様で、異質性の混じり合った、対立をも含む諸価値――を〈牽引するもの〉と呼ぶものが、資本主義のカオスのなかから生まれてこなければならないのだ。

現代社会はミクロ・ファシズムを増殖させる

マルクス主義者は歴史の動きを階級闘争の必然的な弁証法的進展という考え方に基づいて説明してきた。自由主義的経済学者は、緊張や不均衡を解決し、世界最良のものをつくり出すには、市場の自由な動きにまかせておけばよいと頭から信じきっている。ところが、さまざまな出来事に照らしてみるなら、かりに進歩が約束されているにしても、進歩というものは、階級闘争とか、科学や技術の発展とか、経済成長とか、市場の自由な動きなどと、機械的（自動的）にも弁証法的にも結びついているものではないということがわかる。社会的ならびに都市的なレベルにおけるさまざまな矛盾や対立、あるいはミクロな民族間紛争、地球規模での経済的緊張といったようなものが、荒々しいかたちで甦っていることに何よりも痛切に示されているように、経済成長というのは進歩の同義語ではない。

社会的・道徳的進歩は、その推進を引き受ける集団的・個人的な実践と不可分である。ナチズムやファシズムは一過性の病気でもなければ、すでに過去のものとなった〈歴史上の偶発事〉でもない。それらはつねに現前しうる潜勢力をなしているのであり、われわれの潜在的世界に住み続けてもいるのだ。スターリニズムの強制収容所体制、毛沢東主義的な専制体制といったものは、新たなコンテクストのなかでいつ甦らないともかぎらない。ミクロ・ファシズムが多様なかたちのもとにわれわれの社会の毛穴のなかで増殖し、人種差別や外国人排斥、あるいは宗教的原理統合主義や軍事優先主義の台頭、女性に対する抑圧の昂進などを通して顕在化している。歴史は〈進歩の境界域〉の不可逆的越境をなんら保証するものではない。ひとえに人間的な諸実践、集団的な意志の発露だけが、われわれを最悪の野蛮に陥ることから守護するのである。してみれば、〈人権〉や〈諸民族の権利〉の擁護を形式的にうたっているだけではまったく何の役にも立たないだろう。権利というものは崇高な権威によって保証されるものではない。権利は権利の存在を支える諸制度や権力構成体の生命力に依拠するのだ。

したがって、新たな地球的意識の発揚にいたるための第一の条件は、われわれが、経済的利潤を唯一の軸とした資本主義的価値化のもたらす道徳的・心理的・社会的な低次元での平準化をまぬがれた価値システムを出現させる集合的能力を持っているかどうかにかかっている。生きる喜び、連帯、他者に対する思いやりの気持ちといったものは、いまや消滅しつつある感情と見なさざるをえなくなっているが、これらの感情を新たな道程のなかで保護し、活気づけ、再び拡張していかねばならない。美的・倫理的な価値は超越的な規定力や規範に従属するものではない。それは絶えず獲得し続けるべき内在性を起点とした実在的な参加を要請するものである。いかにしてこのような価値の世界をつくり出し、それを拡充していったらいいのだろうか。道徳的教育をふりまくことによって可能になるものでないことだけは確かであろう。

情報理論の暗示力の強さは、コミュニケーションにおける言表行為の領域の持つ重要性を隠蔽する結果を招来した。そのために、メッセージというものは単に伝達されただけでなくて、受容されてこそはじめて意味を持つのだということが往々にして忘れ去られることになった。情報はその客観的な表示だけに還元されてはならない。それは本質的に主観性の生産であり、非身体的（抽象的）世界の一貫性の取り込み口なのである。そしてこの後者の局面は、否定的前提に沿った分析に引き戻されてはならないし、あれかこれかの二者択一的な基盤に基づいて計量されてもならない。情報の真実は、つねにそれを受け取る人々の実在的な出来事に帰着する。情報の作用領域は事実の正確性の次元にあるのではなくて、問題の妥当性、価値世界の一貫性の次元にあるのだ。現在のメディアの危機とポストメディアの時代へ向かう開口線は、いまよりもはるかに深い危機の前兆をなしている。

私が強調したいと思っているのは、現代の主観性がマスメディア化による同質化の対象になってはいても、主観性は本来、複数的、多中心的、異質混交的な性格を持ったものだという点である。こうした観点に立つなら、一個人というものがすでに異質な構成要素からなるひとつの〈集合体〉にほかならないのである。ひとつの主観的事実は身体や自己といったような個人的な領土に送り返されるが、しかしそれは同時に、家族、集団、民族といった集合的領土にも帰ってくる。そして、さらにそこに、発話や記述、情報処理、テクノロジー機械といったものを通して具現化されるあらゆる主観化の過程がつけくわわる。

資本主義に先立つ社会においては、生の現実や世界の神秘へのイニシエーションは、家族的諸関係や世代間の諸関係、あるいは氏族、同業者、儀礼などにかかわる諸関係といった回路を経て行なわれていた。しかしこうしたタイプの個人間の直接的なまじわりはしだいに希薄になっている。主観性がつくり出されるのはもっぱら多様な媒介物を通してであり、世代や性の違いを超えた個人間の諸関係や隣近所とのつきあいは弱まっている。たとえばいつの時代にも子どもにとって共通の記憶の支柱となっていた祖父母の機能は、いまやほとんど消滅している。子どもは、テレビや情報機器を使ったゲームやコミュニケーション、マンガなどを必需品とする日常環境のなかで成長している。かくして新たな機械的孤独が生まれているのだが、それは決して悪い面ばかりとは言えないまでも、少なくともこうした社会性の刷新形態と調和することができるように持続的に手を加えていかねばならないものだろう。個人的なものと社会的なものを対立的にとらえるのではなく、この相互のあいだにポリフォニックな絡まりあいを現出させることを考えなくてはならない。いわば、あるまとまりを持った主観性の音楽を発案することが待望されているのである。

新しい地球的意識は〈機械状のもの〉を再考しなければなるまい。あいかわらず機械を人間の魂に対置することが続いている。近代の技術がわれわれにわれわれの存在論的基盤、本源的存在への到達の道を覆い隠したと見なす哲学者もいる。(4) しかし、逆に、魂や人間的諸価値の刷新が機械との新たな結びつきから生まれうると考えることもできるのである。

生物学者たちは、目下、生命を細胞、器官、生命体をめぐる新たな機械主義的アプローチに結びつけようとしている。言語学者、数学者、社会学者、なども また、これまでとは違った別の機械性の様式を探究している。こうして機械の概念を拡大しながら、彼らは今日まで十分に明らかにされてこなかった機械性のもののいくつかの側面をわれわれが重視するように導こうとしている。機械は自らのなかに閉じ込もった全体性ではない。機械は空間－時間的な外在性ならびに記号の世界や潜在性の領野と一定の諸関係を維持している。あるひとつの機械状システムの内部と外部の関係は、単にエネルギー消費や客体の生産という事象にとどまるものではない。その関係は同時に系統発生的な流れ（フィロム）[5]を通して具現化されもする。ひとつの機械は過去から引き継いだ系列の終わりとして現在に接しているのであり、それはそこから未来に向かってひとつの系列が進化を遂げていく再出発点もしくは破壊点なのである。これらの系統ならびに枝分かれや他性は複雑なかたちで発現する。その発現の仕方は、相互に入り組みながらわれわれの生物圏を包摂する機械圏をなしている科学や芸術、社会的革新などのあらゆる創造的力の作用を絶えず受け続ける。そしてその加工作用は動きを封ずる枷や外部を隔てる鎧のような機能として作用するのではなくて、人間的生成を探究する抽象機械の出現を促すのである。

人間生活は現在、たとえばエイズのようなレトロウィルスとの速度競争に入っている。生物科学や医療技術がこの病気との闘争に勝利するか、あるいは最後に人間という種が排除されるかである。これと同様に、諸々の新たな情報機械が人間の感受性や振る舞い、知性といったもののスプリング装置のなかにますます深く入り込んできているため、知性や感性そのものがまぎれもない激変をこうむろうとしている。そしてわれわれは、いま、主観性の急激な変化に立ち会うにいたっているのだが、これはおそらくかつての文字や印刷技術の発明よりももっと重要な変化を含んでいるのである。

人類は機械的機能の多様な分枝と理性的かつ感性的な婚姻関係を結ばねばなるまい。さもなければカオスの底に沈む込む恐れがある。民主主義の刷新はそうした機械的諸要素全体の複数主義的管理を目標にしなくてはならない。そうすれば、法制度や立法府はテクノロジーや研究の世界と思いがけない絆を結ぶこともできるだろう（これは現代の生物学や医学の諸問題にかかわる倫理委員会の設立といったようなかたちですでに具体化されている。しかしこれにとどまらず、メディアや都市計画や教育などにかかわるそれぞれ固有の倫理委員会を早急に構想しなければならないだろう）。われわれの時代のまぎれもない実在的実体は、たった数十年前のそれとすらもはや対応しなくなっている。要するに、この現代の実在的実体を改めて切り分ける作業を行なわねばならないのである。そこでは、個人的なもの、社会的なもの、機械状のものが重なりあっている。法的なもの、倫理的なもの、美的なもの、政治的なものもまた同様に重なりあっている。合目的性の大きな組み替えがいま生じつつある。存在の再特異化、エコロジー的責任性、機械性の創造性といったものの価値が、古くさい左右の二極対立に取って代わる新しい進歩主義的な極の根拠地として確立されなければならない時期がきているのである。

エコロジーを価値化すること、環境を保護すること

現在、世界経済の基盤にある生産諸機械は、ひとえにいわゆる先端産業を中軸にして配置されている。それは資本主義的利潤を生み出さないという理由で取り残された産業分野を考慮に入れようとしない。新たな機械状民主主義は現在の価値化システムのバランスの組み替えを遂行しなければならないだろう。都市を整備して、清潔で、住みやすく、社会的相互作用に満ちあふれた、明るい活気のあるものに改造すること、あるいは、人間的で有効な医療、心を豊かにする教育を発展させることなどは、高性能の自動車やエレクトロニクス装置を大量に生産することに勝るとも劣らないほど価値のある目標である。

現行の技術的・科学的・社会的諸機械は、すべての人間を養い、衣服を供給し、運び、教育するだけの潜在的能力を備えている。この地球上の一〇〇億の住人を生きさせる手段は手の届く範囲内にあ

るのだ。財を生産し、それを適切に分配するための動機のシステムが不適合なだけである。物質的・精神的な充足感を高め、社会的・精神的なエコロジーを発展させるように努力することは、先端産業や財政投資の分野で働くことと同じように価値化されねばならないだろう。

労働の構成内容のなかで、知識や欲望、美的嗜好、エコロジー的関心事などにかかわる非物質的な様相の占める割合がしだいに大きくなってきたために、労働そのものの性質が変化した。人間の肉体的・精神的な活動は、技術的・情報的・通信的な装置にますます隣接したものになっている、そのため、産業の現場をめぐる大量生産方式としてのフォード主義的あるいはテイラー主義的な旧来の人間工学的な組織概念は時代後れになった。これからは、生産や分配の（さらには消費の）すべての段階にわたって、個人的・集合的なイニシアティブの発揮がますますひんぱんに要請されることになるだろう。労働の集合的な動的編成の新しい様態の形成——とりわけ、情報通信、情報科学、ロボット工学などが支配的な役割を演じるようになった結果としての——にともなって、旧来のヒエラルキー構造が深いところから改めて問題に付され、やがて必然的に現行の給与システムの規準が見直されることになるだろう。

先進諸国における農業の危機を考察してみよう。農業市場が第三世界諸国に開放されるのは当然のことである。もちろん第三世界諸国は気候や収益の条件からいって、相対的に北に位置する諸国よりも生産にずっと有利な立場に置かれていることが多い。しかしこのことは、ヨーロッパやアメリカや日本の農民たちが田舎を捨てて、都市に移住しなければならなくなるということを意味するのだろうか。そうではあるまい。このことは、逆に、これらの諸国における農業や牧畜を、そのエコロジー的様相を適切に価値化し、環境を保護するような仕方で再定義する必要性を提起しているのである。森林、山、河川、海浜といったものは非資本主義的資本をなすものであり、実りをもたらすように絶えず再価値化しなければならない質的な〈投資場〉なのである。そして、このことはまた、とりわけ、農民、牧畜民、漁民の生活条件を大胆に考え直すことを迫るものでもある。

家事労働についても同様のことが言える。子どもを育てるという負担——これはますます複雑さを増している仕事である——を負う男女は、それ相応の報酬を支払われることがいずれ必要になるだろう。かくして、一般的に言うなら、多数の〈私的〉活動が、社会的に、あるいは美的に、もしくは倫理的に有用な人間活動の多様性、異質混交性を重視する新しい経済的価値化システムのなかに、しかるべき場所を占めねばならない時代がそこまで来ているということである。

自由時間をどうすべきか？

経済学者は、給与生活者が価値化に値する多くの社会的活動に広く参加することが可能になるように、現行の貨幣制度や給与システムの刷新を構想しなければなるまい。たとえば、世界的な経済競争に大幅に開かれた強い通貨と、一定の社会空間のなかに領土化された兌換不能の保護通貨とを共存させれば、もっぱら国内市場にのみ属する財を適切に分配するとともに、社会的諸活動のフィールドをどんどん増やす——それらの活動が一見その周辺的性格を失って見えるほどに——ことによって、剥き出しの貧窮状態を緩和することができるだろう。

こうして労働にかかわる分業と価値化の見直しは、必ずしも週の労働時間をかぎりなく短縮しなければならないという結果をまねくものではないし、また退職年齢を早める必要を生じさせるものではない。もちろん、機械は〈自由時間〉をますます増やしていくだろう。しかし、問題は何をするための自由かということだ。あらかじめお膳立てされた余暇の過ごし方に身をゆだねるためか？　四六時中テレビにかじりつくためか？　いかに多くの退職者が、新しい状況に置かれてから数ヶ月足らずで、無為の日々ゆえに絶望や鬱状態に陥っていることか。逆説的にも、労働のエコゾフィー的な再定義は給与生活者の労働時間の延長と歩調を合わせうるものである。これは市場経済向けの労働時間と社会的・精神的諸価値に立脚した経済にかかわる労働時間とのあいだの風通しをよくするだろう。たとえば、企業の労働者であれ幹部であれ、本人が望むなら、その企業の諸活動——とりわけ社会的・文化的なかかわりを持った——から定年退職後も切り離さないという工夫の仕方もあるだろう。彼らが自分たちの活動領域をもっともよく知り、教育や研究野分野でもっとも大きな貢献をなしうるまさにそのときに不意に閉め出されてしまうのは、どう考えてもばかげている。このような労働の社会的・文化的な再構成の見通しは、当然にも、生産にかかわる動的編成とそれ以外の市民生活の領域とを新たに横断的に結合するという方向に向かうことになるだろう。

いくつかの組合の実践的経験はすでにこうした方向に向かっている。たとえばチリでは、自らの置かれている社会的環境と有機的な仕方で結びつこうとする新しい形態の組合活動が存在する。この〈領土的組合組織〉の活動家たちは、もはや単に組合に加盟している労働者の擁護に携わるだけではない。彼らは同時に、彼らの働く企業が立地している地域の失業者や女性、子どもたちの遭遇している難題にも取り組むのである。彼らは教育的・文化的なプログラムの組織化に参加し、保健、衛生、エコロジー、都市計画などにもかかわっていく（もちろん、こうした労働者の責任行動領域の拡大は、ヒエラルキー構造を持った組合機構の諸機関からは決して好意的な目で見られているわけではないが）。チリでは、〈定年世代のエコロジー〉のグループが、老人の交流や文化的活動の組織化に邁進している。

左翼と右翼、社会主義と資本主義、市場経済と国家計画経済といった、断定的な対立に依拠した旧来の参照基準システムを過去のものとして捨て去るのはむずかしいことではあるけれども、不可欠のことである。それはこの二つの極から等距離にある〈中道的〉な基準の極をつくりだすということではない。そうではなくて、党などへの全面的な加盟、自称科学的な基盤、あるいは超越主義的な法的・倫理的前提といったものに依拠した、この古いタイプのシステムから身を解き放つということにほかならない。政治的諸階級以前に、世論の方が綱領主義的な言説や、ものの見方の多様性に対して不寛容なドグマに対して、アレルギーを起こし始めた。しかし、公開討論や協議手段が刷新的表現形態を獲得しないかぎり、世論が民主主義の実践に背を向けて、棄権というかたちの受動性や急進的な反動的行動に身をゆだねる危険はおおいにある。今後、政治的キャンペーンにおいて重要なことは、圧倒的多数の大衆の意見をひとつの思想に引き寄せることよりも、むしろ大衆の意見が生き生きとした多数の社会的切片（セグメント）として構造化されるようにすることである。現実はもはやひとつでもなければ分割不可能なものでもない。それは多数かつ多様であり、人間的実践を通してつかみとることのできる可能性の方位線によって加工しうるものなのである。エネルギーや情報や新素材のかたわらで、リスクを選択し責任をもって引き受けようという意志が、新しい機械性の冒険——テクノロジー的、社会的、理論的、美的、等々のさまざまなレベルにおける——の中心部に根を下ろしつつある。

〈エコゾフィー的地図作成法〉を確立しなければならないが、それは現在にとどまらず未来をも射程に入れたものでなくてはならない。エコゾフィーの地図は、三年後の都市における交通の問題に劣らず、三〇年後の地球上の人間生活のあり方にも目配りを欠かせない。それは来たるべき世代に対する責任感覚をともなった選択、哲学者ハンス・ヨナスが[6]〈責任性原理〉と呼ぶものをもたらす。長期的な選択が短期的な利害と衝突することは避けがたい。こうした重要課題に関わりを持つ社会的グループはこの点を徹底的に議論し自らの習慣や精神的座標を改変して、新しい価値観を取り入れるとともに未来のテクノロジー的変革に人間的意味づけを設定していかねばならない。

しかし、だからといって、〈未来都市〉とかエコロジー・バランスといった名のもとに個々人の生活を丸ごと支配しようというメシア思想や、全体主義的・権威主義的な歴史ヴィジョンに陥るのは問題外である。ひとつひとつの〈地図作成〉はそれぞれ固有の世界ヴィジョンを体現するものであり、あるひとつの地図が多数の個人に採用された場合でも、その中心にはつねに不確実性の核が隠されている。そして本当を言うと、このような核こそがもっとも貴重な財産なのである。他者に耳を傾けるというまっとうな姿勢が発現するのはここからである。差異や特異性、周辺性、さらには狂気にまで耳を傾けることは、単に寛容や友愛の精神からのみ必要とされるのではない。それはこの不確実性の存在への絶えざる注意の喚起、そうした次元にアプローチするもっとも重要な予備作業でもあり、自らを確信し、自己充足している支配的構造につねにつきまとっているカオスの力を改めて明るみに出す営為にほかならない。異質の他者に耳を傾けることを通して、こうした支配的構造をひっくり返したり、それに意味を与え直したりしながら、そこに再び潜勢力を負荷し、そこを起点として新しい創造的な漏出線をつくりだすことができるようになるのである。

あらゆる状況のなかにおいて、方向がもれ見えてくる地点を割り出さなくてはならない。他人が私の見方を共有しないことに苛つきながらも、また現実が私の欲望になかなか従おうとしなくても、そのような状況を直視しながらこの作業を行なわなければならないのである。こうした敵対性を私は受容することはもちろん、それ自体として愛しさえもする。私はそれを探究し、それと対話をかわし、それを掘り下げ、それを深いところで把握しなければならない。この敵対性こそが私を私のナルシシズムや官僚主義的無知蒙昧から引っぱり出してくれる。そして人を幼児化するマスメディア特有の主観性が隠蔽しようとする切実な有限性の感覚を私に取り戻させてくれるのだ。エコゾフィー的民主主義は安易なコンセンサスに身をまかせるものではない。それは意見の相違や対立のメタモデル化に身を投入する。そうしてこそ、責任性は自己から出て他者に移行するようにもなるのである。

このような差異、異形、ユートピアを重視する主観性が未発達なため、われわれの時代はアイデンティティをめぐる苛烈な紛争に巻き込まれようとしているのだ。それは旧ユーゴスラヴィアの人々が現在経験している事態に如実に示されている。これは道徳や人権の尊重にうったえてみたところでどうしようもないことであろう。主観性が利潤と権力を最重要の課題とした空虚のなかに埋没しているからである。現在のメディアのあり方に対する拒否を、新しい社会的な相互作用や制度論的創造力の探究、そして価値世界の豊富化への努力と結びつけるだけでも、社会的実践の再構築に向かう道程のなかで重要な一里塚となるだろう(7)。

(1) このテクストは一九九二年一〇月二六日付けの『ル・モンド・ディプロマティック』に掲載されたものであるが、ガタリはこれを死去する数週間前に新聞社に送っていた。ここでは新聞社の付けたタイトルや小見出しをそのまま踏襲した。このテクストは、ガタリがエコゾフィーをユートピアとしてではなく提起していたこと、資本主義が分解した人類の頭と体を再び結びつけようとしていたことをよく示している点で、きわめて重要である。それは、たとえば単一的な資本主義市場のかたわらに無数の市場を創設するといったような社会的実践を通してしか実現されえないことをガタリは強調している。超越的資本主義に価値の決定をまかせるのではなく、内在的な価値システムを創造すること、われわれの多声的で機械状の主観性を引き受け、資本主義的価値に釘付けされた生産や消費のシステムを徹底的に廃棄することなどを、ガタリは主張している。要するに、新たな進歩主義的基軸にしたがって社会的諸関係（組合、党、アソシエーション、都市、地球などすべてにわたる）を再考しなくてはならないということである。ＩＭＥＣに保管されている手書き原稿（整理番号 GTR 14-38）のタイトルは「新たな機械状の結合に向かって」となっていて、これはもちろんイリヤ・プリゴジンとイザベル・スタンジェールの共著〈*La Nouvelle Aliannce*〉〔邦題『混沌からの秩序』〕との結合関係を示唆している。この手稿は『ル・モンド・ディプロマティック』に掲載されたテクストとほとんど異同はない〔なお、このテクストはすでに『岩波講座（現代思想14）――近代／反近代』に拙訳で収録されているが、今回多少改訳した〕。

（2）西洋世界発のハイデルベルグ・アピールは、一九九二年六月三日～一四日リオデジャネイロで開催された国連の環境・開発に関する集まりの〈合理的〉準備作業として発せられたもので、エコロジストの〈非合理的〉考えに対して科学の立場からの反論を試みたものでもある。このアピールはタバコやアスベスト関係の大企業グループから支持されたことも指摘しておこう。

（3）チェルノブイリの原子力発電所は、キエフ（ウクライナ）の北西一〇〇キロに位置していて、一九八六年四月二六日、史上最悪の原発事故（二〇一一年三月一一日に起きた日本の福島原発以前において史上最悪）が起きて、二〇〇〇年一二月一五日停止された。この事故の世界的環境と人々への深刻な影響はなお議論の的になり続けている。

（4）ハイデガーの思想へのかなりあからさまな示唆。

（5）〈phylum〉（フィロム）とは「一連の系統的つらなりの発生起源のことである」（著者注）。

（6）Hans Jonas, *Le Principe responsabilité. Une éthique pour la civilisation technologique*, traduit de l'allemand par Jean Gresch, Paris, Éditions du Cerf, 1990.（著者注）。

（7）「社会的実践」という箇所については、オリジナル・テクストでは、ガタリは「社会的、経済的、政治的、美的、そして精神分析的実践」としていた。

（2）エコロジー的大危機への不安について（1）

八〇年代の麻痺状態からの出口で、世論は眼前に見えるスペクタクルに愕然とした。ソ連と中国が、昔ながらの東西対立を無用化しながら、未知の世界に入り込もうとしていた。極東の新たな産業大国が資本主義と〈社会主義〉の昔からの経済的城塞に襲いかかっていた。エイズの亡霊が性のあり方に毒をまいていた。そしてその背景で、破局の前兆と人々の未来への恐れがこれらの問題に関心を持ち始めたマスメディアに引き継がれるにつれて、エコロジー的大危機に対する不安が広がっていった。要するに、これはおそらく世界の終わりではないまでも、まちがいなくひとつの世界の終わりを告げるものであろう。

こうしたさまざまな劇的変化は、その多様性にもかかわらず、密かに共鳴しあっているように思われる。人間の住む星はこれらの要素のあいだの相互作用の強度が高まるにつれて縮んでいることはたしかである。そこではすべてがかかわりあっている。日々の汚染やエネルギー浪費のひとつひとつの動きが地球全体の〝台帳〟に書き込まれている。地球の〝肺機能を担っているアマゾン〟のちょっとした傷がやがてわれわれの〝呼吸〟のひとつひとつを脅かすことになるかもしれない。また食用動物の工業的飼育のための抗生物質の過剰使用がわれわれの免疫機能をゆるがす恐れがあると考えられる。したがって、チェルノブイリのようなカタストロフあるいは核兵器の〈事故〉勃発の脅威と、日常生活の組成構造とのあいだに連続性が存在するのである。大きな国際問題との関連も同様である。

中国や東側の諸国が経験している〈危機〉——そもそも危機などという言い方が婉曲表現なのだが——は、西洋諸国が一九七四年以来経験してきた衝撃の延長線上にあると見ていい。この衝撃は、科学技術的ファクターや多種多様のエコロジー的ファクターにかかわる体系的変調であるにもかかわらず、西洋はこれをひとえに経済的領域に囲い込もうとしてきた。これらのファクターは自然環境のみならず、社会的領域や精神的世界とも関連するものとして広い意味でとらえなければならないのである。

したがって、環境にのしかかる脅威は、おそらく目に見える部分、もっと奥深い荒廃の頂上の部分にすぎないのであり、その奥深い荒廃は社会的諸関係や主観性の形成といった領域とかかわりあっているのである。来たるべき未来のカタストロフばかりに注意が向けられているが、真のカタストロフはすでにわれわれの目の前にある。それは社会的実践の退廃、人々を愚民化するマスメディア、〈市場〉最優先のイデオロギーへの盲目的な集団的信仰などとともに、要するに、数字の論理、エントロピー、特異性の喪失、幼稚化の蔓延といったものに身をまかせることによって、すでに現実に存在しているのである。旧来の社会的諸関係、身体、性、時間、宇宙、人間的有限性に対する昔ながらの関係は、工業社会の生み出した〈進歩〉によって荒廃させられたとまでは言わないまでも、大きな変動をこうむっている。現在それに取って代わるものといえば、教育、健康、社会福祉、文化などのありきたりの生産、より一般的に言うなら集合的装備や非人称的マスメディアによる主観性の集列的生産以外にない。集合的装備やマスメディアは、諸個人や人間の集合体がこうした多様な領域と真に結びつくことがないように機能して、諸個人の責任意識を希薄化するのである。したがって、エコロジーが再発明しなくてはならないのは、社会的実践の思想そのものであり、同時に、今日著しく衰退している相互扶助や共生精神に基づくもっとも基本的な行動にほかならない。カップルや家庭生活、労働現場、街路、近所づきあいなどにおける単純な行動や会話が、その実質や実存的一貫性を取り除くような一種の無意識のプログラミングの虜になっているのである。工業生産の分野において何が起きているだろうか。アンドレ・ゴルツが(2)、コンピューターの支える生産の機械化やそれにともなう〈自由時間〉の潜在的増大によって、労働の倫理自体が時代遅れになっているにもかかわらず、生産労働における序列構造、価値化の様式、社会的合目的性といったものは進化しないままになっていることを見事に描き出している。

ゴルツは、結論として、新たなタイプの組合的行動がどのようなものになるかを再考しようとしている。ゴルツの考えは、彼とは反対に社会的実践の衰弱を称揚する歌い手の役割を率先的に担ってきた理論家たちといかに隔たっていることか。彼らが行なったのは、イデオロギーの消滅をうたうこと――〈ポストモダン〉とか、ものごとを正当化するための口実として〈大きな物語〉などを持ち出して――によって、あるいは〈政治的なものの死〉とか〈社会的なもののシミュラークル〉というような表現を持ち出して、私が新自由主義に取り憑いた死の欲動と呼ぶものを推進するために水を供給することだけであった。芸術も建築もマスメディアも一緒くたにして、非特異化をはかる集列化の同義語、社会の受動的受容の同義語である市場にまかせておけばいいなどとどうして言えるのか。そんなことになったら、その底辺には不可触賤民や〈マージナル化された人々〉、飢えた人々、読み書きのできない人々が必然的に吹き溜ることになるだろう。そしてそうした〈刺激性〉の社会的ピラミッドの頂点には新種の捕食動物、地球の経済的運命を浅はかな考えで操縦する免許を持った〈ユッピー〉が君臨するという構図である。エコロジー的カタストロフの新たな様式はこうした集団的な死の欲動──それはフロイトが理論化したようなエロスの必然的裏面などではなくて、人間の〈一次元化〉[3]を推し進める主観性の諸審級によって全面的に組み立てられ維持されるものである──と無関係ではないことをよく認識しておかねばならない。マスメディアによって引き起こされる受動的雰囲気のなかにおいては、カタストロフが喚起されればされるほど、カタストロフは無意識的に欲望の対象となる。このような致死的傾向の台頭は、しかし市場にとってはまことにうまみのある副産物となる。つまり、エコロジーの政治的回収の市場と産業ビジネスとしてのエコロジー市場という二つの新しい市場が開拓されるのである。こうした集団的眩暈に対して、われわれは人間種にのしかかる危険を過小評価するのでも過大評価するのでもなく、人類が直面している困難に人間としてふさわしい仕方で対応しなくてはならないだろう。政治的、経済的、精神的な諸条件は変化しているのだから、たとえば、大気中の二酸化炭素ガスの増加による〈温暖化〉を〈クリーン〉なエネルギーや地球の組織的な再森林化によって抑制することも十分考えられるだろう。

私はここで、いにしえの生活様式、ゼロ成長への回帰を推奨しているのでもなければ、市場経済そのものの放棄、あるいは国家計画への回帰を推奨しているわけでもない。そうではなくて、社会構造、個人的・集団的慣習、ものの見方・考え方といったものの奥深い変換なしには、環境問題への科学的・産業的解決はありえないことを強調しているだけである。そしてそれは、広告的キャンペーンや活動家の呪文によっては実現されえないだろう。フランスやドイツの緑の党のような運動は、たしかにテクノクラート的エコロジー政策や政府のプログラムの限界を以前よりもよく世論に理解させるのに役立った。人間的合目的性を無視して有害な結果をものともせず生産のための生産に一義的に軸を置いた現行の経済発展の常軌を逸した方向を力関係の変化によって変えるためには、たしかにある特化した政治的行動が必要とされるだろう。しかしここから誤解が始まる。エコロジスト――とくにフランスの――は、ある奇妙な分業を採用したように思われるのだ。つまり、〈現場〉の作業は環境保護のアソシエーションの役目とされ、政治的世界への代表と介入という高尚な仕事は緑の党に任されるという分業である。多少の違いはあるが、ここには、かつての前衛党と〈伝動ベルト〉としての大衆組織という古典的な共産党的二分法が再び見いだされる。そうであるがゆえに、エコロジストは現在まで、自らの組織の社会的エコロジーに取り組んでいないのである。〈緑の党〉は――大半の環境保護主義的アソシエーションも同じであるが――旧来の組織方式と本当には断絶していない。セクト的小集団主義から脱却するにはしたが、その機構的な面において、リーダーを持ち上げる政治的スターシステム、そして官僚主義的冷淡さという呪縛のなかに陥っているのである。しかし政治的エコロジーは、協議方式や集団的生活や新しい思想の受容という面での刷新を実現することができなければ、そしておのれの隊列のなかだけでなく、エコロジー運動の同調者や選挙民や新たな政治的実践の参加者のなかで発展できなければ、さらには教育や精神医学、あるいはそれぞれの居住地区での生活や社会的経済などと関連した多くの刷新的くわだてと結びつかなければ、他の政治的運動と同様に、空っぽの言葉を吐くだけの結果となり、今日エコロジー運動がもたらしている巨大な期待を裏切ることになるだろう（この点、エコロジー運動の責任機関における男女の比重の平等化は、大いに評価すべき一点と言えるだろう）。

われわれはいま、人間種の生と死を実際に問題に付している歴史的、地政学的、人口論的、科学技術的な曲り角を経験するという機会に直面しているが、そこには責任もともなっている。この試練のなかで革新的方向の鍵を握る〈操作主体〉は、二〇世紀を支配してきた政治的、組合的、制度的、アソシエーション的な諸審級とはたいした関係がない。すべてを再考し、再発明し、再構築しなければならないのだ。わけても、差別や人種差別――一種の社会的汚染――にかかわる国際関係や労働の価値化様式を再考しなくてはならない。経済的世界市場を放棄しなくてもいいが、それと平行して、調整や選択決定の別のシステムを発展させることが必要であろう。第三世界諸国が袋小路から脱出するにはこの道しかない。アフリカ人やブラジル人が負債やインフレの宿痾から脱却することができないかぎり、彼らにエコロジー的教訓をたれても無駄である。東でも西でも、国家と民主主義的協議体制を再発明しなければならない。それらは現在の形態から考えて、またメディア、広告、世論調査などの影響から考えても、現実の日常生活やますます国際化する経済的原動力に対して漸進的に影響力を失ってきている。マスメディアによる愚昧化に対して、特異性や意見の分岐が市民権を持つポストメディアの時代への参入を準備しなくてはならない（テクノロジー的進化がテレビ、情報通信、情報処理を〈融合〉し、データ・バンク、シネマテック、相互作用プログラムなどに道を開き、なによりも〈ユーザー〉が直接集団的実験を行なうことができるようになっている事実からして、これは構想可能なことである）。そしてこうした面でも、エコロジストのイニシアティブが期待されている。要するに、エコロジストのイニシアティブによる、メディア、大衆文化、さらには芸術と精神科学との関係などの再発明が要請されているのだ。

エコロジー的課題は、科学的、組織的、政治的、産業的である前に、まずもって倫理的、美的なものである。なぜ倫理的かと言うと、エコロジー的課題は、他性との関係、有限性との関係を、その人間的、動物的、植物的、宇宙的、機械的、等々の様態にしたがって問いに付すからである。エコロジー問題は中断のない世界であり、単なる〈既得物〉の保存ではない。危機に瀕しているのは自然種だけではなく、文化種――たとえば映画――も衰滅の危機に瀕しているのであり、そうしたものを救済するには、この地球上でまだ発現したことがない潜在的生命力が浮上しなくてはならないだろう。したがってエコロジーは、人間と機械の共生によって不可逆的に一掃された過去へのノスタルジックな閉じ込もりに向かうのではなくて、新たな主観性、新たな社会性、新たな〈自然〉の生産を集団的に引き受けなくてはならないのである。

（1）このテクストは一九八九年六月三〇日付けの『リベラシオン』のコラム（〈Rebonds〉）に掲載されたものである。この論説は「社会的実践の再構築のために」（本書第七部（1））の要約の様相を呈している。ガタリはとくにエコロジー運動がノスタルジー的方向に向かうことへの危険性に警鐘をならしている。

（2）André Gorz, *Métamorphose du travail. Quête de sens*, Paris, Gallilée, 1988.（著者注）。

（3）ハーバート・マルクーゼへの示唆。Herbert Marcuse, *L'Homme unidimensionnel. Essai sur l'idéologie de la société avancée* (1964), trad. Monique Wittig et Herbert Marcuse, Paris, Les Éditrions de Minuit, 1968.

(3) 危機に瀕した郷土としての地球(1)

エコロジー的不安は日々拡大している。これはなにか有効な措置を取らねばならないという切迫した感情を引き起こしている。多くの政治的指導者、大国の国家元首なども警告を発している。会議が招集されたりもしている。しかしながら、そこで行なわれているのは、多くの場合、世論操作であるとか、テクノクラートの限定された議論などで、必ずしも現実と密接に結びついたものではない。生命圏への脅威が重たくのしかかり、地球上の生活の未来がどうなるのか問われ始めている。それはみんなが認めるところだが、しかしたいていは、曖昧な信念のようなものである。人は世界の現状にあまりにも親しみすぎているのだ！　不幸なことであるが、正真正銘の世論の蜂起が諸権力をその無気力状態から脱却させるためには、チェルノブイリのようなカタストロフが連鎖的に起きたり、飲料水が消滅したり、集団的な窒息状態が生じたりしなければならないのかもしれない。

『ル・モンド・ディプロマティック』が「追いつめられる地球」というタイトルのもとに刊行した一〇〇頁にわたる文集は、われわれがこうした問題をよりよく〈合成的に考える〉ことを可能にするという大きなメリットを持っている。この分野の優れた知識を持つ三〇人ほどの著者たちが、われわれがエコロジーに関する諸問題をより明確に位置づけ、その改善策として現在行なわれている試みを知り、経済的・政治的な影響を理解し、さらには倫理的・哲学的な次元にまで思いを馳せることを可能にしてくれる。

この資料全体を貫く中心的思想はシステムの思想である。生命圏の不可逆的な劣化の脅威には、ベルナール・カッセンが書いているように「すべてが互いに関与している。熱帯雨林の死滅、砂漠化、飢餓、人口爆発、低開発状態、負債、南北貿易の決済の悪化、工業的・農業的な生産主義モデル、有毒廃棄物、利益追求競争、等々」である。すべてが互いに関与しているなら、これらの問題の解決に、あるひとつの面からのみアプローチすることはできないということになる。たとえば反汚染税を導入して大気を守ろうとする世界的政策——これだけでも現在の国際関係からしたら快挙であろうが——は、各個人があるタイプの車やフロンガスを使ったスプレーなどの使用を断念しないかぎり、何の意味もないだろう。

一〇〇億の住民

かくして、人類は歴史始まって以来、個人的・集合的規模においておのれの運命をおのれの手中にしているのである。二つのファクターが、独自の仕方で生き物のように機能するシステム、つまりある程度まで自己防衛することができるが、同時にまた消滅するかもしれない地球システムを全面的に不安定化しつつある。その二つのファクターとは、（1）第三世界の人口の急増。この現象は主に第三世界の物質的・文化的困窮に結びついていて、二〇二〇年には世界人口は一〇〇億人に達すると想定されている。そしてこれは同時に、飢餓や癌細胞のような都市の拡張などをも意味する。（2）技術の発展の制御不能性。これは利潤を第一義とする経済や産業の下で、人類の四分の三の人々の貧窮状態と地球全体の汚染を生み出す。

人間は何世紀ものあいだ自然資源は無尽蔵であると考えて生きてきた。しかし今日、われわれは地球の有限性を意識しなくてはならない。そしてこの有限性は当然のことながら人間の有限性でもある。われわれは、〈すべてが許されている〉とか〈すべてはなんとかなるだろう〉と考える新自由主義的な〈レセフェール〉の基盤にある意識、意識というよりも幼児的無意識からわが身を解き放たなくてはならない。いま問題になっているのは、ものの考え方や感じ方全体である。とりわけ、自らのシステムに依拠して生きながら、そのための条件を生産したり再生産したりするだけでなく、変化に対応する新たな条件をも発明しなくてはならないシステムの複雑性にどうかかわるか、いわば自立か依存かの問題が問われている。エコロジー問題のあらゆる分れ道に見いだされるこの問題は、現代的考察を総動員しなくてはならない問題である。責任性を免れている科学的考察はひとつとしてありえない。アルマン・プティジャン〔フランスの作家（一九一三―二〇〇三）。父親は化粧品ブランド・ランコムの創設者だが、この作家は晩年エコロジー問題に真摯に取り組んだ〕が見事に説明しているように、この場合、他性というものをそのあらゆる形態において重視し、自立化しつつある差異に出会いにいかなくてはならない。そしてこのような〈向かう方向〉が、自己の本質的変化を引き起こし、とくに大メディアの画一化促進機能のなかでわれわれに付きまとって離れない愚かさ、無分別、不誠実の堅い皮からの決然たる脱出を可能にするだろう。

要約するなら、この『ル・モンド・ディプロマティック』――この月刊新聞は、クロード・ジュリアンと彼を取り巻くチームのおかげで、われわれの時代の批判的思考の真の砦になった――の論集は、多様性に満ち、資料的に充実し、よく〈考え抜かれて〉いて、意識や知性の覚醒の契機になるとともに、新たな政治的・社会的実践の発明へのアピールにもなっているということだ。

（1） このテクストはＩＭＥＣに保管されているある論説のフォトコピーである（整理番号 GTR2. Aa–14.16.01.)。どの新聞かはわからなかったが、印刷形態から見ておそらく『リベラシオン』であろうと思われる。内容は主に『ル・モンド・ディプロマティック』（一九九〇年五月八日）の「追いつめられる地球」と題された特別号を検討したもので、したがって書かれたのは一九九〇年である。

（4）環境と人間――価値の出現と回帰あるいはエコロジーの倫理的課題(1)

ギー・アズナルとルネ・パセ(2)がすでに十分に語っているので、私の話はなるべく短くして、議論の時間を多くしたいと思います。まず最初にひとつ確認しておきたいことがあります。それは先進国と呼ばれる国々の社会が、私がプログラム化とコントロールからなる全体的体制と呼ぶ体制の下にますます強く組み込まれてきているということです。そこでは、個人的・集合的生活の全段階がすでにコード化された与件に依存し、そのコード化されたものが人々の生活の内的調整や外部との相互作用を取り仕切っているということです。この前もって存在するコード化、経済や世論や教育や保健衛生に君臨する法則や規範や平均や市場調整の〈既存在性〉が、いまや情報過程によって強化され堅固になっています。このようにして、ソフトウェアの神に対する受動性、従属精神が広がっているのです。逆説的なことは、この前もって設定されたコード化に対するこの従属、この受動性、そして主観性のマスメディア化の増大と結びついたこの決定論的欲動が、科学や芸術の領域における大きな創造性が台頭するなかで作動しているということです。ここに一種の矛盾があります。つまり、一方で創造性や進取性への呼びかけ――とくに新自由主義のイデオロギーのなかに見られる呼びかけ――があるのと同時に、他方で社会的条件付けを決定するシステムの硬化、人間存在のあり方を刷新する特異的様相に向き合うことができない無能性があるのです。集合的な思考や感性が人間の条件を加工するあらゆる種類の変化を前にしてめまいに襲われ、人々が現状に対する固定化されたヴィジョンと直線的因果律のなかに閉じ込もっているかのように、すべてが生起しているのです。一九六〇年代のカウンターカルチャーに見られた異議申し立ての思考を打ち沈め、それにいきなり取って代わったこの保守的主観性が何に対して立ち向かうことを拒否しているのかを自問しなければなりません。私の考えでは、そこにはおそらく二つの現象次元があると思われます。ひとつは、現代史にまつわる不安を催す様相です。これは必ずしも意識的に生きられたものではなくて、むしろ無意識的に知覚され把握されたものだと思われますが、それでも不安を生み出すことにかわりはありません。それともうひとつは、とくに多くの領域における科学技術的革命のもたらす刷新的かつ呪縛的様相です。つまり保守的主観性がもっとも不安をかき立てられ回避しようとしているのは最悪のものと最良のものであると言えるでしょう。もっとも不安を催させるものとして、誰もが頭に浮かべるものがあります。地球上の少なくとも三大陸における人口の爆発的な増大です。それはやがて私が居住地指定という現象に行き着くかもしれません。つまり人類の四分の三の人々に対する居住大陸や居住国の指定で、これはまた外国人嫌い、人種差別、民族間闘争など、すでにあちこちで見られる現象の大きな台頭をもたらすかもしれません。現在、マスメディアを通したコミュニケーションや観光旅行の拡大にもかかわらず、外国人を嫌う一種の主観性の硬直化が感じられます。

もうひとつ私がここではそれほど強調しようとは思わないファクターがあります。それは、汚染や、工業化や都市化の広がりと結びついたファクターで、いずれ国際的協議、具体的介入手段の設置が求められることになるものでしょう。近い将来リオデジャネイロで有名な会議が行なわれようとしていますが、(3) 現段階ではまだこのような介入措置は実現されていません。

他にも不安をもたらすファクターはいくつもあります。生物学的、テクノロジー的、情報処理的、情報通信的、等々の革命は、現行の労働や生産の価値化システムのなかでは、旧来の経済的・社会的領土の諸個人や諸集団あるいは彼らの経済地域に対する収奪がますます強化され、多くの人々がますます経済的・社会的に周辺化されています。ちなみに、これを抑制するファクターは今のところまったく現れていません。社会主義イデオロギーによるありうべき答えが破産してしまったため、こうした諸問題に対する答えに着手するためのユートピア思考も建設的な社会的参照基準もともに喪失した状態になっているのです。

ほかにも不安を生み出す問題が出現しています。西欧や日本の経済は、その内的脆弱性、とくに深刻な都市問題にもかかわらず、社会主義を標榜する官僚主義独裁の苦い経験を持つ東側諸国の人々にとって見倣うべきモデルとして機能してきました。しかしそうではあっても、これらの国々は西側諸国のモデルに統合されるのではなく、新たな依存的大陸の出現の様相を呈しています。つまり東側諸国は、とりわけヨーロッパにとって新たな問題、新たな緊張関係を生み出す新たな第三世界のようになっていて、それがとくにアフリカなどでいかんともしがたい荒廃のなかに陥っている従来の第三世界をさらに不安定化することになっているのです。

こうした不安を催させるすべての次元が、世論のわれ関せずの態度に行き着いているのです。世論は情報を与えられていないのではなくて、情報内容が世論を幼稚化させるものなのです。情報メディアは問題点をしっかり指摘するのではなく、またこれらの問題にかかわる政治的・倫理的責任を引き出すのではなく、単に事実を断片的に伝えるだけなのです。そしてメディアは問題を現行の政界やテクノクラートの世界に差し向けてしまうのです。

こうした不安に満ちた問いに対して、あらゆる領域における科学的発見のいわば対数的増大が対置されて、これが人類が直面しているもっともむずかしい問題に技術的解決をもたらすものと期待されています。しかし〈テクネー〉は生き物の破壊にも通じるものであり、生命圏に大きなテクノロジー的危険をもたらすかもしれないものです。しかし同時にテクネーの背景としての科学は可能な解決への地平を切り開き、解決を手の届くものにすることもできます。かくして、歴史上はじめて、集団的選択の問題が鋭く提起されているのです。

人間は幾千年ものあいだ、歴史を自分ではいかんとしがたい運命として、いわば神々の力に属するものとして生きてきました。しかし現在、歴史の選択は、人間に、個人的決断に、倫理的決断に、政治的意見に移し変えられています。それは集合的選択の問題になっているのです。人間はいま引き込まれている深淵への道行きを変えることができるでしょうか？　これは人類だけにかかわる選択ではなく、生きとし生けるあらゆる種、地球上における生命圏全体にかかわる選択なのです。現在行なわれている〈プログラム化の論理〉に沿って考えると、残念ながらことはうまく運んでいないように思われます。本当の答えをもたらすことができるのは、国家政策や科学的プログラムの提案している環境エコロジーの調整ではありません。この点は明晰でなくてはなりませんが、現在すべてのエコロジー的パラメーターはカタストロフに向かっているのです。さまざまな次元で一種のカタストロフへの集団的欲望が見られるがゆえに、いっそうその傾向が深まっています。それはイラク危機において劇的なかたちで見られたような客観的なカタストロフだけではありません。湾岸戦争の初期段階では、退屈し眠りこけていた世論が、世界戦争が起きるのではないかという考えにとらわれて一挙に揺れ動きました。ソ連とアメリカが和解したにもかかわらず、戦争のあらゆる用具、死をまねくあらゆる用具が作動し始めるのではないかと。これらの問題にアプローチするとき、もしこうしたプログラム化の論理、いわば科学的パラダイムのなかにとどまるなら、戦争ゲームは本当に起きるのではないかと、そしてわれわれが行なっている集会や討論会は何の役にも立たないのではないかと、私は恐れます。ものごとは歴史のなかに書き込まれているなどと言わないで、救済への飛躍的高揚が出現しうるとしたら、それは社会的諸関係や人々のものの見方・考え方が変わるという条件が不可欠です。それこそが決定的な問題なのです。問われているのは人間種と生命圏が虚脱状態に陥って歴史が終焉するかどうかということです。

ミシェル・フーコーが主権社会とか規律社会と呼んだもの[4]からコントロール社会への移行を経て、人間の行動、感性、情動、幻想すらをも規制するこのプログラム化の論理が登場し、いまやわれわれは自ら自身の破壊に向かう生産主義社会の眩暈の前に立たされているのです。そうであるがゆえに、私は、現代の思想のなかでなおわずかながら生きたかたちで存在している唯一のもの、それはエコロジー的思想を中心にして沸騰しているものであると考えたのです。

しかしながら私は、エコロジー思想を価値システムや倫理的システムの全面的な再検討に結びつけないなら、言い換えれば、私が〈三つのエコロジー〉と呼んだもの――環境的エコロジー、社会的エコロジー、精神的エコロジー――を節合することができないなら、この死の欲動、このプログラム化の幻想に対して、エコロジー思想は一種の依存関係に陥るのではないかと危惧しています。私は、エコロジーの技術者のみならずエコロジーの政治的運動からも、しかるべき答えを期待できるとは、必ずしも思っていません。私生活、公的生活、経済的生活、家計、労働、教育、余暇、等々、これまで分離されていた諸領域を再検討するような価値システムの目標の再設定、再特異化、再構築が、どうしても必要なのです。これは実のところ、エコロジー思想によってこうした全領域を再設計するということにほかなりません。特異性、個人的諸問題、日常生活の諸問題、等々といったものに重きを置くということは、一九八〇年代に見られたような個人への回帰を自動的に意味するものではありません。私がここで喚起している特異化は、集合的な過程を経てなされるものです。特異化は自動的に個人性や個人化を意味するわけではありません。ひとつだけ例を挙げると、教員がある学級で教育方法を変える場合です。その場合、国民教育省で決められた教育方法に対してこの学級は特異化されるということです。したがって、制度的施設、精神病院、文化企業などでも、こうした特異化の過程を実現することができるのです。多くの場合、ある種の新自由主義的発想と同調的なアングロサクソン的人材概念に由来するさまざまな派生的形態をともなった個人化や個人重視の神話に対して、特異化の過程を発動しなくてはならないでしょう(5)。

したがって、われわれが歴史の終焉に至っていることを予言するすべての人々とは逆に、そしてまた姿を現わしつつあるとも言えなくもないある歴史の終焉の形態とは逆に、私は人は社会的実践や倫理的社会参加の再構成を実現し、新たな協議の時代に入ることができると思うのです。そのためには社会的実践、個人的実践を軸に、個人生活、家族生活、共生生活に関わる諸問題、住居、学校、保健衛生、文化、地域の整備、等々にかかわる諸問題を重視しなくてはなりません。

社会的生産機構によりよく接続し、私が〈ポストメディア〉の時代と呼ぶユーザーによるマスメディアの再領有化とその管理運営を行なうことができる、形式を排した民主主義の再発明が求められているのです。そしてまた、人種差別と原理主義が手を携えて台頭してきている状況を変えるための国際連帯の実践を考案し、多くの人々に受け入れられるようにしなくてはなりません。

こうした社会的実践の再構成はもちろんひとりでに行なわれるものではありません。そのためには解放のパラダイムの再構築が必要です。抑圧された階級や囚われの身となった民族の味方を標榜してきた諸組織、党や組合は、往々にして因果論的・機械論的な歴史概念の下に身を置いてきました。これもまた、実践が既存のプログラムに付きまとわれている事例です。解放運動は長いあいだ科学的と称される基盤に依拠してきたのですが、実際にはそれは多くの場合人々を幼稚化し幻想を抱かせる進歩主義的神話として機能してきました。これもまた、創造性や自由、責任意識、危険性、有限性や無意味性や死の眩暈、といったものに内在する不安から、主観性を逸らせるやり方の事例だったのです。しかしこの二つの領域が合流して、そこから新たな複合性が出現する可能性があるのです。なぜなら、新たな複合性が現れるのは、カオスと偶然性への過渡的な沈潜のなかからにほかならないからです。

したがって、科学的エコロジーと政治的エコロジーを必然的に補完する社会的エコロジーと精神的エコロジーは、自然との永遠的融合感覚に依拠するのではなく、個人生活、集団生活、種としての生命、地球や太陽の生命といったものの有限性を認識し、それを引き受けることに依拠しなくてはならないでしょう。ギー・アズナル〔フランスの未来社会学者（一九三〇―　）、環境保護団体「大地の友（アミ・ド・ラ・テール）」の元代表〕の喚起した進歩主義的パラダイムは、いわば永遠性の感覚を打ち立てるための代替宗教であり、一種の参照基準として機能してきたのですが、それは同時に、特異性や有限性を前にした不安を払いのけるひとつのやり方でもありました。それに対して、エコロジー的な倫理的パラダイムは、この有限性や特異性の感覚を人間的実践の拠点としなくてはなりません。進歩主義思想と人々を幼稚化するそのスタイルによって排除されたこの有限性と特異性こそが重視されなくてはならならなのです。

したがって、われわれの時代が直面している巨大な課題に立ち向かい、向かうべき目標と方向をラディカルに変えるためには、既得物の擁護に痙攣的に執着する懐古趣味的なエコロジーから全面的に創造に向かう未来主義的方向に移行しなくてはなりません。現在、人間種や生物種にのしかかる脅威は、偶発的状況に由来するものではありません。その脅威は一方で、経済的、社会的、テクノロジー的領域における方向設定の誤りの結果ですが、他方で、もっと本質的には、この世のあらゆる存在形態の不安定性を表現するものであり、その状態からの脱出を創造的方向で引き受けなければならないということを示しているのです。近隣との関係、家庭生活、夫婦生活、学校、保健衛生等々、すべての社会的つながりが、地球を打ち沈めようとしている大きな脱領土的嵐のなかで再発明されなくてはならないのです。二〇年後には八〇パーセントの人間が都市的集合体のなかで生きることになり、なかにはメキシコの都市のようにとてつもない規模を持つようになるものもあります。

しかしそこにおいて、心的構成体はあらゆる種類の不調から保護されているわけではありません。個人的自我は不安定化し、社会的基準から逸脱し、われわれが準備できていない孤独のなかに打ち捨てられることがあります。家族についても同じことが言えるでしょう。家族は西欧社会において非常に深い危機のなかに置かれていますが、多くの第三世界の国々においても同じです。フロイト主義は主観性の形成に積極的に働きかける必要性を提起しましたが、それはある時代のある特殊なコンテクストのなかにおいてなされたことで、したがってわれわれはそれを現在のコンテクストのなかで完全に考え直さなくてはならないのです。

この主観性の生産の問題は、いまや、マスメディア、情報処理、データ通信など機械性の諸手段の発展とともに、まったく別の規模で問われているのです。可視的な生命形態の存在だけでなく非身体的（抽象的）世界の存在にも適合する諸条件を引き受けることができる倫理的再領有化、そのための新たな個人的・集合的な社会参加の問題が鋭く問われているのです。演劇や音楽あるいは映画など多くの非身体的な種が消滅の途上にあります。それらはエコロジー的闘争が重視しなくてはならない存在を脅かされている種なのです。

かくして個人的救済と集合的救済は緊密な相互作用のなかに置かれているのです。地上における生命の大きな大義が守護されるためには、特異的次元における存在の再起動が必須の条件です。実際、こうした存在の実存的再把握がなされなければ、人間はマスメディア化の現行形態による疎外によって受動性に身をまかせ続けることになるでしょう。さらに悪くすれば、人々はつねに再構成の機会をうかがっている死の欲動を通して、自らの廃棄を密かに欲望することにもなりかねません。

また、ある種の進歩主義的観念論とも縁を切る必要があります。進歩とか経済成長といったものは、必ずしも社会的主観性のポジティブな変革の同義語ではありません。ファシズム、原理主義、人種差別は、単に歴史的に偶発的に生じている事態ではないし、偶発的であったためしはないのです。それらの現象は、われわれの社会の内部から絶えず再出現する危険があり、そうであるがゆえに、われわれはわれわれの社会自体に対して絶えず働きかけなくてはならないのです。

(1)　このテクストはＩＭＥＣに保管されている日付のついていないタイプ原稿ならびに手書き原稿である(整理番号 GTR 10.19.)。これはある講演原稿で、このなかでガタリは、いま地球に宿りエコロジー運動にも浸透する危険のある、彼がカタストロフへの欲望と名付けるものについて改めて論じている。そうした〈宿命論〉を回避するために、ガタリは彼が〈ポストメディアの時代〉と名付ける社会的実践の再構築を呼びかけている。

(2) ギー・アズマルとルネ・パセは雑誌〈*Transversale, Sciences et cultures*〉(本書第一部 (1)「エコゾフィーの実践と主観的都市の再興」の注(26)を参照)を創刊した作業グループのメンバーである。したがって、このガタリのテクストは一九八九〜九〇年に書かれたものと推察できる。

(3) 環境と発展に関する国連のリオデジャネイロ会議(一九九二年六月三日〜一四日)を示唆。

(4) Michel Foucault, *Surveiller et punir, op. cit.*

(5) 意味不明瞭な文章だが、ガタリが手書きの修正を加えてある箇所なので、そのままにした〔訳者としては多少わかりやく訳したつもりである〕。

(5)「リゾームと樹木[1]」

ある樹木(ツリー構造)がリゾームに変わるのはつねにダイヤグラム的過程によってであり、逆にあるリゾームが丸ごとあるいは部分的に樹木に変わるのはブラックホール効果によってである。

樹木は透写(トレース)を節合的に序列化する——この場合透写されるのは樹木の葉である。樹木はモデル化するものであり、あらゆるパラダイム的倒錯の始祖である。樹木は異なった形を徹底的に数え上げ、切断したものを再び折り込み、超越的指示対象——シニフィアン、主観的なもの、等々——をつくりだし、転写、移動、時空間的・実体的座標体系をもたらす。ブラックホールは、この切断、折り返し、照合のシステムを生み出すものである。それはあらゆる切断の漏出点でもある。ブラックホールはさまざまな切断を機械状に組織するのではなく、それらを共鳴状態に置き〝融合する〟。樹木の諸要素の垣根、諸要素相互のコード化された関係の確立、そしてある超越的形態への諸要素の依存は、ブラックホール機械が肯定的な量的脱領土化を把捉し、それを脱特異化し、その動きを早め、それを〈すべてか無か〉という超越的形式[2]を構成する否定的な脱領土化のなかで無力化するといった効果をもたらす。超越的形態、対象や空間や時間の限定、主観性、意識性、意味作用と解釈のシステムといったものを繰り広げるのは、この同じブラックホール効果である。ブラックホールは局地的な肯定的脱領土化を〈集積増大化する〉が、それはリゾームがそうするように脱領土化を機能的に結びつけるためではなくて、脱領土化の速度を早めてそれを〈すべてか無か〉という絶対的脱領土化のなかに固定化するためである。「君のプロセスを私にください、君の表現のマチエールの特徴を私にください、特異的地点を私にください。そうしたら私はそれらを儀礼化し、コード化し、再現可能な結びつきや禁じられた結びつきや漏出線となるかもしれない結びつきといったものを限定して、それらを無力化する軸を中心にそれらを空転させてみせましょう」というわけである。

ブラックホールの政治――絶対的脱領土化の極左主義――は、ただちに世界の組織化、おのれ自身が回転するシークエンス――むき出しの反復――の組織化に通じる。かくして、おのれと同一のすべてのもの、おのれに回帰するすべてのものが、ブラックホールの回りを回るのである。

リゾームはブラックホールを無視することができない。なぜならブラックホールはすべての地層化を構成するからである。しかしリゾームの政治はブラックホールを回避するとともにブラックホールを組織するところにある。それは二つの規模で行なわれる。(1) 大きな規模――脱領土化機械の諸要素を役立てるために。(2) 小さな規模――脱領土化機械の真ん中で、それが発する活力を高めた微粒子を把捉するために。

この二つのパースペクティブは相補的である。リゾーム的働きはブッラクホールによって発せられた漏出線の超脱領土化されたエネルギーをキャッチし、それを大集合体(たとえば、社会的あるいは科学的な複合体の速度を早めるとてつもないエクリチュールの放埒なエネルギー)の量的形態として機能させることである。このようにしてリゾームは、ブラックホールの実体そのものではなく、ブラックホールの実体化と集積増大の原理を取り除くのである。こうした条件下で、リゾーム的に機能するダイヤグラム的連結は、対象や対象の冗長性、さらには関係や関係の冗長性を作動させることになる。ある意味で〈リゾームは冗長性を解体する〉のである。これに関しては、むしろ〈反冗長性〉について語るべきであろう。つまりそれは冗長性の軽減と変化のシステムであり、そして強度を持ったマチエールと脱形式化・脱コード化された開かれた結合の機械性への回帰のシステムである。このようなリゾームの思想は、われわれは〈なんでもかんでもあらゆることを〉推奨すると言ってわれわれを批判する敵対的反駁に応答するものである。ブラックホールの政治は、明らかなコード化の背後で、種類を交ぜ合わせ流れを変質させる。それに対してリゾームは、〈自然に戻ること〉なしに、もっとも脱領土化された潜在的結合の行なわれる場所に開かれた別の自然を生産する。

リゾームは異なった自然を持った漏出線を起点として新しい世界を織り上げる。それは強度を保った基体からなるこの異なった自然のなかに結晶化した差異を尊重する。したがってリゾームのダイヤグラム性は、冗長性のシステムと見なされるべきものではなくて、むしろ具象機械のもっとも脱領土化された諸要素の相互間の強度を持った移行システムと見なされるべきである。それは冗長性を超えたところにあるのである。それは漏出線の冗長性と言っていいかもしれない。かくして、抽象機械を〈地層化された冗長性を解消する冗長性のシステム〉、〈反冗長性〉のシステムと定義することができるだろう。したがってこのシステムの一貫性は、形式的な超越的座標系に求めるべきものではなて、一貫性の次元の純粋な内在性のなかに求めるべきものである。抽象機械とは内在的冗長性にほかならない。

（1）このテクストはタイトルも日付もなく、ＩＭＥＣに保管されているものである（整理番号 GTR 12–14）。ここでガタリは、〝樹木〟と〝リゾーム〟の対置を総合的に説明している。リゾームは原初的自然に戻らないという点で樹木に対立する。逆に、リゾームは自然の潜在性に開かれている。この自然の潜在性は、ブラックホールが光に対して行なうように、集列化する樹木が妨害しているものである。ここで提起されている問題は、このテクストが『カオスモーズ』への準備テクストであることを明らかに示している。したがってこのテクストは一九九〇年代に書かれたものを見なすことができるだろう。

（2） 形式は、意識、主体、顔貌性、空間、時間、意味作用といったもの、つまり否定的脱領土化に属する機械性の命題のなかに組み込まれるものである（著者注）。

（6）新たな進歩主義的基軸(1)

エコロジー思想は当初、自然のエコシステムの研究に特化した科学的専門分野として、あるいは自然や環境保護や消滅の危機に瀕している生物種に対する人々のマージナルな感応現象として現れた。この現象を政治家階級は長いあいだ、人間社会の諸問題よりも〈自然への回帰〉を重視する退行的なものとしてとらえていた。他方、エコロジー運動の方は、環境への侵害、大気汚染、森林の破壊、核事故、オゾン層への脅威といった問題が人類の延命への大きな打撃として広く認識されるようになるまで、セクト的運動にとどまり続けた。フランスにおけるエコロジー運動は、ことの重大さに比して十分な規模を持った運動潮流にはまだ達しえていない。緑の党の構造的セクト主義と、ブリス・ラロンドの支持者の職業的政治主義と、そして前回の地方選挙(2)でエコロジー運動に投票した一五パーセントの選挙民とのあいだには、エコロジーに対する観点のずれが存在する。付言するなら、エコロジー問題全般に自分が関係があると感じているさらに多くの人々とのあいだにもずれがあることは言うまでもないであろう。

エコロジストの大半は、環境エコロジー、社会的エコロジー、精神的エコロジーの三つを結びつけなくてはならないとはまだ考えていない。しかしエコロジーにおいては、すべてが互いに結びついているのである。経済、社会構造、都市空間、消費習慣、ものの見方・考え方といったものを変えなくては、環境への侵害を食い止めることはできないだろう。人は人間界のエコシステムにアプローチしたとたんに、社会的、政治的な諸要素、精神的、美的な価値システムに必然的に直面するのである。

こういったことが私をエコゾフィーについて考えるように導いたのである。エコゾフィーのパースペクティヴは考察すべき問題の物質的・価値論的な諸次元を決して切り離さないところに成り立つ。たとえば今日、脅威にさらされているのは、単に動物種・植物種あるいは自然の風景といったものだけではなくて、独立的映画づくりのような文化種、あるいは連帯や国際主義の価値といった精神種とでも言うべきもの、そしてもっと根本的には、生きることやイニシアティヴをとること、創造的行為を行なうことなどへの嗜好の刷新と相関関係にある差異への愛に向かうこと、こういったことすべてが脅威にさらされているのである。

こうしたエコゾフィー的意識の覚醒が、プロレタリア的・労働者的主観性の結晶化の中心にある旧来の解放的価値に取って代わらなくてはならないのではないだろうか。労働者階級は〈歴史〉から打ち捨てられ、ネオ資本主義的・ポスト工業的枠組みのなかで乗り越えられ古くなった社会システムの残滓にすぎないものとして断罪されるしかないのだろうか。そうではなくて、新たな組合的・政治的実践を通した労働者的主観性の再定義——私としては再発明と言いたいのだが——が、エコロジー的パースペクティヴを拡大し豊富化することを要請されているのではないだろうか。

こうした旧来の右翼‐左翼の二極対立に取って代わる新たな進歩主義的基軸は、新しい労働運動、フェミニズム、エコロジー運動が決定的な役割を演じるような新たな結合が行なわれるという条件の下でしか一貫性を持ちえないだろう。

都市の労働者、技術者、研究者、農民、黒人運動、先住民運動、女性の運動、環境主義的エコロジー運動といったものは、その数だけ異質なものの見方を構成している。これらの構成要素のひとつひとつに問われているエコゾフィー的問題は、単に共通の目標に向かって合意点を見つけようということではなくて、もっと根本的には、社会の全般的豊富化に貢献するような相互認識、意見交換、協議体制、研究体制といったものを作動させるということである。

実際のところ、今日、活動家に期待されているのは、立派な発言をしたり〈正しい綱領〉を繰り返したりすることではなくて、新たな共同作業を設定するために努力することである。直接民主主義の〈集合体〉としての社会的民主主義のための作業、連帯や親密な関係づくり、文化活動といった作業である。資本主義社会から社会組織の再構成を期待するなどということは論外である。そういう方向で要求すべきものは何もないのであり、すべてを自力でなさねばならないのだ。

非人称的ゾンビ

資本主義的価値化システムは、とりわけいわゆる新自由主義の勝利以来、人間の間の諸関係の破壊、圧延化、劣化をもたらしている。統合された世界資本主義とそれが用いるマスメディア的主観性の生産の恐るべき道具が、生産者－消費者市民を、特異性を剥奪され集列化された非人称的ゾンビに変えようとしている。新たな進歩主義的基軸が、社会体の恒常的再構成、マックス・ウェーバーの言葉を借りるならその〈脱呪縛化〉(3)の作業に取りかからねばならないのは今であって、こうしたグローバルな催眠化革命が終わってからでは手遅れである。それは今からすぐにでも、日常生活、諸制度、集合的装備、政治生活、国際関係のあらゆる場面で行なわれなくてはならない。

〈反精神医学〉と呼ばれたものが高揚した時代、マルコ・ベロッキオのある映画(4)がイタリアのパルマのある工場の労働者を描いた。労働者たちは彼らの作業場に精神障害者を受け入れ、こうした出会いが人間関係の理解を深めることを恂々と説明していた。しかしこのすぐ近く、チリのサンティアゴの郊外で、私は〈領土主義的組合運動〉の活動家たちに出会ったのだが、彼らは労働者固有の利益の擁護だけでなく、失業者、女性、子ども、地区の若者などが抱えている困難の解決にも力を尽くすとともに、保健衛生、エコロジー、都市計画などの諸問題にかかわる教育的・文化的プログラムの組織化にも参加していた。もちろん、こうした労働者の活動範囲の拡大は、組合組織の位階序列的構成に執着する幹部たちからは好意的に見られてはいなかったことは指摘しておかねばならないのだが。(5)

組合の行動を変えること

したがって、組合活動のエコロジー的転換は、組合の取り組むべき課題の優先順位の再評価をもたらすであろう。つまり、厳密に物質的な量的要求が、労働のあり方の組織化、相互扶助や文化的諸制度、地区の生活への開放などと相関する質的要求と同等のものとして位置づけられなくてはならないのである。かくして、主観性の生産が組合の再構成の根元的な基軸になる。しかしそのことは、要求闘争や政治的キャンペーンをわきに置くことを意味するものではない。ただそうした闘争やキャンペーンは、今日往々にしてそうであるように、組合運動の中心的な位置を占めることはなくなるということである。

こうした方向転換は組合の組織的次元にも大きな影響を及ぼすことになるだろう。二〇世紀初頭から引き継がれた伝統的作風では、組合の活動は原則的には独立的な大衆組織に属しているはずなのに、実際には左翼政党に従属しているということであった。共産主義運動はこの組合運動の従属を、意識的な革命的前衛と労働者大衆のあいだに構成される、かの有名な〈伝動ベルト〉の理論によって正当化しようとした。こうした序列的、ツリー構造的、ピラミッド的な図式を、より水平的、リゾーム的、横断的な機能に置き換えなくてはならない。要求闘争や力関係やメディアを通した世論喚起といったさまざまな異なった任務に組織がかかわることは重要である。しかしそのことは、それを担う責任者が、日常生活の活動家、つまり被抑圧者と直接接触している活動家、現場で社会的・制度的創造活動を担っている活動家たちに対して、指導者的地位を占めることを必然化するものではまったくない。政治的価値の世界は、戦略の〈科学〉よりも美的・倫理的パラダイムの管轄に属する友愛の世界や集合的発案の世界に対して超越的優位性を持ってはならない。

さらに私は、政党、組合組織、アソシエーション運動、下部の団体といったような現行の分離状態の有効性にも疑問を持っている。少なくとも、これらの多様な諸機構を結びつけることを再考しなくてはならないだろう。重要な政治的決定、組合の戦略といったものは多くの場合、職業的活動家の排他的領域であるが、彼らはその置かれた立場からしてどうしても下部の生活とは距離のある機構に囚われている。こうした活動家たちは権力を持ち、自らを過大評価しがちである――これは必ずしも彼らへの非難として言うのではない――と同時に、彼らとは異なった立場に対して非寛容になりがちでもある。彼らはユーモアの感覚や民衆的感受性への親近感を失う。職業的代弁者は真理を求めようとするのではなく、真理を体現しようとする。しかし真理の探究は、集団的な探究から、既成観念やドグマや大げさな原理原則といったものを絶えず問題に付すところから始めなくてはならないものである。生まれつつある真理は、偏見を阻む何か、既成の考えを邪魔する何か、紋切り型の反応に衝突する何か、予め決められた立場の再検討をもたらす何かと、つねに密接に結びついているのである。真理は生の運動であり、差異や他性をその不透明性のなかで、その形式主義や図式主義への抵抗のなかで把捉することにほかならない。

こうしたあらゆる現場で、エコロジーと労働運動と農民の対話はきわめて重要な意味を持っていると私には思われる。エコロジーが保守主義に陥り、〈現状〉への回帰に帰する危険はつねに存在する。近未来は全体としておそらく確実にかなり暗い光の下に現れるだろう。しかし集合的な知性と創造性の潜在力はまだそれほど小さくなっているわけではなく、状況が大きく変わることを予想することもできないわけではない。

（1）このテクストは一九九二年六月四日付けの『ル・モンド』に掲載されたものである。ガタリはここで、エコゾフィーはユートピアではなく、それが現実のものとなるために、彼が〈進歩的基軸〉と呼ぶものを社会運動が受け入れることを要求するものであるという説明を改めて行なっている。そしてこの進歩的基軸は社会的実践の再構築なしには成立しえないと主張している。このテクストの一部は本書第五部（8）「エコロジーと労働運動」のテクストの一部と同一である。
（2）ガタリはここで、一九九二年三月二二日の地方選挙を念頭に置いている。
（3）本書第五部（8）「エコロジーと労働運動」の注（3）を参照。
（4）本書第五部（8）「エコロジーと労働運動」の注（4）を参照。
（5）ここから始まる一節は、一九九二年ブラジルのサンパウロで行なった講演の一節と同じで、一種の「切り張り」である。本書第五部（8）「エコロジーと労働運動」を参照。

(7) 新しいエコロジー民主主義に向かって(1)

フランスのエコロジストはますます多くの世論の支持を得ているが、それはエコロジストが現代の本質的問題を革新的な仕方で提起することができる唯一の存在であると感じ取られているからである。しかしエコロジストは、彼らが日常的現実によりよく接続した政治を別の仕方で行なうことでき、そしてあらゆる地域的問題が結びついている地球規模の課題と取り組むことが実際にできるということを事実として示さなくてはならない(そのためには、不毛な生産主義から脱却した経済的・社会的再構成、北と南の不均衡の是正、生物圏の保護といったことが必要不可欠となるだろう)。

こうしたパースペクティブでの取り組みのためには、単に思想やコミュニケーションの問題にとどまるのではなく、おそらく何よりもまず実践の刷新が必要とされるであろう。社会組織は、消費主義とメディアの影響下で、あらゆる種類の世論操作に従属するかたちで受動的なものになっている。旧来の政治的諸組織はこの受動性と共生している感がある。旧来の政治的諸組織は本当に重要な諸問題についての議論を推進することができなくなっているのだ。政治的エコロジー運動が伝統的諸組織をコピーしたような機能しか果たせないなら、その運動は否応なく無力化と影響力の喪失という事態に行き着くだろう。われわれは、現在存在する二つの政治的エコロジー運動が、それぞれメリットを持っているにもかかわらず、現在の現実的な要請に対応しきれていないという確認から出発しなければならない(2)。

緑の党は外部に十分に開かれていない。この党はシンパサイザーや潜在的党員に対してマルサス的政策を行なっている。緑の党の党員たちはアソシエーション運動からはよそ者と見られている。彼らの組織構成が少数者集団的に機能する多分に自己回転的な傾向性を持っているからである。しかしそうではあっても、彼らは現段階では政治的エコロジーの領域において唯一一貫性を持った活動的ネットワークを体現していて、来たるべき変革の鍵を握っているのは彼らである。〈ジェネラシオン・エコロジー〉は社会党や中道派やノンポリ層の無視すべからざる部分を引き寄せた。この運動は、とくにその二重加盟の容認によって、非セクト的なものとして現れている。しかし、大まかに言って、この運動は、マスメディアでの宣伝を中心にした、本当には民主主義的に機能していない一貫性の欠如した運動である。

これらの運動のおのおのの内部に存在する活性的構成員たちが相互に組織化しあって、アソシエーション運動と結びつきながら、政治的エコロジー運動の総体を再構成する準備をしなくてはならないだろう。その未来の運動は複数主義的でなくてはならず、基層部の集団や感覚的集合体を起点として社会のなかに深く根付かなければならない。この運動は女性解放に関する諸問題に根源的重要性を与えなくてはならないだろう。そしてまた、共生精神でもって相互的寛容性を発展させ、都市生活、教育、保健衛生、オルタナティブ・メディアなどの領域における、あらゆる社会的、文化的、研究的な率先的くわだてを受け入れるとともに、これを支える場所を構築しなくてはならない。さらにこの運動は、フランスにおける組合運動の〈再発明〉に携わり、失業者、マージナル化された人々、地区の生活などと直接接続した新たな組合運動づくりに取り組まねばならない。

エコロジストの思想が世論のなかでの表面的流行とは別ものになるためには、こうしたすべての実践的領域において、集合的な〈行為への移行〉を触発しなければならない。要するに、知性、連帯、協議、そして責任感といったものの同義語としての新しいエコロジー民主主義の出現に取りかからねばならないのである。

（1）このテクストは一九九二年に雑誌〈*Écologie politique*〉に掲載されたものである。ガタリの没後、一九九二年九月四日付けの『リベラシオン』にも掲載された。内容は、一九九二年末に予定されていた緑の党の総会のために〈Fil Vert〉（緑の線）という党内のエコロジー潮流のために書かれたものである。ガタリはこのなかで、地方選挙で一五パーセントの票を獲得した一九九〇年代初めにおけるフランスのエコロジー運動の現状分析をしている。手書き原稿（整理番号 GTR 14-40）の日付は一九九二年七月。

（2）ガタリがエコロジー運動に参加した時期のフランスのエコロジー運動については、本書の「序論」を参照。

（8）エコ的実践について（1）

シルヴィー・コンスタンティヌー〔以下、シルヴィーと表記〕――現在あなたがエコロジー運動に参加していることには、どんな意味があるのでしょうか？

ガタリ――エコロジーというテーマ系は労働運動によって脇に置かれてきた一連の諸問題が集中している場所であると私が考えるにいたったのは、この運動に参加してきた結果なのです。エコロジーはこれまで分離されていたさまざまな実践を結びつける絆になりえます。この分離は、私の考えでは、官僚主義、協調組合主義（コーポラティズム）、個人生活と日常生活と社会参加に関わる問題を結びつけることができない無能といった諸現象を引き起こしてきたものです。しかしだからといって、エコロジーは労働運動が依拠してきた理論に資さねばならないといういわれはありません。エコロジーにはいろいろな考え方があり、それはけっこうなことです。エコロジーは、多様性、さまざまな企画の特異性といったものを守らなくてはなりません。つまり、全員が同じ目標に向かって進んでいくといったような大ざっぱで大規模なイデオロギー、全体的合意という方向に向かっていってはならないのです。そういうやり方では、マルクス主義が世界の全体的読解手段としての体系的科学理論に依拠して保っていた権威主義的イデオロギーに取って代わることができないでしょう。その点、私としては美的世界の参照基準を使いたいと思うのです。そこにおいてこそ倫理というものが全面的な意味を持つのです。というのは、まさに創造性こそが、法則、コード、一般的規則といったものの支配を免れているからです。創造的過程はひとつひとつの曲り角で倫理的責任性をともないます。私はアンガジュマンのサルトル的意味を再起動させたいと思います。人は、社会闘争、家族紛争の調整、あるいは心理的・精神的変調の治療などの過程にかかわったとき、倫理的責任と絶対に縁を切ることができないできました。そこではつねに主観性の再構成の問題が危険や危機を包含しながら提起されているのです。予め決められた解決は何ひとつありません。そうした過程が成功するかどうか、その目標も含めて決して保証されていないのです。そうであるがゆえに、未来はつねに最悪と最良の二つの方向に向かって開かれているのです。いかなる因果律も人間が野蛮の方向ではなく進歩の方向に進むことを保証できないのです（それは精神分析的治療が精神〔プシュケ〕の進歩を保証できないのと同じことです）。

シルヴィー――あなたは〈ジェネラシオン・エコロジー〉の運動に参加しましたが、それについてはどうですか？

ガタリ――一年間いましたね。この運動が興味深かったのは、アソシエーションとして地域に深く根差して、活発な活動を展開していたことです。それで、〈ジェネラシオン・エコロジー〉とつきあっていたため、イル・ド・フランス〔パリを含む地域圏〕の緑の党がそれを不満に思って、一度除名をほのめかす手紙を私に送ってきたことがあります。ジェネラシオン・エコロジーをやめるように促す内容で、たいへん礼儀正しい手紙ではありましたがね。「一九九一年五月一四日までにご返事がなければ、あなたは事実上除名されたとわれわれは考えなくてはならないことになります」といった調子です。で、私としてはジェネラシオン・エコロジーをやめるむねの文章をつくらねばならなかったのです。以下が私が期限前日の一三日に緑の党に送った返答です。「親愛なる友人たち、私はあなたがたの五月七日付けの手紙をようやく一三日に受け取りました。そのため、あなた方の五月一四日の会に出席する態勢を取ることができません。緑の党は、党派主義的、セクト的で、自己の内部に閉じ込もり、社会生活や新しい闘い方の再発明に開かれた組織というよりも、内部の官僚主義的活動にご執心な組織になっていると、ずいぶん前から私は考えています。ある時期私は、ジェネラシオン・エコロジーが緑の党が変わるきっかけをつくるのではないかと考えていました。ジェネラシオン・エコロジーが二重加盟を受け入れたことは、その良き兆候でした。ですから私はジェネラシオン・エコロジーのいくつかの集会に参加したのです。ただしブリス・ラロンドが湾岸戦争推進を支持する立場を表明して以降はジェネラシオン・エコロジーの集会に参加することはやめました。また私は、イヴ・コシェに対するブリス・ラロンドの立場の豹変や、ブリエールに対するラロンドの誤ったレッテル貼りもよしとしません。そんなわけで、私はジェネラシオン・エコロジーにこれ以上参加し続けようとは考えていません。しかし私はこのアソシエーションに形式上正式に一度も加盟したことはないので、やめる手続きを取る必要もないのです」[2]。

シルヴィー——あなたはこの二つの運動体に対してそうした意見をもっていたにもかかわらず、どうして緑の党に入ったのでしょうか？　またどうして緑の党から出ないのでしょうか？

ガタリ——この種の決心はつねにむずかしいものです。私はなんだかんだ言っても緑の党のエコロジー運動が好きです。いろいろ問題はありますが、この運動は集合的想像力において例外的な活力を持っています。それで私は緑の党に残ることにしたのですが、それはこの党においてはまだすべてがやりつくされていない、すべてが硬直化しているわけでもないと私は思うからです。

シルヴィー——どうして複数の所属を擁護するのでしょうか？

ガタリ——さまざまな領域で政治的、組合的、アソシエーション的な活動を行なっている人々が、どうして自分たち以外の人々の活動を支配すべきだと考えるのか――緑の党で起きていることもこれです――私にはわかりません。それでは旧来の共産党タイプの組織におけるいわゆる〈伝動ベルト〉の従属的関係と同じことになります。そこでは活動家は結局党の兵隊という位置づけです。ある活動家を緑の党への純粋かつ厳格な加盟に縛り付けるために、その活動家が現在深く根を下ろしていて影響力も持っている組織の所属証明書を破ることをどうして要求するのでしょうか？　この問題はもっと一般的に論じることができるものでもあります。つまり複数性とか複数主義の概念、あるいは意見の相違を認めるということで、これは党というものの再定義をするなかで受け入れなくてはならないことです。現在私は、緑の党、ジェネラシオン・エコロジー、そして地域、県、全国といったあらゆる次元で展開されているアソシエーション運動のあいだに柔軟な連係構造をつくることを推奨しています。寛容で意見の相違を認め、差異を受け入れるだけでなく十全たるかたちで引き受ける、新たなスタイルの政治活動を実験することが不可欠であると私には思われます。

シルヴィー――問題は、そういったやり方では、選挙のときに人々のなかにある種の混乱が生まれることではないでしょうか。

ガタリ――それはそれでけっこうなことだと思いますよ。というのは、人々は問題提起を待っているのであり、ありきたりの選挙の仕方には満足しなくなっているからです。私はたくさんの頭を持った運動の構築を願望しているのです。選挙の顔がいたり、テレビにリーダーが出てきたりすることは、私にはそれほど興味のあることではありませんが、邪魔になることでもありません。しかしその同じ運動が地域の生活に根付き、集団的生活のなかで起きていること、それぞれが抱えている問題、紛争、緊張関係、アイデンティティの問題、子どもや困難を抱えている人々にかかわる諸問題などに対して、しっかり向き合うことが必要です。そして外部に向かって組織を開くこと、居住地区、企業、学校などでの生活に運動がわが身を開かねばならないのです。つまり、人々が選挙から次の選挙へと脇目もふらずにペダルをこぎ、立候補者名簿の作成やキャンペーンのための資金集めに奔走するといった狭苦しい作風とは異なったものを考案しなくてはならないでしょう。こういった賦役のようなスタイルは有用ではありましょうが、そんなに魅力的なものではありませんね。ジェネラシオン・エコロジーの運動で私が興味を持ったのは、それがひとつの新しい中心になったということです。こういったスタイルの第二、第三、第四の運動が出てくればいいなと……。というのは、緑の党の運動のような小集団がフランスの一五~二〇パーセントの支持層をコントロールするヘゲモニーを握ろうとするのは不当だと思うからです。それが可能で望ましいことだと考えるのは、よほどおかしいとしか言いようがありません。これは行動的少数派による支配というスターリン主義的考えです。エコロジーの支持層はいずれ二〇パーセントを超えるかもしれません。なぜなら、そこには希望があり、信頼できる雰囲気があるからです。エコロジー運動は自らをしっかり管理し、自分たちの意見表明、行動、協議について自分たち自身の道具をつくりださねばならないでしょう。パリ地域のエコロジー運動の全体集会に出席した緑の党の党員たち——私が目にしたのは六〇人から八〇人くらいの代表者ですが——は、今日、パリ地域に存在する多数のエコロジー支持者たちを管理しようなどと考えてはならないのです。これはどの地方にも当てはまることです。因襲的、少数主義的、ネオボリシェヴィキ的、民主集中主義的、等々といった悪しき組織概念があって、それはいずれ誤解を招き、世論や緑の党に信頼を寄せている流れとの分裂が深まっていくでしょう。ジェネラシオン・エコロジーはそこに弁証法的要素を導入することができるのではないかと思い、私はコンタクトして、調整的構造を確立しようと考えたのです。しかし私は、ジェネラシオン・エコロジー自体がこの問題に解決をもたらすとは期待してはいません。

シルヴィー――あなたはなぜ緑の党の活動にはあまりかかわらないのでしょうか？

ガタリ――私は緑の党は横断的に発展しなければならないとつねに考えてきました。すでに構成されている政治的運動だけでなく、アソシエーション運動、社会科学的研究、居住地区における労働の社会的刷新などをも包摂した横断的発展です。そうした方向で活動している団体があることをあなたが教えてくれたら、私はすぐにでも行きますよ。しかし私がこれまで何度か行った集まりでは、私が何をしたらいいのかわかりませんでした。議論といったら、規約の問題だとか、財政の問題だとか、イヨネスコの不条理劇に出てくるような罵りあいばかりといった信じがたい様相でした。こういった機能の仕方からどうやって脱出するのかをまず第一に問題にしなくてはなりません。〈緑の線〉でやらなければならないのはこれですよ。それなのにあなたがたは鼻をつきあわせれば内輪もめです。これでは出口なしですよ。

シルヴィー――それは意見の相違からくるんですよ。

ガタリ――意見の相違というのは、対立的な立場への愛ですよ。他者の立場を受け入れることは私の立場を豊かにするのです。なんの選挙だか知りませんが、選挙で役職の取り合いをするために攻撃しあうのは意見の相違ではないでしょう。

シルヴィー――〈右でも左でもない〉(3)自立主義という立場については、どう思いますか？

ガタリ――右でも左でもないというのは、私から見ると一貫的立場には思われないですね。私は完全な自立性に賛成です。たとえば国家教育に反対する刷新的な教育運動の自立主義ですね。社会的創造性とか新たな諸関係の考案といった方向で構成される共同体や集団などが、互いに関係を保ちながら広がってほしいと思っています。それが本当の自立なのです。ルペン主義や人種差別が台頭し、エディット・クレソン(4)が登場してから起きていることなどを見るにつけ、できるだけ連合の幅を広げなくてはならないのは明らかです。

シルヴィー――つまり社会党とも連合するということですか？

ガタリ――社会党そのものと連合するのではなくて、マリー＝ノエル・リーネマン(5)やサティ(6)など党内の一部の人々と連合するということです。私はセクト主義ではないのです。人種差別や外国人嫌いに対しては連合戦線をつくらなくてはならないでしょう。そして、地域によっては、選挙でも連携をして、〈エコゾフィー〉つまり環境エコロジー、社会的エコロジー、精神的エコロジーを結びつけた方向に向かうための力関係の調整をすすめなくてはならないと思います。ですから、こうした方向は一枚岩的ではないのです。現実的自立主義というのは、硬直性ではなくゆるぎない意志をもってことにあたるということですが、力関係の問題にぶちあたったときや保守主義とか協調組合主義とたたかうときには柔軟性も失なってはならないでしょう。

シルヴィー――それは日和見主義ではないですか？

ガタリ――日和見的であると同時に厳格でなくてはならないのです。世論は政治に対して深い侮蔑的意識を抱いているという基本的認識から出発しなければなりません。まったくもって馬鹿げているマスメディア化された政治ゲームに足をすくわれてはなりません。〈ベベット・ショー〉というテレビ番組が大成功を博しているのは偶然ではないのです。しかし政治を全面的に否定するというアナーキーな立場を取るわけにもいきません。政治に参加しなくてはならないのですが、自分を過大評価するのではなく、重要なことは地域での実践経験であり、エコロジスト・グループの定着であり、居住地や教育、精神病施設などにおける新しいタイプの活動であることを自覚することです。

シルヴィー――そうした実例をご存知ですか？

ガタリ――移民労働者や若者たちと一緒に作業している人たちをたくさん知っていますよ。そういった人たちと結びついていないこと、緑の党ではこのような結合の問題が優先的に取り上げられていないことは残念ですね。自分たちが力を持っている場所や市町村の助言者を擁している場所で、〈街の若者たちと接触するために何をしてきたのか？　彼らを援助することができるのか？〉ということです。これは最優先の課題であり、後回しにすべきものではありません。〈次の選挙で誰を出そうか？〉などとばかり考えていてはならないのです。緑の党がこういった率先的運動に関心を寄せることがあっても、それはこれまで偶然的かつ周辺的ものにすぎませんでした。本当に活力を持った生き生きした諸集団を構成することは緑の党の目標にはなっていないような気がします。われわれは二つの次元で作動するタイプの運動を構想しなくてはならないでしょう。ひとつは力関係や政治的連合や大メディアなどとの取り組みを全国的次元で考えるということ、もうひとつは生きる現場で展開される運動です。これはポーランドの「連帯」運動が、弾圧体制下で行なったようなことです。識字運動を行なうグループ、投獄されている者の家族との連帯をするグループ、出版活動をするグループ、要するに、実在主義的運動グループですね。

いまや活動家も含むますます多くの人々が孤独の虜になり、生きる意味を失いかけています。別のタイプの連帯、人間的温かさ、意見交換、一緒に話し合うことへの欲求といったものを再構成することが、もっとも重要なビタミン剤になるはずです。われわれが職業的官僚ではなく、寛大な心をもった暖かく生き生きとした人間であると、党の外部からも感じ取られるような新たな活動スタイルをつくりだすことが大事です。そうでなければ、かりにエコロジーが二〇パーセントの票を獲得しても、いずれゼロに帰してしまうでしょう。それは、現在、ドイツの緑の党に見られることでもあります。彼らは互いに引き裂きあって、どうしようもない小集団に陥りつつあります。小集団セクト主義を乗り越えることができるか、その前に潰えてしまうかの岐路です。こうした小集団病は文字通りの小集団ばかりではなく、大組織をも襲っています。フランス共産党はそれでもって死にかけていますが、社会党も同様です。これらの〈大組織〉は実際上、小集団、フラクション（分派）、寄生虫のようにくっついているせいぜい五人から二〇人の小潮流などの寄り集まったものです。こういう状況で、はたしてこの病気を治すことができるのでしょうか？　ウイルス性伝染病のようなものがわれわれ全員をおびやかしているのです。

私が提起したい問題は、政治活動の個人的、ミクロ社会的な次元と、マクロ社会的な次元とを横断的に結びつけるという課題です。われわれは絶対自由主義的運動と社会主義的運動のあいだの慢性的な分岐を乗り越えなければなりません。そのためには、別のタイプの論理、多価値的論理を推し進めながら、モル的次元で明瞭かつ妥協も排さない立場を取るとともに、意見の相違に対しても自由で開かれた精神を発揮しなければなりません。私が思いを馳せるのは、女性解放運動、移民労働者の運動、若者の運動、芸術家の運動、演劇関係者の運動といったものの感性の相違です。こうした運動が結びついて開花することが可能になるようにしなくてはなりません。

シルヴィー――どうやったらいいのでしょうか？

ガタリ――奇跡的解決法はないでしょう。とにかくまず問題提起することです。というのは、問題提起しなければ何も始まらないからです。現在起きていることは実に神経症的な現象で、これによって活動家はセクト主義的頑固者になってしまうのです。だから私は精神的エコロジーとの節合を主張してもいるのです。こうした幻想、自己同一化、権力のファロス的勃起のもう少し知的で効果的な治療をどうやって行なうかです。たとえば〈緑の線〉はこうした問題を解決するためにすでに何かやっていますか？　これを解決しようとしたら、おそらく知識や情報だけでは駄目で、感性を動員しなくてはならないでしょう。そうすればすぐになにか新しい方向性を担った人間として登場することになるでしょう。

シルヴィー——どうやって準備したらいいんでしょうか、ガタリ先生？

ガタリ——まずこの種の問題が起きている状況を掘り起こすことですね。そして私的な領域のことと公的な領域のことの切断をしないことです。誰かにあるいは集団的に了解を得て、基盤的グループやさまざまな仲間に語りかけて、議論をすることはなんらスキャンダラスなことではありません。たとえば「どうして君は落ち込んでいるのかい？」とか「子どもとなにかあったのかい？」とか「警察となにかトラブルでもあったのかい？」とか「どこまで口出しできるのかい？」とか「どんな点はふれてはいけないのかい？」といったような調子で話をするということですね。こうした特異性や実存的な断絶の諸要素を引き受けること、そしてそんなことを議論するためにここにいるのではないとか、論説や規約や次の選挙に出るXさんの立場について議論するためにここにいるのだ、といったような口実で人々を完全な孤立状態に放置しないことが大切です。人々が集まっているのは人生をつくりあげるためであり、主観的主体性を産出するためなのです。これは善意だけでなく集合的な作業や知性を必要とするため、長い時間がかかることになると思いますが、もっとも重要なことです。

シルヴィー——しかし、それではとどのつまり、運動内部の人間関係の問題についてしか話をしないことになって、またぞろ外部をとの関係はどこかに吹っとんでしまうのではないでしょうか？

ガタリ——いや、そうはならないですね。人は組織における反復のメカニズムや内部事情に囚われなくなれば、それだけ外部について話をすることになり、また外部に身を置くことになるのです。これは快楽のために心理主義を実践するということではありません。さまざまな問題をそれらが出現するときの様相において捉えるということであり、欲望の経済が非常ベルを鳴らすときに問題を捉えるということです。これでは駄目ですか？　もし駄目なら私はもう何も話すことはありません。しかし必要とあらば話題をかえてもいいですよ。私は精神医学の領域で二〇年の経験を持っています。他の多くの人たちと共有している経験です。精神病者の問題を活動家の問題に移行させてはならないのですが、それでも個人的、ミクロ社会的な次元、そしてもっと大きな規模において、主観性の生産という共通の領域があります。この領域を考慮に入れなければ、どうやって進歩主義的な極を再構成することが可能か、私にはわかりにくくなります。

（1）　このテクストはシルヴィー・コンスタンティヌーが行なったインタビューで、エコロジー雑誌『緑の線』に一九九一年七月に掲載されたものである。この雑誌は、一九九二年末にエコロジー運動の総会のために結集することになる緑の党の一潮流の機関誌である。ガタリはここで、彼がエコロジー運動に政治参加した理由、そしてこの運動がこれまで持っていたヴィジョンやこれから持つべきヴィジョンを説明している。

（2）　ガタリのジェネラシオン・エコロジーへの加担を非難したフランスの緑の党へのガタリの応答は、

一九八五年に、ドイツの緑の党の創設に彼がCINEL〔「新たな自由の空間のための行動センター」の略称〕とともに参加したとき起きたフランスの緑の党とのあいだの論争を想起させずにおかない。この種の緑の党との〈緊張関係〉は、ガタリにとってエコロジー問題は党的問題をはるかに超えるものであったことを示している。ガタリが参加したときのフランスのエコロジー運動については「序論」を参照のこと。イヴ・コシェはブリス・ラロンドとともにジェネラシオン・エコロジーに積極的に参加したあと（一九八一年の大統領選挙のときもブルス・ラロンドを支持した）、緑の党のスポークスマンになった。〈ブリエール問題〉とは、やはり緑の党に属していたジャン・ブリエールが一九九一年四月六日に書いたテクストが物議をかもしたものである。それは〈イスラエルの好戦的役割〉を告発したもので、当時、ロカール内閣の環境大臣で、第一次湾岸戦争のときサダム・フセインに対する好戦的立場に与したブリス・ラロンドが、このテクストを利用して緑の党の運動とのさらなる訣別を表明した。

（3） これは一九八八年の大統領選挙のときの緑の党の候補者アントワーヌ・ベシュテルの言葉への示唆。
（4） ミッテラン政府の首相（一九九一年五月一五日〜一九九二年四月二日）。
（5） 社会党員で、一九九二年のベレゴヴワ内閣の住宅相。
（6） 誰のことか特定できなかった人物。

（9）もうひとつの未来ヴィジョン(1)

現在、従来の政治の堕落にうんざりした世論のかなりの部分がエコロジーの方向に向かおうとしている。これはまだ曖昧な希求にとどまっているが、〈別のもの〉へ向かおうとすることを示している兆候であり、別の社会的、経済的、エコロジー的実践、別の未来ヴィジョンが生まれることが期待される現象である。政治的エコロジーの複数的運動には、この希求に表現を与える責任がある。それは自然のエコロジーを都市、社会、さらには精神のエコロジーに結びつけるというプログラムに則った実践的内容を持たねばならない。しかし同時に、共生の活気に満ち、日常的現実とよりよく接続しながらも、他方でわれわれの社会の根元的目標を再検討することを迫る地球規模の諸問題とも結びついた新たな政治の仕方を考案しなくてはならない。

エコロジー的〈影響圏〉はアントワーヌ・ベシュテルとブリス・ラロンドのリーダーシップ争いとはなんら関係がない。エコロジー運動はその構成諸要素の複数性や多様性を尊重する協議と行動によって、そうしたリーダーシップ争いに取って代わらなくてはならない。エコロジー支持票が飛躍的に拡大することが予想される地方選挙にあたって、緑の党とジェネラシオン・エコロジーが、エコロジー運動全体の再構成に向かう第一段階として連合的な共通リストを提案することができないのは嘆かわしいことである。

（1）このテクストは一九九二年一月一五日付けの『ル・モンド』に掲載されたものである。

（10）今は亡き統一社会党と死産しかけの緑の党のための舞曲（1）

左翼と称される政治的・組合的組織の伝統的形態の衰退は、危機に直面し恒常的再構造化を迫られる資本主義の現在の局面にともなう深い変動と切り離して考えることはできない。この衰退は量的観点からだけではなくて、質的観点からも捉えなおさなくてはならない。今日、新自由主義的個人主義やテクノクラート重用主義あるいは福祉国家化へと向かうさまざまな傾向のなかで圧延され価値を切り下げられているのは、政治参加、社会進歩のための協議、あるいはもっと簡単に言うと、もっとも基本的な人間的連帯という考えそのものである。この現象は、そのかなりの部分が、想像界や諸個人の判断能力に対するメディアの影響力の強化に由来する。マスメディア化された新たな主観性は、現実の問題から距離を置いて、緩和された表象しか収集しない。そうであるがゆえに、この主観性は、環境問題、基本的社会関係の解体という問題、あるいはこの地球上で絶望と飢餓にくくりつけられている何億もの人々の運命の問題といった、さまざまな問題の真の重要性をないがしろにするのである。このようなパラダイムをもっとも印象的に顕揚するものは、レーガン夫妻のイメージである。

こうした社会的感性の衰退、世論の幼稚化を阻むのに、一九世紀以来受け継がれている政治的手法といったようなものは、ほとんど役に立たないだろう。それとは逆に、ドイツの緑の党の活動は、新たな社会的・政治的実践が設定されれば、こうした現状の部分的ではあるが重要な変革が可能であることを示している。しかし、この〈事例〉をここフランスでも真似ようなどと言いたいのではない。

だれもが知っているように、フランスはドイツではない。それはとくにフランスの超中央集権化された構造による。しかしまさにこの相違を自覚することによって、フランスの〈オルタナティブ派〉は、なお教条主義の影を宿し小集団的前史から引き継いだ実践形態を引き摺ってもいるドイツの緑の党とは異なった、さらに刷新的な行動と協議の形態を実験することができるだろう。この点、フランスで普及しつつある情報通信手段の適切な利用は無視すべからざる成果をもたらすのではないだろうか。このフランスとドイツの相違を正確に把握したうえで言うのだが、この二つの国のあいだ——西ヨーロッパ諸国の大半の国のあいだも同様だが——の状況は、厳密に量的な観点から見たらまったく似通っている。つまり選挙民の五〜一〇パーセントが、われわれが現在〈緑〉とか〈オルタナティブ〉と言い習わしているテーマや実践を中心にして結晶化しているということである。

多くの人々を揺り動かし挫かれた野心を再び作動させているこの流れのフランス的公式の発進のためには、すでにいくつかの条件が満たされていることが前提となる。第一に、この運動の主導者たちは、少数左翼集団主義的組織、あるいはフランス共産党やフランス社会党のようなタイプの党的組織形態を批判し、これと実践的に絶縁することを公然と表明している。これは〈必要不可欠〉の条件であることをいくら強調してもしすぎることはないだろう。旧来の組織のうわべを取り繕っただけの変装や、六八年以後あるいはアルジェリア戦争以後の生き残りの活動家カルテルのコントロール下に置かれているようなくわだてとは、予めいっさい手を切らねばならない。

他方、推進しなければならない運動的党あるいは党的運動は、いましがたわれわれが喚起したような廃れた活動様式よりも後退的な、曖昧で軟弱な組織形態として構想されてはならない。そうではなくて、逆に、今日的な社会的・テクノロジー的な状況のなかで、完全に信用を失墜してイデオロギー的幻想の中にシステマティックにのめり込んでいる古い民主主義的中央集権主義よりも有効な新しい作風を考案しなくてはならない。これを起点として、〈綱領〉という概念自体を再審に付さなくてはならない。目的は、現在の政治的諸問題全体をカバーする一般的な言表についての近似的な合意に至ることではなくて、それとはまったく逆に、われわれが〈意見の相違の文化〉と呼ぶものを促進し、さまざまな特殊な立場の深化と、諸個人や人間諸集団の再特異化をすすめることである。移民労働者、フェミニスト、ロック音楽愛好者、地域主義者、平和運動家、エコロジスト、情報機器マニアなど多様人々を念頭に置いたら、ものごとについてある同一のヴィジョンを共有するなどということは愚劣としか言いようがない！　めざすべきは差異を消し去る綱領的合意ではなくて、それぞれの実践がそれぞれの利益になるように結びつくことを可能にする集合的ダイヤグラムの形成である。ひとつの実践が他の実践の上に君臨するというのではなくて、すべての実践が共通の利益となるようにする窓口や制度を設置し、それを解放闘争や保守的構成体との力関係の改変のために収斂することである。

こうしたパースペクティブは、少数者の多数者への従属を課さず、〈評決規律〉を拒否し、各個人の帰属の多数性を受け入れるような機能システムを要請する。（たとえば、共産党や社会党の活動家が、自分の実践的立場に応じて、緑のオルタナティブ派に所属することができるようにするということである）。同様に、政治活動、組合活動、アソシエーション活動、あるいは日常生活の諸問題の引き受け、といったようなもののあいだの境界線は根本的に改変されなくてはならない。

こうした〈運動的〉諸次元の変革と並んで、限定的な問題に関しては、複数の執行的機関が設置されることを認めなくてはならない。行動手段を有し、場合によっては議論を内密に行なうことができる、権威を広く認められた責任諸機関である。要するに、一種の中央集権的諸機関であるが、これは現実的問題を考えたら矛盾ではないだろう。というのは、次のようなことこそが重要だからである。ひとつの運動は多様な任務に応答する手段を持たねばならないが、地政学的議論、哲学的論争、あるいは現在の芸術的傾向の評価などに関して、これを支配する唯一の中央委員会は必要ない。さまざまな地域的・部門的行動のあいだの意見交換やコミュニケーションのネットワークを発展させるための唯一の中央指導部は必要ない。しかし逆に、支配的メディアの舞台や議会闘争の舞台において自己主張するとなると、権力のナルシスティックなゲームから身を守るための新しい種類の専門家や〈プロ〉を形成しなくてはならないだろう。この点、ドイツの緑の党が採用した治療法、とくに委任のローテーション方式は、われわれから見ると説得力に欠けるように思われる。それは利点よりも不都合な点が多いようにわれわれには思われる。民主主義の再発明の必然的過程を真に前進させるのは、この種の〈カラクリ〉ではない。人々の日常的・文化的関心、集合的な連帯精神、倫理観、美的関心の多様化と豊富化にかかわるすべてのことが結びつかないと、そこにたどりけないだろう。欲望の再結晶化、現在の致死的轍から脱却する志向性の再構造化のための多様な潜勢力をまだ秘匿している社会体の隠された様相を照らし出すことができるかどうかは、ひとえに来たるべき緑＝オルタナティブの運動のあり方にかかっている。

（1）このテクストは、一九八六年一〇月に、フェリックス・ガタリとダニエル・コーン＝ベンディットによって共同執筆されたものである。ＩＭＥＣに保管されているタイプ原稿（整理番号は GTR 12-20）は、おそらくもともとはガタリによって書かれたものである（タイプ原稿の署名者はガタリで、ダニエル・コーン＝ベンディットの名前はガタリの手で書き加えられている）。これは統一社会党や緑の党が歴史的曲り角にあった時期に〈欲望する機械のための総括的プログラム〉として書かれたものと思われる。一九六〇年にミシェル・ロカールによって創設された統一社会党は一九九〇年に解党するが、そのメンバーの一部が〈赤と緑のオルタナティブ〉を創設し、他の一部が〈緑の党〉に合流した〔統一社会党は一九八六年一二月に予定した解党準備のための党大会に際して、党外の関係者に意見を求めたが、そのなかにフェリックス・ガタリとダニエル・コーン＝ベンディットが含まれていて、このテクストはその応答のために書かれたものと思われる。他方、緑の党は一一月八日〜九日に全国大会を開いて、他のオルタナティブ諸運動との全国的連携の試みを否定し、エコロジーを〈原理主義的〉に支持する新たな指導部を選出した。こうしたことがこのテクスト執筆の背景にあると思われる〕。

エコゾフィー用語解説

われわれはここに、本書のなかで使われているエコゾフィーに関連する主要諸概念について、その定義として役立ちそうな部分を本書のなかから抜粋して集めた。

(1) 言表行為の／あるいは主観性の／集合的動的編成

「問題はひとえに、生物学的、美的、理論的等々の機械を含むテクノロジーの言表者がどのように動的に編成されるかを知り、人間活動の目標を主観性の生産あるいは主観性の動的編成に焦点化するということです」。

ザーム——言表行為というのは主観性の生産ですか？

ガタリ——そうです（「第二部（5）フェリックス・ガタリと現代芸術」）。

(2) 機械状動的編成

「〈機械状動的編成〉というカテゴリーは、さまざまなレジスターや存在論的支柱のなかで機械として展開するあらゆるものを包摂したものです。この新たな機械の概念は、〈存在〉と機械、〈存在〉と主体を対置するものではなくて、〈存在〉は質的に区別されるものであり、機械性ベクトルの創造性の結果にほかならない存在論的複数性に通じるということを含意しています」（「第二部（3）〈機械〉という概念をめぐって」)。

(3) 芸術

「物語をつくり、世界やそこにおける生活を語るためには、意味との断絶の地点、絶対的な非‐物語の地点、絶対的な非‐言説性の地点にほかならない名付けようがなく語ることができないある地点から出発しなくてはなりません。その地点はまた、未分化の超越的な主観性に委ねられたものでもありません。それはなにかしら自らを加工するものなのです。それが芸術なのです」(「第二部(5)フェリックス・ガタリと現代芸術」)。

(4) 自己産出/他者産出

「ヴァレラは、おのれと異なったものを生産する〈他者産出的機械〉と、自らの組織を生み出す〈自己産出的機械〉とを区別しています。彼はテクノロジー機械は自己産出的ではないとみなしています。これに異論を唱えるわけではありませんが、私は他者産出的機械はつねに自己産出的機械と関係を保ち、人間存在と動的編成を構成するものだと思っています。それは間接的に自己産出的なのです」(「第二部(5)フェリックス・ガタリと現代芸術」)。

(5) 資本主義

「[資本主義的主観性の]問題は、その出現が日付を持った歴史的地平であると同時に、大昔にまで遡る価値論的眩惑をもともなっているということです」(「第四部(3)ゼロへの回帰を超えて」)。

(6) 統合された世界資本主義(CMI)

「私が統合された世界資本主義(CMI)と形容するポスト工業的資本主義は、とくにマスメディアや広告、世論調査などに及ぼす統制的影響力を通して、記号や主観性を生産する構造的権力の源泉の中心をますますずらそうとしている」(「第五部(1)資本主義の新世界」)。

(7) 地図作成

「ひとつひとつの〈地図作成〉はそれぞれ固有の世界ヴィジョンを体現するものであり、あるひとつの地図が多数の個人に採用された場合でも、その中心にはつねに不確実性の核が隠されている。そして、本当を言うと、このような核こそがもっとも貴重な財産なのである。他者に耳をかたむけるというまっとうな姿勢が発現するのはここからである」(「第七部(1)社会的実践の再構築のために」)。

(8) 宇宙(コスモス)

「構成が可能となるのは、素材に住み着いている冗長的権力を解体し、別の家、別の宇宙(コスモス)、別の世界の星座的布置を再構成するという条件の下においてです」(「第二部(5)フェリックス・ガタリと現代芸術」)。

(9) カオスモーズ

「とてつもない複雑性とその消滅のあいだに虚脱状態が存在しうるのです。それを私は〈カオスモーズ〉と呼んでいます。人は世界や環境との関係において非常に分化した状態のなかに存在することができますが、同時に、そうではなくてカオスのなかに消滅し融解することもありえます。こうした二つの要素の節合によって進化や創造的生産が可能になるのです。それはあたかも人が複雑性の程度を引き上げるためにカオスのなかに沈潜しようとするかのごとくです。カオス自体が潜在的に複雑性につきまとわれ、また逆に複雑性がカオスにつきまとわれている、と言ってもいいかもしれません」(「第三部(4)機械への情熱」)。

(10) 脱領土化

「現代的な脱領土化のノマディスムは、出現しつつある主観性を〈横断主義的〉に理解し、さまざまな特異点(たとえば土地や環境の特殊な形状)、特殊な実在的領土(たとえば子どもあるいは身体障害者や精神障害者から見た空間)、潜在的な機能的変化(たとえば教育の刷新)といったものを節合しようとするところに成り立つ。そのことがあって、はじめて創造者の個人的・集団的な個性をすぐさま認識させるようなスタイルやインスピレーションが生まれるのである」(「第一部(1)エコゾフィーの実践と主観的都市の再興」)。

(11) 生成変化

「ここで重要なことは、もはや分極化し物象化した実体ではなくて、私がドゥルーズとともに〈生成変化〉と呼ぶ機械状プロセスなのである。すなわち、性的生成変化、植物的生成変化、動物的生成変化、不可視のものへの生成変化、抽象的なものへの生成変化、等々である。機械状無意識はこうした生成変化が構成する強度のプラトーをわれわれに通過させ、すべてが地層化され決定的に結晶化しているように見えていた場所において、われわれを変形的世界に到達させる」(「第三部（1）機械状無意識と分子革命」)。

(12) ダイヤグラム的

「機械を技術の面からのみ考えるのはまったく不十分なのです。機械は技術である前にダイヤグラム的なのです。つまり機械のなかには、ダイヤグラム、地図、方程式、等々が住み着いているのです。たとえば航空機コンコルドは、鉄、アルミニウム、電線だけでできているわけではありません。コンコルドに使われている鉄やアルミニウムの重さだけしか考えなかったら、遠くまで飛んだりできないでしょう。とくに、それでは経済的空間や欲望の空間を飛ぶことはできないでしょう(「第三部（2）制度論の実践と政治」)。

(13) 意見の相違（不合意）

「意見の相違というのは、対立的立場への愛ですよ。他者の立場を受け入れることは私の立場を豊かにするのです。なんの選挙だか知りませんが、選挙で役職の取り合いをするために攻撃しあうのは、意見の相違ではないでしょう」(「第七部（8）エコ的実践」)。

(14) 現存在性（エクセイテ）

「それは永遠的である――なぜなら非身体的（無形）だから――と同時に、現存在的なものでもあり、時間や空間のなかに位置づけることはできないものであって、あるときに生まれて消える何かなのです。たとえばドビュッシーはあるときから忘れられますが、しかしのちに再発見されるというような……」（「第二部（5）フェリックス・ガタリと現代芸術」）。

(15) エコゾフィー

「私の関心を引くと同時に私を不安にさせるのは、自然の問題、種の擁護といったものだけに集中したエコロジーが発展していることです。つまり、これは一種の同一性を求めるヴィジョンであって、結局、保守主義や権威主義に通じるものではないかと思うからです。私にとっては、物質的な種、自然的な種、植物的な種、動物的な種といったものの擁護は、非身体的な種つまり抽象的な種の擁護と密接不可分の関係にあるのです。私がいつも引き合いに出すのは手作りの映画なんですが、要するに、連帯の価値、友愛関係や仲間意識、人間的なあたたかみ、みんなで何かをつくりだすことの重要性です。こういったこともまた現在絶滅の危機に瀕しているのであって、保存し擁護すべきものなのです。主観性の動的編成の問題は〈エコロジー（エコ＝ロジック）的対象〉との関係においてもっとも重要なものです。〈エコ＝オイコス〉の問題を考えるときに重要なことは、家の壁や仕切りの問題だけではありません。そうではなくて、存在を自然的存在、単にそこにもともといたとかあったものとして捉えるという還元主義的ヴィジョンを持つのではなくて、複数主義的な存在論の地平を提起することが重要なのです。つまり人間的実践は、異質混交的世界を生み出すことができるということです」（「第四部（4）内在の眩暈」）。

(16) エコシステム
「エコシステムのなかでは、互いに結びつく流れの節合、とりわけ異質な流れの節合がつねに存在する……」(「第一部(3)エコゾフィーとは何か」)。

(17) 流れ
「いずれにしても、論証的言説性は不可避であって、それはわれわれの世界理解の一部をなしているのです。それは、人が時間や空間、あるいはエネルギーの流れといったもののなかに、つまり私が時間‐空間‐エネルギー的流れと呼ぶもののなかに投げ出されているという事実に結びついているのです。問題は、はたしてそういった言説的‐エネルギー的存在者が存在の創始者であるのかどうかということです。言い換えるなら、この言説的‐エネルギー的存在者は存在の骨組みをなすものであるのか、それとも逆に、そうした存在者は存在者の公約数的な類型的存在に還元されるものではなく、言うならばサルトルの言う投企された存在——ただし、サルトル的な意味におけるよりももっとはるかに強く投企され、かつ多次元的、異質混交的で、特異的な布置に対応する存在——であって、したがってある種の実存的把握機能に見合った存在であるのか、ということなのです」(「第四部(4)内在性の眩暈」)。

(18) 内在性
「二種類の内在性があるのです。まずひとつは何も起こらないという内在性。それは自らの内部に自閉したリトルネロのなかにとどまるということ、ジル・ドゥルーズが『差異と反復』のなかで「空虚な反復」と言っているものですね。それからもうひとつは、微少な差異が過程性を発動させるという内在性。この後者の内在性において、何かが動きだし、組織され、発展していくのです」(「第四部(4)内在性の眩暈」)。

⑲ 無意識

「精神分析的無意識に対して私が〈スキゾ分析的〉と名付けたこの無意識は、精神分析が構築される元になった神経症モデルではなくて精神病の〈モデル〉から着想されている。この無意識を私は〈機械状〉とも形容しているが、それはこの無意識が本質的に人間的主観性を中心にしたものではなくて、きわめて多様な社会的流れや物質的流れや記号的流れから生じるものだからである」(「第三部(1)機械状無意識と分子革命」)。

⑳ 情報

「コミュニケーションというのは、識別可能な複数の主体のあいだで、ある伝達チャンネルを通して成り立つものです。コミュニケーションは多くの場合、非常に還元主義的な情報理論の方向に引き寄せられます。現在のコミュニケーション様式は、人間間の関係、社会的関係、機械状の関係といったものの実在的次元を喪失してしまうという欠陥を持っているように私には思われます」(「第二部(4)コミュニケーションの自己産出に向かって」)。

(21) 機械、機械圏

「機械は自らのなかに閉じ込もった全体性ではない。機械は空間－時間的な外在性ならびに記号の世界や潜在性の領野と一定の諸関係を維持している。あるひとつの機械的システムの内部と外部の関係は、単にエネルギー消費や客体の生産という事象にとどまるものではない。その関係は同時に系統発生的な流れ（フィロム）を通して具現化されもする。（……）これらの系統ならびに枝分かれや相互の他性は複雑なかたちで発現する。その発現の仕方は、相互に入り組みながらわれわれの生物圏を包摂する機械圏をなしている科学や芸術、社会的革新などのあらゆる創造的力の作用を絶えず受け続ける。そしてその加工作用は動きを封ずる枷や外部を隔てる鎧のような機能として作用するのではなくて、人間的生成を探究する抽象機械の出現を促すのである」（「第七部（1）社会的実践の再構築のために」）。

(22) メディア

「マスメディア的主観性は、その神経中枢がもはや国家の諸権力や政治的諸権力あるいはいにしえの宗教的権力などとシステマティックに合致しない生産の動的編成のコントロール下に置かれているという事実によって特徴づけられる。諸個人の意志決定にかかわる主観性の機能の重要な部分が、いまやテレビや広告や世論調査等々の影響下に従属している。テレビが法となっているのである！」（「第五部（7）社会的なものの反映としての組織形態」）。

(23) メタモデル化

「私は、自分自身が破裂し、引き裂かれ、断片化した状態のなかで、私のなかでもう一度できうるかぎりすべてがくっつくことを可能にするメタモデル化という概念機械をつくろうとしているのです」（「第四部（4）内在性の眩暈」）。

(24) 存在論

「私は〈存在論〉という言葉が好きですよ。私が気をつけているのは、むしろ私がこの言葉を使いすぎる傾向を持っているということです。私にとっては、存在論的生産の発源地、自己産出的肯定の場所というものがあって、そこでは一連の無形の個別的現存在性からなる参照体系をともなった反復や強度が存在します。こうした考えは若干アニミズム的なヴィジョンに由来するのですが、それはたいした問題ではありません。ものごとが複雑化するのは、実践（プラクシス）について考えるときです」（「第四部（3）ゼロへの回帰を超えて」）。

(25) 機械状系統流（フィロム・マシニック）

「〈フィロム〉とは一連の系統的つらなりの発生起源のことである」（「第七部（1）「社会的実践の再構築のために」（著者注）〔ただしこの定義は実際にはロベール新辞典の定義である〕。

「機械状系統流こそが、表現の言説性や機械性の命題といったものの根茎にほかならないのです」（「第四部（4）内在性の眩暈」）。

(26) ポストメディア

「いまはまだ受動的状態にとどまっているさまざまな態勢が変化していくだろう。ケーブル網と衛星がわれわれに五〇ものチャンネルをザッピングすることを可能にし、データ通信が無数のイメージ・バンクやデータ・バンクへのアクセスを可能にするだろう。暗示や催眠といった現在のテレビとの関係はしだいに弱まっていくだろう。それゆえ、現代の主観性を圧延しているマスメディア権力の改修が行なわれ、個人的・集合的な再領有化、ならびに情報、コミュニケーション、知能、芸術、文化といった諸機械の相互作用的使用から成り立つポストメディア時代の幕開けを期待することができるようになるだろう」（「第六部（1）ポストメディアの時代に向かって」）。

(27) 分子革命

「私にとってこれまで政治という概念は決して〈政治家〉の政治ではありませんでした。だから、政治家的政治の破産は、私が〈ミクロ政治学〉という概念で指示したものにとって、なんら妨げになるものではありません。ただ政治というもの、私が〈分子革命〉という表現のなかに包摂しようとした真の政治、社会的大集団とその環境やその経済的機能様式との関係にかかわるだけでなく、さらには個人的・家族的生活や無意識的生活や芸術的生活などを横断的に貫く様態にもかかわる真の政治は、従来の政治と同列に論じうるものではないことはたしかでしょう」（「第五部（6）新たな結合」）。

(28) リゾーム

「ある意味で〈リゾームは冗長性を解体する〉のである。これに関しては、むしろ〈反冗長性〉についてて語るべきであろう。つまりそれは冗長性の軽減と変化のシステムであり、そして強度を持ったマチエールと脱形式化・脱コード化された開かれた結合の機械性への回帰のシステムである」（「第七部（5）「リゾームと樹木」）。

(29) リトルネロ

「〔ストア派の思想のなかで興味深いのは〕そこにわれわれがリトルネロと呼んだ概念が見いだされることです。この概念が歴史的な座標系、瞑想にかかわる一般概念、多様性といったものを貫きながら、存在論的な構成体を横断的に支配する場所を占めているのです。そして、それらの場所は自己産出的な創造的原点のようなもので、そこでは瞬間的にカオスモーズが生じて、それが純然たる創造的実体として現出するのです」（「第二部（2）カオスといかに闘うか」）。

(30) スキゾ分析

「それでスキゾ分析ですが、これをさまざまな問題や新たな社会的実践すべてにわたる一般的方法として打ち出すには無理があります。今のところは、精神医学などの制度的領域にかかわる理論的・実践的考察に重きを置いています。ただし精神医学における教育的課程を促進するものではなく、われわれが囚われているモデル化のシステム、われわれが頭も心も完全に汚染されつつあるシステムから抜け出すためのリゾーム的ネットワークを構築することが重要なのです」（「第三部（2）制度論の実践と政治」）。

(31) 記号論

「技術機械、化学機械、生物機械と並んで、またそれらと結合するかたちで、私が記号的、ダイヤグラム的と呼んでいる機械、理論機械や抽象機械、それにもちろん経済機械や政治機械などの存在を認めなくてはなりません。たとえばジョン・F・ケネディの行なった〈アポロ計画〉では、この計画を支持する意志や政治機械が働かなかったら、ロケットは日の目を見なかったでしょう」（「第三部（2）制度論の実践と政治」）。

(32) 社会体（ソシウス）

「われわれ教育者、精神科医、社会的諸分野の労働者は、集合的装備の産物であると同時に、主観性の生産者でもあるのです」（「第三部（2）制度論の政治と実践」）。

(33) 構造主義

「構造主義の全盛期に、主体はその多様で異種混交的な表現のマチエールを体系的に抜き取られていった。しかし、いまや、イメージや記号や人口知能などの機械状の生産を、主観性の新たな素材として再検討すべき時期にきている」（「第一部（2）エコゾフィーに向かって」）。

(34) 主観性

「主観性とは、感受性であり、社会的関係であり、他者に対する感性的アプローチであって、イデオロギーとは別ものの思想なのです」（「第六部（6）君は戦争を見たか?」）。

(35)　離接的綜合

「私の考えでは、政治的なものと社会的なものの再構築は、この五つの主観化のタイプのあいだの離接的綜合を行なうことによってしか、その真の一貫的体制を見いだすことはできないと思われる〔伝統的主観化、普遍主義的主観化、二項分類的主観化、マスメディア的主観化、ポストメディア的主観化〕」（「第五部（7）社会的なものの反映としての社会形態」）。

(36)　システム

「〔有限性は、疎外、〈具象化〉、そして同時に自己成長的豊富化の次元を提示します〕。なぜなら、この有限性のおかげで、つねにカオスからの再起動、複雑性の再構築の可能性が生まれるからです。また、有限的なものとしてのエコシステム的個体化から断絶し、諸システムが互いに連鎖しながら大きな進化的系統流を発展させる可能性も生まれるからです」（「第一部（3）エコゾフィーとは何か」）。

(37)　領土

「私はそこに横断的な概念を見つけだし、実在的領土という概念をつくりだそうとしているのです。そして、実在性を〈把握する〉機能が宿り、そこでは既存の言説性が崩壊するという、このような実在的領土が、いかにして自己産出性を回復するのか、またその自己産出性が新しい価値の諸世界の言説性とどのように結びつくのかといったことを検証しようとしているのです」（「第四部（4）内在性の眩暈」）。

(38) 超越性

「〔現在の危機が証明しているように〕権力の超越性はどのみちカオスにいたりつく。しかし、すべてを考慮に入れてみれば、民主主義的カオスの方が権威主義から生じるカオスよりもまだましなのだ！」（「第七部（1）社会的実践の再構築のために」）。

(39) 横断性

「横断性という概念は七〇年代に私が〈脱領土化〉という概念を打ち出したときに完全に変化したのです。つまりそのとき、単なる横断性が脱領土化された諸審級の横断性へと変化したのです。そして現在、それはさらに〈カオスモーズ〉という概念へと変化し続けているのです。なぜなら横断性はカオスモーズ的なものであり、それはつねに意味の外側、構成された構造の外側に潜り込んでいくという危険と結びついたものでもあるからです」（「第四部（4）内在性の眩暈」）。

(40) 価値

「私が価値の世界について語るときには、つねに異質性の混交した特異化された価値の星座のようなものを念頭に置いているということを想起して下さい」（「第二部（2）カオスといかに闘うか」）。

訳者あとがき

本書は以下の書物の全訳である。Félix Guattari, *Qu'est-ce que l'Écosophie?*, Textes presentés et agencés par Stéphane Nadaud, Ligne/Imec, 2013.

原題は『エコゾフィーとは何か』以外に訳しようのないものであり、これをそのまま邦訳のタイトルとしたが、内容はガタリの「二一世紀への遺言」のような趣きもあるので、このようなサブタイトルを付した。

この本はガタリの晩年の実践的思想の到達点であった〈エコゾフィー〉（エコロジーとフィロゾフィーの合成語であるが、ガタリは〈オイコス〉と〈ソフィア〉を結びつけたものでもあると言っている。本書第一部（2）「エコゾフィーに向かって」の注（3）を参照）の概念を縦横に展開したものであるが、そもそもこういう表題の本をガタリが書いたわけではなくて、編者のステファヌ・ナドーが、ガタリが主に晩年の五年間に書いたさまざまなテクストを〈エコゾフィー〉という新概念を基軸として結晶化するかたちでつくられたものである。その趣旨と経緯については、ナドーの「序論」を参照していただくとして、こうしたテクストの集成の仕方が、ガタリの実践的思想家としての特徴を鮮明に引き出すのに成功しているところに本書の独自の価値があると言えるだろう。

ナドーは、ガタリがエコロジー問題への関心から出発して到達した〈エコゾフィー〉という概念を、単にエコロジーというある意味で特化された領域のなかに閉じ込めるのではなく、あくまでもガタリの長い思想的遍歴のなかから生み出された綜合的な性格を持つものとして位置づけている。そしてそうした観点に立って、ガタリの言う〈エコゾフィー〉の内実との関連に配慮しながら既刊・未刊を含む多くのテクストから取捨選択をして成り立ったのが本書である。したがって本書のさまざまなテクストのなかには、ジル・ドゥルーズとの共同作業のなかからあみだされた諸概念もふんだんに登場し、それらの概念が〈エコゾフィー〉とどうかかわっているかが随所で示される仕掛けになっている。その意味で、本書を読むと、ドゥルーズ／ガタリの共同著作にガタリがどういうかたちでコミットしたかもよくわかる。つまり、ドゥルーズ／ガタリの共同著作の読解に、ガタリ側から新たな照明を当てることができるようにもなるのである。この点にも本書のメリットがあると言えるだろう。

もうひとつ本書のメリットを挙げるなら、ここにナドーが自分の感性的判断に基づいて七部構成に組み込んだ諸論文は、もともとひとつひとつが完全に独立した論文なので、読者の方々にとっては、自分の関心に応じてどこから読んでもさしつかえないというリゾーム的入りやすさがあるということである。したがって自分の連想力にまかせて、あちこちページをめくって〝つまみ食い〟しながら〝散策的読書〟を楽しむというやり方も可能だろう。ただし、ナドーが一種の体系的構成を試みているので、第一部から第七部まで順次読むなら、ガタリの思想に対するそれなりのまとまりのあるイメージを得やすいかもしれない。

ガタリやドゥルーズ／ガタリの独特の「用語」については、ナドーが本書に収録されたガタリ自身のテクストのなかから引用するかたちの「解説」を巻末に付しているので、そちらを参照していただくとして、そのなかに収録されていないけれども、本書に頻出する二つの重要な用語について若干の説明をくわえておきたい。

まず《subjectivité》の訳語としての「主観性」という言葉である。ガタリの言う「主観性」とは、主に人間のものの見方、考え方、感じ方の総体（一種の社会的メンタリティーのようなもの）なので、日本語で通常使われる「主体性」という言葉では齟齬が生じると考えて、私はこれまでつねに「主観性」と訳してきたが、本書でもそれを踏襲した。この訳語について、私はこれまでさまざまな訳書の「あとがき」で解説してきたが、ここでは『三つのエコロジー』（平凡社ライブラリー）の「あとがき」から、少し長くなるが若干の改変をほどこしながら引用しておきたい。

日本では、この《subjectivité = subjectivity》の訳語として、一般に「主体性」という言葉の方が優勢で、「主観」というと「客観」に対してなにか非科学的な個人的信念というような意味合いで使われることが多いが、かりにそのニュアンスを認めるとしても、ちょっと突っ込んで考えてみれば、「主観性」なきところに「主体性」は生じないのであって、良くも悪くも「主観性」という訳語の方が原語の根源的な「含み」をよく体現していると言えるだろう。しかも、日本語で「主体」に性をつけて「主体性」と言うと、すでに価値評価を含んだ意味合いをおびる。つまり、「主体性」があるのがプラス価値、ないのがマイナス価値であるというわけだ（だれそれには「主体性」が〝ある〟とか〝ない〟とかいう表現にそれは体現されている）。これは「主体性」という言葉が、「主体としての性質・性格・性向」を意味するニュートラルなニュアンスというよりも、「自分の意志で判断し行動する態度」を指す「自主性」とか「能動性」という意味合いで広く定着してきたからであろう。ちなみに、日本の戦後マルクス主義や戦後民主主義の初期展開の一エピソードとして記憶されている「主体性論争」における「主体性」という言葉は、このような「能動性」を意味する用法とニュートラルな用法とが交差する磁場で成り立っているのではないかと思われる。

他方、日本語の「主体性」という言葉は、哲学のみならず精神医学（木村敏など）や生物学（今西錦司など）の専門領域にかかわる用法（この用法には、それぞれの領域に応じた「主体の自己同一性」の定義を前提として、さまざまなニュアンスが負荷される）もあるが、その作動範囲はかぎられていて、もっぱら先に述べたようなニュアンスの日常語として一般的に機能していると言ってよいだろう。

ともあれ、「主観性」は人がその存在を認識するしないにかかわらず潜在的に内包しているもので、いわばその存在自体に価値評価が負荷されていない一種のアプリオリな大前提とみなすことができる。ガタリが問題にしようとしているのは、まさにこのような「根源的存在」としての「主観性」のあり方、つくられ方、そしてその機能様態にほかならないと言えるだろう。この二つの訳語の日本語における使用法を念頭に置きながら、海の様態にたとえて言うなら、「主観性」とは広い海原のようなもので、それに対して「主体性」はそこに生じる波やうねりのようなものだという比喩が可能かもしれない。いうならば「主観性」が「主体性」をもたらすというふうに考えることができるだろう。しかも、「主観性」が生成するフィールドは個人のみならず集団でもあり、さらには個人と集団を貫く横断的次元でもあるというのが、ガタリの主張である。

ガタリの《subjectivité》の定義は、イデオロギーや上部構造といった旧来の概念との差別化を基本とするが、その機微を精密に解説しようと思ったら、かなり複雑なことになるので、ここでは簡略に図式化し、あとは本文の文脈に応じて、読者の方々に自由に読み取ってもらいたいと思う。

「主観性」を個人に引き戻してみた場合でも、その形成のされ方は一筋縄ではいかない。ガタリは人間の「主観性の生産」（これによって「主体」は「主体化」する）を、三つの様態が交錯する複合的過程としてとらえている。すなわち（1）人々の身体や精神を外部からの直接的強制によって限定し支配する権力の様態。（2）経済的・技術的・科学的なプログラムに人々が内面から適合していく知の様態。（3）人々が自らの座標系を打ち立てようとする自己参照的な生成変化による自己創出の様態。

つまり、「主観性」は、いわば工業製品のように造形され、受容され、消費されると同時に、一人一人（あるいは個々の集団）が自ら特異的に創造することもできる根源的な存在の混成体として想定されているのである。ガタリ自身、かつて自著（『分子革命』の英語版）につけた用語解説で、「主観性」の生産について、次のように簡潔に定義している。「主観性とは、即自的なものでもなければ、一定不変のものでもない。あれこれの主観性は、ある言表行為の動的編成がそれを生産するかしないかに応じて存在するのである（例を挙げるなら、近代資本主義は、メディアや集合的装備を使って、新しいタイプの主観性を大規模に生産する）。したがって、個人化された主観性の背後に、現実的な主観化（主体化）の過程がどうなっているかということを見極める努力をしなければならない」。このガタリの説明を一口で言うなら、「主観性」は、人間の心の中で起きていることと世の中で起きていることの交錯地帯から生じる個人的・社会的な機械状の現象だということだろう。

ガタリの言う「主観性」とは、おおよそこのようなことを含意した概念であるが、この言葉が使われるとき、文脈によっては「主体性」と訳した方がいい場合もあるので、本書では、「主体」、「主体性」、「主体化」といった訳語もときどき併用している。読者の方々が文脈に即して、それぞれのニュアンスを読み取っていただければさいわいである。

このことと関連して付記すると、「機械」（マシーン）の形容詞（マシニック）も、文脈に応じて「機械状」、「機械性」、「機械的」などと訳し分けてあることをおことわりしておきたい。こうした日本語のニュアンスを考慮した訳語の〝動的編成〟は、あくまでも文意をよりよく伝えるためと訳書としての読みやすさを考えてのことである。

次に本書で「実在的領土」と訳した概念であるが、この形容詞はもちろん「実存的」とも訳すことができる《エグジスタンシエル》が原語であるが、「実存的」と訳すとすぐさまサルトル的実存主義を想起させるのと、ガタリがドゥルーズ／ガタリおなじみの「領土」という言葉に形容詞としてつけた《エグジスタンシエル》という表現に鋳込んだニュアンスは、実存主義の「実存的」とはいささかニュアンスが異なり、簡略化して言うなら、現実の仮構性と格闘する実存的感覚ではなくて現実の実在性をつくりだす（いうならば主観性を生産する）社会的・精神的環境に力点を置いたものなので「実在的」と訳したしだいである。ガタリがサルトルから多大の影響を受けていることは、フランソワ・ドスの『交差的評伝』でも触れられているが、ガタリが実存主義になじみのこの言葉をあえて使用しているのは、サルトルへの単純なオマージュではなくて、自らのエコゾフィー思想に則ってこの言葉の発展的転用を行なうことによって（とくに人間の体験的空間や知覚的システムとしての「領土」という言葉と組み合わせることによって）実存主義との差別化をはかっているとみなすべきであろう。ただし、「主観性」と「主体性」のからみと同様、文脈に応じて「実存的」と訳した方がいい場合もあり、したがって本書では「実存的」という言葉も併用されている。読者の方々は、こうしたことを念頭において文脈に応じて理解していただければさいわいである。

本書を読むうえで重要と思われるこの二つの概念用語以外の言葉については、『三つのエコロジー』に収録した「沖縄講演」の「まえがき」ならびに同書の巻末に付した「用語解説」、それに『人はなぜ記号に従属するのか』の「訳者あとがき」を参照していただくと、本書の理解がいっそう増すであろう。本書の巻末の「エコゾフィー用語解説」を補完するものとして役立てていただけるとさいわいである。


さて、本書全体の組み立てについては、編者のナドーが「序論」のなかで詳述しているので、私としては〝屋上屋〟を重ねることは避けたい。ナドーの提示した組み立てにしたがって読解するなり、最後の方で彼が推奨している〝つまみ食い的読書〟(これはガタリ自身が推奨していた方法でもあり、ガタリは〝自分が書いたりしゃべったりしたことのなかで気に入ったところがあったら、その部分を取り込んで役立てたらいい〟、とつねづね言っていた)を敢行するなり、読者の方々がそれぞれの問題意識と嗜好にしたがって本書とつきあってていただければ、それにこしたことはないと思うしだいである。

それはそれとして、訳者の責任として、本書を翻訳しながら私が感じたことを少しだけ述べておくことにする。まず第一に感じたことは、本書には過去に限定された時事的事項は別として、二五〜三〇年ほど前に書かれたとは思われないほど新鮮な思想的アクチュアリティーが宿っているということである。ガタリが時代に先んじていたとも言えるし、いまや良くも悪くも時代がガタリに追いついてきつつあるとも言えるだろう。それほど本書に収録されている諸論文の内容は、現在の世界的・社会的状況に適合的になっているのである(これは、本書に収録された多くの論文が書かれたのが、ちょうど

「冷戦の終焉」と「湾岸戦争」の勃発の時期にあたっていて、現在の世界もその延長線上にあると考えることができるからでもあるだろう)。したがって読者の方々が本書を読むとき、現在の世界的・社会的状況を背景としながら、そこに各自の問題意識を重ね合わせていくなら、ガタリの思想をぐっと身近に引き寄せることができるだろう。そして概して〝難解〟と言われる〝現代思想〟に対して(ガタリが〝現代思想〟に分類される思想家であるとしての話だが)、本書を読みながら〝ああ、そういうことだったのか〟と親近感をいだくようにもなるだろう。ガタリはしばしばキッチュな異端の思想家とみなされがちであるが、ガタリの言っていることは、一見ペダンチックに難解めかした概念用語をうまく処理しさえすれば、多くの人にとって納得のいくしごくまっとうな〝正論〟であり、潜在的には人々が志向し、その一部はすでになんらかのかたちで実践されていることでもある。問題は、現状がそうした実践的行為が集合的に顕在化して人々のあいだで自覚的に共有化されるにはいたっていないということであろう。むしろ〝正論〟が〝邪論〟として押し退けられ、のみならず〝邪論〟が〝正論〟の顔をしてまかり通っているのが現状である。そのような社会的趨性に対して一石を投じるためにも、本書におけるガタリの言説には耳を傾けるべきものが多い。

ガタリの思想的特徴のひとつは、現実を直接的に語ることもある(政治的活動家としての側面)が、場合によっては現実に対する直接的アプローチを避け、ある種形而上学的な道具立てを使って現実に対して異次元から光を当てること(哲学的思想家としての側面)によって、現実の深部に降り立つという手法にある。さらにこの二つの側面がないまぜになって展開されることもある。本書にはそうしたガタリ的手法の特徴がいかんなく発揮された論文や対話が満載されていて、複雑さを増す現代世界のなかで〝なぜだろう、なぜかしら〟という問題意識を人々のあいだに引き起こす社会的諸現象に対するガタリの犀利な説明が随所に提示されている。とりわけ、新自由主義グローバリゼーションの深化を背景として、日本にかぎらず世界的規模で、抑圧された情念が行き場を失った不定形の欲望としてさまざまな様相で顕在化してきている現在、領域横断的多面性を備えた本書の理論的な導きの糸として通奏低音のように流れているリトルネロ、すなわち言説的－言語的次元の様態よりも非言説的－非言語的次元の動態に注目するガタリの思想的精髄の持つアクチュアリティーはますます増大していると言わねばならない。

ここに集成された心の中と世の中を横断するガタリの実践的分析機械の成果を出発点として、今後さらに現状に即した実践的分析の深化をはかり、ありうべき人間社会の未来の道筋を照らし出すことができるかどうかは、ひとえにわれわれひとりひとりが、ここに全貌を現わし始めたガタリ的分析機械を活用しながら新たな境地を開いていけるかどうかにかかっているだろう。

最後に、編者のステファヌ・ナドーについて少し紹介しておきたい。本書が〝ナドーのガタリ〟という側面を有してもいるので必要なことであろうと判断してのことである。

ステファヌ・ヌナドーは一九六九年生まれで本業は小児精神科医であるが、じつは二〇〇七年に私がパリに滞在中、パリの東郊外のモントルイユにある友人のコリン・コバヤシ宅に招かれたときにはじめて出会った。コリンさんが友人のアラン・ブロッサ（元LCRの活動家で当時パリ第八大学の哲学教授）をも招いていたので、ブロッサと歓談していたところ、話が当時フランスで出版されたばかりの『アンチ・オイディプス草稿』（その後邦訳され、みすず書房から出版された。訳者は國分功一郎・千葉雅也）におよび、編者のナドーの名前がでたとき、ブロッサがナドーは自分の学生で、この近くに住んでいるというので電話をしたところ、すぐにパートナーと一緒に駆けつけてきたのである。そのときナドーがガタリのカフカについての論考を集めて近々出版する予定だというので、本が出たら邦訳すると約束し実行した(『カフカの夢分析』、水声社、二〇〇八年)。これがナドーの日本デビューであるが、水声社からはその後やはりナドー編のガタリの『精神病院と社会のはざまで』(二〇一二年)も刊行した。またその間に、ナドーは『アンチ・オイディプスの使用マニュアル』という本も出版し、これも若い友人の手で邦訳され水声社から出版された(信友建志訳、二〇一〇年)。他方、私が二〇〇八年にパリに滞在したとき同行した当時大学の若き同僚であった村澤真保呂氏にナドーを紹介したところ、彼らは意気投合して親交を深め、現在二人で日仏両語による共著を鋭意準備中とのことである。ナドーはその後、「ニーチェ論」でパリ第八大学の博士号を得て、この本も出版されている(未邦訳)。さらに、ナドーはなぜか大の〝日本好き〟で、数年前から毎年来日して〝四国八十八カ所巡り〟を敢行している。本書に大江健三郎や池上浩山人からの引用などが組み込まれているのは、そうしたナドーの〝日本好き〟のなせるわざでろう。それはともかく、ガタリに戻るとして、最初に出会ったとき、ナドーに〝君はドゥルーズに関心があるのか、ドゥルーズ/ガタリに関心があるのか、ガタリに関心があるのか〟という、いささか意地悪な質問をしたことを覚えている。そのときのナドーの答えは〝ドゥルーズ/ガタリ〟であったが、その後、なんらかの理由でガタリへの傾斜をますます強めて、ついに本書のような企画を実行するにいたったのである。小児精神科医、現代哲学、〝日本好き〟という多面的な相貌を併せ持つナドーのなかに、ガタリの〝精髄〟が着床したといってもいいかもしれない。

なお〔 〕のなかは訳者による補注である。いつものことながらスピーディーに読んでいただくために最小限にとどめた。また原注は各論文の末尾に置いたが、不必要と判断して省略したものもいくつかあることをおことわりしておきたい。

本書の編集を担当してくれたのは、『人はなぜ記号に従属するのか』についで、菱沼達也氏である。菱沼氏もガタリの新たな相貌への関心をしだいに深めているようである。記して謝意を表したい。

杉村昌昭

二〇一四年一二月

1992年1月沖縄の那覇市での講演のあと訪れた久高島からの帰りの船上にて。
撮影者は沖縄の写真家・大城弘明氏。

エコゾフィーとは何か

ガタリが遺したもの

2015年1月20日　第1刷印刷
2015年2月10日　第1刷発行

著者——フェリックス・ガタリ
訳者——杉村昌昭

発行人——清水一人
発行所——青土社
〒101-0051　東京都千代田区神田神保町1-29　市瀬ビル
［電話］03-3291-9831（編集）　03-3294-7829（営業）
［振替］00190-7-192955

印刷所——双文社印刷（本文）
　　　　方英社（カバー・扉・表紙）
製本所——小泉製本

装幀——菊地信義

Printed in Japan
ISBN978-4-7917-6848-6 C0010